人権／人道の光芒

阿部浩己

人権／人道の光芒

—— 国際法の批判的理路 ——

学術選書
257
国際法

信 山 社

はしがき

　国際法にあって私自身が研究の焦点を当ててきたのは，本書の構成が示すように，人権法・人道法・難民法に関わる諸課題である．知的興奮を呼び覚ます斬新な研究・実務の果実に触れるたびに，国際法学という学問に携わる悦びと妙味を味わわずにはいないのだが，その一方で，この法領域の醍醐味は，私にとって，日常を生きる人々との具体的な切り結びをとおしていっそう強く体感できるところがある．

　顧みるに，大学院生時代に NGO 活動にいささか関与したことがその大切な契機になったように思う．そののち定職を得て以降も，国際法を必要とする人たちとのゆくりなき出会いにより，つまりは，国際法を恃みとする人たちからの呼びかけへの応答をとおして，私自身の研究対象・姿勢が漸次，形作られていくことになった．別して言えば，〈他者からの声／呼びかけ〉こそが研究を推し進めるための動力源となり，また潤滑油にもなってきたということである．

　応答という営みを通じ，国際法に内在する解放可能性をわずかであれ射し展けないものかと念じてきたのだが，現状維持に向けた力学が強く働くことはいずれの法にあっても例外でなく，変革への願望を押しとどめる巨大な壁となって屹立する国際法の現姿に慨嘆せざるを得ないことも少なからずあった．

　そうした経験・体験に着想を得て物してきたものを論文集や評論集にまとめて江湖に問うのが拙著のスタイルであり，本論文集もその例にもれない．ただ，最初の論文集を刊行した 1998 年から概ね 5 年刻みで小論群をまとめていたところ，本書については，前著からの時間的隔たりがその倍ほどに膨らんでしまった．身中に宿る怠惰の虫がまたぞろ騒いだことは言うまでもないのだが，それ以上に，思考し行動するエネルギーが減衰しているゆえのことと思い至っている．

　とはいえ，この間，先端的な営みを重ねる川崎市の人権行政や法務省入管局での難民認定業務に従事するチャンスを与えられたことで，研究室での書見だけでは探知できぬ制度文化の実際にじかに触れられたのは幸いであった．加えて 2018 年には，法科大学院の閉鎖を機に四半世紀務めた大学を離れることに

はしがき

なり，ひさかたぶりに法を専攻しない学生たちに国際法の動態を伝えることの楽しさ（と，難しさ）を感じる機会を得てもいる。新たな経験・環境の中で得られた知見のいくばくかが，本書を支える礎の一部になっていることを願わずにはいない。（なお，本書における情報は，一部を除き初出時のままである。）

＊　　　＊　　　＊

現在の勤務先に移ってからほどなくして還暦を迎えることになった。干支が一巡し，出生時に還るという節目の年である。平均寿命の伸びなどに伴い，年祝の社会的意味合いにも相応の変化が見てとれるが，若さにかまけて浮遊するように大学院生活を過ごした昔日，還暦の先生がたは私にとって文字どおりの雲上人であった。一掛して目にするその面貌に，聳立する研究者としての確かな年輪が深く刻まれていたことを胸底に覚えている。（今にあっても，学恩を受け続ける多くの先達や同人たちに，まったく変わらぬ感懐を抱いているのだが。）

本書を編むにあたり，干支が一巡して数年が経つ私もまた「確かな年輪」の相を自らに探し求めてはみたものの，やつがれの面差しを映し出す鏡面には，その片影も見つけ出すことができなかった。晦冥な物言いになってしまうが，この論文集は，馬齢を重ねて募る一方の諦念にも似た含羞というべき心持ちを忍ばせて世に送り出すものであることも記しておきたい。

幸運にも大学の研究者として歩み続けてこられた動因が，内外の多くの方々による種々の導きにあることは言うまでもない。そのおひとりおひとりのお名前を挙げることまではできないものの，ここに深甚なる謝意をお伝えしておきたい念にかられている。また，現在の勤務先である明治学院大学国際学部の同僚諸氏にも，「国際」という名にふさわしい多彩な物の見方と行動することの意義をご教示いただいていることに改めて御礼申し上げる。

本書の刊行には，前著と同様に，袖山貴社長，稲葉文子氏，今井守氏ら信山社の方々の格別のお力添えがあった。とりわけ今井氏には編集作業を直接に担っていただき，そのおかげをもって，そこかしこに散らばっていた拙文群をこのように一書にまとめあげることができた。記して感謝申し上げるしだいである。

2024 年 8 月末日

阿 部 浩 己

〈目　次〉

はしがき (v)

第Ⅰ部　人権の領野

1　国際人権法の方法論 ………………………………………… 5
　Ⅰ　〈絶対善〉の磁場 (5)
　Ⅱ　学際性の相貌 (8)
　Ⅲ　国際人権法へのアプローチ (11)
　Ⅳ　人権をめぐる4つの学派 (19)
　Ⅴ　人権終焉の時？ (23)

2　人権／国際法の系譜学 —— 脱植民地化の視座 …………… 25
　Ⅰ　線型進歩史観 (25)
　Ⅱ　再文脈化 (27)
　Ⅲ　植民地的起源をたどる (30)
　Ⅳ　世界秩序の中で (36)

3　個人通報手続の誕生 —— 脱植民地化のダイナミックス ……… 41
　Ⅰ　人間存在の至高性 (41)
　Ⅱ　自己否定のポリティクス (43)
　Ⅲ　個人通報の普遍化 (50)
　Ⅳ　希望の砦のアイロニー (58)

4　強制失踪なき世界へ —— 国際人権運動の光芒 ……………… 61
　Ⅰ　五月広場というところ (61)
　Ⅱ　国際人権機関のダイナミックス (67)
　Ⅲ　条約化への胎動 (73)

目 次

　　Ⅳ　強制失踪条約の誕生 (78)
　　Ⅴ　強制失踪なき世界へ (87)

5　極度の不平等と国際人権法 ……………………………… 93
　　Ⅰ　「ポスト人権」の時代？ (93)
　　Ⅱ　平等主義の理念 (96)
　　Ⅲ　貧困削減のレトリック (98)
　　Ⅳ　不平等との並走 (101)
　　Ⅴ　持続可能な誓い (104)

6　国際人権法によるヘイトスピーチの規制 ……………… 107
　　Ⅰ　グローバルな規範的潮流 (107)
　　Ⅱ　規制の必要と態様 (109)
　　Ⅲ　憎悪の唱道を禁止する (112)
　　Ⅳ　国際スタンダードとの接続 (115)

7　人権の国際的保障が変える沖縄 …………………………… 119
　　Ⅰ　沖縄にとっての国際法 (119)
　　Ⅱ　「琉球処分」── 不正の起点 (121)
　　Ⅲ　軍事占領から軍事的植民地へ (124)
　　Ⅳ　自己決定権の規範構造 (127)
　　Ⅴ　国際人権機関の眼差し (133)
　　Ⅵ　「沖縄からの自立」のとき (138)

第Ⅱ部　人道のポリティクス

8　戦場なき戦争法の時代 ………………………………………… 143
　　Ⅰ　序 (143)
　　Ⅱ　戦場の構築 (145)
　　Ⅲ　戦場の変容 (148)

viii

Ⅳ　戦場の剥落 (151)
　　　Ⅴ　法の変容／法律家の責任 (155)

9　核兵器禁止条約と国際司法裁判所 ………………………………… 159

　　　Ⅰ　核兵器禁止条約の誕生 (159)
　　　Ⅱ　国際司法裁判所における核兵器 (161)
　　　Ⅲ　マーシャルの誓い (165)
　　　Ⅳ　「紛争は存在せず」── 埋め込まれた歪み (168)
　　　Ⅴ　原暴力を超える (172)

10　サンフランシスコ平和条約と司法にアクセスする権利
　　　── 重慶大爆撃訴訟に寄せて ………………………………… 175

　　　Ⅰ　序 (175)
　　　Ⅱ　「サンフランシスコ平和条約の枠組み」に関する
　　　　　国際法的評価 (176)
　　　Ⅲ　司法にアクセスする権利の保障 (182)
　　　Ⅳ　争いうる民事上の権利義務 (189)
　　　Ⅴ　権利制限の合理性審査 (201)
　　　Ⅵ　結　語 (205)

11　国際法における性奴隷制と「慰安婦」制度 ……………………… 207

　　　Ⅰ　国際社会の言説状況 (207)
　　　Ⅱ　国際法における奴隷制禁止の展開・概観 (210)
　　　Ⅲ　奴隷制の要件 (215)
　　　Ⅳ　性奴隷制としての「慰安婦」制度 (224)

12　徴用工問題と国際法 ── 時を超える正義の視点 ……………… 229

　　　Ⅰ　大法院判決と「解決策」(229)
　　　Ⅱ　変容する規範環境 (229)
　　　Ⅲ　過去への介入を阻む壁 (231)
　　　Ⅳ　時際法の壁を超える ── 脱植民地主義の理路① (232)

目 次

  Ⅴ 時効の壁を超える ── 脱植民地主義の理路②(234)
  Ⅵ 発展的解釈と救済の多元化 ── 脱植民地主義の理路③・④(235)
  Ⅶ 責任のありか(236)

第Ⅲ部　国境の扉，庇護の門

13　グローバル化する国境管理 ………………………………………… *241*

  Ⅰ グローバル化と人権／国家主権(241)
  Ⅱ 国境管理権限の生成と拡充(245)
  Ⅲ 国際人権法と国境管理の交錯(253)
  Ⅳ 人道主義の陥穽(260)

14　人権救済の逆説 ── 欧州人権裁判所における国境管理の位相
  ………………………………………………………………………… *265*

  Ⅰ 〈国家ファースト〉のメンタリティ(265)
  Ⅱ 「確立した国際法」という障壁(269)
  Ⅲ 退去強制／国外追放の正統化(275)
  Ⅳ 国境管理への歴史的視座(281)

15　庇護の域外化 ── グローバルノースの抑止策 …………………… *287*

  Ⅰ 序(287)
  Ⅱ 英国の実景(288)
  Ⅲ 庇護の抑止／域外化(294)
  Ⅳ 脱植民地主義の視座(301)

16　難民認定の現代的位相
  ── 「難民認定制度の運用の見直し」に寄せて ……………… *305*

  Ⅰ 序(305)
  Ⅱ 基　本　認　識(306)
  Ⅲ 「新しい形態の迫害」について(310)

Ⅳ 「明らかに難民認定又は難民不認定とすべき判断
　　　　要素」について（321）

17　難民認定における「国内保護可能性（IPA）」……………327
　　　Ⅰ 序（327）
　　　Ⅱ IPA概念の展開（329）
　　　Ⅲ Alternative の意味するもの（334）
　　　Ⅳ 保護の基準（339）
　　　Ⅴ 補完的保護 ── 出身国情報の重要性と陥穽（345）

18　人権法としての難民法 ── 膚接と断層……………349
　　　Ⅰ 原理的基盤（349）
　　　Ⅱ 人権法との連接（353）
　　　Ⅲ 保護の拡張（358）
　　　Ⅳ レゾン・デートルへの問いかけ（362）

初 出 一 覧（巻末）
事項・人名索引（巻末）

人権／人道の光芒

第 I 部

人権の領野

1 国際人権法の方法論

I 〈絶対善〉の磁場

　多彩な学問領域が交差して発展の歩みを続ける国際人権法ではあるが，その最大の動力源になってきたのが国際法であることに異見を挟む向きはあるまい。Forsythe の言を借りるなら，次のように表することができる。「基調を成す理論的議論がどうあろうと，ある時点において人権に関する社会的理解を権威をもって明確化するのは法である。……現代世界にあって普遍的人権について語るとき，その内容を実証主義的な意味で明確化するのは，善かれ悪しかれ，国際法なのである」[1]。

　もっとも，国際法の領域にあって人権に関する研究が本格的に顕現し始めた1980年前後，既存の国際法学から差し向けられるまなざしはけっして好意的なものではなく，むしろ懐疑的ですらあった[2]。伝統的な国際法との整合性や一貫性ではなく実務的な要請を優先的に組み入れる人権法研究者の営みは，「国際法のメインストリームから完全に遊離し」[3]，孤立した小宇宙に自らを閉ざしていると論難されることも少なくなかった。Watson は，「人権法学が真剣な研究ではなく唱導に走ったため，法と希望的観測はいまや解きほぐせないほど絡み合ってしまった」と仮借ない批判を厭わなかった[4]。

　法と政治の棲み分けを説く国際法学にとって，「純粋な法の光を不穏な政治

---

(1) David Forsythe, "Human Rights Studies: On the Dangers of Legalistic Assumptions", in Fons Coomans, Fred Grünfeld and Menno Kamminga (eds.), *Methods of Human Rights Research* (Intersentia, 2009), p. 61.
(2) Philip Alston, "Making Space for New Human Rights: The Case for the Right to Development", *Harvard Human Rights Yearbook*, Vol. 1 (1988), pp. 7-13.
(3) Ian Brownlie, "The Right of Peoples in Modern International Law", *Bulletin of Australian Society of Legal Philosophy*, Vol. 9 (1985), p. 116.
(4) J. Shand Watson, "Legal Theory, Efficacy and Validity in the Development of Human Rights Norms in International Law", *University of Illinois Law Forum*, Vol. 1979, p. 614.

の影が遮る不確実な地帯に追いやられた人権」[5]は，およそ好ましい追究テーマではなく，「国際法への信頼を著しく低下させる」ものにほかならないとも批判された[6]。しかしこの分野の実践・研究活動はその後も勢いを失うことなく積み重ねられ，21世紀が深まる今日にあっては，一般国際法のあり方そのものを根源的に問い直す契機を提供するものと捉えられるまでになっている[7]。人権法研究に携わる者にとってなにより言祝ぐべき展開に違いないだろうが，とはいえ，「希望的観測」という語を駆使して提出されたWatsonの怜悧な批判は，進展著しい国際人権法学の喉元に今もなお棘のように突き刺さったままにある。

「希望的観測」は，人権という観念が放つ〈善〉の磁力に由来する。現に，人権の実現に向けた営みであれば疑点なく推進されてしかるべきとの認識が広く共有されてきたことは言を俟つまい。「人権の研究者は，人権が善なるものであることを熱烈に信じている。……そのように明言してはおらずとも，研究の目的は，人権のいっそうの尊重に資するところにある」[8]。直截的な表現を用いてこう評する論者もいるのだが，たしかに国際人権法を研究する者が志向してきたのは，概ね人権規範の洗練と拡充であり，また実施措置の練磨にほかならない。人権の実現が社会にとって善きものであるとの了解は，文字通り所与の前提とされてきた[9]。だからこそ，人権を推進する営みには，時に前のめりなまでに好意的な評価が差し向けられる。そしてそこに，法と希望的観測の融合するスペースが生み出される。

脚下照顧の意を込めてCoomansらの評言を再述すれば，国際人権法研究者

---

(5) Karel Vasak, "Human Rights: The Legal Situation", in Vasak (ed.), *The International Dimensions of Human Rights* (Unesco, 1982), p. 1, available at https://unesdoc.unesco.org/ark:/48223/pf0000038533.

(6) J. Shand Watson, "The Limited Utility of International Law in the Protection of Human Rights", *American Journal of International Law Proceedings*, Vol. 74 (1981), p. 6.

(7) See Menno Kamminga and Martin Sheinin (eds.), *The Impact of Human Rights on General International Law* (Oxford University Press, 2009). 阿部浩己『国際法の人権化』(信山社，2014年) 第1章も参照。

(8) Fons Coomans, Fred Grünfeld and Menno Kamminga, "A Primer", in *Methods of Human Rights Research, supra* note 1, p. 13.

(9) わが国際人権法学会の「設立趣意書」にも，「世界の人権秩序の形成」に向けて知の力を学際的に結集すべきことが謳いあげられている。

に見られる「不祥の性向は，国際人権機関の判例に対する過度の尊重・恭順である。それは，批判によって人権機関を弱体化させないためなのかもしれない……。そうした共感の姿勢はまた，国際人権監視機関の発するものは何であろうと支持すべきであり，『進歩的な』意見が採択されるときはとりわけそうあるべきだ，という暗黙の前提に拠っているのかもしれない。……人権法研究者は，実現したい結論を往々既に知っている。それゆえにこそ希望的観測への誘惑も大きくなってしまうのである」[10]。

　実現したい結論を知っているのは，人権が〈善〉と深く信じられているからにほかならない。だが，Coomansらが併せ思い起こさせてくれるように，「人権は，それ自体が目標なのではあるまい」。そうではなくて，「人権は，人間の尊厳の尊重によりよく資する１つの手段にすぎない」ということを，この際，改めて銘記しておく必要がある[11]。Forsytheは人権法学者の多くが国際人権法そのものにあまりに無批判であると難ずるが[12]，その背景に，人権を絶対善と措定してしまう心理的機制が働いていることは我が身に照らしても肯んずるしかないところである。

　それと同時に，これもまたCoomansらが示唆していることだが，人権事象にアプローチする方法（method）の精錬に必ずしも十分な関心を寄せてこなかった実情も国際人権法学に内在する深刻な課題であったことを看過してはなるまい[13]。実際に，学術的方法論に対する関心の希薄さにも助けられて，希望的観測を増幅させる土壌が制度的に造成されてきたところもあるのかもしれ

---

(10) Supra note 8, pp. 13-14.
(11) Supra note 8, p. 13. See also, Forsythe, supra note 1, p. 64. なお，人権の手段性を前提にしつつ，近代主権国家・資本主義的市場体制の下にあって，個人の利益を守る手段として人類は「人権以上に優れた思想・制度を未だに見出していない」と論ずるものに，大沼保昭『人権・国家・文明』（筑摩書房，1998年）295, 296頁。
(12) Forsythe, supra note 1, p. 62.
(13) Coomansらの言は，「尋常ならざる方法論的杜撰さの傾向」と，ひときわ手厳しい（supra note 8, p. 1）。なお，本章において「方法論」という語は，教育・解説・調査・探求等のために用いる特別の議論構造・分析枠組みを意味するものとし，「方法」・「アプローチ」という語と互換的に用いる。See Steven R. Ratner and Anne-Marie Slaughter, "Appraising the Methods of International Law: A Prospectus for Readers", American Journal of International Law, Vol. 93 (1999), pp. 291-292; Philip Allot, "Language, Method and the Nature of International Law", British Yearbook of International Law, Vol. 45 (1971), p. 79.

ない[14]。試しに問うてみるに、われわれ研究者集団にあって、どれほどの者が国際人権法に関する現象を分析し、評価・解釈する自らの方法論に自覚的であり続けているであろうか。

　方法論などはわざわざ言挙げするものではなく、重要なのは論述の中身（substance）だ、と断ずる向きもあるかもしれないが、実のところ方法と中身を分離するのは至難の技にほかならない。両者の関係については、「方法は中身である」[15]という揚棄的な理解にこそ肯綮が宿ると考えるべきであろう。学術的方法への関心とその彫琢は、学問の中身自体を豊かに研ぎすまし、希望的観測という積年の棘を抜き取るために欠かせぬものと言わなくてはならない。

II　学際性の相貌

　いくばくかの後知恵を駆使して顧みるに、国際人権法学にあって、方法論に対する関心の喫水線は、実のところ1990年代以降、漸進的に高まっていることがうかがえる[16]。以下でその実情について整序を試みるが、それに先立ち、まずは、学術的方法と密接に交錯するものとして、国際人権法学を支える学際性の位相を瞥見しておくことにする[17]。

---

(14)　「人権の研究は、人権をあからさまにあるいは暗黙裡に促進する一方で批判してはならない、という要請に縛られるべきではない。……人権・人権侵害の前提や根拠を無批判に受け入れるのは、有益でないばかりか知的にも不誠実である」（Bård A. Andreassen, Hans-Otto Sano and Siobhán McInerney-Lankford, "Human rights method", in Andreassen, Sano and McInerney-Lankfor (eds.), *Research Methods in Human Rights: A Handbook* (Edward Elgar Publishing, 2018), pp. 4-5）。

(15)　Todd Landman, "Social Science Methods and Human Rights", in *Methods of Human Rights Research*, supra note 1, p. 43.

(16)　Damian A. Gonzalez-Salzberg and Loveday Hodson, "Introduction: Human rights research beyond the doctrinal approach", in Gonzalez-Salzberg and Hodson (eds.), *Research Methods for International Human Rights Law: Beyond the Traditional Paradigm* (Routledge, 2020), p. 3.

(17)　学際性は、当初からわが国際人権法学会の柱でもあり続けているところ、とりわけ近年は国際人権基準を国内でいかに実施するかという問題関心に牽引され、主に法学諸領域を横断する形で顕現している。学際性の意義について、以下を参照。Abdullahi A. An-Na'im, "Interdisciplinarity of human rights", in Conor Gearty and Costas Douzinas (eds.), *The Cambridge Companion to Human Rights Law* (Cambridge University Press, 2012), pp. 106-112.

国際人権法の研究は，1970年代から80年代にかけての草創期，圧倒的に法律家（とりわけ国際法学）によって領導されていた[18]。その焦点は人権基準の精緻化と解釈，さらには国際人権監視機関の拡充に向けられていたのだが，Andreassenらが述べるように[19]，1986年の発展の権利宣言や1993年のウィーン宣言・行動計画は，開発に関わる研究者に，社会変革を導く人権の規範的可能性を提示する重要な契機となり，こうして開発経済学や文化人類学，社会福祉学などから国際人権法への接近が図られるようになる。学際的なインプットは，実証的（empirical）な研究手法への関心を高め，2000年代になるとデータベースや指標（indicator/index）を用いた定量／実証分析（quantitative/empirical analysis）の成果が世に問われていく[20]。法制度の現実的効果をエビデンスに基づいて解析する新たな手法の導入は，国際人権法学の幅員を紛れもなく押し広げることになった。

　このほか，テーマ別の国際人権文書の作成が，福祉，子ども，障害者などに関わる学問分野(へ)の関心を強く惹きつけてきていることは言うまでもない。他方，人権がハイ・ポリティクスの域に引き上げられたことに伴い，1970年代後半以降，国際関係論・国際政治学からの知的貢献にも小さからぬものがあるが，2000年代に入り歴史学の豊穣な知見が加わったことも，国際人権法学の発展には特筆すべき出来事であった。

　国際人権法の標準的な歴史叙述は，アメリカ独立宣言とフランス人権宣言（さらに遡ればマグナ・カルタ，名誉革命・権利の章典）を「前史」に据えつつ，外交的保護，人道的干渉，捕虜の待遇，少数民族保護，奴隷廃絶，国際労働機関（ILO）による労働者保護などを序奏に位置付け，第2次世界大戦後を本格的な開花期として定位する。世界人権宣言と国際人権規約には特別の位置付けが与えられ，なかでも世界人権宣言には，すべての国際人権文書を基礎付ける最重要文書との評価が添えられる。時期を区分して叙述する手法が採用されることが多く，国際文書については起草過程が「準備作業（*traveau préparatoire*）」

---

[18]　たとえば，高野雄一・宮崎繁樹・斎藤恵彦編『国際人権法入門』（三省堂，1983年）参照。
[19]　*Research Methods in Human Rights, supra* note 14, pp. 3-4.
[20]　日本の国際人権法学会でも，2017年から「人権影響評価の理論と方法論に関する研究」が進められている。棟居徳子「人権指標に関する研究」国際人権31号（2020年）111頁参照。

◆第Ⅰ部◆人権の領野

と概ね等視されて分析される。総じて，現在に至る「進化（progress）」の軌跡が直線／単線的に描き出されるのが通例である[21]。

　トランスナショナルな視座に立って国際人権法の領域に参入した歴史学の知見[22]は，国際法学に依拠して推進されるこうした叙述の仕方が過度に欧米中心的なことを明らかにするとともに，歴史叙述はけっして単線的な進化の軌跡ではなく複線的であり得ること，世界人権宣言の重みは後年になって遡及的に創出された側面も見て取れること[23]，さらに，人種差別と宗教的不寛容という2つのテーマが「南」の側から提示され東西冷戦の停滞を打破した1960年代にこそ格別の意味合いがあること，そして，国際人権文書の起草過程は準備作業に限定されることなく，より広く政治・外交的文脈に照らして叙述されるべきこと，などを実証的なデータを用いて精細に解き明かすものであった。また，近年には，国際人権法の「起源」を主題とする論争的な研究成果[24]も世に出され，歴史認識にかかる刺激的な議論が引き起こされてもいる[25]。

　歴史学との関わりでとりわけて印象深いのは，「過去がいかに現在を限界づけ，形づくっているのか，そして，物事が今と違ってあるために［過去に］どのような可能性があるのか」を探求すること，すなわち，「現在を変革するために過去を用いる」ところにこそ歴史を扱う意義があるという知見が差し出

---

(21) See Ed Bates, "History", in Daniel Moeckli, Sangeeta Shah and Sandesh Sivakumaran, (eds.), *International Human Rights Law* (2nd ed., Oxford University Press, 2014), pp. 15-33. 田畑茂二郎『国際化時代の人権問題』（岩波書店，1988年）第1・2章および高野雄一『国際社会における人権』（岩波書店，1997年）第1・結びの章も参照。

(22) 特に，Roland Burke, *Decolonization and the Evolution of International Human Rights* (University of Pennsylvania, 2010); Steven L.B. Jensen, *The Making of International Human Rights: The 1960's, Decolonization and the Reconstruction of Global Values* (Cambridge University Press, 2016). 両名による次の論考も参照。Jensen and Burke, "From the normative to the transnational: methods in the study of human rights history", in *Research Methods in Human Rights, supra* note 14, pp. 117-140.

(23) See Samuel Moyn, *Human Rights and the Uses of History* (2nd ed., Verso, 2017), pp. 85-102.

(24) Jenny S. Martinez, *The Slave Trade and the Origins of International Human Rights Law* (Oxford University Press, 2012); Samuel Moyn, *The Last Utopia: Human Rights in History* (Harvard University Press, 2010).

(25) Philip Alston, "Book Review: Does the Past Matter?: On the Origins of Human Rights", *Harvard Law Review*, Vol. 126 (2013), pp. 2043-2081.

れたことである[26]。国際人権法の歴史叙述は，過去を固定された不動の記念碑として描き出すものではもはやあり得ない。「歴史は，人権の研究にとっても人権の実務においても，中立的な航行領域ではない」[27]という認識をいっそう深めていかなくてはなるまい。

III 国際人権法へのアプローチ

自らが依拠する学術的方法に自覚的であろうとなかろうと，国際人権法に関する現象を理解し説明する場合には，それを可能とするなんらかの方法論が採用されることに違いはない。もとより，研究者はいずれか1つのやり方に忠実であるよう求められるわけではなく，また，それぞれの方法論の中にも多様な差異が広がっていることはいうまでもない。1つのアプローチですべてを体系的に説明できるものでもない。そのことを前提に，以下で，方法論のいくつかについて特徴的な相を考察する。様々な方法論が輻輳し，国際人権法学の面相は草創期に比べ豊かに描き出されるようになってきている[28]。

1 法実証主義

日本でもそうであるように，最も一般的なアプローチは法実証主義（legal positivism）である。「法の一般理論の考察や法の解釈・適用に際して価値理念や形而上学的議論を排斥し，実定法（特に，制定法）のみに着目する」[29]アプローチのことだが，国際人権法学では，人権の実現という目的の下に，焦点は人権基準の精緻化と解釈，さらには国際人権機関の拡充に向けられる。諸規則・先例・諸機関のあり様や相互関係の解説，問題点の指摘，場合によって将来的な予測を行うこともある[30]。この方法論が選好されるのは，法の専門家

---

[26] Henry Jones, "A historical approach to *Chagos Islanders v. the United Kingdom*", in *Research Methods for International Human Rights Law, supra* note 16, p.175.
[27] Jensen and Burke, *supra* note 22, p.117.
[28] 本文で言及するもの以外にも，歴史学や文化人類学といった学問領域の立場から国際人権法に接近する方法論もあるが，ここではそこまでは立ち入らない。
[29] 明石欽司「国際法学における実証主義の史的系譜——18世紀における「実証主義」著作の検討を中心として」世界法年報22号（2003年）5頁。
[30] 日本の代表的な教科書も法実証主義を基調としている。申惠丰『国際人権法〔第2版〕』（信山社，2016年），近藤敦『人権法』（日本評論社，2016年），芹田健太郎・薬師

◆ 第Ⅰ部 ◆人権の領野

としての矜持ゆえのことでもあろうが、それとともに、自らが発するメッセージを行政官僚や裁判官に届かせる現実の必要（実務の需要）に促されているところもある[31]。

　実定法の中にあって、条約には格別の位置付けが与えられてきている[32]。条約解釈が科学なのか芸術なのかについては議論があるところ[33]、「科学的取組みの要件を満たす方法によって法的に正しい解を見出す」ことは可能であるとして、「条約法に関するウィーン条約」に依拠した解釈基準を科学の証として提示する論者もいる[34]。法実証主義の立場からは、「立法論的」な色合いが強く打ち出される人権条約の解釈にも実定法（成法論）の装いを纏わせる必要があり、その際、坂元の言う「操作的解釈基準」の内実を備えた条約法条約の解釈規則[35]が好個の置換装置として機能することは紛れもない。

　もとより、「実証主義的な法の観念に拠ることは、いずれの法的問題についても答えはただ1つであるという見解に与することを必ずしも意味しない。その意味するところは、むしろ、規範性や法の規範力の主張を放棄しないところにある。……法律家の役割は意思決定者が抱える法と政治（そして、時には法と道徳）のジレンマを促進することではなく、物事の法的側面を明確にすることにある」[36]とSimmaらは説く。法実証主義の立場は国際人権法学にあってあまりにも自明視されてきたためか、これ以外の方法論への関心が希薄になっているところも見受けられる[37]。

　　寺公夫・坂元茂樹『ブリッジブック国際人権法〔第2版〕』（信山社、2017年）など参照。
(31)　See Bruno Simma and Andreas L. Paulus, "The Responsibility of Individuals for Human Rights Abuses in Internal Conflicts: A Positivist View", *American Journal of International Law, supra* note 13, p. 303.
(32)　坂元茂樹「条約解釈の神話と現実——解釈学説対立の終焉が意味するもの」世界法年報（前掲注(29)）31頁。
(33)　Ulf Linderfalk, "Is Treaty Interpretation an Art or a Science?: International Law and Rational Decision Making", *European Journal of International Law*, Vol. 26 (2015), p. 169.
(34)　Martin Scheinin, "The art and science of interpretation in human rights law", in *Research Methods in Human Rights, supra* note 14, p. 17.
(35)　坂元茂樹『人権条約の解釈と適用』（信山社、2017年）31頁。なお坂元は、「条約解釈は決して科学ではない」と断じている（同上30頁）。
(36)　Simma and Paulus, *supra* note 31, p. 307.

2 現実主義

政治学的観点からすると,「法は単なる技術的な,おそらくは科学的な分野ですらなく,一定の政策形成過程の結果として公認された公共政策の問題」と捉えられる。強調されるのは,政策形成過程や実施過程における権力関係である[38]。法実証主義アプローチは,こうした視座に立つと,法規に過度に重きをおくものとして浮かび上がる。そもそも人権諸条約や実施メカニズムは国家間の政治・外交交渉が生み出した産物であり,実施過程を左右する要素も単純に実定法(権利／義務)の有する規範の力だけで説明できるものではない。

実際のところ,国際人権法のあり方を論ずる際に,国の利益を考慮することは不可欠である。国際政治学・国際関係論を主導してきた現実主義(realism)アプローチは,この点で重要な視座を提供する。現実主義は,国際関係における主要なアクターとして国家を想定する。そのうえで,国家は常に自国の利益に従い,自国の安全保障のためになし得るすべてのことを行い,普遍的な規範によってその行動が規律されることはない,とする。国家主権に至上の重きをおき,国家主義・生存・自助がその中核に据えられる[39]。

現実主義の枠組みにあって,国際人権法の理念が国家の上に立つことはあり得ない。人権条約の締結・実施も人権擁護のためになされるわけではなく,自国の経済的・政治的利害によって決定づけられる。たとえば,中東欧諸国による欧州評議会加盟も次なる欧州連合加盟への足がかりであったにすぎず,人権保障が目指されていたわけではない,とされる。主要人権条約に付置された個人通報手続を1つも受諾していない国があることや,拷問等禁止条約の当事国として拷問・非人道的取扱いを差し控える明白な義務を負っていながら米国がグアンタナモ基地等で醜悪な人権蹂躙を繰り広げたのも[40],国の利益に重き

---

(37) 国際法学の知の状況に言及する論考において大沼は,20世紀,とくに70年代以降の国際法の主流をなす「実定法〔法実証〕主義」の立場を,「方法論を軽視し,実務の需要に応える技術的な法解釈に自己の任務を限定する」ものと表し,「方法論の議論それ自体を回避する『実定法主義』的傾向は80年代以降さらに強まっている」と批評していた(大沼保昭「国際社会における法と政治 ── 国際法学の「実定法主義」と国際政治学の「現実主義」の呪縛を超えて」国際法学会編『国際社会の法と政治』[日本と国際法の100年](三省堂, 2001年) 2, 6頁)。

(38) Forsythe, *supra* note 1, p. 61.

(39) Tim Dunne and Brian C. Schmidt, "Realism" in John Baylis and Steve Smith (eds.), *The Globalization of World Politics: An Introduction to International Relations* (Oxford University Press, 2000), p. 150.

◆ 第Ⅰ部 ◆ 人権の領野

がおかれていることの証とされる[41]。欧州人権裁判所の移民関連の判断のように，現実主義の立場が国際人権法の解釈実践に反映されることも少なくない[42]。

3 批判，フェミニスト

Kennedyによれば，国際法は伝統的に「啓蒙」をグローバルなレベルで具現化するための法体系として拡充されてきた[43]。未開で後進的な非欧米の法なき世界を善導する道徳使命を帯びてきたとされるのだが，その国際法を源とする国際人権法も同じ使命を引き受け，「普遍的人間」を作り出すこと，すなわち「近代化」という「大きな物語」の遂行に力を注いできたところがある。ポストモダンの潮流（新潮流）は「他者」の視点に立ってその「近代」（普遍的人間）を脱構築していく。批判アプローチはその代表的な営みである。最大の特徴は，法／的推論の不確定性の強調であり，法実践を政治そのものと捉えるところにある。強者（大国）の驕慢な行動が国際人権法を用いて正当化され得るのもこのゆえにほかならない[44]。

他方，ポストモダンとすべてが重なり合うわけではないものの，これと強く共振するフェミニスト・アプローチの要諦は，「単一の，勝ち誇った真実の生産ではなく，会話と対話を強調し」，法の「物語を語り直す」ところにある[45]。多様な女性たちの経験・声をもとに，男性的な思考・生活様式を前提

---

(40) 拷問禁止条約の締約国が拷問を実行／容認し続けていることを実証的なデータによって明らかにしたHathawayの研究は，法的義務の現実的有効性に関心を寄せぬ法実証主義の限界を映し出すものとされる。Oona Hathaway, "Do Human Rights Treaties Make a Difference?", *Yale Law Journal*, Vol. 111 (2002), pp. 1935-2042.

(41) アロットの評は，条約に取り込まれた人権が「国際的官僚層の胃袋に収められ」，「諸国政府と法律家の遊び道具になってしまった」と容赦ない。フィリップ・アロット［尾崎重義監訳］『ユーノミア —— 新しい世界の新しい秩序』（木鐸社，2007年）436頁。

(42) 阿部浩己「人権救済の逆説 —— 欧州人権裁判所における国境管理の位相」神奈川法学51巻3号（2019年）1-25頁参照〔本書14章〕。

(43) David Kennedy, "When Renewal Repeats: Thinking Against the Box", *New York University Journal of International Law and Politics*, Vol. 32 (1999-2000), p. 359.

(44) 酒井啓亘「批判法学の国際法ディスクール —— 現代国際法の「近代性」への挑戦とその意義」世界法年報（前掲注(29)）110頁，B.S. Chimni, "Legitimating the international rule of law" in James Crawford and Martti Koskenniemi (eds.), *The Cambridge Companion to International Law* (Cambridge University Press, 2012), p. 298.

(45) Hilary Charlesworth, "Feminist Methods in International Law", *American Journal*

14

に組み立てられた法の偏頗性に異議を申し立て、政治的な変革を引き寄せることが目指される。ジェンダーという概念がその鋭利な分析道具となることは言うまでもないが、法の客観性の仮面を引き剥がすために用いられるのは脱構築の手法であり、これによって法がいかにジェンダー化されているのかを考古学的丹念さをもって具体的に明るみにしていく。Charlesworth の言葉を用いれば、この作業は「沈黙を探索する」作業と言うべきものにほかならない[46]。

「ジェンダー主流化」という標語によって象徴されるように、フェミニスト・アプローチはいまやあらゆる分野で実務的な成果を上げてきており、国際人権法はその代表的な領域の1つに位置づけられる。法における公私の区分や女性に対する暴力の問題が重大な課題であるとの洞察を提供し、現実の成果を手繰り寄せてきたのもフェミニストの貢献に相違ない[47]。国際的にその知的・実践的結節点になっているのは女性差別撤廃委員会（CEDAW）であり、この委員会が扱う個人通報事例には、条約の解釈と事実認定の双方において「物語を語り直す」フェミニストの志向性が色濃く現れ出ている[48]。

4 クィア

「クィア（queer）という用語は、ノーマルなものに対する国際法のあり方の概念的・分析的基盤を問い直す好奇心を表象するもの」であり、また、「異性愛／同性愛、男性／女性といった二元論的制約を超えて、あらゆる多様性・流動性に開かれた人間のセクシュアリティとジェンダーの表出を言祝ぐため、異

---

　　of International Law, supra note 13, p. 379; Rosemary Hunter, "An Account of Feminist Judging", in Hunter, Claire McGlynn and Erica Rackley (eds.), *Feminist Judgments: From Theory to Practice* (Hart Publishing, 2010), pp. 36-37.

(46)　Charlesworth, *supra* note 45. 国際法におけるフェミニスト・アプローチを論ずるものとして、申惠丰「国際法とジェンダー —— 国際法におけるフェミニズム・アプローチの問題提起とその射程」世界法年報（前掲注(29)）148-152 頁、近江美保『貿易自由化と女性 —— WTO システムに関するフェミニスト分析』（尚学社、2013 年）65-84 頁。

(47)　See *generally*, Susan Harris Rimmer and Kate Ogg (eds.), *Research Handbook on Feminist Engagement with International Law* (Edward Elgar Publishing, 2019).

(48)　See Loveday Hodson, "A feminist approach to *Alyne da Silva Pimentel Teixeira (deceased) v Brazil*", in *Research Methods for International Human Rights Law, supra* note 16, pp. 49-63. なお、多様な国際判例を素材に法の「物語を語り直す」予示政治的な試みとして、Loveday Hodson and Troy Lavers (eds.), *Feminist Judgments in International Law* (Hart Publishing, 2019).

性愛を規範とする損傷のポリティクスを「見つめ直す」よう求める」ものである[49]。

　フェミニストの伝統的な思考枠組みであるセックス／ジェンダーの二分に異議を申し立てるとともに、セクシュアリティのあり様に根源的な省察を加えるところにこのアプローチの妙諦がある。異性愛はもとより同性愛についても性的指向を固定して捉えることには疑念を呈し、さらに、性愛の対象を他者（それも「対」になる特定の1人）に向けることのイデオロギー性などが脱構築の手法を用いて批判的に解析される。

　クィア・アプローチは、人権裁判所の営みを通じて実務的に深められてきた。まず欧州人権裁判所は、1986年に性の決定に生物学モデル（出生の時点から性は変更不能）を導入していたところ、2002年に外科的手術を通じた性別変更を認める認識に転じ、さらに2017年には外科的手術がなくとも医学的診断により性別変更を認める判断を示すに及んだ[50]。これをさらに推し進めたのが、2017年の米州人権裁判所の勧告的意見である[51]。コスタリカの要請に応じて示されたその意見において、米州人権裁判所は当初の諮問内容をはるかに超え出る先端的な見解の数々を開陳した[52]。

　最も刮目すべきなのは、性の決定は医学的診断にも司法裁定にもよらず、「自己決定」できると宣明したことである。加えて、異性婚とは別の制度によって同性婚の権利保障を図ることは差別にあたるとも判じられた。複婚を含む多様な家族形態への理解が示されていることも特筆される。ただ、この勧告的意見をもってしても結果的にカップルにより構成される婚姻制度はなお強化

---

(49) Dianne Otto, "Introduction: Embracing queer curiosity" in Otto (ed.), *Queering International Law: Possibilities, Alliances, Complicities, Risks* (Routledge, 2018), p. 1.
(50) 谷口洋幸「人権としての性別：ヨーロッパ人権条約の判例が示唆すること」ジェンダー法研究5号（2018年）97-108頁、同「性別変更要件の人権侵害性──AP・ギャルソン・ニコ対フランス事件（ヨーロッパ人権裁判所2017年4月6日判決）」国際人権30号（2019年）133-135頁参照。
(51) *Advisory Opinion OC-24/17 of November 24, 2017.* 国には、性自認に従った名前の変更を認める義務があるか、あるとした場合に行政手続きで足りるか、同性カップル間の遺産相続権を異性カップルと同一にする義務があるか、あるとした場合に別の法制度を通じて行うべきか等が諮問内容であった。
(52) Damian A. Gonzalez-Salzberg, "A queer approach to the *Advisory Opinion OC-24/2017* on LGBT rights" in *Research Methods for International Human Rights Law*, *supra* note 16, p. 105.

されることになり，そこにクィア論者からの批判が向けられる。

クィアとはノーマルとの関係における位置性（positionality）を画する概念であり，国際人権法にあってノーマルとされるあまたの制度がこのアプローチの下で審問に付されるようになっている[53]。

5 マルクス主義

マルクス主義法学は人権の起源を封建的拘束から解き放たれた自由な個人による自由な商品交換過程の発生に見出す。すなわち，資本主義の勃興こそが人権思想の決定的な契機とされる[54]。商品交換過程は個人間での等価的な物財の交換とされるのだが，実際には，生産手段を有する資本家と労働者との関係はとうてい対等とは言えない。だが，抽象化された個人間の関係を規律する法の下でその現実は覆い隠されてしまう。

唯物史観・階級闘争を打ち出すマルクス主義アプローチにおいてとりわけ強調されるのは，法のもつこうしたイデオロギー性である。支配階級の利益を実現するイデオロギーの発現様式は種々に見てとれるが，その1つは「正当性の刻印」である。国際人権法にあっては，人権を実現する正当な権限を持つ存在として国家が指定され，これにより（支配階級の担う）国家機関に正当性の外観が装着されることになる。

また，国際人権法は，義務の主体である国が誠実に行動すれば，現在の社会関係・政治経済システムを変更することなく人権が実現されるという前提に立つが，ここには，資本主義体制を「自然化」するイデオロギー性が伏在している[55]。現に国際人権法は個人（集団）対国家という限定された図式の下で権利・義務関係を同定するため，社会・政治・経済的要因を含むより大きな文脈を法的に捕捉することは困難である。言い換えれば，構造的に引き起こされる人権問題を個別の逸脱行為としてしつらえ直すことで，国際人権法は，問題の真因たる現行システム（資本主義体制）の存在を不可視化し，その維持・強化に寄与しているということである。

---

[53] See *Queering International Law, supra* note 49.
[54] 高柳信一「近代国家における基本的人権」東京大学社会科学研究所編『基本的人権 I』（東京大学出版会，1968年）48頁。
[55] Susan Marks, *The Riddle of All Constitutions: International Law, Democracy, and the Critique of Ideology* (Oxford University Press, 2003), pp. 10, 20, 21.

◆ 第Ⅰ部 ◆人権の領野

労働組合による闘いも，国際人権法にあっては，労働者と企業・社会間の利害の衝突に分解・還元され，社会変革を求める階級闘争という動態的側面が脱政治化されてしまう[56]。こうした個人化・抽象化・脱政治化の力学にあらがうため，人権の政治性を前面に押し出し，権利にかかる議論を公然と政治化（politicize）するよう訴える論者もいる[57]。マルクス主義の知見は，グローバル社会における国際人権法の政治的機能やその制度的限界を解明するうえで重要な示唆を提供している。

6　第三世界アプローチ

国際法に第三世界的視座を導入する企図は，1955年のバンドン会議を機に1960～70年代にすでに始まっていたが，当時強調されたのは「国家中心」の開発であったところ，90年代に出来した新しい潮流は焦点を「人民」に移行し，ポストコロニアル（継続する植民地主義）な視点を前面に打ち出して人権法への批判的な接近を図っている[58]。

問われているものの第1は，知のポリティクスである。大規模な人権侵害は「南」で生じ，その救世主として立ち上がるのは「北」の諸国やNGOという非対称な構図が国際人権法学にあって連綿と再生産されている。「南」が客体化される背景には，人権が西洋に由来するものであり野蛮な第三世界には容易に根付くものではないという認識がある。「南」の側が人権について声をあげる場合には，普遍性を脅かす文化相対主義という悪のラベルが貼付されることにもなる。こうした知の配置に対する批判的な議論が展開される。

第2に問題とされるのは，植民地主義の問題が国際人権法の領域から抹消されている実情である。第2次世界大戦後に勃興した国際人権法は，植民地支配

---

[56] 欧州人権裁判所の判例を素材にこの点を指摘するものに，Robert Knox, "A Marxist approach to *R.M.T. v the United Kingdom*", in *Research Methods for International Human Rights Law*, supra note 16, pp. 23-41.
[57] *E.g.*, Robert Knox, "Strategy and Tactics", *Finnish Yearbook of International Law*, Vol. 22 (2010), pp. 222-227.
[58] 「第三世界」という語は，西洋による植民地支配と現在に引き続く抑圧・搾取という社会的現実を最もよく表現できるものとして意識的に用いられている。B.S.Chimni, "Third World Approaches to International Law: A Manifesto", in Antony Anghie, Bhupinder Chimni, Karin Mickelson and Obiora Okafor (eds.), *The Third World and International Order: Law, Politics and Globalization* (Martinus Nijhoff Publishers, 2003), p. 49.

と結びついた過去の国際法を超え出た，解放のための新しい言説として提示される。だが，実際は，植民地主義に連なる権力関係と共謀するか，その再生産を促しているところも少なくない。西洋主導の「開発」過程で生み出される無数の暴力に沈黙を決め込んできたことがその証左の1つとされる。

第3に，人権の実現が，絶えざる国家権力の強化と官僚／エリート化を促していることへの警戒心が表明される。この指摘は特に重要であり，第三世界アプローチの論者は，専門家ではなく，人々／コミュニティあるいは社会運動を通じてグローバル・ヘゲモニーへの抵抗の回路を築くことに精力を注いでいる。その際，国際人権法は，場合に応じて恃みとされることがあるにしても，抵抗と解放のために動員される唯一の言語とも切り札ともみなされていない[59]。

Ⅳ 人権をめぐる4つの学派

如上の方法論とは区分けの視点がやや異なるが，国際人権法という概念の中核を占める人権をどう認識し，評価するのかについても研究者間には有意な違いが見られる。Dembourは，文化人類学的プリズムを用いて，これを4つの学派（school）に分類している[60]。方法論のあり様と密接にかかわるものなので，あわせて概観しておくことにする[61]。

---

(59) Balakrishnan Rajagopal, *International Law from Below: Development, Social Movements and Third World Resistance* (Cambridge University Press, 2003), pp. 171-232.「[アフリカの]人々は自分たちに降りかかる不正義を敏感に意識しているが，その認識のために，世界人権宣言や国際人権法を構成する諸条約その他の文書を必要としない。必要なのは「そうしたフラストレーションを，政治過程からの対応を引き出す明確な要求につなげる運動である」」(Susan Marks, "Human rights in disastrous times", in *The Cambridge Companion to International Law*, supra note 44, p. 317). See also, Jose-Manuel Barreto (ed.), *Human Rights from a Third World Perspective: Critique, History and International Law* (Cambridge Scholars Publishing, 2013). 浩瀚な知見に基づく大沼の議論は欧米中心主義を根源的に批判する点で第三世界アプローチと親和性をもつが，植民地主義との向き合い方において隔壁がある。大沼・前掲注(11)。

(60) Marie-Bénédicte Dembour, "What Are Human Rights?: Four Schools of Thought", *Human Rights Quarterly*, Vol. 32 (2010), pp. 1-20; Dembour, *Who Believes in Human Rights* (Cambridge University Press, 2006), Ch. 8. See also, William Twining, *Human Rights, Southern Voices: Francis Deng, Abdullahi An-Na'im, Yash Ghai and Upendra Baxi* (Cambridge University Press, 2009), pp. 218-220.

◆ 第Ⅰ部 ◆ 人権の領野

1　自然権と抵抗

　4つの学派は，自然権（natural），抵抗（protest），熟議（deliberative），言説（discourse）とそれぞれ名付けられる。その中にあって長く中心的ポジションにあったのは，自然権学派[62]である。人権はすべての人間が生まれながらに持つ普遍的な権利である，という認識にこの学派の際立った特徴がある。研究者の多くが，人権をこのように把握して議論を展開してきているのではないかと推察する[63]。

　人権が拠って立つ自然（nature）が神や理性の謂いであることは周知のとおりだが，超越的な存在を信じる者がいる一方でそうでない者もおり，また人々が信仰する神も同一ではないことから，自然権学派は人権の礎について公然と語ることには抑制的である[64]。代わって，人権に関する法的合意に力点をおくことが多いのだが，とはいえ，国際権利章典などによって示される法的合意が人権の礎そのものになるわけではなく，それらは論理的には人権が存在することの証にすぎない。自然権学派にとって国際人権文書は人権の理念を具象化するものであり，国際人権法の発展は端的に「進化」と評される。国際人権法学に鋭利な批判となって向けられてきた「希望的観測」の後背に，この自然権学派の人権観が浸潤していたことは言うまでもない。

　その一方で，抵抗学派にとり，人権とは願望・未完のプロジェクトであって，闘いとられるものとされる。人権が超越的な観念であること自体は否定さ

---

[61]　もとより，同一の学派が一心同体というわけではなく，学派間に截然たる境界線が引けるとも限らない。ここでは，Dembourの分析に依拠し，それぞれの学派に典型的な徴標を摘出して論述する。

[62]　代表的なものに，Jack Donnely, *Universal Human Rights in Theory and Practice* (3rd ed., Cornell University Press, 2013).

[63]　日本の国際人権法学を先導してきた研究者たちの著作にも自然権思想は色濃く現れ出ている。たとえば，斎藤惠彦『世界人権宣言と現代 ── 新国際人道秩序の展望』（有信堂，1984年），横田洋三『日本の人権／世界の人権』（不磨書房，2003年），芹田健太郎『国際人権法Ⅰ』（信山社，2011年）等参照。

[64]　世界人権宣言の起草に携わったMaritainも，「実務的見地を採用し，これ以上人権の基礎や哲学的意義を追求するのではなく，人権についてのステートメントや権利リストに焦点を当てること」を推奨していた。Jacques Maritain, "Introduction" in UNESCO (eds.), *Human Rights: Comments and Interpretation*, UNESCO/ PHS/3 (rev.), 25 July 1948, p. VI, available at https://e-docs.eplo.int/phocadownloadpap/userupload/aportinou-eplo.int/Human%20rights%20comments%20and%20interpretations.compressed.pdf.

1　国際人権法の方法論

れないものの，神や理性に拠るのではなく，闘いを通して社会の中で意識づけられていく[65]営みの中に人権の礎が見出される。南北間の不均衡な関係や植民地主義，新自由主義のもたらす負の影響をグローバルに考察する手法が特徴的だが，批判の対象は高度に民主化している国にも及ぶ。現に，自然権学派と違い，抵抗学派にあっては，人権を獲得することはどの国においてもあり得ない。それどころか，人権を既に手にしていると（誤って）考えることにより人権はかえって失われてしまうと言う。なかには，政府・官僚・エリートにより人権を「ハイジャック」されてしまい，叛逆・異議申立ての言語から国の正統性を支える言語に変容した人権はその存在意義を喪失したとして，警告的に「人権の終焉」に論及する者もいる[66]。この論が象徴するように，抵抗学派は実定法として現れ出る国際人権法にはきわめて警戒的である[67]。

　抵抗学派の代表的な論客である Baxi は，「人権のポリティクス（politics of human rights）」から人間の解放に向けた「人権のためのポリティクス（politics for human rights）」に転換する意義を説くものの，後者の実現は極め付けの難事とされる。人権の専門家集団は人権の実定法化をよりよき未来を刻印するものと解するだろうが，真に権利なき人々はこうした展開からきまって取り残され，無力なままにおかれる。重要なのは利他的な視点をもった絶えざる闘いであり，人権という言語は，人間の苦痛を許さぬために権力の蛮性を絶えざる審問に付すためにこそある，と Baxi は説示する[68]。

2　熟議と言説

　自然権学派と抵抗学派が人権の礎を超越的なものに据えるのに対して，熟議学派は，民主的政体が機能するために従うべき手続き的原則と人権を捉え

---

(65)　「人権は，私たちが人間だから持つのではなく，私たちを人間にするために持つべきものである。人間は本質的に人間として生まれるのではなく，社会的に創られるものだからだ」（Ken Booth, "Three Tyrannies", in Tim Dunne and Nicholas J. Wheeler (eds.), *Human Rights in Global Politics* (Cambridge University Press, 1999), p. 51）。

(66)　Costas Douzinas, *The End of Human Rights: Critical Legal Thought at the Turn of the Century* (Hart Publishing, 2000), p. 680.

(67)　人権が人権法の専門家によって支配されてきていることを慨嘆するものに，Tony Evans, "Disciplining global society: Human Rights as power and knowledge", *Human Rights Quarterly*, Vol. 27 (2005), pp. 1046-1048.

(68)　Upendra Baxi, *The Future of Human Rights* (2nd ed., Oxford University Press, 2002), pp. viii, 2-3 and *passim*.

る[69]。人権は法的・政治的な規準にほかならず，それ自体が正しい解を提示するのではなく，民主的決定のための参照枠組みを提供するものにすぎない[70]。人権は人間の行動を指示する実体的な内実を備えてはならず，「薄い」手続き的原則にとどめられるべきとされる。人権は熟議を通して実現されるものとされ，人間が人権を有しているかどうかにこの学派の関心は向かわない。

熟議学派にとって人権の根拠は社会的合意であり，人権法（とりわけ憲法）なくして人権は存在し得ない。人権を自由主義と切り離し難く捉えるのもこの学派の特徴だが，Dembour は，人権を自由主義社会が選択する政治的価値と捉える熟議学派が自然権学派に代わってしだいに人権研究の「正説」になりつつある，という見立てを示している[71]。たしかに，異なる利害のバランスを図ること（比例原則）が国際人権規範のあり方としてことのほか重視されるようになっている現況は，熟議学派の提示する人権観の広がりを示していると言えるのかもしれない。

最後の言説学派を特徴づけているのは，人権を所与のものではなく言説を通じて構築されるものと捉えているところにある。人権が本来的に善であるという認識も否定される。むろん，今日にあって人権言説が強力な政治的・倫理的吸引力を有しており，時に歓迎すべき結果をもたらし得ることまでを否定するわけではないものの，それでも，総じて欧米主導の「人権帝国主義」への警戒心を隠さず，また，新自由主義や植民地主義の下で構造的／グローバルに引き起こされる重大な不正義（権力濫用）に対し，国家権力との個別的な対峙を求める人権に拠って立ち向かうのでは限界があることが指摘される。

人権法に関する評価は一義的には定まらず文脈に応じて異なるが，人権そのものに懐疑的なことには変わりない。人権に懐疑的なのは，人間の平等を始めとする本来的理念が人権言説によっては決して達成され得ず，人権に代わる解放／正義のためのプロジェクトが追求されなくてはならないからである。代替プロジェクトの具体像については曖昧なのだが，その曖昧さは傲岸さに対する

---

(69) See *e.g.*, Conor Gearty, "The European Court of Human Rights and the protection of civil liberties: An Overview", *Cambridge Law Journal*, Vol. 52 (1993), pp. 89-127.

(70) 「せいぜいのところ権利［人権］は，対立する当事者が共に熟議するための手助けとなる共通の枠組み，共通の参照点をつくりだすだけである」マイケル・イグナティエフ『人権の政治学』［染谷育志・金田耕一訳］（風行社，2006 年）58 頁。

(71) Dembour, "What Are Human Rights?", *supa* note 60, p. 3.

最良の解毒剤であり，権力によって規定される現代世界にあってはむしろ歓迎すべきものともされる。

Dembour は自らをこの学派に位置付けている[72]。同じく言説学派に位置付けられる Mutua や Kennedy らによって展開される高度に批判的な議論[73]は，日本でどの程度受容されるかは別にして，人権への接近の仕方を見つめ直す貴重な理路を与えるものではある。

V　人権終焉の時？

国際人権法が広く認知されるに至る 20 世紀後半，とりわけ 1980 年代以降の時期は「人権の時代」[74]と呼ぶに相応しい勢いと内実があった。水平的な国際社会の秩序を垂直的なそれに移行すべく，人権を基軸に条約・慣習法の変容が促され，主権免除や国家管轄，国家の成立要件，武力不行使原則といった国際法の根幹を支える法理への理論的・実務的チャレンジが積み重ねられていった。だがそうした意欲的な挑戦は，国際法の法としての有効性をかえって損ない，国家間の緊張をあおり，国際社会の安定すら脅かすことになってしまった，とこれを消極的に解する向きもある[75]。

そうした評言の当否にかかわらず，グローバルな次元でいっそう看過し得ないのは，国際人権法の政治的な支持基盤である欧米（自由主義）諸国の国際的地位を押し下げる「多極化」の趨勢である。欧米に代わって台頭している諸勢力が必ずしも人権に対する明確なコミットメントを表明していない実情は，国際人権法の航路に不祥の影を差し込んでいるようにも映る。

あわせて想起しておくべきことに，煌々たる「人権の時代」は，国家・人間

---

(72)　Dembour, *Who Believes in Human Rights*, supra note 60, p. 252.
(73)　Makau Mutua, *Human Rights: A Political and Cultural Critique* (University of Pennsylvania Press, 2000); David Kennedy, *The Dark Sides of Virtue: Reassessing International Humanitarianism* (Princeton University Press, 2005).
(74)　L. ヘンキン『人権の時代』[小川水尾訳／江橋崇監修]（有信堂，1996 年）。See also, Makau Mutua, "Is the age of human rights over?" in Sophia McClennen, Alexandra Schulhteis Moore (eds.), *Routledge Companion to Literature and Human Rights* (Routledge 2015), pp. 450-458.
(75)　Ingrid Wuelth, "International Law in the Post-Human Rights Era", *Texas Law Review*, Vol. 96 (2017), pp. 280-349.

◆ 第Ⅰ部 ◆ 人権の領野

間の不平等が世界の隅々に行きわたる時でもあった。「極度の不平等（extreme inequality）」という言葉が伝える現況は，未曾有のパンデミックがその副反応としてもたらしたものではなく，「人権の時代」が確然と培養してきたものにほかならない[76]。「人権の終焉」という刺激的なタイトルを携えて分析を行うHopgoodも指摘するように，不平等の広がりは人権活動を支える中間層の縮減を随伴しており，それもあってか，局面打開に向けた社会実践における人権言語への期待もまた相応に低落している観がある[77]。

　揺動するこうした人権の実情は，しかし，学問的には，〈絶対善〉の磁力を強く受けてきた国際人権法のあり方を根源的にみつめ直し，これをさらに精錬していく好個の機会とも言える。多くの研究者が営々と普請してきた多彩な方法論を批判的に押し広げ，さらに深めていく営みが，その重要なよすがとなるに相違ない。わが国際人権法学会も，その言説実践に能動的に関与していくべきである。

---

(76)　阿部浩己「極度の不平等と国際人権法」憲法研究3号（2018年）139-152頁参照〔本書5章〕。

(77)　Stephen Hopgood, "The Endtimes of Human Rights" in Doutje Lettinga and Lars van Troost (eds.), *Debating The Endtimes of Human Rights: Activism and Institutions in a Neo-Westphalian World* (Amnesty International Netherlands, 2014), pp. 15-18, available at https://eprints.soas.ac.uk/21546/1/debating_the_endtimes_of_human_rights.pdf. See generally, Hopgood, *The Endtimes of Human Rights* (Cornell University Press, 2013).

2 人権／国際法の系譜学——脱植民地化の視座

I 線型進歩史観

　人権の歴史を叙述する起点を那辺に設定するのかは、ことのほか論争的で政治的な課題である。むろん、自然法思想に起源を求め、ギリシア哲学のストア派から物語をスタートさせることが常道の一つには違いないのだろうが、しかしその一方で、バビロニアのハンムラビ法典のような欧州外の営みに遡る叙述にしても、けっしてアプリオリに排除されるべきものではあるまい。実際のところ、時代を超えて世界各地を彩ってきた一群の宗教上の教義や社会文化的規範には、人権につらなる芳香をふんだんに感知させるものが少なくない。

　人権の起源をいずれか一つの文化・宗教・地域に定めることは、ことほどさように、いかにも困難というしかないのだが、こと法学（欧米や日本における、という限定がつくのかもしれないが）の領域にあっては、特徴的なことに、人権の歴史は明確な起源を伴って一つの定型化された叙述の仕方によって提示されてきた。

　現に、法学文献における標準的な叙述は、憲法や国際人権法の分野に典型的に現れ出ているように、1215 年のマグナ・カルタと、下っては、17 世紀の権利請願あるいは権利章典を人権の揺るぎなき起点として定礎する。王の絶対的な権力行使を制約するこうした法文書は、しかし、「そのままでは、近代市民革命の結果出現する近代市民憲法の内容とはなることができないものであった。近代市民憲法における人権保障制度を成立させるためには、さらに立法権にも対抗できる人間の権利を主張したヨーロッパ 17, 18 世紀の自然法思想の助けが必要」なのであった[1]。こうして物語は、ジョン・ロック（John Locke）の『市民政府論』（1690 年）へと進みゆき、立法権によっても侵すことができない生命・自由・財産の存在と人民の抵抗権の重要性が論じられることになる。

---

(1) 杉原泰雄『人権の歴史』（岩波書店、1992 年）。

◆ 第Ⅰ部 ◆ 人権の領野

　ロックに代表される近代自然法思想は，その後，大西洋を挟んだ二つの地において出来した画期的な実定法上の成果に接続される。1776年のアメリカ独立宣言および各州の憲法と1789年のフランス人権宣言である。日本の代表的な憲法のテキストには次のように記されている。「18世紀末の近代市民革命とともに，はじめて近代的な人権宣言が誕生する。まず，1776年から89年の間に，アメリカ諸州憲法において人権宣言の規定が設けられた。それらの憲法は，社会契約説の影響の下で制定され，人権を生来の前国家的な自然権として宣言し，保障した。……1789年のフランス人権宣言も，アメリカ諸州憲法の人権宣言と同じ思想に基づいて制定された」[2]。

　人権の歴史叙述は，20世紀になるとホロコーストの惨劇とその記憶を全身に背負った世界人権宣言の採択に進展し，さらに1970年代に開花する国際人権運動，1990年代の冷戦の終結と人権・ジェンダーの主流化，そして2001年の9・11，「対テロ戦争」との対峙，へと展開していく。その中で，自由権・社会権・連帯の権利という三つの「世代」にまたがる多くの人権基準と人権擁護メカニズムの生成発展が国際人権保障の拡充の証として描き出される。13世紀ないしは17世紀から現在に至るまでの出来事が，文字どおり，単線／直線的な進歩 linear progress の軌跡として紡がれるのである。

　こうした叙述の仕方にあって，歴史の画期を成す出来事はほぼすべて西洋において生じるか，あるいは西洋を座標軸として描き出されている。また，権力行使を制御する人権の立憲主義的側面は，ブルジョア革命の遺産として，市民が属する国家の内で顕現するものとして概念構成されている。すなわち，人権とは，（西洋型）国民国家の内にあって市民と公的権力との関係を律するところに最も大きな存在意義が刻まれてきたということである。このような人権の性格づけは，20世紀になって人権が国際化されて以降も本質において変わるところがない。そしてなにより，人権は一貫して人間を抑圧から解放する絶対的な善として描かれてきた。

　人権の叙述が人間の解放と結びつけられるのは，なによりそれが，西洋の誇る〈近代 modernity〉の産物ととらえられているからでもある[3]。もっとも，

---

(2)　芦部信喜（高橋和之補訂）『憲法〔第4版〕』（岩波書店，2007年）。こうした歴史の叙述は，世界的に定評のある国際人権法学の諸文献でも寸分違うことなく再生産されてきている。Ed Bates, "History", in D.Moeckli, S. Shah, & S. Sivakumaran (eds.), *International Human Rights Law* (2nd ed.), (Oxford University Press, 2014), pp. 16-20参照。

ルネッサンスや啓蒙という語によって表象される近代は，人間の解放を体現する一方にあって，帝国主義あるいは植民地主義の営みと常に切り離しがたくもあった。人間解放のビジョンにあふれた近代には，侵略や略奪，搾取，奴隷制，ジェノサイドなどを通して表出する植民地主義的暴力が絶えず長い影を落とし続けてきたことも忘れてはならない。

近代が抱え込んだその不祥の陰影は，だが，法学における人権の標準的叙述からは控え目に言っても削ぎ落とされがちである。近代帝国主義の先鋭的発現というべき植民地主義は，いくばくか言及されることがあるにしても，歴史の一時期における逸脱事象のように扱われるのがせいぜいであり，60年代の脱植民地化過程を経た現在となっては，まるで過去の遺物であったかのように描かれるのが通例ですらある。

しかし，西洋による植民地支配は歴史の中の逸脱事象などではなく，むしろ近代の構造的必然としてあったのであり，その位相は現代的な形態をとって今日に引き継がれてもいる。そしてそこに，人権・国際法は決定的なまでのかかわりをもってきた[4]。

本章では，人権・国際法にかかる歴史叙述の中で消し去られがちな非西洋の存在を前景化させることにより，西洋中心主義的な線型進歩史観とは異なる人権（あるいは国際法そのもの）の歴史叙述に向けた理路を確認してみようと思う。あわせて，現代に引き続く植民地主義の相貌と含意を，人権・国際法に引きつけて論じる。人権・国際法の解放言説としての機能を最大化するには，その抑圧的側面の不可視化を促してきた西洋偏重の歴史叙述のあり方を根源的に相対化することが不可欠である。植民地主義の視座はその重要な契機を提供するものにほかならない。

II 再 文 脈 化

標準的な人権の歴史叙述は，自らを超越的で普遍的な真理として提示するの

---

(3) マグナ・カルタが近代の原型とすれば，フランス人権宣言が近代の頂点，世界人権宣言がホロコーストによってもたらされた近代の危機への対応，ということになる。こうした認識枠組みに寄り添って登場する思想家が，ホッブス，ルソーからデリダ，アガンベンに至るまで西洋の人々であることはいうまでもない。

(4) 阿部浩己『国際法の暴力を超えて』（岩波書店，2010年）。

◆ 第Ⅰ部 ◆ 人権の領野

が常ではあるものの，知の地政学的観点からすれば，まぎれもなくそれは，特定の知と歴史の系譜学的結合であり，その意味において，部分的で偏頗な域を出るものではない。リチャード・ローティ（Richard Rorty）が説くように，前／脱文脈的な観念など存せず，意味は文脈によって与えられるものだとなれば[5]，人権の意味もまたその語が用いられる文脈に拠らざるを得ないことはいうまでもない。人権の歴史叙述の特殊西洋中心性を批判的に浮き彫りにすることは，したがって，人権の再文脈化に向けた作業となり，さらにいえば，覇権主義的な知によって囲われてきた人権の脱植民地化を促す作業にもほかならない。

もとより，人権の再文脈化の営みは，学際的成果を参照しつつ，国際法学にあってもすでに種々の手法を駆使しながら少しく手がけられてきているものではある。前世紀の最終盤に展開された「アジア的価値（Asian values）」をめぐる議論は，その重要な契機を提供するものであった[6]。人権の普遍性と特殊性（相対性）を中心的テーマとする激しい論争の中で，文化の動態性や人権の文化横断性に言及する議論が展開され，非西洋の文脈に依拠した知の意義が相応に可視化されるようになったことが特記される。

その後 21 世紀に入って際立っているのは，非西洋／中小国が普遍的な人権保障の構築に果たしてきた役割を積極的に評価する言説の広がりである。代表的な論者であるスーザン・ウォルツ（Susan E. Waltz）の論考の一つを，便宜上，やや強引につづめてしまうと，次のようになる[7]。

国際人権保障の要というべき世界人権宣言にかかる叙述は，宣言採択地のパリ，フランス人のルネ・カッサン（René Cassin）とジャック・マリタン（Jacques maritain），フランクリンとエレノアという 2 人のルーズベルト（Franklin D. Roosevelt: Anna E. Roosevelt 米国人），国連人権部長ジョン・ハンフリー（John Peters Hummphrey カナダ人），さらに国連人権委員会の創設をもたらした米国 NGO など，西洋の国々や人々の貢献に焦点を絞り込んだものと

---

[5] R.Rorty, "RIs Derrida a Transcendental Philosopher," in *Essays on Heidegger and Others. Philosophical Papers II* (Cambridge University Press, 1991), p. 127.
[6] 阿部浩己『人権の国際化 —— 国際人権法の挑戦』（現代人文社，1998 年）48-79 頁。
[7] S. E.Walts, "Universalizing Human Rights: The Role of Small States in the Construction of the Universal Declaration of Human Rights," *Human Rights Quarterly*, Vol. 23 (2001).

して構成されてきた。だが実際には、西洋そのものが一枚岩でない一方で、レバノンやチリ、インド、パキスタン、ドミニカ共和国、パナマ、キューバといった中小国代表の果たした貢献もけっして小さなものではない。中小国代表の積極的な参加とリーダーシップがなければ、同宣言はいっそう願望調のものにとどめられただけでなく、社会権は削除され、さらに、差別の非難も女性の権利も弱体化されていたに違いない。起草過程を精査するほどに明らかになるのは、同宣言はカッサンが創り出したものでも、一握りの大国の構想物でもないということである。むしろそれは、抑圧に抗する何世代にもわたる人類の営みがもたらした、私たちすべての者に帰する事績というべきものにもほかならない。

　ウォルツの論考では世界人権宣言に分析対象が限定されているものの、議論の射程は当然に人権の普遍性そのものに広がっている[8]。普遍的な人権に対する非西洋の貢献を高く評価するこうした議論は、人権の文化横断性を強調する説などと共鳴しながら、人権をもっぱら西洋に帰属させるジャック・ドネリー（Jack Donnelly）らの傲岸な見解[9]に対峙するかのように提示されている。人権を「下から from below」闘いとるものとするウペンドラ・バクシ（Upendra Baxi）の研究[10]についてもそうであるように、人権の再文脈化に向けた営為には触発されるところが少なくない。

　ただそのことを認めつつも、他方において、文化横断性や非西洋の貢献を称揚する言説には、おしなべて、「無批判のユートピアニズムとロマンチシズムの気がある」[11]ことも指摘せざるを得ない。マーク・トゥファヤン（Mark Toufayan）が「自己満悦的貢献主義者のテーゼ self-congratulatory contributionist theses」[12]と仮借なく呼びならすウォルツらの言説には、なにより、「人種

---

(8)　国際人権レジームへの非西洋の貢献を論ずるものとして、たとえば、S.L.B.Jensen, *The Making of International Human Rights Law: The 1960's, Decolonization, and the Reconstruction of Global Values*（Cambridge University Press, 2016）参照。

(9)　J.Donnelly, *Universal Human Rights in Theory and Practice*（2nd ed.）,（Cornell University Press, 2003）.

(10)　U.Baxi, *The Future of Human Rights*（2nd ed.）（Oxford University Press, 2006）.

(11)　M.Toufayan," 'Suffering' the Paradox of Rights?: Critical SubalternHistoriography and the Genealogy of Empathy, in P. Singh & B. Mayer,（eds.）, *Critical International Law: Postrealism, Postcolonialism,and Transnationalism*（Oxford University Press, 2014）, p.177.

(12)　*Id.*, p.176.

的，文化的，土着的差異に基づくヨーロッパの優越性の主張によって［人権や］国際法が搾取を正当化してきた方法」を批判的な審問に付す契機が希薄であり，「国際法の植民地主義的起源」と根源的に関わる回路がまるごと失われかねないあやうさがある[13]。

　実際のところ，普遍性構築への非西洋の関与・貢献が称揚されるほどに，人権や国際法が果たしてきた抑圧的な機能は遠景に退いていき，その一方で，非西洋と西洋との同一性が仮象されることで，揺動する西洋をかえって補修・補強する効果すら生じさせているところがある。人権の再文脈化＝脱植民地化は，普遍的制度に対する非西洋の貢献を発掘して讃え直すこともさりながら，人権言説にあって不可視化されてきた植民地主義の暴力／との闘いの叙述を通してこそ，より有意な形で提示し得るものであろう。もとよりそれは支配的な叙述を塗り替えて新たな真理を打ち立てようとするものではなく，西洋中心の支配的言説との対話を通じ，人権にかかる歴史叙述を多元化し，人権運動を強化することにこそその本旨がある。

III　植民地的起源をたどる

1　ウェストファリアから「新世界」へ

　人権を植民地主義の文脈で叙述し直すには，その不可視化を直接・間接に促してきた国際法の標準的（支配的）叙述のあり方についても見定めておかなくてはならない。

　国際社会の出現を語るにあたって欠かすことができない出来事とされてきたのが1648年のウェストファリア条約であることはいうまでもない。欧州を舞台に30年に及び繰り広げられていた宗教戦争を終結させるべくドイツ北西部の地で締結された諸条約によって（近代）国際法の幕が開き，当該戦争のさなかの1625年にフーゴー・グロチウス（Hugo Grotius）が著した『戦争と平和の法』には，国際法学の始まりを告げる格別の位置づけが与えられてきた。ウェストファリアをめぐるこうした物語は事後的に組み立てられたものであり，神話的要素をあまた含みもってはいるものの，しかしそうであればこそ，今日に

---

[13]　J. T.Gathii, "A Critical Appraisal of the International Legal Tradition of Taslim Olawale Elias," *Leiden Journal of International Law*, Vol. 21 (2008), p. 334.

至る国際法の叙述を決定的に左右する言説構造をそこに端的にみてとることができる。

その一つは明瞭な西洋中心性である。現にこの物語にあっては，宗教戦争であれウェストファリア条約であれ，あらゆる出来事が欧州で生起し，その一方で，グロチウスがそうであるように，主要な登場人物もまた欧州の人々に限定されている。もう一つ着目すべきなのは，ローマ帝国のくびきから解き放たれて出現した主権国家を中心に国際法のあり方を語る手法である。いずれのテキストを見ても，この手法に範をとって，国際法とは平等な主権国家間の関係を規律する法である旨が説かれてきている。

こうした叙述の仕方において，非西洋はまったき客体・他者と化している。非西洋圏に国際社会が拡張される過程で国際法が果たした役割は，対等な主権国家間の関係を規律することではなく，また，主権国家間の合意を通して非西洋圏に国際法が浸透していったのでもない。非西洋圏の人々は対等な主権的存在として扱われることはなく，むしろ，あからさまに劣位の処遇を受けることになった。国際法は，欧州の外では，西洋と非西洋との対等ならざる関係を規律し，非西洋を下位の階層に組み入れるための法として機能していくのである。

国際法における「第三世界アプローチ The Third World Approaches to International Law」の旗手の一人アントニー・アンギー（Anthony Anghie）の研究[14]が照らし出すように，実のところ，国際法は，主権国家間の関係を規律するという以上に，西洋による「新世界 New World」，つまりは非西洋の征服をいかに正当化するかという課題をその本質に抱え込んで立ち上げられた法的プロジェクトでもあった。カール・シュミット（Carl Schmitt）の言を借用すれば，「新世界」の出現は「近代国際法の始期を画するものであり，……16世紀から20世紀までの400年もの間，欧州国際法の構造は新世界の征服という本質的な出来事の展開によって決せられてきたのである」[15]。ウェストファリアの枠組みに依拠する標準的な叙述は，この観点からすれば，非西洋の存在を不可視化（周縁化）することで，国際法の有する帝国主義／植民地主義的起

---

(14) A. Anghie, *Imperialism, Sovereignty and the Making of International Law* (Cambridge University Press, 2004).

(15) C.Schmitt, "The Land Appropriation of a NewWorld," *Telos*, No. 109 (1996), p. 29, 43.

源・性格を認識対象から消去し、今日に続く不均衡な世界秩序の自然化に資する知の枠組みにもほかならないことになる。

　人権を再文脈化＝脱植民地化するには、したがって、ウェストファリアの認識枠組みを超え出ることが必要であるところ、その重要な契機を提供するのが、グロチウスの『戦争と平和の法』からさらに100年以上を遡る15世紀に出来した世界システムの構造的文脈である。欧州の内ではなく、「新世界」を舞台に出来した帝国と植民地の関係性に着眼するということである。なかでも、アンギーの精緻な学術的営為によって再発見されたフランシスコ・デ・ビトリア（Francisco de Vitoria）と、バルトロメー・デ・ラス・カサス（Bartolomé de las Casas）の提示した議論には、人権や国際法にかかるこれまでの叙述を根本的に相対化し、多元化するために欠かすことができない思考の環がそこかしこに用意されている。

2　従属と征服の理路

　サラマンカ大学神学部教授の職にあったビトリアは、欧州という地理的範囲を超えてグローバルに適用される法のあり方を模索したという意味において、まさに「国際法の創始者」と呼ぶにふさわしい学者に違いない。そのビトリアが、ローマ法王の宗教的権威の及ばぬ「インディオ」の地を支配しようとするスペインの試みを法的に正当化するために召喚したのは、自然法の論理であった。ビトリアは、自然的理性が諸民族間に打ち立てた普遍的な自然法システムである万民法 *jus gentium*/law of nations（国際法）の適用を、欧州の人々と同様に現地の人々も受けると説いた。かれらの人間性を否定したフアン・ヒネース・デ・セプールベダ（Juan Ginés de Sepúlveda）らとの対比において、ビトリアの先進性が高く評価される側面がここにある。

　ところが、自然法によって「新世界」に万民法（国際法）を適用する基礎を築くや、ビトリアはその眼差しを一変させて、「インディオ」を人間ではあるが知性を欠いた野蛮人とみなし、狂人や野獣と同じく自らを統治する能力を欠いている、と断ずるに至る。もっとも、かれらは、「自らを統治するには理性が十分でないが、命令を受け取るためには十分に理性的」[16]なのであった。権利を享有する十全な資格はないものの、制裁を受ける資格は完全にある、とい

---

(16)　F.De Vitoria, *Political Writings* (Cambridge University Press, 1991), p.239.

うわけである。

　その一方でビトリアは，自然法から生ずる権利として，交通（「新世界」に足を踏み入れ，滞在すること），通商，キリスト教の伝播を明示し，これらの権利行使に抗することを侵略・戦争行為と定義づけた。スペイン人の強引な侵入に対して現地の人々が抵抗するのはいわば当然の成り行きであったが，しかしそれこそが，万民法（国際法）を侵害する侵略とされ，防衛のための正戦にスペインを駆り立てることを正当化するものとなった。しかも，交戦権の行使として，あらゆる財産の略奪と，子ども・女性を含む現地住民の奴隷化が許容された。

　ビトリアの自然法理論は，こうして，異なる文化圏を同一の法秩序に組み入れたうえで，スペインによる「新世界」の略奪，奴隷化，支配，征服，大虐殺を公然と認める国際法に転じていった。ビトリアの理論はスペインによる征服の事実を前提に，これを追認すべく組み立てられたものであり，帝国主義（植民地主義）の暴力的営みに資するものであったことはまぎれもない。しかし，そうではあれ，世界に広がりゆく法秩序の構築をめざした点において，その営為は，西洋の内なる出来事の評価に焦点をあてる国際法の叙述の仕方を根底から紡ぎ直していく理路を与えるものにほかならない。

　同時に見過ごしてならないのは，今日の人権の前身というべき自然法上の権利が，ビトリアの理論にあっては，第一義的に強者（侵略者）の利益に資するものとして構成されたことであり，また，権利の主体となることが強者の秩序への従属を意味したことである。西洋人と同じ人間と位置づけられた「インディオ」は，自らの権利をけっして行使し得ないままに，スペインに従属し，殲滅の危機にすらさらされる法的回路の中に全身を埋め込まれていった。ビトリアの議論には，普遍的人権と国際法・植民地主義の暴力的な起源と結びつきが，如実なまでに表出しているといってよい。

3　抵抗の理路

　これに対して，ビトリアと同時代を生きたスペイン人聖職者ラス・カサスは，征服戦争の悲惨さとエンコミエンダ制に呪縛された「インディオ」の惨状を目撃し，自然法を駆使して「新世界」先住民族の擁護のための理論を展開した。もっともラス・カサスの議論の矛先はビトリアに向けられていたのではなく，その直接の論敵は，征服戦争を正当化するために刊行された『第二のデモ

◆ 第Ⅰ部 ◆ 人権の領野

クラテス』の著者（Juan Ginés de Sepúlveda）セプールベダであった。染田秀藤の解説を参照するに，セプールベダがスペイン人による征服を正当化するために挙げていた理由は次の四つに集約される[17]。

第1，「インディオ」は生まれながらに理性を欠いて愚鈍であるので，理性を具えたスペイン人に従うべき「自然奴隷」（野蛮人）である。第2，「インディオ」は偶像崇拝や人身犠牲など自然法に反する罪を犯しているので，処罰されなければならない。第3，圧政的支配から弱者（供犠となる人々）を救わなければならない。第4，スペイン国王には，「インディオ」をキリスト教世界へ導き入れる使命（義務）がある[18]。

両者の論争は宮廷を巻き込む重大な次元に立ち至ったのであるが，ともあれ，ラス・カサスの関心もまた，セプールベダやビトリアと同様に，スペインと「新世界」先住民族を共通の地平におく管轄権をいかに確立するかにあったことはたしかである。だが，征服者の権利を正当化しようとするセプールベダらとは異なり，その議論は国際的な法によって「インディオ」の権利をいかに擁護するかというところに向けられた。ラス・カサスにとっては，すべての人間に自然法が及ぶ以上，「インディオ」は一方的な処罰・制裁の対象としてではなく，欧州人と同じくその利益を享受すべき存在でなければならなかった。

ラス・カサスがビトリアと決定的に異なるのは，最も重視すべき権利を，通商や貿易，布教ではなく，人間の自由に定めたことである。あらゆる人間は生まれながらに自由であり，自然法によって当初から自由への権利を与えられている。ラス・カサスは，こう説示する。そのうえで，自由を有することと連動して人間は自らの自発的な同意なく他者に支配されることはない，という見解を次のように表明したが，そこに，エンコミエンダ制の醜悪な実情が念頭におかれていたことはいうまでもない。

> いずれの国王であれ政府であれ，いかに力をもっていようとも，合法かつ正当に人民の同意を得られない場合には，当該政体（republic）について，

---

[17] セプールベダ（染田秀藤訳）『第二のデモクラテス ── 戦争の正当原因についての対話』（岩波書店，2015年）252頁。
[18] セプールベダのこの立論は，今日において語られる人道的介入の正当化因と瓜二つというべき内実を有している。イマニュエル・ウォーラーステイン（山下範久訳）『ヨーロッパ的普遍主義 ── 近代世界システムにおける構造的暴力と権力の修辞学』（明石書店，2008年）第1章参照。

人民または臣民に損害を与えるいかなるものも定めることはできず，命じることもできない。……人民の同意を考慮することなく，いずれかの者が人民の共通の利益に反して行動することを決定する場合には，その決定は無効である。自由とは，自由な人民が持ち得る最も貴重で価値あるもなのである[19]。

人民は自らの財産と領土に対して完全な権限を有する。このゆえに，現地の人々の同意なく強奪されたインカ帝国はインカ人に戻す，という歴史的不正義への対処の必要性すら主張された。もとより，スペインが「インディオ」の土地を手放すことは当時の時点では現実離れした想定ではあった。そのゆえもあってか，ラス・カサスは，キリスト教の伝道によって「インディオ」を救済する責任をスペイン人が放棄することまでは認めない。結局のところ，ラス・カサスにとって唯一の解決策というべきものは，「インディオ」が，キリスト教を自発的に受け入れて，スペイン国王の支配の下に地域的な統治を自ら行うというところに落着するのであった[20]。

このような限界を最終局面で呈したとはいえ，しかし，近代批判の根源的契機を湛えるラス・カサスの議論が，個人の自由と人民の自己決定権（自決権）という現在の国際人権法の根幹を支える基本原理をすでにして定式化していたことは特筆される。自然法上の権利（人権）を強国による介入・征服に接続するビトリアの議論に対して，ラス・カサスの議論は強国からの介入に抗する盾として人権を援用するものであった。前者は抑圧の論理としての人権の側面を，後者は解放の論理としての人権の側面を映し出すものといってよく，両者の主張はその意味において好対照をなしている[21]。

---

[19] E.Dussel, "Las Casas, Vitoria and Suarez, 1514-1617," J.M.Barreto (ed.), *Human Rights from a Third World Perspective: Critique, History and International Law* (Cambridge Scholars Publishing, 2013), p. 183.

[20] *Id.*, p. 184.

[21] もとより，ラス・カサスの思想には宣教の使命が密接に関わっていたのであり，そこに，ラス・カサスの主唱した人道主義プロジェクトの本質的限界があったことにも留意しておかなくてはならない。ネグリらは，ユートピア主義の両義性を批評する文脈で，ラス・カサスを次のように評している。「インディオは最高度の寛容さと慈悲によって，真の宗教やその文化の支配と保護のもとに導かれるだろうという，ヨーロッパ中心主義的な見方をラス・カサスは超えることができない。原住民は未発達の，潜在的なヨーロッパ人なのである。この意味でラス・カサスは，二十世紀にまで連綿と連なる，

◆第Ⅰ部◆人権の領野

とはいえ，ビトリアとラス・カサスの議論には，本章のテーマとの関連でとりわけて示唆に富む共通の要素も見て取れる。第1に，そのいずれもが，後に国際法と称されることになる法の成立根拠を，自然法上の権利，すなわち今日的用語に鋳直せば「人権」に求めている。すべての人間に適用される人権を通じて，西洋と非西洋の法的な架橋がはじめて可能とされたのである。第2に，いずれの議論にあっても，人権が問題とされる文脈は一つの政体（国）の内に限定されていない。換言するに，征服の正当化としてであれ，抵抗の論理としてであれ，人権はスペイン対「インディオ」という「国際的」な関係の中で語られている。これらの要素は，「国際法の国家中心性」と「人権の国内性」に支えられた標準的な叙述を相対化する契機となり得るものにほかなるまい。

これにもう一つ加え，抵抗の論理として人権を掲げたラス・カサスの議論について付言すれば，自らのあり方を自ら決する人民の権利（自決権）があらゆる権利の根幹におかれたことにも留意しておく必要がある。外部からの強度の抑圧・搾取に抗するために「集団」の権利を定立することの重要性が，16世紀の時点においてすでに認識されていたということである。

分析の起点を，西洋と非西洋との本格的な邂逅というべき「新世界」征服の時点に定めてみると，このように，人権にせよ国際法にせよ，標準的な歴史叙述とは異なる理路が拓かれていくことを感得できる。

Ⅳ　世界秩序の中で

ロックらの近代自然法思想を背景に，重商主義から経済的自由主義への移行力学を梃子にして自由権が出現し，その後，自由放任主義の行き過ぎによる格差是正のために社会権が定立される。さらに第二次世界大戦後になると，発展途上国など「南」の諸国の唱導を通じて自決権・発展の権利・環境権・平和への権利といった，集団を主体に取り込んだ「第三世代」の権利（連帯の権利）が創り出される。

こうした西洋に基軸をおいて構築された標準的な進歩史観にあって，自決権

野蛮人の完成可能性をめぐる言説に属していた」（アントニオ・ネグリ，マイケル・ハート（水嶋一憲・酒井隆史・浜邦彦・吉田俊実 訳）『帝国 —— グローバル化の世界秩序とマルチチュードの可能性』（以文社，2003年）157頁）。ここでは，こうした本源的限界を踏まえつつ，ラス・カサスの提示したユートピア的要素を抽出して考察している。

2　人権／国際法の系譜学

など集団の権利は「南」の諸国の政治的主張を受けて創設された最も新しい権利として、やや特殊な扱いを受けることが多い。日本でもそうであるように、欧米諸国の憲法のテキストには自決権はまったく登場しないことも例外ではない。

しかし、「新世界」征服過程におけるラス・カサスの議論が示すように、植民地主義的抑圧・支配を受ける側にとって、とりわけ保障されるべきは、自らのあり方を自ら決する自決権にほかならない。先進工業国の抵抗を押し切って自決権が国際人権規約共通第1条に結実した背景にも、植民地支配を脱した多くの国々の共通の歴史的経験があったことはいうまでもない[22]。そうした経験は西洋中心の人権叙述の中ではどうしても希薄化されてしまう。なにより、自決権はけっして新しい権利などではない。

　自決権を援用して征服と植民地化に抵抗する人民の歴史は、人権が当初は集団の権利であったことを明らかにしてもいる。帝国と植民地の関係の枠組みの中で人権を考える場合には、そうでないということはありえない[23]。

標準的な叙述における人権は、また、ロックらの理論を反映し、国境の内に閉ざされて扱われるのが常である。人権が国際化して以降もこの認識に変わりはなく、国際的な人権擁護メカニズムにしても、主要に念頭においているのは一国内での国家（政府）対市民の関係にほかならない。だが、「新世界」征服という植民地的文脈で語られる人権はそうした国内的関係を前提にしているのではなく、むしろ国際関係の中の言説として構成されている。そしてこうした視座を導入すると、たとえば、米国独立宣言における「生存、自由、そして幸福の追求を含む、ある侵すべからざる権利」への言及にしても、英国の植民地支配からの脱却という世界秩序内における人権の表出という位相が浮き立ってくる。

ホセ＝マニエル・バレート（Jose-Manuel Barreto）によれば、アメリカ大陸・カリブの人々は、自国政府による恣意的な権力行使を制御することはもと

---

[22]　R.Burke, *Decolonization and the Evolution of International Human Rights* (University of Pennsylvania Press, 2010), Ch. 2.
[23]　J.-M.Barreto, RImperialism and Decolonization as Scenarios of Human Rights History,in J-M.Barreto (ed.), *Human Rights from a Third World Perspective: Critique, History and International Law* (Cambridge Scholars Publishing, 2013), p.166.

◆ 第Ⅰ部 ◆ 人権の領野

より，それ以上に，スペインやポルトガル，フランスの植民地支配を脱する解放の拠り所として米国独立宣言やフランス人権宣言に着想を得てきたという。数百年に及ぶ植民地主義に終止符が打たれることへの強い願望こそが，独立宣言や憲法に刻印された人権規定の後背をなしていたということである。まさしく「人権についての近代的な理論と実践の最初の発展は，欧州ブルジョア革命［にではなく］，解放と自決への歴史的衝動の内に刻みこまれていた」[24]というにふさわしい[25]。

先述のとおり，人権は，西洋と非西洋を架橋する法（＝国際法）の確立というプロジェクトと切り離すことができないものとしてあった。人権の近代的起源・展開を語るには，16世紀の帝国主義的状況の中で生成された国際法とのかかわりを看過してはなるまい。これを別の角度から言い換えれば，国際法は原則として国家間の関係を規律する，という標準的叙述の中にあって抜け落ちている人間や人権の存在は，実のところ，国際法の起源をなす動因そのものでもあったことを改めて確認しておくべきである。国際法が欧州を超えて管轄範囲を拡大するうえで，人間の権利（自然法上の権利）はけっして欠かすことができぬ要素であった。

法実証主義が全盛を迎える19世紀になると，ラス・カサスらが依拠した自然法思想は後景に退いてしまう。国家間の合意のみが国際法を作るという法実証主義が支配的思潮になった当時にあって，人間の存在はこの法体系から消し去されてしまったかのようであるが，しかし実際には，「文明 civilization」に基づく人間間の価値的序列が国際法の基層を厳然と支えていたはいうまでもない。世紀が変わり誕生した国際連盟の時代には委任統治制度が導入されるが，ここでも，いまだ自立し得ざる人民の福祉・発達を図ることが「文明の神聖なる使命」である旨が宣明されている。

その後，国際連合の時代になると，文明化の使命という標語自体は姿を消すものの，委任統治制度の実質的な承継機関というべき国際金融機関の活動を中

---

(24) Id., p.184.
(25) オスプレイ配備や辺野古基地建設などを通じて先鋭化した日本（本土）・米国との対立の中で沖縄の人々の自己決定権が強調されているところに，その現代的発現の一つを見ずにはいない（島袋純・阿部浩己責任編集『沖縄が問う日本の安全保障』（岩波書店，2015年），松島泰勝『琉球独立への道――植民地主義に抗う琉球ナショナリズム』（法律文化社，2012年））。

心に，開発，民主化，グッドガバナンス，法の支配といった指導原則が，新たに定立された国際人権規範を引照しつつ，西洋から非西洋に差し向けられていく。標準的な人権の叙述の仕方に沿って国際人権機関がもっぱら一国内の状況に関心を寄せ続ける一方で，グローバルな文脈での人権は，西洋による非西洋圏への政治・経済・軍事的介入を支える普遍的な指標としての機能を強めていった。もっともその一方では，内なる植民地化を強いられた先住民族やその他のマイノリティが，自決権・人権の本来的理念を掲げ，グローバルな文脈に引き寄せて解放の契機を拡充する営為を積み重ねてもいる。その様は，ビトリアやラス・カサスらが人権（自然法上の権利）と国際法（万民法）のあり方をめぐって16世紀に繰り広げた争論の情景を現代に引き写したかのようでもある。

　国際法は，このように，生成の時点において，そして現在に至るまで，西洋による非西洋への植民地主義的介入を媒介項に，人権と密接かつ多義的な関係を築いてきている。国民国家の境界内で，もっぱら善なるものとして人権をひたすら寿ぎ続ける支配的な叙述からは，国際関係において機能する人権の多義的動態をつかみとることは難しい。人権が理念として担い続ける解放の契機を根源的に深化させるためにも，植民地主義との関係において顕現する人権・国際法の姿を精確に踏まえた叙述のあり方を精錬していくべきと考えるゆえんである。

3 個人通報手続の誕生 ── 脱植民地化のダイナミックス

I 人間存在の至高性

　「現在は，価値の多元化の時代であり，ともすれば自信を喪失し，混沌とした世界のようにも思われる。その中で，基点を定めなければ，ただ漂流するばかりである。わたしは，基点を個人の人権に置きたい」──。ハイデルベルク滞在中の 1984 年に刊行した大部の国際法テキストの劈頭において，同書に託した思いを宮崎繁樹はそう表白している[1]。

　「従来のわが国の公法学は，統治者の視点からのものであり，国際法学もその例外では無かった。本書では，できる限り主権者であり被治者である個人の眼で国際法を捉えようとした。」[2] 同書の擱筆にあたり，念を押すようにこの点が強調されてもいる。今日よりはるかに国家中心性が強かった学的環境に身をおきながら，個人や人権にかかる多くの研究成果[3]を敢然と物し続けた宮崎の端然たる佇まいが眼裏を一閃し，思わず居住まいを正さずにはいられぬところである。

　どの学問領域でもそうであるように，対象への接近の仕方については国際法学にもいくつかのアプローチがある。それらを大別すれば，記述的，分析的（理論的），規範的と区分けすることができるが[4]，「個人の眼」を押し出す宮崎の知的成果は，この分類に従うのなら，記述的・分析的な外観に覆われたものであっても明らかに規範的な問題関心を内包させたものとして立ち現れていた。実に，規範的な問題関心抜きには成り立たぬところにその研究の際立った特徴があり，内に包まれた問題関心は，「戦争ほど人間を苦しめ，人権を侵害するものはない」という自らの安からぬ体験に基づいた想念に連なってもい

---

(1) 宮崎繁樹『国際法綱要』（成文堂，1984 年）i 頁。
(2) 同上書 684 頁。
(3) たとえば，『国際法における国家と個人』（未来社，1963 年），『人権と平和の国際法』（日本評論社，1968 年），『国際人権法入門』（共編，三省堂，1983 年）。
(4) 坂本義和『平和研究の未来責任』（岩波書店，2015 年）7-8 頁。

る[5]。

「人権が国際法上保障されているといいうるためには、人権が国際法規範によって直接に保護され、その人権に対する侵害が、国際的諸機関（人権委員会や人権裁判所）によって審査、検討され、救済が具体的に行われることにより、人権の尊重と遵守が確保されることが必要である」。このような認識に立ち、宮崎は至上の価値をおく人権保障のための国際的手続の重要性に関心を引き寄せる[6]。法における人間存在の至高性を確然と打ち出す点において立場を同じくするカンサード・トリンダージ（Cançado Trindade）もまた、国際法の人間化（humanization）過程の論理的帰結として個人の権利を実現するために必要な手続的能力拡充の意義を説く。米州人権裁判所在職中に示した、思想性溢れる自らの意見の一端を再述し、Cançado Trindade は次のようにいう。「個人申立権は国内で正義を得られなかった者の最後の希望の砦である。メタファーを用いれば、個人申立権は紛れもなく人権の宇宙で最も輝ける星であると言い添えることを私は控えないし、躊躇もしない。」[7]

両碩学がそれぞれの著書で記すように、普遍的な次元における個人申立権の先鞭をつけたのは、国際連盟時代に委任統治地域住民に認められた請願権であり、さらには国際連合下にあって信託統治地域住民に与えられた請願権であった。「それらは、個人と私的集団に直接に手続的能力を与える初期の国際的試みの一部であった。20世紀前半に顕現したそうした先行例を通して切り拓かれたのが、国連の枠内あるいは普遍的・地域的な人権条約の下における、人権侵害にかかる現代の申立もしくは通報メカニズムである」[8]。

国連と普遍的人権条約に限っていえば、「現代の申立もしくは通報メカニズ

---

(5) 宮崎繁樹『戦争と人権』（学陽書房、1976年）3頁。ちなみに、宮崎は1981年から1985年にかけて、平和の構想を明示的に追究する日本平和学会の理事職にもあった。

(6) 宮崎・前掲書注(1)123頁。

(7) Antônio Augusto Cançado Trindade, *The Access of Individuals to International Justice*（Oxford University Press, 2011), p. 13.

(8) Id., pp. 19-20. さらに、宮崎繁樹『国際法〔第3版〕』（日本評論社、1979年）45-46頁。もっとも、委任統治制度の下での請願については、当初は数百に及んでいたとされるが、国際連盟が有意な行動をほとんどとらなかったことからその数は減少し、1935年以降は欧州においてユダヤ人マイノリティを保護できぬ連盟への信頼が失墜し、ほんの一握りの請願しかなされぬようになってしまったとされる。Roger Norman and Sarah Zaidi, *Human Rights at the UN: The Political History of Universal Justice*（Indiana University Press, 2008), p. 157.

ム」の土台が本格的に定礎されたのは1960年代に入ってからことである[9]。『国際法における国家と個人』,『人権と平和の国際法』という人権にかかる宮崎の重要な研究が江湖に問われたのも同時期であった。時の吻合は,だがけっして偶然がもたらした単なる一致だったわけではない。後学の徒が享受する後知恵をもって評すれば,それらの著作は,個人と国際的メカニズムが結びつきを強め始めた時代の規範環境を後背に据えて必然的に世に押し出された知的成果というべきものにほかならない。

　人権保障の要をなす個人申立権は,もとより個人を基点に据えた国際法学徒・宮崎にとっても,カンサード・トリンダージ（Cançado Trindade）と同様に「希望の砦」として現れ出ていたことは想像に難くない。小論では,その個人申立手続の普遍的基盤が固められた1960年代の時代状況を,とりわけ国連内での議論に焦点を当てながら改めて見つめ直してみることにしたい。法が政治の産物でもある以上,崇高な理念を映す人権救済申立手続もまた国際社会の濃厚な政治力学が輻輳して生み出されたものであることには変わりない。そこには,歴史の出来事に特有の逆説と偶有性の要素がふんだんに織り込まれてもいる。以下ではその実相をいくばくかでも叙述しようと思うのだが,その際,「ほとんど西欧的視点から国際法を検討していた」日本の国際法学への深い自省の念を隠さなかった宮崎の知的態度[10]を念頭におき,十分に見極められてこなかったアジア・アフリカの人々の主体的な貢献に着目してこれを行うこととしたい。

II　自己否定のポリティクス

1　3つの手続

　まず前提として確認するに,国連システムにおける「現代の申立もしくは通報メカニズム」は現時点では大要3つに分けられる。その第1は,人権理事会

---

(9)　いうまでもなく,地域的には欧州人権条約の人権保障システムが先端的な軌跡を1950年代から漸進的に刻み始めていた。ただし,同条約の履行を監視する欧州人権裁判所がダイナミックな解釈手法を掲げ,同時代の重要な人権問題に積極的に関わりゆく姿勢に転じたのは1970年代後半からである。小畑郁『ヨーロッパ地域人権法の憲法秩序化』(信山社,2014年) 45-46頁。
(10)　宮崎・前掲書注(1)684頁。

によって 2007 年に設置された申立手続である。「世界のどこであれ，またいかなる状況の下であれ，すべての人権及び基本的自由の重大かつ信頼できる程度に立証された侵害の一貫した形態に対処するために設けられ」たものである。関係国の協力を得やすくするとの理由から非公開とされ，「公平，客観的，効果的で，被害者指向であり時宜を得た形で行われることを確保する」よう，前身の 1503 手続を改善したものとして制度設計されている[11]。

第 2 は，国連人権理事会・特別手続の下にある通報手続である[12]。1967 年以降に導入された人権保護のメカニズムに基づく任務／権限保持者（特別報告者，作業部会といった名称が与えられる。）により担われている。書面や口頭で国別任務保持者に提供される陳述・証言は当初から重要な情報源として利用されていたが，1980 年以降任命されたテーマ（人権課題）別任務保持者によりこうした情報の処理が通報手続として整備されて今日に至っている[13]。任務保持者は，信頼できる情報が寄せられた場合に関係国政府と連絡をとることができるが，個別の事案だけでなく，現行法や作成中の法案についての内容が通報の対象になることもある。

通報は 2 つの形式をとる。1 つは「緊急アピール（urgent appeal）」であり，

---

(11) A/HRC/RES/5/1, 18 June 2007, paras. 85,86. 2007 年から 2014 年 10 月までの実績を見ると，11 か国における 16 の事態（アフリカ，中東，中央アジアがほぼすべて）が人権理事会の決定に付されている。7 件は特段の理由を公にすることなく検討終了に至っているが，技術支援提供の勧告や検討文書を公開する旨を伴う決定も見られる。The List of situations referred to the Human Rights Council under the complaint procedure since 2006（October 2014），available at https://www.ohchr.org/Documents/HRBodies/ComplaintProcedure/SituationsConsideredUnderComplaintProcedures（accessed January 31, 2019). なお，1970 年に設置された 1503 手続については，今井直「国連 1503 手続の制度的性格と問題点」『早稲田大学法研論集』26 号（1982 年）29-54 頁，久保田洋『国際人権保障の実施措置』（日本評論社，1993 年）109-147 頁。

(12) 特別手続一般について，Aoife Nolan, Rosa Freedman and Therese Murphy (eds.), *The United Nations Special Procedures System* (Brill, 2017); Mark Limon and Hilary Power, *History of the UN Special Procedure Mechanism: Origins, evolution and reform* (Universal Rights Group, 2014); Ingrid Nifosi, *The UN Special Procedures in the Field of Human Rights* (Intersentia, 2005), 阿部浩己「国連人権保障システムの至宝 ── 特別報告者①②」『時の法令』第 2032 号（2017 年）53-58 頁，第 2034 号（2017 年）59-64 頁。

(13) Catalina Rivera Diaz, "Victims, Communications and the Special Procedures of the UN Human Rights Council," in Humberto Cantu Rivera (ed.), *The Special Procedures of the Human Rights Council* (Intersentia, 2015), pp.130-131.

3　個人通報手続の誕生

差し迫った人権侵害または現在進行中の重大な人権侵害などを訴える情報を受けたときに採用される。もう1つは「侵害申立書簡（letter of allegation）」と呼ばれ，すでに発生したと主張される人権侵害に関する情報を通報するときに主として用いられている。こうした通報を通して，任務保持者は関係国政府に説明を求め，事態の改善を図り，侵害の防止・終止を促している。もっとも，この手続は法違反の有無を判ずるものではなく，その主要な目的は，関係国政府等の注意を喚起することにより被害者の保護・人権侵害状況の改善を促すところにある[14]。

ただし，恣意的拘禁作業部会と強制失踪作業部会はこれに加える特筆すべき活動を行っており，なかでも前者の手がける個人申立（individual complaint）についての調査（investigation）は，個々の事案ごとに国際人権基準（5つの類型に分けて判断される）適合性を当事者対抗的な手続によって審査し，その結果を「意見（Opinion）」として示すところに顕著な特徴をもつ[15]。他方で後者は特別手続全体の存在価値を著しく高める活動を遂行してきた作業部会であり，通報についても，強制失踪の事案が報告受領後3か月以内に生じたものである場合には最も直接的で迅速な手段により関係国政府に送付され（緊急手続），それ以降のものである場合には書簡で送付される（標準手続）というシス

---

[14]　特別手続の通報は「一定の事態について政府の注意を喚起することにより，被害者に即座の保護を提供するための手段である」（Olivier De Schutter, *International Human Rights Law* (2nd ed.), Cambridge University Press, 2014), p.974）。ちなみに，44のテーマ別，12の国別任務保持者により構成された2017年の実績を見ると，534件の通報（そのうち423件が複数の任務保持者による共同の通報）が117か国と23の非国家主体に宛てて送付されている。その中で92件が立法にかかる通報であった。全体の45％が緊急アピール，55％が侵害申立書簡の形式をとっている。人権侵害の被害を受けたとして通報で取り上げられた者は1843人に及ぶ。任務保持者からの通報に対する関係国政府からの回答は484件であった。Facts and Figures with regard to Special Procedures 2017, UN Doc. A/HRC/37/37, /Add.1, 13 March 2018, p. 16.

[15]　See David Weissbrodt and Brittany Mitchell, "The United Nations Working Group on Arbitrary Detention: Procedures and Summary of Jurisprudence," *Human Rights Quarterly*, Vol. 38 (2016), pp. 655-755.

[16]　阿部浩己「国連人権委員会と『失踪』——『失踪』ワーキング・グループの成立経緯と活動の実態」『富山国際大学紀要』第1巻（1991年）130-137頁。同作業部会の多彩な通報の態様について，*Methods of work of the Working Group on Enforced or Involuntary Disappearances*, UN Doc. A/HRC/WGEID/102/2, 2 May 2014, paras. 10-38. 1980年に設置された同作業部会は2018年5月までに108か国の政府に5万7149件の事案を送付し，その時点でも92か国における4万5499件を処理中であった。*Report of*

45

テマティックな処理が初期の段階から導入されている[16]。

　第3は，主要人権条約に備わった個人通報手続である。選択議定書という別個の条約によるにせよ，条約規定に従った受諾宣言によるにせよ，現在では主要9条約すべてに具備されており（ただし，移民労働者保護条約に基づくものは未発効），受理された通報[17]について条約違反にかかる判断が「見解（Views）」として示される。1976年に自由権規約委員会がこの手続をスタートさせて以降2016年末までに，各国により受諾された人権条約上の個人通報手続の総数は513ほどにのぼる。諸条約機関に登録された通報数は合計3960件で，そのうち自由権規約委員会が2932件（全体の74％）と最多で，次いで拷問禁止委員会への通報が797件（20％）と続く[18]。ただ，この手続は個人通報を検討する条約機関の権限を受諾した国との関係でのみ利用可能なため，主要9条約いずれの通報手続も受け入れていない諸国については適用し得ない法状況が続

---

　　the Working Group on Enforced or Involuntary Disappearances, UN Doc. A/HRC/39/46/, 30 July 2018, para. 5.

(17)　通報という語の使用について，自由権規約（市民的及び政治的権利に関する国際規約）委員会の一般的意見33は次のような断りを入れている。「当委員会は，『申立（complaint）』や『請願（petition）』などの用語の代わりに，選択議定書1条に含まれる『通報（communication）』という用語を用いる。もっとも，人権高等弁務官事務所の現行の運営体制下で用いられているのは『請願』という用語であり，選択議定書に基づく通報も，まず請願チームと称される部署において処理されている」（UN Doc. CCPR/C/GC/33, 5 November 2008, para. 6）。この断りが示唆するように，国連では，petition, complaint, communicationといった語が互換的に用いられることが多い。事務局での取扱いとは別に，決議や条約等においてcommunicationという「あたりさわりのない」語が選好されるのは，「petition, complaintなどより弱い響きをもつ」からであるとされる（久保田『前掲書』（注11）99, 105頁 注1）。本章では，申立と通報を互換的に用いるものの，参照する原文でcommunicationという語が用いられている場合には通報という訳語を当てる。

(18)　同じ時点で，拷問等禁止条約よりも40以上多くの締約国を擁する女性差別撤廃条約の違反を訴える通報は110件，人種差別撤廃条約についても運用が始まって33年余りに及ぶにもかかわらず，通報登録はわずか51件であった（Marc Limon, *Reform of the UN Human Rights Petitions System: An Assessment of the UN human rights communications procedures and proposals for a single integrated system*（Universal Rights Group Policy Report, January 2018）, pp. 20-23）。2018年5月までの通報実績でも，人種差別撤廃条約については15か国について62件の登録（係属中のもの6件）にとどまる。ちなみに，そのうち35件について本案判断が示され，19件で条約違反が認定されている（*Report of the Committee on the Elimination of Racial Discrimination*, UN Doc. A/73/18, para. 44）。

いていることはいうまでもない。

2　最も精巧な紙屑籠

　上記 3 つの手続[19]は，情報提供の意味合いが強い非公開申立手続，当事者・政府間に対話の経路を築く特別手続の通報手続，そして個別事案について法的判断を示す条約上の個人通報手続と，制度の性格は一様でない[20]。実効性という観点からも，とりわけ非公開申立手続については，秘密性を隠れ蓑に人権を犠牲にした政治的取引きが行われているなどとして，1503 手続の時と同様に重大な疑念・批判が差し向けられている[21]。

　もっとも，国連の歴史を顧みれば，当初はこうした非公開の情報提供的な手続すら公然と忌避される時が続いていた。実際のところ，「すべての者のために人権及び基本的自由尊重するように助長奨励することについて，国際協力を達成すること」を機構の目的の 1 つに掲げた国連のもとには，発足当初から人権救済を求める多くの書簡が送り届けられていた[22]。1947 年 1 月から 2 月にかけて開催された人権委員会第 1 会期で，世界人権宣言の起草にも顕著な貢献を果たすレバノン代表 Charles Malik やインド，フィリピンの代表らが同委員会の信頼性を高め，人権の実現のために個人申立処理手続の確立が必要である旨を繰り返し強調したのだが，ソ連代表は国連憲章 2 条 7 項を理由にこれに反対し，米国代表 Eleanor Roosevelt も「我々は裁判所ではないので，申立の提起する問題を解決するためにできることは実際上なにもない」と述べるなど，Malik らの提案を拒絶することを躊躇しなかった[23]。

---

(19)　なお，以上の 3 つの通報手続に加えて，1978 年にユネスコで「教育，科学，文化及び情報の分野の権利」に関する通報手続も備えられている。現行手続については，104/EX/Decision 3.3 を参照。

(20)　特別手続と人権条約の通報の違いについて，Nigel Rodley, "United Nations Human Rights Treaty Bodies and Special Procedures of the Commission on Human Rights ── Complementarity or Competition?," *Human Rights Quarterly*, Vol. 25 (2003), p. 895-896. なお，申立・通報手続の性格は個人の国際法主体性という文脈でも問題となるが，この点にかかる宮崎の見解は，「国際法主体の問題は……国際法直接性が認められる否かという資格，つまり権利能力の問題であり，具体的にどのような法律行為をなしうるかの行為能力の問題ではない」というものであった（宮崎・前掲書注 (1) 96 頁）。

(21)　Limon, *supra* note 18, p. 41.

(22)　久保田・前掲書注 (11) 99 頁。

◆ 第Ⅰ部 ◆ 人権の領野

　こうして人権委員会は「人権に関するいかなる申立についても行動をとる権限を有していない」との決定を自ら行うに及び[24]，西欧のみならず東欧諸国の賛同も得たこの決定は，親機関である経社理においても同年7月に追認されることになる（Res. 75(V)）。当該決議は，人権に関する通報について非公開リストを作成するよう事務総長に要請したものの，人権委員会構成国は内密の会合でそのリストに留意するにとどまり，特定の人権侵害を訴える通報の原本を検討することすら制御された。世界各地からの救済の訴えは，初代国連人権部長 John Humphrey が比喩を用いて言うように，「これまでに編み出された中で最も精巧な紙屑篭」[25]の内に暗然と葬り去られることとあいなった。

　個人申立権は世界人権宣言の起草過程でも大国の警戒心を呼び，国連への請願・通報権を掲げる草案規定は英国主導の総会決議（Res. 217B(III)）により「さらなる検討のため」人権委員会に差し戻され，結果的に同宣言ではなんら言及されることがなかった。その後，国際人権規約の起草へと作業が移った1949年以降50年代を通して，アジア，アラブ，ラテン・アメリカの諸国が個人申立権の挿入を主唱することになるのだが，なかでもフィリピン・インド・エジプト代表の精力的な発議は際立っていた[26]。たとえばフィリピン代表 José Inglés は1954年に，個人申立に関する条文案の提案国となった理由に言及して次のように述べている。「真の問題は各国が〔自由権〕規約において認められた権利の尊重を約束するかどうかである。同規約の文言そのものにより，個人は明らかに国際法の主体であり，その真の目的は個人を国家権力の濫用から保護することにある。……フィリピン代表団は，同規約に申立権を挿入するいかなる提案にも賛同する。」[27]

　米国代表とともにこの提案に強く反発したのが英国代表 Samuel Hoare であ

(23) Limon, *supra* note 18, p. 9. 申立手続に否定的だった Roosevelt の見解について，Carol Anderson, *Eyes off the Prize: The United Nations and the African American Struggle for Human Rights* (Cambridge University Press, 2005), p. 134.
(24) UN Doc. E/259〔Supp〕, 1947, para. 22.
(25) John P. Humphrey, *Human Rights and the United Nations: A Great Adventure* (Transnational Publishers, 1984), p. 28.
(26) エジプト代表 Mahmud Azmi の貢献について，Suzan Waltz, "Universal Human Rights: The Contribution of Muslim States," *Human Rights Quarterly*, Vol. 26 (2004), p. 835. 1950年頃の段階にあって，アラブ諸国の代表の多くは個人申立権の拡充を支持する傾向にあった。
(27) UN Doc. E/CN.4/SR.435, 16 March 1954. インド代表の発言について，id.

3　個人通報手続の誕生

る。人権保障の拡充に一貫して懐疑的であった Hoare にとって，個人申立は「きわめて危険な状況をもたらす」もの以外のなにものでもなかった。その背景には冷戦状況が与ってもいたようで，同人にとって「嘘と半分の真実が世論を動かす手段となっている」時に，つまりプロパガンダが人々を誤った方向に導く状況下にあって，市民は申立権を授けられてはならぬ存在であった[28]。

Malik に代わる代表を据えたレバノンも，従来の姿勢を 180 度転換させて反対の立場に転じていく。「規約に基づいて自由に引き受けた義務の遵守を国家が怠るよりも，個人による申立権の濫用を恐れることに理由がある」という，にわかには承服しがたい認識が同国の新たな代表により示されている[29]。「国内管轄事項」に固執する東欧諸国の消極姿勢も変わらずに引き続いた。信託統治地域住民の請願権を先例として持ち出したインド代表の言に反駁し，ポーランドとウクライナ代表は，植民地からの個人請願と，完全な主権を有する国家からの個人申立とを同列に扱うことはできないと断じている[30]。

個人申立権に対する欧米・東欧諸国の頑なな抵抗は，1950 年代を通していささかも変わるところがなかった。欧米諸国の側には，人種差別を制度化し（米国），あるいは世界各地に植民地を抱えていた（英国等）内情に加え，自らが「開かれた」政治体制にあるため，個人申立を強権的に抑え込める全体主義諸国に比べ多くの批判にさらされることへの危惧も募っていた。他方で，政治的抑圧下にあったソ連・東欧諸国が国際的監視を忌避していた実情については改めて言挙げするまでもない[31]。Inglés らによる個人申立権挿入の提案は，大国主導の頑強な抵抗を前に棚上げされたまま，人権委員会のもとを離れていくこととなった。

もっとも，その間も，人権救済を求める訴えは絶えることなく世界各地から国連に寄せられていた。1951 年 4 月から 1958 年までに，経社理決議 75(V) の下に整序された訴えの総数は 61,000 件を超え出ている[32]。申立権の定立に抵抗した Roosevelt が言明していたように，「通報をどう処理するかは人権委員

---

(28) UN Doc. E/CN.4/SR.437, 17 March 1954.
(29) UN Doc. E/CN.4/SR.435.
(30) UN Doc. E/CN.4/SR.435, 436, 16 March 1954.
(31) James F. Green, "Changing Approaches to Human Rights: The United Nations, 1954 and 1974," Texas International Law Journal, Vol. 12 (1977), pp. 224-225.
(32) Limon, *supra* note 18, p. 10.

49

会が決めることだが、通報を送付することは妨げられていなかった」からである[33]。しかし1959年に経社理は、「最も精巧な紙屑篭」を据えるその決議（75(V)）をほぼそのまま再述する新決議を掲げ、個人の訴えを峻拒する姿勢を再確認してこれに応えるのであった[34]。

III　個人通報の普遍化

1　第三世界のイニシアチブ

自己の権限を再び否定する経社理決議からほどなくして、個人申立権をめぐる情勢は大きな転換期を迎えることになる。独立を果たした多くのアフリカ諸国が参入してきたことで、国連内の勢力分布に重大な変化が生じたからである。脱植民地化・反アパルトヘイト・人種差別撤廃を優先的な政治課題に掲げるアフリカを始めとする第三世界諸国の主導により、まず、総会で1960年に採択された植民地独立付与宣言の履行を監視する特別委員会（脱植民地化委員会／24か国委員会）が請願の受理と請願者の聴聞・調査を行う権限を与えられた[35]。総会は1962年に反アパルトヘイト特別委員会の設置も決定したが(Res. 1761(XVII))、ここでも同様の手続が承認された。人権侵害を訴える通報原本へのアクセスすら禁じる人権委員会の消極性を際立たせる事態の展開であった[36]。

アジア・アフリカ諸国からなる新たな多数派集団の形成を背景に、1963年の人種差別撤廃宣言に続けて、1965年に主要9条約の第一弾となる人種差別撤廃条約が高速で誕生する[37]。その中に、他の人権条約の雛型ともなる国際

---

(33)　UN Doc. E/CN.4/SR.16, 6 February 1947.

(34)　この決議（ECOSOC Res.728 (XXVIII) F）は、誤った希望を与えることを避けるため、人権委員会が人権に関するいかなる申立についても行動をとる権限を有していないことを「すべての」通報提出者に伝えるよう事務総長に要請するものでもあった（従来は「必要な場合に」その旨を伝えるものとされていた）。

(35)　その経緯と活動の実態について、家正治「非植民地化問題と国際連合 —— 植民地独立宣言履行特別委員会の活動を中心として」『神戸外大論叢』第37巻1号（1986年）229-248頁参照。

(36)　See John Carey, "The United Nations Double Standard on Human Rights Complaints," *American Journal of International Law*, Vol. 60 (1966), pp. 792-803.

(37)　「［この条約の］迅速な起草と広範な受諾は、明確な意思をもった多数派の支配ゆえのことでもある。欧米の外交官たちに白人至上主義という不快な教義を否認する意思

的実施措置の規定が盛り込まれ，個人通報手続がその柱の1つとされた[38]。アパルトヘイトと植民地主義がこの条約上も特別の重みを与えられていることは前文から歴然としているものの，人種差別禁止にかかる事項的範囲は市民的・政治的権利と経済的・社会的・文化的権利の双方にまたがり，場所的な適用範囲も上記2つの特別委員会とは異なり特定の地域に限定されることなく普遍的な広がりをもつものとして定立された。

　実施措置が審議された総会第3委員会で個人通報の導入を強く提唱したのはガーナとフィリピンの代表である。起草過程を辿りゆくに[39]，なかでもガーナ代表 George Lamptey の果たした主導的な役割が特筆に値する。「わが政府は，人種差別についてすべての人間のための義務的な申立条項の採択を望んできたし，今も望んでいる。人種差別の思想と実践は我々が神聖視するすべてのものに反しているからである。わが代表団は，アフリカ系アメリカ人や英国に住む西インド諸島あるいはアフリカ出身者に申立権を与えることができればよいとは考えるものの，しかし義務的な条項は提案していない。なぜなら，目標の75％を達成し，残りの25％については他日を期すほうがより現実的とされるからである」[40]。個人通報の受諾を選択的とすることで実をあげることの意味合いを，Lamptey はそう説いてみせた[41]。

　　　がなかったとしても，かつて従属的な支配下にあった人民たちが，いまや拘束力ある非
　　　差別の原則を確立するに十分な数を獲得したのである」（Howard Tolley, *The UN Com-
　　　mission on Human Rights*（Westview Press, 1987）, p. 49）。人種差別撤廃宣言について
　　　は，Steven L.B. Jensen, *The Making of International Human Rights: The 1960s, De-
　　　colonization, and the Reconstruction of Global Values*（Cambridge University Press,
　　　2016）, pp. 102-117 参照。
(38)　個人通報を含む実施措置規定の起草過程について，ナタン・レルナー［斎藤恵彦・
　　　村上正直共訳］『人種差別撤廃条約』（解放出版社，1983年）98-118頁参照。
(39)　準備作業について，University of Virginia School of Law, *UN Human Rights
　　　Treaties: Traveau Preparatoires*, available at https://hr-travaux.law.virginia.edu/ra-
　　　cial-discrimination.
(40)　UN Doc. A/C.3/SR.1364, 3 December 1965, para. 13.
(41)　Lamptey は，差別に対する効果的な武器として通報権を使用しようとする真摯な
　　　希望とこれに警戒的な国家主権の立場を調和させる唯一の方策が通報権を選択的とす
　　　ることであると述べている（UN Doc. A/C.3/SR.1355, 26 November 1965, para. 39）。
　　　Lamptey は，また，通報手続を別個の議定書に移そうとする提案に対して，国際司法
　　　裁判所規程・選択条項の貧寒たる実情を引き合いに効果的な反論も展開した（UN Doc.
　　　A/C.3/SR.1357, 29 November 1965, para. 40）。

第3委員会には，スーダン，アラブ連合，タンザニアにより植民地住民からの請願の扱いに関する共同提案も提出されたが，Lamptey はそうした提案を難じてこう述べる。「[当該提案] が現在のままで採択されると，この条約は既にして死文化したものと見なされよう。最も肝要な国々が，署名を拒否する口実を手に入れてしまうからだ」[42]。抑制が利きつつ，しかし時に毅然たる発言も厭わぬ Lamptey の振る舞いには，欧米諸国を含めた幅広い合意を導こうとする姿勢が浸潤していた[43]。

　タンザニア等の共同提案は結果的に現行第15条としてその形を残すものの，条約それ自体の適用範囲は植民地に限定されたわけではないため，個人通報手続については自国の劣悪な人権状況を懸念する若干のアジア・アフリカ諸国からも異論が呈され，ソ連・東欧諸国の発言を彷彿させるように，国連憲章第2条7項の原則に反するとの主張がイラク代表などからなされていた[44]。だが1950年代とは違い，申立権の挿入については西洋諸国がこれを支持する立場を打ち出すに及んだ[45]。個人通報を含む強力な実施措置の導入に対してアジア・アフリカ諸国の中に懸念を示す向きが出てきた状況を捉え，「申立の問題を利用することで，欧米諸国の外交官たちは第三世界グループに譲っていた主導権を再び手に入れようとしていた」と Roland Burke は分析する[46]。脱植民地化の過程で政治的に劣勢に追い込まれた欧米諸国は，第三世界主導の人種差別撤廃条約をテコに国際的な監視をグローバルに広げ，これをさらに人権一般に拡充することで自らの優位性を確保する方向に政策の転換を図っていたということである[47]。

---

(42)　UN Doc. A/C.3/SR.1364, paras. 14, 16.
(43)　これとは対照的に，反アパルトヘイトの急先鋒であったタンザニア代表 Waldo Waldon-Ramsey は，実施措置をめぐる審議において「[植民地主義と奴隷制を生み出した] 西洋諸国は人権の問題について発展途上国に教示できるものはなにもない」と痛烈な非難を重ねるとともに，アフリカ諸国における人権問題を条約の適用外におくべきことを主張していた（UN Doc. A/C.3/SR.1345, 17 November 1965, paras. 39, 42）。
(44)　UN Doc. A/C.3/SR.1347, 18 November 1965, para. 7.
(45)　たとえば，英国，ノルウェー，オーストラリア，イスラエル，オーストリアの立場について，UN Doc. A/C.3/SR.1363, 2 December 1965, paras. 5, 11, 12, 22, 23.
(46)　Roland Burke, *Decolonization and the Evolution of International Human Rights* (University of Pennsylvania Press, 2010), p. 71.
(47)　米国で1964年に公民権法が制定され，また，植民地支配下にあった地域が続々と独立し始めていた事情も，欧米諸国の政策転換を促す要因であったことはいうまでもない。

個人通報にかかる条文全体は，欧米諸国の賛同もあり，最終的に賛成 66，反対 0，棄権 19 という票決結果で採択される(48)。国際人権保障システムの進展にとって，この間，国際人権規約の起草作業が滞り，人種差別撤廃条約の作成が先行してなされたことはなによりの好運であった。個人通報の制度化は，多数を占めるアジア・アフリカ諸国が強い関心を寄せるテーマの条約であればこそ可能なところがあった。とはいえ，いかなる事情があれ，これによって他の人権条約に資する確たる「先例」が築かれたことには変わりない。個人通報を一般化する紛れもない端緒が，結果として開かれたのである。

人種差別撤廃条約が採択された翌年，総会第3委員会での国際人権規約草案の審議に際し，1954 年以来棚ざらしのままにあった個人申立権に関する規定を選択条項として規約に挿入する旨の提案がなされた(49)。米国初のアフリカ系女性大使 Patricia Harris も，それまでの米国代表の姿勢とは対照的に，人種差別撤廃条約の「先例」をふまえた実施措置の採用を積極的に提案する(50)。アジア・アフリカ諸国の中からは，人種差別に限定された文書の起草時とは打って変わり，個人通報を規約に組み入れることに反対の立場を表明する国が続出したが(51)，その一方でガーナやフィリピン，ナイジェリアなどは人権保障の観点から個人通報の重要性を強調することを厭わなかった。とくにナイジェリア代表 Adam Mohammed は「規約で明確に保障された権利が侵害される場合に救済申立権の個人への付与をいかなるものであれ拒否することは理解しがたいことであるように思える」と述べ，個人の利益を国家のそれに劣位させる諸国の発言を厳しく戒めた(52)。

---

(48) UN Doc. A/C.3/SR.1363, para. 19.
(49) 自由権規約（第一）選択議定書の審議経緯について，『国際人権規約』（『法学セミナー』1979 年 5 月臨時増刊）238 頁［北村泰三執筆］。See also, Manfred Nowak, *U.N. Covenant on Civil and Political Rights: CCPR Commentary* (N.P. Engel, Publisher, 1993), pp. 649-651; Marc J. Bossuyt, *Guide to the "Traveaux Preparatotoires" of the International Covenant on Civil and Political Rights* (Martinus Nijhoff Publishers, 1987), pp. 796-818; Egon Shwelb, "The International Measures of Implementation of the International Covenant on Civil and Political Rights and of the Optional Protocol," *Texas International Law Journal*, Vol. 12 (1977), pp. 141-186.
(50) UN Doc. A/C.3/SR.1399, 19 October 1966, para. 3.
(51) たとえば，タンザニアについて，UN Doc. A/C.3/SR.1455, 12 December 1966, para. 59.
(52) UN Doc. A/C.3/SR.1438, 29 November 1966, para. 2.

◆ 第 I 部 ◆ 人権の領野

　だが懐疑的な姿勢を崩さぬソ連・東欧諸国および少なからぬアジア・アフリカ諸国は規約本体から個人通報手続を切り離すよう求め，レバノンが提出したその旨の動議が賛成 41，反対 39，棄権 16 という僅差で可決されることになった。賛成国の中には日本も含まれ，他方で反対国の中にはナイジェリアやガーナなどと並び米英，ベルギー，オランダ等の欧米諸国も名を連ねている。反アパルトヘイトへの規範意識の深まり[53]とともに，多くの植民地の独立や黒人解放運動の高まり等を受けて，個人申立に対する欧米諸国の認識の転換をはっきりうかがわせるものがあった。その後，条約本体から分離された個人通報手続案はナイジェリアの発議の下に[54]，若干の審議を経て，賛成 59，反対 2，棄権 32 という票決結果をもってその全体を選択議定書として採択されることとなった。

2　脱アパルトヘイトの位相

　人権条約に個人通報が設けられたことは，「最も精巧な紙屑篭」に訴えを葬る国連の対応の歪さを際立たせるものでもあった。ただ，受諾が選択的な条約の手続とは異なり，すべての国に適用される国連制度の改革には国家主権擁護の観点からはより重大な意味合いが込められていた。ここでも事態を動かす初手の動力となったのは，あらゆる手段を用いて自決権の実現を達成しようとする脱植民地化と反アパルトヘイトの力学である。

　1965 年，脱植民地化委員会は「ポルトガル施政下にある地域，南アフリカ及び南ローデシアにおける人権侵害に関する個人申立を検討する」よう人権委員会に求める決議を採択する[55]。これを受けて経社理は翌年に，「あらゆる国 (all countries)，特に植民地その他の従属国及び地域における人権及び基本的自

---

[53] 1966 年に英国の認識転換を内密に知らされた国連人権部長 Marc Schreiber は，事務総長に宛てた覚書で次のように記していたという。「英国政府はこれまで，第 2 条 7 項により，個別国家における特定の人権侵害申立を国連が扱うことはできないと考えていた。［だが，］政治的な理由と圧力を受けて南アフリカにおけるアパルトヘイトの問題について例外が作られた。……今後英国政府は，特定の人権侵害のパターンがある場合には国連が介入する権限を有すると考えるであろう」(quoted in Burke, *supra* note 46, p. 79)。

[54] ナイジェリアの提案は，東欧を除く世界各地域に所在する 10 か国（最終的には 9 か国）作成の草案に依拠している。See Nowak, *supra* note 49, p. 650.

[55] Nifosi, *supra* note 12, p. 11.

3　個人通報手続の誕生

由の侵害の問題（人種差別及び隔離政策並びにアパルトヘイト政策を含む。）」を検討するよう人権委員会に要請した（Res. 1102(XL)）。共同提案国であったアルジェリア，タンザニア，ソ連等は対象地域を植民地・従属地域に限定しようとしたのだが，脱植民地化の圧力を受け続けていた欧米諸国が「あらゆる国」の挿入を強く求めたことからこのような冗長な表現が案出されるところとなった[56]。

　この要請を受けた後，人権委員会，「差別防止及び少数者保護小委員会」（小委員会），経社理，総会を舞台に，人権委員会の権限拡充をめぐり激しい攻防が繰り広げられることになる[57]。その着地点となったのが，人権の促進にとどまっていた同委員会の活動を人権の保護（人権侵害への対応）の領域にいざなう1967年6月6日の経社理決議1235(XLII)であった[58]。同決議は同委員会と小委員会に対し次の権限を付与している。「南アフリカ共和国及び……南西アフリカ領において行われているアパルトヘイト政策が示すような人権及び基本的自由の重大な侵害並びに南ローデシアにおいて行われている人種差別に関する情報であって，……経済社会理事会決議728F(XXVIII)に従って事務総長がリスト化している通報に含まれるものを検討すること」。1947年に原型が作られていた「最も精巧な紙屑篭」を廃棄し，国連に寄せられた通報の検討を認める画期的な内容にほかならない。

　同決議は続けて，「アパルトヘイト政策が示すような重大な人権侵害の一貫したパターン並びに特に南ローデシアにおいて行われているような人種差別を示す事態について徹底的な研究を行い」，勧告を付して経社理に報告することができる旨の決定も行なった。後に，南部アフリカ・アパルトヘイトの制約を超えた特別手続の発展と，任務保持者の活動に通報手続を導入する法的根拠となるのもこの決議にほかならない。決議内容の画期性はそこにも見て取れる。

　経社理で執拗な抵抗が示されたのは，検討の対象を「あらゆる国」の人権侵害とすることについてであった。インド，タンザニア，ソ連代表は南部アフリ

---

[56]　Tolley, *supra* note 37, p. 53.
[57]　具体的な経緯について，阿部浩己「国連人権委員会の国別審査手続きに関する一考察 ── 公開審議の史的展開と現状」『神奈川法学』第26巻1号（1990年）169-177頁。
[58]　この間，人権委員会では，特別手続の開始を告げる「南アフリカに関する専門家アドホック作業部会」と「アパルトヘイトに関する特別報告者」が任命されてもいる（CHR Res. 2(XXIII), Res. 7(XXIII)）。

◆ 第Ⅰ部 ◆ 人権の領野

カ，植民地あるいはアパルトヘイトに焦点を絞るよう求め続け，それが叶わぬとなった時点でインド代表は通報に言及する箇所の削除を求めるに及んだ[59]。これに対して，決議1235に結実する共同提案を行ったフィリピン代表Salvador Lopez は，人権委員会が人権擁護にとって有益な役割を果たすには同委員会が通報に含まれている情報にアクセスすることを許されなくてはならないと反論し，さらに，かつては個人申立を阻み続ける発言を重ねていた英国代表Hoareも，通報に言及する箇所を維持すべき旨を説き，決議1235の採択実現を強力に後押しする側に回った[60]。

もっとも，決議採決後も，検討対象が「あらゆる国」の人権侵害に現に及ぶのか，それとも，タンザニア代表Waldron-Ramseyの要求を容れて決議文に特記された南ア等のアパルトヘイト・人種差別に限定されるのかについては，なお判然としないところが残された。その不安が現実化したのが，1967年の小委員会と翌年の人権委員会においてである。小委員会から早速にハイチとギリシアの事態について注意を喚起されたことに激しく異議を唱えたのは，ここでもWaldron-Ramseyであった。その発言は苛烈というべきもので，小委員会の見解を全面拒絶する決議案の上程（後に撤回）までなされた[61]。しかしタンザニア代表の主張は，フィリピン，ナイジェリア，イラン，セネガルなど同じ第三世界諸国の多くによっても支持されずに終わる[62]。とりわけセネガル代表は南部アフリカへのこだわりを放棄して妥協するようWaldron-Ramseyに勧奨するとともに，同人の決議案の採択が不要な混乱につながるとして，これを強く諫めている[63]。

火種は1968年秋の小委員会でも燻っていたが，最高裁長官も務めるスーダン出身の専門家Mohammed Abu Rannatの次の発言により，決議1235にかかる潮流ははば決した。｜小委員会が［アパルトヘイト等を除く人権］問題に管轄権をもたないという議論は，保護を求めて国連に頼る何百万人もの人々の利益を擁護する自らの力を削ぎ，国際社会を真正な申立を検討する仕組のないままに据え置いてしまう。国連とその補助機関に対する世界中の人々の信頼を

---

(59) UN Doc. E/SR.1479, 6 June 1967.
(60) Id.
(61) UN Doc. E/CN.4/SR.968, 23 February 1968.
(62) UN Doc. E/CN.4/SR.968-972, 23-27 February 1968.
(63) UN Doc. E/CN.4/SR.972, 27 February 1968.

回復しようとするのなら，小委員会の責務は明白である」[64]。つづめていえば，「あらゆる国」の人権侵害を扱うことこそ国連の責務でなくてはならない，ということである。こうして「1968年の終わりまでに，申立権は，アパルトヘイトに対する政治的措置の装備から，より一般的な人権プログラムへと不安定ながらも移行していくのであった」[65]。

　1970年に経社理は決議1503(XLIII)も採択し，地理的にもテーマ的にもいっさい制約のない個人通報を処理する手続を明文化した。現行の非公開申立手続の前身である。かつて国連の人権活動を事務局でリードしていたカナダ出身の専門家Humphreyらにより原案が小委員会でしたためられ，人権委員会での修正を経て経社理に送付されていた。手続が「非公開」とされたのは懐疑的な姿勢を崩さぬタンザニア代表の人権委員会における発議を受けてのことである。ソ連・東欧諸国などを中心に最後まで抵抗があり，採択も引き延ばしを強いられたが，経社理は最終的に14か国の賛成（反対7，棄権6）をもって当該決議を採択するに至った[66]。

　この結果，2つの通報手続が国連で展開されていく基盤が整った。1つは公開で行われる特別手続の下で任務保持者が従事する通報であり，これは基本的に経社理決議1235に基づいて行われる[67]。もう1つは，経社理決議1503により定式化された非公開の通報手続である。「これら2つの手続の発展は国際人権システムの革命を意味していた。各国は，ある条約の締約国になり，その下での通報手続を選択するかどうかによって，実際上，条約に基づく申立手続に参加することも参加しないこともできる。しかし，国連憲章に基づく新たな手続の下で，各国はもはやそうした選択の余地をもたない。国連は，いまや，どの国に住む個人からであれ，いかなる人権侵害の申立も受取ることができるようになったのである」[68]。1940年代から50年代にかけて人権委員会が自らの権限を自ら否定し続けていた時代とはまったく異なる情景が国連に広がっていくのであった。

---

(64) UN Doc. E/CN.4/Sub. 2/SR.538,10 October 1968.
(65) Burke, *supra* note 46, p. 88.
(66) 以上の経緯について，Tolley, *supra* note 37, pp. 58-60.
(67) 特別手続の下での個人通報の展開と現状について，前掲注(14)参照。
(68) Limon, *supra* note 18, p. 13.

◆ 第Ⅰ部 ◆ 人権の領野

Ⅳ　希望の砦のアイロニー

　個人と国際機関を直接に結びつける通報手続の確立こそ，Limon のいう「国際人権システムの革命」の精髄にほかならない。その革命を可能にしたのは，既述のように，紛れもなくアジア・アフリカ諸国のイニシアチブであった。自らの内に重大な差別や人権問題を抱え込んでいた欧米・東欧諸国が隠れ蓑としてかざし続けた国内管轄事項の壁をこじ開けたのは，国連で新たな多数派集団を構成するに至った第三世界諸国である。だが，脱植民地化の推進を図る諸国が自らを安全地帯におきつつ標的に据えたのは，従属地域・アパルトヘイト・人種差別の問題に限局されていた。

　1960 年代半ばから，脱植民地化の圧倒的な波濤が２つの特別委員会を媒介に人権条約の起草や人権委員会の審議に及んできたとき，植民地保有国としての責任を一方的に追及されていた欧米諸国としては，国際的監視（個人申立）の矛先を特定の地域・人権課題から引きはがし，あらゆる国の人権侵害に伸張することによってこれに応ずる以外の選択肢は政治的に残されていなかった。もとより，そこには，差別を禁ずる国内法制がようやくにして整えられ，また新興独立国の国連参入により植民地保有国としての責任が軽減され始めていたという事情が与ってもいた。

　あらゆる国の人権侵害への権限拡充は，だが，第三世界諸国一般にとってけっして歓迎すべきことではなく，ソ連・東欧諸国と歩調を合わせて，国内管轄事項不干渉の原則を強調する国もあった。しかし，穏健な立場をとるアジア・アフリカ諸国代表の毅然たる働きかけにより，対立と膠着をあおりかねぬ局面を打開する流れが作り出されていく。人種差別撤廃条約の個人通報手続は，選択的と銘打たれたことにより反対票は結果的に投じられなかった。（先述のとおり，国際人権規約に先立ってこの条約の起草が終了したという歴史的偶然により，人権条約一般に個人通報が具備される土台が築かれることにもなった。）他方で，国連への通報について見ると，アパルトヘイト等への限定を頑なに主張していた諸国の姿勢がしだいに緩和していく背景に，偏面性よりも普遍性を求める理性的な判断が働いたところもあるのだろうが[69]，それと同時に，第三

---

(69)　R.Q.Quentin-Baxter, "The United Nations Human Rights Commission and the Search for Measures of Implementation," *Victoria University of Wellington Law Review*, Vol. 30（1999）, p. 573.

3 個人通報手続の誕生

世界という多数派集団が支配する国連にあって、自国の人権状況に対する批判が政治的に回避されるだろうという免責の確信が少なからず作用していたことも否定できない[70]。

改めて振り返るまでもなく、人権条約に基づくものであれ国連の枠内のものであれ、「現代の申立もしくは通報メカニズム」の構築作業は予定調和的な目論見があって始められたものではなかった。少なくとも当初は、ほとんどの国がその生成発展を望みも企図もしていなかったといって過言でない[71]。そのこと自体が歴史の偶有性と脱植民地化のダイナミックスを予覚させる一断面であるが、節目節目で登場した第三世界諸国の傑出した人々（ガーナ代表 George Lamptey やナイジェリア代表 Adam Mohammed ら）の貢献なくして、その偶有性もダイナミックスも有意な果実を産み落とすまでには至らなかったに相違ない。普遍的な通報手続の立ち上げは欧米政治エリートの関与・支持を必要とはしていたものの、彼らがその過程を一貫して領導していたわけではけっしてない。

ただその一方で、皮肉というべきことに、「国際人権システムの革命」は人権への強いコミットメントや各国政府の善き意図によってその根幹を支えられていたわけでは必ずしもなかった。Burke が想い起こさせてくれるように、「アジア・アフリカブロックの国際的分野における最も印象的な成果がもたらされたのは、アジア・アフリカ諸国の多くにおいて人権状況が最悪の状態に近づいていた時であった」[72]。実のところ、個人の通報権を認める前例なきシステムの構築を支持した第三世界諸国の多くは、独裁あるいは権威主義体制の支配する醜悪な人権状況を国内で深めていた。「希望の砦」は、その意味で、薄汚れた影が幾重にも折り込まれながら築かれた構築物でもあった。

もっとも、だからといって、歴史の断面に刻まれたその陰影に案ずべき病弊が宿り続けているというわけではない。希望の砦が希望を差し出すことができるのは、それが善き光に浴して築かれたからなのではなく、救済を求める個人

---

(70) 人権委員会の意思決定過程における政治力学の実態については、阿部「前掲論文」（注57）参照。
(71) 「［通報手続］は、ゆっくりとためらいがちに強化され、1940年代に人権委員会のほとんどの構成国が想定していたものをはるかに超え出る包括的なシステムへと制度化されていったのである」(Burke, *supra* note 46, p. 88)。
(72) *Id.*, p. 91.

に申立の回路を提供できるものであるからにほかならない。そしてその回路は，現に提供されてきた。のみならず，個人通報の制度化が実現し半世紀以上を閲した今日も，日本における実情がそうであるように，世界各地の人々がこの手続に賭けるものはますます大きくなっている[73]。脱植民地化のダイナミクスが図らずして産み落とした希望の砦は，激しく揺動する現代世界にあって，宮崎が精魂込めて取り組んだ個人の人権を基点に据える新しき国際法のあり方を牽引する制度として，種々の抵抗を受けつつも，その存在意義を今後ともいや増していくに違いない。

---

(73) その実情について，前掲注(11)-(18)参照。

4 強制失踪なき世界へ——国際人権運動の光芒

I 五月広場というところ

1 行進する母たち

「法の生命は経験であって，論理ではないという事実はコモンローに限ったことではありません。すべての法の陰には人間の，もしあなたが注意深く読めば，その血が行間に流れていることがわかる人間の物語が隠されています[1]」。

稀代の法律家キャサリン・マッキノン（Catharine MacKinnon）のこの表現が，文脈こそ異なれ，これほど直截に妥当するものはないだろうと思われるのが，2006年12月20日に国連総会本会議で採択された「強制失踪からのすべての人の保護に関する国際条約（The International Convention for the Protection of All Persons from Enforced Disappearances）」（以下，強制失踪条約）である[2]。この条約の陰にいかに多くの人間の絶望と希望の物語が広がっているのかを想い起こさせてくれたのは，2007年2月6日，パリのフランス外務省宮殿にて執り行われた同条約の署名式であった[3]。国連・フランス政府共催によるその式典では，日本を含む57カ国による署名に先立ち，キルチネル・アルゼンチン大統領夫人（Cristina Fernández de Kirchner）と，NGO「五月広場の母たち（Mothers of the Plaza de Mayo）」代表のバスケス・オカンポ（José María Vázquez Ocampo）が，赤十字国際委員会総裁，国連人権高等弁務官，フランス外相とともに，声明を発する特別の機会を与えられた。なかでも格段の感慨をよんだのは，「五月広場の母たち」の存在である。

五月広場とは，アルゼンチン・ブエノスアイレス中心部に位置する市民憩いの広場のことなのだが，平穏たるべきその一角が，禍々しき強制失踪の撲滅に

---

(1) キャサリン・マッキノン「戦時の犯罪，平時の犯罪」S. シュート，S・ハーリー編［中島吉弘，松田まゆみ訳］『人権について』（みすず書房，1998年）103-104頁。
(2) UN Doc. A/RES/61/177. Annex.
(3) 「強制失踪条約署名式の概要」（平成19年2月7日）http://www.mofa.go.jp/mofaj/gaiko/shissou/shissou_gai.html.

61

◆ 第Ⅰ部 ◆ 人権の領野

向けて闘う代表的NGOの名称ともなったのは、ほかならぬアルゼンチンこそがこの究極的人権侵害の巨大な温床となってきたからにほかならない。上院議員も務める同国大統領夫人が「五月広場の母たち」と並んで式典を彩ったのは、この国が、血塗られた醜悪な過去に向き合い、いまや世界に広まった強制失踪廃絶への先頭に立っていくことを改めて宣誓する象徴的な意味合いを込めてのことでもあった。

　強制失踪の現代的起原は1941年12月7日にアドルフ・ヒトラーによって発せられた「夜と霧令」にあるとされる[4]。ナチス・ドイツは占領地域においてレジスタンス運動のメンバーと目される者の身柄を拘束し、密かにドイツに移送していた。移送された者はなんらの痕跡も残さず占領地域からその姿を消し去られ、その後の行方はまったく不明なままにおかれることになった[5]。関係者に恐怖心を植え付け、その行動を威嚇する効果をもくろんでのことである。

　その後、束の間途絶えていたかに見えた失踪現象が再び政策として遂行されるようになったのは1960年代に入ってからのことである。1950年代後半にグアテマラにおいて顕在化した事象にはじめて「desaparacido（失踪者）」という表現が用いられて以後、この語はブラジル、チリ、ウルグアイなどにおける同様の問題の発生に際しても使用されていった[6]。

　だが、強制失踪がラテンアメリカで活動するNGOの間で用いられるようなった desaparicion forzada（enforced disappearance）という語をもってその

---

[4] 日本の民法第30条は、不在者の生死が7年間明らかでないときに利害関係人の請求により家庭裁判所が失踪を宣告できると規定するとともに、戦地失踪、船舶失踪、危難失踪の場合にその期間を1年に短縮すると定めている。実際のところ、人が失踪する事由は、自らの意思による場合、事故・災害・紛争などによる場合、普通犯罪を構成する拉致・誘拐の場合など多岐にわたるが、強制失踪は本文でも述べるとおりより限定された意味をもつものとして別個の類型をなす。See Aim for Human Rights, *Using Law Against Enforced Disappearances: Practical Guide for Relatives of Disappeared Persons and NGOs* (2009), p. 8.

[5] Amnesty International, *"Disappearances": A Workbook* (1988), p. 2. なお、国際人道法は、被保護者の不法な移送、監禁を「戦時における文民の保護に関する1949年8月12日のジュネーヴ条約」第147条において「重大な違反」とみなすことにより、この問題に対する一定の対応をみせてはいた。

[6] Heinz Dieterich, "Enforced Disappearances and Corruptions in Latin-America", *Crime and Social Justice*, Vol. 25 (1986), p. 49; Maureen R. Berman & Ruger S. Clark, "State Terrorism: Disappearances", *Rutgers Law Journal*, Vol. 13 (1982), p. 533.

醜態を世界的に知られるようになったのは，なんといっても，1976年3月16日のクーデタに始まるアルゼンチンの「汚い戦争（la guerra sucia）」を通してであろう。その折，軍部はただちにすべての政党と議会の解散を命じるとともに，労働組合，大学を政府の管理下においた。こうした諸措置は国の「秩序と平和を回復するため」にとられたいわば正規のものであったが，同時に軍部は超法規的な形でも反政府勢力の抑圧に乗り出した。これが「汚い戦争」と呼ばれるものである[7]。その主柱として遂行された強制失踪は，国際人道問題独立委員会の表現を借りれば，次のようにして始まるのであった[8]。

　男たちがやってくる。豪邸であろうとあばら家であろうと，一切おかまいなしに強引に住居に立ち入ってくる。都市であっても村であっても，どこであっても，だ。昼夜を問わず，普通は平服で，時には制服を着て。いつも武器を持っている。そして，理由を告げず，逮捕状も見せず，自分たちが誰であるのか，誰の命令で動いているのかをたいていは明らかにすることなく，必要とあらば暴力を用いて家族のメンバーを車に引きずって行ってしまうのだ。

こうした暴力的な行為が法的にまったく容認されていないことは，実行者の目にも明らかであった。したがって当初それは注意深く秘密裏に行われていた。しかし次第にエスカレートし，やがて拉致行為は白昼堂々と行われるようになっていく。拉致された人々は拷問を受け，その多くは最終的に命を奪われた。女性が性暴力の対象となったことはいうまでもない。ヘリコプターから海上に捨て去られた者も少なくない。遺棄されたときまだ命があった者は，洋上で溺死し，その屍が陸地に打ち上げられた。これが強制失踪の実態であった[9]。

　アルゼンチンがこうした形態の醜行に訴えたのは，チリにおける1973年の

---

[7] Marjorie Agosin, "A Visit to the Mothers of the Plaza de Mayo", *Human Rights Quarterly*, Vol. 9 (1987), pp. 426-427.

[8] Independent Commission on Internasional Humanitarian Issues, *Disappeared! Technique of Terror* (1986), cited in Office of the United Nations High Commissioner for Human Rights, *Enforced or Involuntary Disappearances* (Human Rights Fact Sheet No. 6/Rev. 3, 2009), p. 1.

[9] 日本において比較的早い段階で強制失踪の実態を伝えたものに，アムネスティ・インターナショナル日本支部「失踪・知られざる人権抑圧」世界1982年4月号。

◆第Ⅰ部◆人権の領野

クーデタの後，アウグスト・ピノチェト（Augusto Pinochet）が繰り広げた大規模な拘禁・処刑が，国連人権委員会に代表される国際社会の強い対応を引き起こし，結果的にチリが国際的に孤立する事態に追い込まれた「教訓」を踏まえてのことである。人権侵害を公然化させたチリの二の舞を避けるため，アルゼンチンの軍部は，敵対勢力をひそかに拉致・拘禁・処刑し，その委細について徹底して知らぬ存ぜぬの態度を貫くことで，国際的心証の悪化を回避しようと画策したわけである[10]。

アルゼンチンにおける強制失踪の実態を明るみにしようとする国連人権機関や米州人権委員会，さらにアムネスティ・インターナショナルなど国際NGOの試みは，事態を強引に隠蔽しようとするアルゼンチン政府の意思をいっそう強める効果を生み出してもいた[11]のだが，そうしたさなかの1978年，ブエノスアイレスにおいてサッカーの一大イベント・ワールドカップが開催されることになった。その機会に世界各地からジャーナリストが大挙してアルゼンチン入りする。そこでかれらが目撃したのは，五月広場で繰り広げられていた女性たちの集会であった。「五月広場の母たち」である。

子どもや夫が突然目の前から姿を消し，その消息を知ることができなくなってしまった女性たちは，当初は政府当局に直接かけあい，また裁判を利用して人身保護請求などを行っていた。しかしいっこうにらちがあかないことから次に彼女たちが考え出したのは，大統領宮殿やその他の重要な建物に隣接し，子どもたちが遊戯にふける場でもある五月広場において抗議の意思を公にすることであった。1977年4月に端緒が開かれて以降，彼女たちは毎木曜日，欠かすことなくその抗議集会につどっていた。もっとも，抗議集会といっても，なにもシュプレヒコールを叫ぶわけではない。ただ白いスカーフを頭にまとい，「失踪」の日付を記した子ども（夫）の写真を首からぶら下げて黙々と行進するだけであった。

---

(10) Carlos H. Acuña & Catalina Smulovitz, "Adjusting the Armed Forces to Democracy: Successes, Failures, and Ambiguities in the Southern Cone", in *Constructing Democracy: Human Rights, Citizenship, and Society in Latin America* (Elizabeth Jelin & Erich Hershberg, eds., 1993), p. 15. 伊藤千尋『燃える中南米――特派員報告』（岩波書店，1988年）59-66頁。なお，同書には，アルゼンチンにおける強制失踪者のなかに「日本人が14人いる」との記述もある（66頁）。

(11) 阿部浩己「国連人権委員会と「失踪」」富山国際大学紀要1巻（1991年）120-123頁。

「五月広場の母たち」は，当初わずか14名の母親らの自発的な集まりに過ぎなかった。しかし，沈黙を強いられるアルゼンチン社会にあって唯一公然と強制失踪に異議を唱える彼女たちの果敢な行動はしだいに多くの人々の支持を集め，毎木曜日に行われる集会の規模はみるみる拡大していった。彼女たちを「狂った母親」としてまともにとりあわなかった軍当局もその存在に無視を決め込むことができなくなり，1978年には指導者にあたる数名の母親を拉致するに及んでいった。ワールドカップ取材のためアルゼンチンを訪れていたジャーナリストたちは，「五月広場の母たち」の存在，そしてその集会の模様を全世界に報道した。これにより，強制失踪の問題は広く国際的な関心を集めていくことになったのである[12]。

「五月広場の母たち」の活動は連綿と続き，軍事政権の倒壊そのものに直接に貢献したとはいえないまでも，ラテン・アメリカにおける非暴力運動の象徴的存在としてその名を歴史に深く刻みこんだといって過言でない。強制失踪問題への関心を高め，その解決に向けた国際的仕組みを築き上げるべき必要性を説くにあたり，「五月広場の母たち」の存在は圧倒的なまでの重みを持って屹立し続けた。2007年の条約署名式にこのNGOが特別の場を与えられたことに違和感を覚える向きはないのではないか。

2 行動する祖母たち

アルゼンチンにおける強制失踪の実態を知らしめるにあたり，もう一つ想い起されるのは「オフィシャル・ストーリー（La Historia Oficial）」という映画が果たした役割である。ブエノスアイレス出身のルイス・プエンソ（Luis Puenzo）監督の手によるこの作品（1985年封切）は，養子縁組した娘が実は拉致・殺害された女性の出産した子ではないかと疑った母親が，やがて，自国アルゼンチンで起きていた未曾有の人権侵害の実態を知るにいたり，娘や夫との関係に苦悩の影を落とす様を巧みに描いたもので，ノルマ・アレアンドロ（Norma Aleandro）の名演技が忘れられぬ印象を残すものとなっている。この映画では，養子縁組をした母親の迷い惑う心の軌跡が描写され，それが緊張感あふれる迫力を生み出しているのだが，現実の世界には，そうして養子縁組された子の実祖父母もまた同様の苦悩を抱える存在として残されている。

---

[12] Agosin, *supra* note 7, p. 432.

「五月広場の母たち」につどう母親らがそうであったように，ラテンアメリカの抑圧的な軍事独裁政権は，図らずして，多くの市民を名だたる人権活動家に変容させる重大な契機を提供した。1977年に組織された「五月広場の祖母たち（Grandmothers of the Plaza de Mayo）」の代表を務めるエステラ・バルネス・デ・カルロット（Estela Barnes de Carlotto）はその典型といってよい[13]。

カルロットがはじめて強制失踪と遭遇したのは1977年のことであった。同年，夫と娘が治安部隊によって拉致され姿を消した。9000ドルの身代金の支払いによって夫は25日後になんとか生還を果たしたのだが，娘の行方はようとして知れずにいたところ，銃に打たれ命絶えた娘の遺体が軍部によって送り返されてきた。バリケードを越えて走り去ろうしたので銃殺されたのだという。失踪する直前に，娘はカルロットに妊娠2カ月であることを告げていた。

ほどなくして，カルロットに連絡をとる者がいた。伝えられたところによれば，娘は殺害されるに先立って，拘禁先の強制収容所で子どもを出産していたという。そのことを知ったカルロットは「五月広場の祖母たち」に参加することを決意する。孫あるいは妊娠中の娘を強制失踪の標的とされた祖母たちがそこにつどっていた。

「五月広場の母たち」と一緒に行う広場での毎週の活動とともに，彼女たちは北米や欧米にでかけ，アルゼンチンにおける人権侵害を非難し，国際的連帯を精力的に呼び掛けた。最大の難題は，失踪した娘が出産したことをどう証明できるのか，また，出産の事実が判明しその子（＝孫）の所在を探り当てたとしても，親子関係をどうやって証明できるのか，ということであった。祖母たちは，アメリカ科学振興協会（AAAS）の助けを得て，軍事政権が倒壊した後の1984年に，法人類学，法歯学，法病理学の専門家チームを現地に派遣してもらい身元確認作業に従事してもらうこととした。

専門家チームはその際，カルロットの娘の遺体を掘り起こし検査を実施した。その結果，娘の骨盤に出産の痕跡がみられること，そして，後頭部を至近距離から銃で撃たれたことが明らかとなった。また，専門家チームは，祖母たちが提供した血液を検査することにより孫との血縁関係を証明し，それによって祖母のもとに孫が引き渡されるケースも生じた。もっとも，ラテンアメリカ

---

[13] Margaret E. Keck, M. & Kathryn Sikkink K. (eds.), *Activists Beyond Borders* (1998), pp. 92-97.

の軍事政権を支えてきた米国からの専門家チームであったため不信感をあからさまにする人権団体もあり，さらに，「五月広場の母たち」も，失踪した者の所在を明らかにする責任を有しているのはアルゼンチン政府であるところ，外部からの情報を受け容れ事態の収拾をはかることは政府の責任を減じることにつながりかねないとしてAAASの作業に懐疑的な姿勢を見せていた。

ただそうした小さからぬ軋轢こそあれ，母・祖母たちの必死の働きかけにより，強制失踪の真実の姿が広範に知られわたっていったことは間違いない。強制失踪撲滅に向けた国際文書の行間に流れる人間の物語を紡いでいるのは，彼女たちや，世界各地で彼女たちと同様の境遇に遭遇した無数の人びとの，希望と絶望が糾われた願いであるといってよい。

II 国際人権機関のダイナミックス

1 制度的反応

強制失踪条約は，アルゼンチンにおけるクーデタから30年を経た2006年の暮れに国連総会において採択された。共同提案国は103か国に及んでいる。無投票での採択に先立ってアル・カリファ（Haya Rashed Al-Khalifa）国連総会議長は，強制失踪がいまや世界大の現象になっているとして，1980年以来，90以上の国において5万1千件以上の強制失踪があったこと，2005年だけでも500件以上の強制失踪が確認されていることに注意を喚起した。そして，この条約は強制失踪を防止し，実行者を裁くとともに，被害者の救済をはかるものであり，条約履行のために斬新なフォローアップ・メカニズムも備えていることから，コンセンサスでの採択を希望するとし，各国による条約の完全な実施を要請した[14]。

同年11月13日に第三委員会においてコンセンサスで採択されていた[15]強制失踪条約に関する決議案は，こうした議長の要請を受けて本会議でもコンセンサスで採択された。その後，英国，フィンランド（EU代表），フランス，アルゼンチン，チリ，日本，ホンジュラス，朝鮮民主主義人民共和国（DPRK）の政府代表が投票説明を行った。条約の歴史的意義や当事者たちの粘り強い働

---

(14) UN Doc. A/61/PV. 82, 29 December 2006, p. 1.
(15) UN Doc. GA/SHC/3872, 13 November 2006.

きを称賛する発言が相次ぐなかで，DPRK が第二次世界大戦期の日本による強制連行・性奴隷問題等を非難したことから，日本が答弁権を行使し，DPRK に拉致された 17 名の所在を明らかにするよう及んだため，DPRK がこれに反論するなど，相互に二度ずつ答弁権が行使される一幕があった[16]。日朝両国間の喫緊の懸案であったことはたしかだとしても，強制失踪条約の採択を祝う歴史的場にはそぐわぬ政治化されたやりとりであったというしかない。

　アル・カリファ議長の指摘のとおり，国連強制失踪作業部会は 1980 年の設置以来 2005 年 11 月末までに 5 万 1236 件の失踪事件を扱い，2005 年 11 月 30 日の時点にあってなお 79 か国 4 万 1128 件の強制失踪が解明されずにあった。2004 年 11 月末から 2005 年 11 月末までに新たに 22 か国における 535 件の強制失踪事件が処理され，そのうち 91 件は直近の過去 1 年の間に起きたものであったとされる。ちなみに同じ期間に解明された強制失踪は 1347 件であった[17]。強制失踪はロシアでも頻発し，さらに，「対テロ戦争（テロとの戦い：war on terror)」の名のもと米国を中心にヨーロッパ諸国を巻き込んで展開された大掛かりな秘密移送（extra-ordinary rendition[18]）を想い起こすまでもなく，けっして過去の遺物などではなく，鵺のように世界全域に広がった現在の問題にほかならない[19]。だからこそ，その撲滅に向けた条約の作成は喫緊の課題として立ち現われてもいたのである[20]。

---

(16)　UN Doc. A/61/PV, 82, *supra* note 14, pp. 1-10.
(17)　UN Doc. E/CN. 4/2006/56, 27 December 2005, paras. 18, 30-33.
(18)　*Alleged Secret Detentions and Unlawful Inter-State Transfers of Detainees involving Council of Europe Member States,* Report of the Committee on Legal Affairs and Human Rights, Rapporteur: Mr. Dick Marty, Parliamentary Assembly Doc. 10957,12 June 2006. スウェーデンがかかわった事件は個人通報の対象にもなり，拷問禁止委員会により拷問等禁止条約違反との見解が示されている（*Agiza v. Sweden*, UN Doc.CAT/C/34/D/233/2003）。See *also*, David Weissbrodt & Amy Bergquist, "Extraordinary Rendition: A Human Rights Analysis", *Harvard Human Rights Journal*, Vol. 19 (2006), p.128; Tullio Scovazzi & Gabriella Citroni, *The Struggle against Enforced Disappearance and the 2007 United Nations Convention* (2007), pp. 42-61.
(19)　*Id.*, pp. 62-72; Kirsten Anderson, "How Effective is the International Convention for the Protection of All Persons from Enforced Disappearance Likely to be in Holing Individuals Criminally Responsible for Acts of Enforced Disappearance?", *Melbourne Journal of International Law*, Vol. 7 (2006), I.
(20)　本文でも触れる「ラテンアメリカ失踪者・被拘禁者親族会連合（Latin American Federation of Associations for Relatives of the Disappeared-Detained: FEDEFAM）」

各国政府が強制失踪に訴えてきたのは，なにより，責任の否認と転嫁をはかってのことといってよいだろう[21]。政府に異議を唱える人々の活動を委縮させる一方で，失踪者の所在を明らかにしないことにより自らの責任を免れ，さらに，犯罪行為の実行者が敵対勢力であるとの偽計をもって情報のかく乱をはかることもできる。外部の目を気にする政権にとってはなによりの戦術と映るに違いあるまい。それが突出して現れ出たのはまずはラテンアメリカにおいてであり，それだけに，強制失踪撲滅への挑戦もその地から先鋭化していったのであった。

　当事者からの強い要請に呼応し，国際人権機関として強制失踪との闘いの先頭に立ったのは米州人権委員会であった[22]。1960年代半ばから独自の事実調査や人権救済申立処理に際して強制失踪への懸念を表明していた同委員会は，チリのクーデタを契機に，1974年に強制失踪を明示的に非難する姿勢に転じた。1979年9月にはアルゼンチンを訪れ，同国で強制失踪が広範かつ組織的に実施されていることを確認した。その際，最も衝撃的だったのは，秘密裏に刑務所に拘禁されていた11人の女性と31人の男性を現地調査団が見つけ出したことである。いずれも，刑務所当局によってその所在を否認されていた政治囚であった[23]。

────────

は，アルゼンチン，ボリビア，ブラジル，コロンビア，チリ，エクアドル，エルサルバドル，グアテマラ，ホンジュラス，メキシコ，ニカラグア，パナマ，パラグアイ，ペルー，ウルグアイの人々によって構成され，1981年に設立されたものだが，他の地域でも近年，類似の組織が設立されている。たとえば1998年には「非自発的失踪に反対するアジア連合（Asian Federation against Involuntary Disappearance: AFD）」がインド（カシミール），インドネシア，ネパール，パキスタン，タイ，フィリピンの代表によって立ち上げられ，2007年には「欧州・地中海失踪者親族連合（Euro-Mediterranean Federation of Relatives of Disappeared People: FEMED）」がアルジェリア，モロッコ，レバノン，トルコの国内団体によって設立されている。このほかにも，西サハラ，南アフリカ，クロアチア，セルビア，ボスニア・ヘルツェゴビナ，ベラルーシといった諸国でも失踪者家族の活動が長年にわたって展開されてきている。Aim for Human Rights, *A Guide to the International Convention for the Protection of All Persons from Enforced Disappearance* (2009), p. 9. なお，「強制失踪に反対する国際連合（International Coalition Against Enforced Disappearance）」が2007年に設立され，強制失踪条約の早期批准と効果的な実現を第一の目的に掲げ，同年からグローバルキャンペーンを実施している。See http://www.icaed.org.

(21) Reed Brody & Felige Gonzalez, "Nunca Mas: An Analysis of International Instruments on Disappearances", *Human Rights Quarterly*, Vol. 19 (1997), p. 36.
(22) *Id.*, pp. 367-369.

◆第Ⅰ部◆人権の領野

　アルゼンチンなどからの圧力もあって対応が緩慢であった米州機構総会も1979年にチリ非難決議を採択するとともに、強制失踪の実行が米州の「良心を損なうもの」であるとして、各国に強制失踪の調査を妨げることを控えるよう要請するに及んだ。総会はさらに1983年には、強制失踪を「人道に対する罪」と性格付ける決議も採択している[24]。

　その一方で国連では、人権委員会が強制失踪問題への先鞭をつけた[25]。同委員会の「チリの人権状況に関する作業部会」が1975年の報告書から強制失踪という語を用いて問題の明確化を図っていたのだが、これを受けて総会も1977年からチリに関する決議において強制失踪という語をもって懸念を表明する姿勢に転じた。チリ作業部会は1979年に解散となったものの、これを引き継ぐ形で同国における行方不明者・失踪者の問題を検討する任務を与えられたオーストリアのフェリックス・エルマコラ（Felix Ermacora）による包括的な報告書が同年11月に総会に提出され、強制失踪問題への制度的取組みがいっそう促されていった。アルゼンチンにおける「汚い戦争」の実態が先に述べたとおり世界大で知られていったのもこの時期であった。

　こうして1980年、非同盟諸国の取りまとめ役を担ったイラクのアル・ジャビリ（Mohamed Redha Al-Jabiri）と、人権委員会議長ワリード・サディ（Waleed Sadi：クウェート）のリーダーシップにより、強制失踪の解明・防止に向けた作業部会が人権委員会の下に設置されることとなった。人権外交を掲げるカーター政権のもとで米国代表団を率いていたNGO・国際人権連盟（International League for Human Rights）のジェローム・シェスタック（Jerome Shestack）や国際法律家委員会（International Commission of Jurists）、さらに、国連人権部長ファン・ボーヴェン（Theo van Boven）らの強力な支援が、制度

---

(23) Thomas Buergenthal & Dinah L. Shelton, *Protecting Human Rights in the Americas: Cases and Materials* (4th ed.,1995), pp. 304-310.

(24) OAS Doc. AG/Res.443 (IX-0/79), para. 3, 5; AG/Res. 666 (XIII-0/83).

(25) 国連総会は1975年と1977年にキプロスにおける行方不明者を捜索する必要性に言及する決議を採択しているが、そこで対象とされたのは武力紛争により行方不明になった人々であったため、強制失踪という語が用いられることはなく、"missing persons" あるいは "persons unaccounted for" という語が充てられた。See *Report submitted by Mr. Manfred Nowak, independent expert charged with examining the existing international criminal and human rights framework for the protection of persons from enforced or involuntary disappearances, pursuant to paragraph 11 of Commission resolution 2001/46*, UN Doc.E/CN.4/2002/71, 8 January 2002, para. 12.

的な取り組みの先延ばしをはかるアルゼンチン政府の動きを封じ込める効果的な動因として作用していたことも見落としてはならない[26]。

　強制失踪作業部会には，初年度にラテンアメリカのみならずアジア，アフリカなどから早速に1万件を超える情報を寄せられた。同作業部会は，「人道的精神」にもとづいて家族と政府との間にコミュニケーションの回路を作り，失踪者の所在の明確化などをはかる活動を行って現在に至っている。国連人権委員会におけるテーマ別手続の先駆けとなった同作業部会は，政府が行ったとされる失踪事件のみを扱い，また，武力紛争によって生じた事案には手を広げていない。任務の「人道的」性格上，国際法違反の有無の認定を行うわけではないが，3か月以内に生じた事案については緊急行動を起こすことで所在の確認を促す効果を相応にあげてきている[27]。

2　規範の動員

　人権条約に関心を転ずるに，「市民的及び政治的権利に関する国際規約」（自由権規約）には強制失踪を受けない権利が明文で規定されているわけではない。しかし，同規約の履行を監視する自由権規約委員会には，（第一）選択議定書発効後まもない1978年に，早くも強制失踪に関する最初の個人通報が寄せられた。ウルグアイを相手取ったものであったが，同国政府が逮捕拘禁の事実を認めなかったにもかかわらず，自由権規約委員会は必要な事実認定を経て規約第7，9，10条1項の違反を認め，さらに，第6条が侵害されたと信ずる重大な理由があることにも言及した[28]。1983年にはウルグアイに対する2件目の強制失踪事例の通報があったが，当該通報の処理にあたって同委員会は，娘の所在が分からぬ状態におかれ重大な苦悩を抱えることになった被害者の母を第7条侵害の被害者と認定する先駆的な判断を示している[29]。

---

(26)　阿部，前掲論文（注11），127-129頁参照。
(27)　阿部浩己・今井直・藤本俊明『テキストブック国際人権法［第3版］』（日本評論社，2009年）194-196頁参照。See also, Patrick J. Flood, *The Effectiveness of UN Human Rights Institutions* (1998), pp. 49-70. なお，2002年度の年次報告書から日本の項目が加わった（*Report of the Working Group on Enforced or Involuntary Disappearances*, UN Doc. E/CN.4/2003/70, 21 January 2003, paras. 153-155）。DPRKにより拉致されたとされる4名のケースを日本政府に送付した旨等が記されている。
(28)　*Blair v. Uruguay*, Communication No. 30/1978. 国際人権規約翻訳編集委員会編『国際人権規約先例集』（東信堂，1989年）181-189頁（山岸和彦執筆）。

◆ 第Ⅰ部 ◆ 人権の領野

　自由権規約委員会にはその後もコロンビアやペルーなどにおける強制失踪事案が数多く通報され、そのなかから判例法とでもいうべきものが形づくられていく[30]のだが、そのなかで、強制失踪の標的となった子ども（孫）の身元を確定し必要な救済措置を迅速に講ずるようアルゼンチンに求めた見解[31]には特に留意しておくべきだろう。同委員会は1982年に採択した生命権に関する一般的意見6においても、締約国に、頻繁に生命の恣意的剥奪をもたらしている強制失踪防止のため効果的な措置をとるよう呼びかけている。

　強制失踪に関するリーディングケースとしておそらく最もよく知られているのは、米州人権裁判所のヴェラスケス・ロドリゲス事件判決ではないか。ホンジュラスの国家機関により拉致・拘禁されたことを証する直接証拠の収集が困難ななかで、同裁判所は米州人権条約第1条1項を根拠に、ヴェラスケス・ロドリゲスの失踪を調査する義務を怠ったホンジュラスの条約違反を認め、あわせて、生命権の保障、拷問・非人道的取扱いの禁止、身体の自由の保障を定めた同条約第4、5、7条の違反も認定し、直近の親族への損害賠償支払いを命じている[32]。

　強制失踪の最前線ラテンアメリカにあって人権の砦として君臨する米州人権裁判所にはその後も関連する事件が付託されていく[33]。1998年1月24日に判決が示されたブレイク事件では、被告となったグアテマラがブレイクの失踪後2年を経過した1987年3月に同裁判所の管轄権を受諾したことから、時間的管轄により、生命権、身体の自由を定める第4条と第7条の違反は認められなかった。しかしその一方で、親族について、失踪事件の調査も責任者の訴追もなされておらず、また調査の懈怠により精神的苦痛を被ったとして、第8条（公正な裁判を受ける権利）と第5条（人道的な取扱いを受ける権利）の侵害を認

---

(29) *Quinteros v. Uruguay,* Communication No. 107/1981. 宮崎繁樹編集・翻訳代表『国際人権規約先例集 ── 規約人権委員会精選決定集第2集』（東信堂、1995年）172-183頁（申惠丰執筆）。

(30) 強制失踪にかかる自由権規約委員会の個人通報事例について、Scovazzi & Citroni, *supra* note 18, pp. 101-131.

(31) *Monaco and Vicario v. Argentina,* Communication No. 400/1990.

(32) *Velásquez Rodríguez v. Honduras,* Petition No. 7920/1981, Judgement of 29 July 1988. 村上正直「米州人権裁判所「ヴェラスケス・ロドリゲス」事件判決について」法政理論23巻1号（1990年）105-133頁。

(33) 強制失踪にかかる米州人権裁判所の判例について、Scovazzi & Citroni, *supra* note 18, pp. 132-188.

めている(34)。

　強制失踪事件は欧州人権裁判所にも付託されている(35)。クルド労働者党（PKK）を封じ込めるためにトルコ治安部隊が展開している活動により所在が不明になった者の親族による申立てが 1990 年代に入って提起されるようになった。強制失踪事件に特有の弁明というべきか、被告政府は、自らが被害者の拉致に関与している事実はなく、拉致は PKK によって実行されたかまたは被害者が自発的に PKK に参加したのではないかと陳述し、責任の否認と転嫁をはかる法廷戦術に訴えた。しかしヨーロッパにおける強制失踪事件の先例となったクルト事件判決において同裁判所は、失踪者について身体の自由を定めるヨーロッパ人権条約第 5 条の侵害を認め、母親について精神的苦痛を受けたとして第 3 条の違反を認定し、さらに、有意な調査がなされていないとして効果的救済を受ける権利を定める第 13 条の侵害も認めている(36)。

　近年ではチェチェン紛争に関連して生起した強制失踪事件において、ロシアの法的責任が認定されるケースが積み重なっている(37)。失踪者について第 2 条（生命権）、第 5 条（身体の自由）、第 13 条（効果的救済を受ける権利）の侵害が認定され、親族について第 3 条（拷問・非人道的な取扱いの禁止）の違反が認められるなどしているが、強制失踪事件に関するこうした法的評価は、自由権規約委員会、米州人権裁判所、ヨーロッパ人権裁判所を通して広く見られるものでもある。

III　条約化への胎動

1　NGO のイニシアチヴ(38)と米州の成果物

既存の法規範を動員する一方で、当事者たちからは、強制失踪の撲滅そのも

---

(34)　*Blake v. Guatemala,* Petition No.11.219/1993,Judgement of 24 January 1998.

(35)　強制失踪にかかるヨーロッパ人権裁判所の判例について、Scovazzi & Citroni, *supra* note 18, pp. 188-243.

(36)　*Kurt v. Turkey,* Application No. 24276/94, Judgement of 25 May 1998. ヨーロッパ人権裁判所においてトルコが被告となった強制失踪事件について、*Report submitted by Mr. Manfred Nowak, supra* note 25, para.34-38.

(37)　北村泰三「国連強制失踪条約の意義及び問題点の検討」法学新報 116 巻 3・4 号（2009 年）210 頁注 23、24 参照。

(38)　See Wilder Tayler, "Background to the Elaboration of the Draft International

のを目的とする条約の作成に向けた声も当然ながらあがり始めた。その最初の国際的営為が見られたのは 1981 年のことである。パリ弁護士会人権研究所 (Human Rights Institute of the Paris Bar Association) が招集した国際コロキアム「強制失踪のポリティクス (La politica de desparacion forzada de personas)」がそれにあたる。報告者としてこのコロキアムの成果を『忘却の拒絶：強制失踪のポリティクス (Le refus de l oubli: la politique de disparition forcée de personnes)』にまとめたルイ・ジョアネ (Louis Joinet) は、後に、国連人権小委員会の場においても重要な役割を演じていくことになる。

このコロキアムの後、条約化に向けた勢いはラテンアメリカから発せられることになるが、その中心を担っていく「ラテンアメリカ失踪者・被拘禁者親族会連合会」が初めて強制失踪条約案を採択したのは、ペルー・リマで 1982 年に開かれた第 3 回年次総会の場においてであった。ジェノサイド条約がモデルとされており、国際刑事裁判所での事案処理が企図されているほか、国内裁判判決を無効とする権限を国際司法裁判所に与える旨の規定もおかれている。続けて 1986 年には「コロンビアにおける強制失踪に関する第 1 回コロキアム」がボゴタの法曹団体 (Corporatcion Colectivo de Abogados José Alvear Restrepo) によって招集され、その折に採択された強制失踪に関する宣言案は国連人権委員会強制失踪作業部会に送付された。

アルゼンチンの NGO 連合体 (Grupo de Iniciativa) もまた 50 か条から成る条約案を作成しているが、同条約案については個別事案の処理にあたる委員会の設置に言及がなされているところに特徴があった。その Grupo de Iniciativa が FEDEFAM と 1988 年にブエノスアイレスで開催した国際会議は、それまでに公表されていた諸条約案[39]を統合し、国際機関における条約採択に向けて新たな戦略を構想する重要な機会となった。

こうした NGO の精力的な働きかけを背景に、米州機構 (OAS) 総会は 1987 年、米州人権委員会自体の発議も受けて、強制失踪条約案の起草を米州人権委員会に要請した。これにより、地域レベルであったとはいえ、条約化プロセス

Convention for the Protection of All Persons from Forced Disappearance", *The Review of the International Commission of Jurists*, No. 62-63 (2001), pp. 63-66; Brody & Gonzalez, *supra* note 21, pp. 369-371.

(39) パリ弁護士会も強制失踪に関する条約案を作成している。同条約案では強制失踪が人道に対する罪として類型化されている。Brody & Gonzalez, *supra* note 21, p. 371.

が正式に始動する。翌1988年に同委員会はNGOからのインプットを活かしながら早々に条約案を具体化するのだが、その起草作業にはアメリカズ・ウォッチ（ヒューマンライツ・ウォッチの前身）のホアン・メンデス（Juan E. Méndez）が枢要な役割を果たしたとされる[40]。1988年には前述したヴェラスケス・ロドリゲス判決も下されており、条約の作成には好個の機運が生じていた。

米州人権委員会案は1989年にOAS常設理事会の法律・政治問題委員会の下に設置された作業部会において、非公開で審議されることとなった。メキシコやウルグアイなどNGOへの警戒感を抱く政府の意向を汲んでのことである。常設理事会は1992年に条約案を総会に提出する。だが、上官の命令を刑事免責の抗弁とするなど、大幅に内容が希釈された条約案の姿に、アルゼンチン、カナダ、チリなどが強く反発。米州人権委員会元事務局長でチリの副外務大臣を務めていたエドムンド・バルガス＝カレーニョ（Edmundo Vargas Carreño）などは「深刻な後退」、「貢献ではなく恥だ」と、言葉を極めて批判の刃を向けていた[41]。

1992年には後述するとおり国連総会において強制失踪宣言が採択されるのだが、先進的な内容を有するその宣言案を参照しながら、ワシントンDCに本拠をおく国際人権法グループ（International Human Rights Law Group）主導のNGO連合[42]が同年に条約案を批判的に分析する文書を作成する一方で、チリなどの働きかけによりOAS総会が常設理事会にNGOとの協働を要請したこともあり、条約案はその後、内容を相応に改善され、1994年にOAS総会において「人の強制失踪に関する米州条約」（米州強制失踪条約）の採択となって結実した。

米州強制失踪条約は1996年3月28日に効力を生じ、この分野では初の法的拘束力を有する文書となった。強制失踪の制度的実行を人道に対する罪とする旨が前文で謳われたほか、締約国は強制失踪を犯罪として処罰することを義務

---

(40) Id., p. 374, n. 45.
(41) Reed Brody & Felipe Gonzalez, Human Rights Development at OAS General Assembly, *The Review of the International Commission of Jurists*, No. 48 (1992), p. 70.
(42) 国際人権法グループ以外に、国際法律家委員会、アメリカズ・ウォッチ、アメリカン大学人権・人道法センター、the Center for Human Rights Legal Action, the Center for Justice and International Law, Washington Office on Latin America によって構成されていた。

◆ 第Ⅰ部 ◆ 人権の領野

付けられ，その鎮圧のため普遍的管轄権の設定が規定されている。また，当初，米州人権委員会案にあった緊急行動の手続きは排除され，被害者からの申立は米州人権条約と同様の国際的手続をもって処理されるものとされた[43]。

2 国連強制失踪宣言

米州強制失踪条約案の起草とほぼ同じ時期に国連でも強制失踪文書作成作業が緒についた[44]。国連人権小委員会拘禁作業部会議長ジョン・ケアリー（John Carey：米国）の要請に応じて，ルイ・ジョアネが1988年に「強制的または非自発的失踪からのすべての者の保護に関する宣言」案を同小委員会に提出したのがその始原といってよい。この宣言案は，アムネスティ・インターナショナルのナイジェル・ロドリー（Nigel Rodley）とイングリッド・カーチャー（Ingrid Kircher），人権のためのミネソタ法律家委員会のデイビッド・ワイズブロット（ミネソタ大学教授），国際法律家委員会のリード・ブロディの4名が「文字通り一晩で」書き上げたもの，と当事者によって述懐されている[45]。

同宣言案は小委員会拘禁作業部会で修正された後，コメントを求めて各方面に送付された。コメントの提出が待たれる間，国際法律家委員会は米州人権委員会作成の強制失踪条約案に着想を得て，修正宣言案を自ら作成し，これを小委員会に提出した。当該宣言案は翌1989年，小委員会拘禁作業部会での審議に付された。国際法律家委員会は1990年3月にも3日間の専門家会合を招集し，宣言案のさらなる精錬をはかった。小委員会拘禁作業部会の議長を務めていたキューバのアルフォンソ-マルチネス（Miguel Alfonso Martínez）が主宰したこの会合には，ジョアネや日本の横田洋三（代理委員），オランダのフリンターマン（Cornelis Flinterman）ら拘禁作業部会委員のほか，ファン・ドンゲン（Toine van Dongen：オランダ），ガルシアーサヤン（Diego Garcia-Sayán：ペルー）ら国連強制失踪作業部会のメンバー，さらに，ポルトガル政府代表のほか，アムネスティ・インターナショナル，FEDEFAM，人権のためのミネソタ法律家委員会，国際人権連合といったNGO代表の姿もあった。

当該会合において生み出された宣言案は1990年，アルフォンソ-マルチネ

---

(43) この条約の概要と問題点については，北村・前掲論文注(37)171-173頁。See also, Scovazzi & Citroni, *supra* note 18, pp. 252-263.
(44) Brody & Gonzalez, *supra* note 21, pp. 371-374; Tayler, *supra* note 38, pp. 66-67.
(45) Brody & Gonzalez, *supra* note 21, p. 372, n. 31.

ス本人により小委員会拘禁作業部会,そして小委員会全体会合に提出され,実質的な変更なく採択された後,人権委員会に送付されることになった。専門家の手によるその宣言案は,しかし,国家を構成員とする人権委員会においては懸念を呼び,そこで,採択を目的として宣言案を検討する会期間作業部会を設置して,必要な修正がほどこされることになる (1991年)。同作業部会は1991年11月に2週間招集され,人道に対する罪,普遍的管轄権,時効の取扱いなどをめぐる議論が交わされた後,作業部会案にまとめられ,それが翌1992年に人権委員会,経済社会理事会,総会において修正なく採択されることとなった。前文と本文21か条から成る「強制失踪からのすべての者の保護に関する宣言」の成立である[46]。

国連強制失踪宣言は人権委員会強制失踪作業部会により履行状況を監視されていくことになる。同作業部会は「強制失踪からのすべての者の保護に関する宣言の一般的意見」を条文ごとに (第3,4,10,17,18,19条) 断続的に採択し[47],それによって宣言の規範内容の明確化が促されたことは間違いないものの,宣言にも強制失踪作業部会の勧告にも法的拘束力がないことなどから,強制失踪鎮圧に向けた各国刑事法の整備は容易に進んでいかなかった[48]。

---

[46] UN Doc. A/RES/47/133 of 18 December 1992. この宣言の概要については,北村,前掲論文 (注37) 169-171頁。See also, Scovazzi & Citroni, *supra* note 18, pp. 245-252.

[47] http://www2.ohchr.org/english/issues/disappear/docs/GeneralCommentsCompilationMay06.pdf.

[48] ただし,1998年に採択された国際刑事裁判所 (ICC) 規程は第7条で「文民たる住民に対する攻撃であって広範又は組織的なものの一部として,そのような攻撃であると認識しつつ行う…人の強制失踪」を人道に対する罪としている。ICC規程は強制失踪を人道に対する罪と明記した初の国際刑事法文書である。なお,同規程は第7条2項 (i) において強制失踪を次のように定義する。「国若しくは政治的組織又はこれらによる許可,支援若しくは黙認を得た者が,長期間法の保護の下から排除する意図をもって,人を逮捕し,拘禁し,又は拉致する行為であって,その自由を剥奪していることを認めず,又はその消息若しくは所在に関する情報の提供を拒否することを伴うもの」。この定義は締約国会議で採択された構成要件文書 (Elements of the Crimes) においても実質的に再述されている。国際法委員会 (International Law Commission) によれば,強制失踪が人道に対する罪として規程に挿入されたのは,「その極度の残虐性と重大性」ゆえのことであるとされる。*Draft Code of Crimes against the Peace and Security of Mankind with Commentaries*, 1996, p.50. もっとも,ICCの文脈では個人の刑事責任追及が眼目であるため,国家責任や被害者の保護に焦点をあてる人権文書に,ICC規程の定義をそのままの形で移入させることはできない。北村,前掲論文 (注37) 180-186頁参照。なお,国際人道法／刑事法における強制失踪の取扱いの歴史について,Brain Fi-

77

IV　強制失踪条約の誕生

1　人権小委員会から人権委員会へ

　国連強制失踪宣言が採択された後，拘束力ある文書の作成に向けた作業は再び人権小委員会において，ジョアネの手によって開始された。同小委員会司法の運営に関する作業部会の要請を受けてジョアネは1996年に強制失踪条約の予備的草案を小委員会に提出した。この草案は，同年6月にアムネスティ・インターナショナルと国際法律家委員会が主催した専門家会議における検討に付されることになる。アムネスティらはFEDEFAMらとともに翌1997年11月にも専門家会議を招集し，条約作成過程へのさらなるインプットを図った[49]。

　人権小委員会は1998年に前文と本文39か条から成る条約案[50]を採択して人権委員会に送付した。これを受けて人権委員会は，1999年に，関係国／機関／者に当該条約案についてのコメントを求めるよう事務総長に要請した。この要請に応じたのは13か国と8のNGOのみであったが，その内容はおおむね条約案に好意的なものであった[51]。

　そこで人権委員会は2001年，法的拘束力ある文書を作成する任務を負った会期間作業部会（強制失踪からのあらゆる者の保護に関する法的拘束力ある規範文書案を作成するための作業部会）を次会期に設置することを決定し，あわせて，強制失踪に関する現行国際法についての調査を独立専門家に要請することとした[52]。この独立専門家にはオーストリアのマンフレド・ノバク（Manfred

---

　　nucane, "Enforced Disappearance as a Crime Under International Law", *Yale Journal of International Law*, Vol.35 (2010), p.171.

(49)　*Report of the sessional working group on the administration of justice*, UN Doc. E/CN. 4/Sub. 2/1998/19, 19 August 1998, paras. 9-15.

(50)　*Id.*, Annex. See *also*, Federico Andreu-Guzman, "The Draft International Convention on the Protection of All Persons from Forced Disappearance", *The Review, supra* note 38, pp.73-106; "Basic Texts: The Draft International Convention on the Protection of All Persons from Forced Disappearance", *Id.*, pp.107-125. この条約案は，国連強制失踪宣言，拷問等禁止条約その他の人権諸条約・宣言を基礎として作成されたものである。

(51)　*Question of enforced or involuntary disappearances: Note by the secretariat*, E/CN. 4/2001/69, 21 December 2000 and Add. 1, 14 March 2001. 13か国の内訳は，アルゼンチン，ベラルーシ，チリ，クロアチア，ドイツ，グアテマラ，クウェート，ポルトガル，カタール，カナダ，パナマ，パラグアイ，スイス。日本もDPRKもこの段階ではまだ強制失踪条約への強い関心は見せていない。

Nowak）が任命され，その精確な知見を反映した報告書[53]は以後の審議に大きく寄与していくことになる。人権委員会は2002年に作業部会に対して，総会での検討と採択のため，国連強制失踪宣言を基礎とした条約案を作成するよう要請し，その際，ノバクの作業に照らし，かつ，人権小委員会の条約草案をとくに考慮するよう求めるに及んでいる[54]。

【作業部会第1会期】作業部会第1会期は2003年1月6日から17日にかけて招集された[55]。フランスのベルナール・ケセジャン（Bernard Kessedjian）が議長に選出されたこの会期からさっそく実質的な議論が緒についている。この会期では，強制失踪の定義，不処罰の歯止め，国内刑法との整合性，普遍的管轄権，犯罪人引渡し，時効，防止措置，被害者の概念，失踪者の子の処遇などをめぐり討議が行われた。独立専門家として会合に参加したノバクは，条約により新たなメカニズムが設置されても，国連人権委員会の強制失踪作業部会は存続すべきことを説いた。同作業部会の活動には地理的制限がなく，条約機関とは責務が異なることが強調されたが，ノバクはその一方で両者の調整が必要なことにも注意を喚起している。

【作業部会第2会期】条約の原案となる作業文書が議長によって提出されたのは第2会期（2004年1月12-23日）においてであった[56]。この会期では，まったく新しい条約とするか，あるいは，自由権規約など既存の条約の選択議定書の形式とするかなど，文書の性格についても議論が交されたほか，国際的監視機関についても，新しいメカニズムを設置するか既存のメカニズムを活用

---

(52) Commission on Human Rights resolution 2001/46.

(53) *Report submitted by Mr. Manfred Nowak*, supra note 25. この報告書は強制失踪をめぐる国際法の現状を精確に記したうえで，現行法が強制失踪鎮圧のためには不十分であるので拘束力ある新たな規範文書を作成する必要性は明瞭であるとして，いくつかの立法的選択肢を示すものとなっている。

(54) Commission on Human Rights resolution 2002/41.

(55) *Report of the intersessional open-ended working group to elaborate a draft legally binding normative instrument for the protection of all persons from enforced disappearance*, UN Doc. E/CN. 4/2003/71, 12 February 2003.

(56) *Report of the intersessional open-ended working group to elaborate a draft legally binding normative instrument for the protection of all persons from enforced disappearance*, UN Doc. E/CN. 4/2004/59, 23 February 2004; International Service for Human Rights, *Inter-Sessional Open-Ended Working Group to Elaborate a Draft Legally Binding Normative Instrument for the Protection of All Persons from Enforced Disappearance, 2nd Session* (Geneva 12 to 23 January 2004).

するかについて異なる意見の表明があった。議長やFEDEFAMらは緊急行動を起こせる新しい条約メカニズムが必要と主張し，このほか，メキシコ政府は作業文書にはないものの個人通報制度の重要性を説いていた。

　規範面では，強制失踪を人道に対する罪とするか，するとした場合にそれを前文のみで謳うか本文にも入れるかという点が議論されたほか，強制失踪罪の構成要件をめぐり，自由の剥奪，その否認・隠蔽，法の保護の外への放擲という3つの要素から成ることについて広範な意見の一致があったものの，「あらゆる形態の自由の剥奪」とする原案に対しては，英国，日本，カナダ，米国が「逮捕，拘禁または拉致」とすべき旨を主張した。「長期間にわたり」という時間的要素を強制失踪罪の構成要件に組み入れるべきとの見解もあったが，強制失踪には早期の介入が重要として時間的要素の導入案は退けられた。また，政治組織を犯罪実行主体に含めるかどうかをめぐり，ロシアやトルコ，ペルーがこれに賛意を表する一方で，多数の国，FEDEFAMは反対の意を唱えた。FEDEFAMは議長とともに，強制失踪を別個の犯罪とすべきことも強調している。その他，不処罰については恩赦・時効の取り扱いが問題とされたほか，FEDEFAM，赤十字国際委員会は，情報へのアクセス，真実への権利の重要性を指摘した。

　【作業部会第3会期】2004年10月（4-8日）に開催された第3会期[57]では監視メカニズムの在り方が焦点となった。支配的だったのは自由権規約選択議定書により自由権規約委員会の権限を拡充するという見解で，米国，ロシア，カナダ，中国，オーストラリア，ベルギー，アンゴラ，ナイジェリア，パキスタン，トルコ，インド，チェコ，グアテマラ，ポーランド，ニュージーランド，ノルウェー等がこれを支持した。スイスは自由権規約委員会に小委員会を設置するという意見を表明している。これらの見解は，条約メカニズムの重複回避，新たなコストの低減，自由権規約委員会への信頼，といった理由をもって提示されていた。反対に新条約と新メカニズムの設置を説いたのはギリシャ，

---

[57] *Report of the intersessional open-ended working group to elaborate a draft legally binding normative instrument for the protection of all persons from enforced disappearance*, UN Doc. E/CN. 4/2005/66, 10 March 2005; International Service for Human Rights, *Inter-Sessional Open-Ended Working Group to Elaborate a Draft Legally Binding Normative Instrument for the Protection of All Persons from Enforced Disappearance, 3rd Session* (Geneva 4 to 8 October 2004).

キューバ，ブラジル，メキシコ，チリ，フランス，アルゼンチンのほか，ジョアネ，FEDEFAM，国際人権連合（FIDH）などNGOであった。緊急行動が必要とされること，自由権規約委員会の負担が過重になることがその理由としてあげられた。アルゼンチンは旗色を最も鮮明にし，新しい独立したメカニズムの設置は「不可欠」としていた。

　緊急行動，早期警戒手続きについては，強制失踪作業部会の活動との重複が懸念され，エジプトとインドは国内救済措置の消尽を条件とするよう主張したが，これに対してはノバク，国際法律家委員会，議長，アルゼンチン，チリ，フランス，ギリシア，チョコ，ポーランドなどから反論が示され，「権利の濫用とならないこと」，「条約の規定と両立しないものではないこと」，「明白に根拠を欠いているものではないこと」とすることで足りると説かれた。

　議長の作成した原案に個人通報制度への言及はなかった。違反の認定ではなく防止・緊急行動が重要だからという理由からだったが，アルゼンチン，チリ，キューバ，コスタリカ，カナダ，オーストラリア，ノバク，国際法律家委員会，国際人権連合は個人通報手続が必要と述べ，米国はそれを選択的とするよう主張した。

　強制失踪の定義について日本，オランダ，スイスは国際刑事裁判所（ICC）規程第7条2項（i）の定義を採用するよう求めたのに対して，議長は文脈が違うとしてこれを退けた。また，「法の保護の外におく」ことは強制失踪罪の構成要件か犯罪の結果か，強制失踪罪の成立には「犯意」が必要か，といった点や，非国家主体による強制失踪の扱いをどうするかも議論されている。

　議長修正案に挿入されていた「強制失踪の広範または組織的な実行」を人道に対する罪とする旨の規定については，これを前文に移動すべし（アンゴラ，アルジェリア，ロシア，米国，中国，インド）という意見と，提案どおり本文でよい（英国，アルゼンチン，チリ，フランス，イタリア，ギリシア，エストニア，ヒューマンライツ・ウォッチ，国際人権連合，国際法律家委員会）という意見とが対立し，議長は本文にとどめおくことを示唆した。

　強制失踪を国内刑法上の犯罪とするかどうかについては，中国，ドイツ，米国，ニュージーランドはこれを不要とする見解であったが，ノバクは犯罪化こそが条約の目的の一つであることを強調してこれに異を唱えた。

2 人権委員会における起草作業の進展

【作業部会第4会期】第3会期後，人権委員会の要請に従い，議長は約60カ国との間で精力的に非公式の協議を重ね，条約案採択への下準備を重ねていった。各国によって示された提案を効果的に組み入れた議長の作業文書をもとに，作業部会は2005年1月31日から2月11日にかけて第4会期をもった[58]。これまでに明らかになっていたように，起草作業の進展にあたって議長の貢献には卓抜たるものがあり，多くの国が謝意を惜しまなかった。

第4会期では非国家主体による強制失踪を条約に取り込むよう求めるロシア，カナダ，インド，アンゴラに対して，ラテンアメリカ諸国，ベルギー，イタリア，スペイン，モロッコ，FEDEFAMは，強制失踪の実行主体が国家であったこと，国家と非国家主体とを同列に扱うのは好ましくないなどしてこれに反論した。両者の溝は条文を分けるという議長提案をもって折衷的に処理されることになる。

規範文書の形態については依然として意見の集約はできなかったが，前文の拡充，強制失踪の定義などにおいて大きな前進がみられた。人道に対する罪に関する第5条については「適用可能な国際法に定める」とする限定句が加えられた（アンゴラ提案）ほか，第6条1・2項に「（強制失踪の実行を）命令し」（スイス提案），「自己の効果的な管理（の下にある部下）」（カナダなど提案），「文民，軍人その他の者（によるいかなる命令も）」という文言を付加することで強制失踪実行者の明確化を図り，さらに時効期間に関してもその限定的適用と起算点の柔軟化が図られた。カナダ，ニュージーランドは強制失踪が人道に対する罪を構成する場合には時効不適用を主張したが，日本，米国，アルジェリア，アンゴラはこれに強く反対した。

このほか，個人情報保護（第19条），情報へのアクセス制限（第20条1項），組織・団体を設立し参加する権利（第24条7項），子どもの最善の利益（第25条4項），養子縁組の無効（同）についての規定が追加され，条約案はほぼ最終

---

(58) *Report of the Intersessional Open-Ended Working Group to elaborate a draft legally binding normative instrument for the protection of all persons from enforced disappearance*, UN Doc. E/CN. 4/2005/66, 10 March 2005; International Service for Human Rights, *Inter-Sessional Open-Ended Working Group to Elaborate a Draft Legally Binding Normative Instrument for the Protection of All Persons from Enforced Disappearance, 4th Session* (Geneva 31 January to 11 February 2005).

4 強制失踪なき世界へ

案に近い形を整えることとなった。組織・団体についての権利はFEDE-FAM、アルゼンチンによってとりわけ支持された。

【作業部会第5会期】作業部会の起草作業は2005年9月12日から23日にかけて招集された第5会期で終了した[59]。強制失踪の定義は自由の剥奪（逮捕、拘禁、拉致その他のあらゆる形態の自由の剥奪）、国の関与、自由の剥奪の否認・隠蔽、法の保護の外におくこと、という要件からなる規定態様とされたが、4つ目の法の保護の外におくことが犯罪の構成要件を成すかについてはあいまいなままにおかれ、議長はこれを「3.5番目の要素」とも評している。作業部会の報告書で用いられていた表現を用いれば、「建設的あいまいさ」をもたらすもの、ということである[60]。

米国は法の保護の外におく「意図をもって」という条件の付加を主張したが、ラテンアメリカ諸国とフランスなどの反対によりこの提案は退けられた[61]。また非国家主体の取扱いについては強制失踪の定義規定とは別にする（第3条）ことで合意がなされた。

真実を知る権利（第20条）については、米国、中国、エジプトなどが情報へのアクセスを制限する必要を主張したのに対して、ラテンアメリカ諸国、イタリア、スペインなどは制限に対して強く反対した。この点につき最終的には「法の保護の下に置かれ、かつ、当該者についての自由の剥奪が司法による監督を受けている場合に限り」、「例外的に」という文言を1項に、「いかなる場合においても」という文言を2項におくことで合意が達成された。なお、前文の最終段落にある「真実を知る権利」という表現を「情報を求め、受け及び伝える自由についての権利」に変更するよう求めた米国の提案はアルゼンチンなどの強い反対を受けたことから、作業部会は双方の表現を残すことによって議

---

(59) *Report of the Intersessional Open-Ended Working Group to elaborate a draft legally binding normative instrument for the protection of all persons from enforced disappearance*, UN Doc. E/CN. 4/2006/57, 2 February 2006; International Service for Human Rights, *Inter-Sessional Open-Ended Working Group to Elaborate a Draft Legally Binding Normative Instrument for the Protection of All Persons from Enforced Disappearance, 5th Session* (Geneva 12-23 September 2005).

(60) UN Doc. E/CN. 4/2005/66, para. 23.

(61) 米国CIAが世界的に展開してきた秘密移送制度を擁護するための提案であったことが明らかにされている。Jeffrey Smith, "U.S. Tried to Soften Treaty on Detainees: Bush White House Sought to Shield Those Running Secret CIA Prisons", *The Washington Post*, September 8, 2009.

論を収束させた。

　第5会期では履行監視機関と規範文書の在り様についてようやく決着を見た。作業部会は，同機関が定期報告審査，現地訪問，個人通報，緊急行動，制度的失踪についての事務総長への付託という5つの中核機能を有すべきことについては合意した。もっとも緊急行動については，条約機関として前例がないこと（アンゴラ，エジプト），国内救済措置の消尽が必要なこと（エジプト，イラン，インド，中国，アンゴラ）を理由に消極的見解を示す国もあった。その一方でアルゼンチンやイタリアなどは，緊急行動は防止措置であり，司法的タイプの手続きではないことを指摘してその必要性を説いた。国内救済措置については，消尽は求められないことになったものの，「同一の事案が他の手続きに付されていないこと」という要件が付加されることになった（第30条2項(e)）。

　事務総長への付託については，ロシア，中国，エジプト，イランなどが条約機関には前例がないとしてここでも反対の意見を述べている。国連憲章にもとづく事務総長の権限に含まれるのかについても議論が交わされ，結局，「国連事務総長を通じ，国際連合総会の注意を喚起する」（第34条）という文言で合意を得た。現地訪問については，「広範なまたは組織的な強制失踪の実行」という条件をつけるべきという見解が出され（中国，エジプト），最終的に「著しく違反している」という文言を挿入することとなった（第33条1項）。

　個人通報手続に関して米国は暫定措置への言及を削除すべきと主張したが，メキシコやアルゼンチンなどラテンアメリカ諸国はその本質的重要性を強調し，また，女性差別撤廃条約選択議定書にも規定されているとの指摘もなされ（ニュージーランド），結局第31条4項においてそのまま維持されることとなった。国家間通報はカナダの提案により挿入されることになり，また，国際司法裁判所への付託は条約の実施条項において規定されることとなった（第32条，第42条1項）。

　最大の懸案として残されていた規範文書・履行監視機関の形態に関して，ラテンアメリカ諸国，イタリア，スペイン，NGOは新条約の定立と新メカニズムの設置を主張した。自由権規約委員会の負担を増やすべきでないこと，財政的には新メカニズムにしても変わりないこと，新条約のほうが強いメッセージを発することができること，などが指摘された。これに対して米国，ドイツ，カナダ，ロシア，中国，インド，エジプトは条約機関の統合が求められている

段階にあって新しい機関を設置するのは好ましくない，などとして自由権規約と同委員会の活動への統合を求めた。非常に難しい判断が迫られたところだが，作業部会は，新条約の作成と履行監視機関の新設（強制失踪委員会）を認める一方で，条約発効後に，廃止・権限移譲を含めた見直しをすることに一致点を見出した（第27条）。履行監視機関は10人から成るものとし，「関連する法律関係の経験を有する」，「性別に関して均衡がとれた形で」（第26条1項）という条件が付されることになった。また，「1回のみ再選される資格を有する」（第26条4項）という規定は他の人権条約機関には見られないものである。

　コンセンサス形式で審議が進められたため各国は随所に独自の解釈声明を発した。強制失踪の構成要件要素は4つか3つか，国内法上強制失踪罪を別個の犯罪とする義務を負うか（負う，とするメキシコに対して，米国，英国は負わないという認識を表明），といった事柄に関するものに加え，条約への留保が許容される旨を強調した代表もいた（エジプト，イラン）。

　作業部会第5会期は議長のまとめあげた条約案にコンセンサスで合意した。そして作業部会の最終報告書は，議長により，強制失踪と30年以上にわたって闘ってきたFEDEFAM代表に捧げられた。

3　人権理事会から総会へ

　作業部会で固められた条約案はケセジャンにより人権理事会に提出されるが，同理事会では採択に先立って次のような発言がなされた[62]。条約案の内容に不本意な箇所はあるもののコンセンサス採択を妨害する意思はない（米国，インド），NGOの貢献が賞賛される（ウルグアイ，フランス，アルゼンチン，コスタリカ，ベルギー，米国），真実を知る権利が枢要（ウルグアイ，メキシコ，フランス），非国家主体への言及は重要であり（グアテマラ，アルジェリア），現に非国家主体による人質をとる行為が人権への最大の脅威の一つになっている（ロシア）。このほか，強制失踪を人道に対する罪として性格付ける意義を強調する向きもあった。

　2006年6月29日，人権理事会は条約案を投票に付すことなくコンセンサスで採択した（2006/1）。採択後，日本は投票説明を行い，そのなかで強制失踪

---

(62)　International Service for Human Rights, *Human Rights Council, 1st session* (Geneva, 19 to 30 June 2006).

罪は4つの要素から成るとの解釈をとる旨を改めて明言した。また，国内刑法に強制失踪罪を別個の犯罪として規定することまでは求められていないとの解釈も明らかにしている。構成要件四要素論は英国によっても強調された。カナダはコンセンサスには加わったものの自由権規約の枠内での対処が好ましいとの見解をここでも再述し，スリランカもコンセンサス採択には参加したものの非国家主体への言及が不十分であることへの不満を表明した。

次いで条約案は，103の共同提案国によって国連総会第3委員会に上程され，2006年11月13日に，フランスの要請により投票によることなく採択された(63)。採択後，ここでも多くの国が発言を行っている(64)。カナダは自由権規約への未練を重ねて述べ，英国は強制失踪罪の構成要件が4つの要素から成るとの解釈を強調するとともに，武力紛争時には国際人道法が優先的に適用されることを確認する発言を行った。また，第25条4項は養子縁組の無効を義務づけているのではなく，再検討のための国内手続を設けることで足りるとの解釈も表明している。

フィリピンは非国家主体による強制失踪の現実が条約に十分に反映されていない旨を指摘し，インドは自由権規約の枠内での処理が本来は好ましいとの見解と，強制失踪の犯罪化は自国の国内刑法秩序に従って行えばよいという理解でコンセンサスに加わったことを明らかにした。また，ニュージーランドは人道に対する罪としての性格付けと，上官の責任については現行国際法を損なうものとは解されないと述べ，ベネズエラは同国内での強制失踪問題への取り組みを説明した。日本は英国の説く構成要件四要素論と同意見であるとし，強制失踪者家族の統合を願うと述べた。フランスはコンセンサスでの採択に感謝し，署名式には最高次の代表を派遣してもらいたいとの希望を表明した。このほか，米国は人権理事会に提出した文書（UN Doc. A/HRC/1/G/1）に自国の条約解釈を示してあると指摘し，デンマークは欧州人権条約第3条との整合性を検討してから批准を行うと述べている。

第3委員会での採択を経た後，条約案は2006年12月20日，先述のとおり国連総会本会議においてコンセンサスで採択され，ここに強制失踪条約起草過

---

(63) *Supra* note 15.
(64) *Third Committee Approves Draft Resolution concerning Convention on Enforced Disappearances; Hears Introduction of 17 Texts on Hunan Rights Issues*, UN Doc. GA/SHC/3872.

程は終結をみた。人権小委員会が人権委員会に条約案を付託してから12年，人権委員会作業部会が設置されてからでも8年の月日が経っていた。それ自体けっして短いとはいえないものの，パリ弁護士会の働きかけによって条約起草への潮流が生み出された1981年を起算年とすれば，実に30年弱の時が過ぎ去っていたことになる。

　その間，「五月広場の母・祖母たち」の活動は絶えることなく続けられた。ラテンアメリカの失踪被害者の思いを託されたFEDEFAMの存在は議論が無機質になりがちな条約制定過程に強制失踪のリアリティを絶えず想起させる重要な役割を果たした。アルゼンチンやチリといった，強制失踪の最前線となってきた諸国が，新体制の下で条約への強いコミットメントを示し続けたことも看過できない。さらに，ジョアネ，ケセジャン，そして両人の出身国であるフランスの果たした役割も特記されよう。ケセジャンの洗練されたリーダーシップは，複雑な条約起草過程を見事に軟着陸させる進入灯にも等しい輝きがあった。

V　強制失踪なき世界へ

1　強制失踪条約の概観

　強制失踪条約についてはすでにその意義・問題点を包括的に論ずるすぐれた研究が内外で発表されている[65]。屋上屋を重ねることをできるだけ避けながら，ここでは条約の特徴的な点を起草過程での議論を踏まえて確認しておくことにする。

　【強制失踪の定義】まず強制失踪の定義にかかわって，本条約はいずれの者も強制失踪の対象とされないことを，デロゲートできない権利として明記した初の普遍的文書となった。強制失踪が重層的な人権侵害を引き起こすことは国際先例・判例において明らかにされているとおりだが，この条約では強制失踪を受けないことそれ自体を権利として明確化した（第1条）。また，国の許可・

---

(65)　北村・前掲論文(37)。See also, Susan McCrory, "The International Convention for the Protection of all Persons from Enforced Disappearance", *Human Rights Law Review*, Vol. 7 (2007), pp. 545-566; Scovazzi & Citroni, *supra* note 18, pp. 265-396. また，薬師寺公夫「強制失踪条約における「強制失踪」の定義とその国内犯罪化義務」研究紀要（世界人権問題研究センター）24号（2019年）1-45頁も参照。

支援・黙認のない非国家主体の行為が条約の射程に含まれたことにも改めて留意しておく必要がある（第3条）。当該行為を調査し、その責任者を裁判に付すために適当な措置をとることを締約国は義務付けられている。国連強制失踪宣言にも米州強制失踪条約にも、こうした非国家主体についての規定は設けられていない。

国際刑事裁判所（ICC）規程第7条2項（i）にある強制失踪の定義には「長期間にわたり法の保護の外に置くことを意図して」という要件があるが、現実問題としてこうした意図の立証は容易でないこともあり、強制失踪条約では「意図」の挿入を主張する米国案は退けられた。またICC規程では時間の経過が構成要件に組み入れられているが、強制失踪は自由を剥奪されたその瞬間に成立しうるものであり、その解決のためには可能な限り早期の介入が必要であることから、そうした時間的要素は本条約には規定されていない。

強制失踪の構成要件は3要素から成るのか4要素から成るのかという問題は「建設的あいまいさ」という術を用いて将来の議論として残された。日本は英国とともに4要素と解する旨を繰り返し言明し、条約批准前から外務省のホームページに早々と登載した政府訳においても、「かつ」という接続詞を用いて、「法の保護の外に置く」ことが他の要素とともに構成要件の一部を成すとの認識を明示している。もっとも、国が関与した自由の剥奪であってその消息・所在を当局が否認・隠蔽する場合には、被害者は必然的に法の保護の外に置かれているというべきであり、当局が否認・隠蔽している場合にあってさらに法の保護の外に置かれていることを立証せねばならないとなると、強制失踪の成立は困難になるのではないか。ちなみに国連強制失踪作業部会も、法の保護の外に置かれていることを構成要件の一部とはみなしていない[66]。

【人道に対する罪と強制失踪】次に人道に対する罪としての位置づけだが、国連強制失踪宣言は強制失踪の組織的実行が人道に対する罪の性格を有すると前文で謳い、米州強制失踪条約でも同様の規定が前文におかれている。他方でICC規程は、広範または組織的な攻撃の一部として実行される強制失踪を人道に対する罪として訴追の対象にしている。こうした国際法の規範的潮流を受け、本条約は前文と本文（第5条）の双方で人道に対する罪に言及し、後者では強制失踪の広範または組織的な実行を「適用可能な国際法に定める人道に対

---

(66) UN Doc. E/CN. 4/2005/66, *supra* note 57, 58, para. 55.

する罪を構成し，及び適用可能な国際法の定めるところにより決せられた結論を引き受けなければならない」と規定する。

この文言は一見すると意味内容が不分明にも見受けられるが，起草過程の議論によれば，そこには「人道に対する罪を構成する強制失踪は別個の法レジームに服する」ことの確認の意が込められているという[67]。端的にいってしまえば，ICC レジームへの黙示的な言及がなされているされるのだが[68]，むろん ICC とは別に機能する法レジームの存在が排除されるわけではない。強制失踪は本条約にあっては人道に対する罪を構成しようとしまいと犯罪化され普遍的管轄権に服するものとされている（第9条2項）。人道に対する罪に該当するかどうかは条約の目的の実現にとってさほど重大な意味をもつわけではなく，現に第5条は締約国に対してなんら具体的な義務を課していない。強制失踪の実例をみても，その多くは「広範または組織的」とはいえない形で実行されてきているとされる[69]。

もっとも，強制失踪が広範又は組織的に実行されているとの信頼できる情報を受領した強制失踪委員会は，国連事務総長を通して総会の注意を早急に喚起することができる（第34条）。人道に対する罪を構成するほどの強制失踪であるかどうかは履行監視機関がこうした行動を起こせるかどうかのメルクマールにはなる。

【不処罰への対応】強制失踪を存続させてきた最大の誘因ともいえる不処罰の問題については，まず時効について，本条約では人道に対する罪にあたる場合を除き全面的な適用除外こそ実現しなかったものの，強制失踪罪が継続的性質を有することを考慮して時効の起算点を犯罪行為が終止した時点としている（第8条1項）。犯罪行為の終止がどの時点を指すのかは一義的には明らかではないものの，米州強制失踪条約第3条を参照するに，被害者の消息または所在が不明であるかぎり犯罪行為は継続していると解するのが合理的である。となると条約発効前に生じた事件であっても消息等が不明であれば条約の適用は排除されないと思われるかもしれないが，この点につき第35条は，強制失踪委員会が条約発効後に開始された失踪のみを扱う旨を特記して規定している。もっとも，国連強制失踪作業部会にはこうした限定はなく，また，本条約が適

---

[67] UN Doc. E/CN. 4/2004/59, *supra* note 56, para. 45.
[68] McCrory, *supra* note 65, p. 552; Anderson, *supra* note 19, IV, B.
[69] Andreu-Guzman, *supra* note 50, p. 79.

用されずとも，失踪者およびその家族については，他の人権条約の下で関連諸規範（身体の自由，恣意的拘禁の禁止，人道的待遇，拷問・非人道的取扱いの禁止，生命権など）の侵害を問題としうることはいうまでもない。

　本条約ではさらに，時効期間が犯罪の極度の重大性と均衡がとれた長期間にわたるよう求められているほか（第8条1項），第9条で普遍的管轄権が規定され，第6条2項において上官命令の抗弁が排除されている。第13条では強制失踪罪を政治犯罪とみなさない旨も定められている[70]。恩赦の禁止は盛り込まれなかったが，蓄積された国際先例・判例は，強制失踪罪の実行者に恩赦の適用がないことを確認している[71]。

　【防止・真実を知る権利・賠償・子どもの処遇】第17条では秘密拘禁の禁止が謳われ，被拘禁者の登録も義務付けられた。また自由を剥奪された者の親族や代理人など正当な利益を有する者に情報へのアクセスを保障しなければならないことも規定されている（第18条）。法執行官への教育（第23条）も強制失踪の防止には重要である。

　本条約において被害者とは失踪者に限られず，強制失踪の直接の結果として被害を受けた個人も含まれる（第24条1項）。被害者は真実を知る権利を有し（第24条2項，前文最終段落），賠償を受ける権利を有する（第24条4・5項）。また，消息が明らかでない失踪者・その親族の法的地位に関して適当な措置がとられること，失踪者の援助のための組織への参加権を保障すべきことも規定されている（同条6，7項）。このほか，自らが強制失踪の対象となった子どもと，親や法定保護者が強制失踪の対象となった子どもについて，その不法な移動を防止し，かつそうした行為を処罰すること，さらに，強制失踪に起因する子どもの養子縁組を無効とすることなども明文で謳われている（第25条）。

　【履行監視機関】10名から成る強制失踪委員会を新設することが規定される一方で，条約発効後4年から6年の間に締約国会議を開催し，同委員会の機能を他の機関に移譲するかどうかを決定することも決められた（第27条）。強制失踪委員会の存在自体は暫定的なものになる可能性は排除されないものの，条約の履行監視機能は常にいずれかの機関によって担われることは確保されている。それらの機能には，定期報告制度（第29条＝義務的），個人通報制度（第

---

(70)　ただし，強制失踪の対象となるおそれがある国への引渡しは禁止される（第16条）。
(71)　Scovazzi & Ctroni, *supra* 18, pp. 320-329.

31条＝選択的），国家通報制度（第32条＝選択的），現地訪問／調査制度（第33条）に加えて，失踪者・親族等の緊急の要請を受けて締約国に情報提供を要請する緊急行動手続（第30条）と，広範または組織的な強制失踪の実行について事務総長を通じて国連総会の注意を喚起すること（第34条）が含まれる。緊急行動手続は人道的な性格なものとされるが，内容的に国連強制失踪作業部会の活動との調整が必要になるだろう。

2 おわりに

強制失踪条約は20か国の批准・加入を得て効力を生ずるところ，既に述べたように日本はこの条約に早々と署名を済ませ，2009年7月23日には批准書を寄託し，その際に強制失踪委員会による国家間通報処理権限を受諾してもいる。条約締結案件は同年3月6日に閣議決定され，そのまま第171回国会に提出された。「我が国がこの条約を締結することは，拉致を含む強制失踪に立ち向かう我が国の強い意思を国際社会に示すとの見地から有意義であると認められる。よって，この条約を締結することといたしたい。これが，この案件を提出する理由である[72]。」とのことである。強制失踪罪の新設など特別の立法措置がとられることはなく，現行法をもってこれに対処するものとされている。

DPRKによる日本人拉致問題が日本による本条約締結の直截的な原動力になったことは疑いなく[73]，北村泰三も，この条約が「わが国の拉致問題への取り組みに対して国際的な正当性を明確に与え…また，この問題への国際的な連帯を広げる契機にもなるだろう」という。だが北村が続けていうように，「それと同時に，世界各地で起きている強制失踪問題についてもわが国が主導的な役割を果たすよう期待されていることも留意する必要がある[74]」。本章で

---

[72] http://www.clb.go.jp/contents/diet_171/treaty_171.html.
[73] たとえば，条約署名式典に日本政府を代表して出席した浜田昌良外務大臣政務官（当時）は自らのHPで次のように述べている。「人権大国をめざす日本こそは，条約の一日も早い発効と未参加国の説得に全力を挙げることが重要と考えます。その真剣な取り組みを通し，国際社会の正義と良識を味方にし，拉致問題の進展，解決の流れを確かなものにするため全力を尽くして参ります。その決意を込め，浜田は署名の横に，"Attack against abduction!" と添え書きをさせていただきました。」(http://www.hamada-m.com/jisseki/j1_04.html). See also, "Japan hopes pact helps quest to resolve abductions", *Japan Times*, 8 February 2007.
[74] 北村・前掲論文(37) 206頁。

叙述したように，強制失踪はラテンアメリカを起点にいまや全世界にまたがる重度の人権侵害の一つとなっている。本条約は，そうした世界大の醜悪な事象に対処するためにこそ作成されたものであり，凄絶なまでの人間の物語を条文の間に刻み込んだ被害者親族たちの，そして国際人権運動の果敢な闘いの結晶にほかならない。条約は強制失踪を改めて非正統化し，被害者たちへの強力な連帯のメッセージとなって反響していこう。

もっとも，やや冷徹にいえば，条約が発効したところで，それによって強制失踪がたちどころに消失してしまうとは考えがたい。強制失踪をもたらしてきた構造的温床はいかなるものかという本質的問いは依然として私たちの前に残されたままにある。アルゼンチンやチリで大規模な強制失踪が生起したとき，それを支えていた力はいったいどこから発出していたのか。1980年代から90年代，そして21世紀にかけて強制失踪が世界に蔓延していったとき，人権は皮肉にも制度的には「主流化」の位相を強めていくのだが，その一方にあって世界にはどのような原理・思考が広がっていったのか。

強制失踪が最も凶悪な犯罪の一つであることはいうまでもない。そうした行為を不処罰のままに放置することはあからさまな不正義であり，その愚はなんとしても阻止されなくてはならない。強制失踪の犯罪化と訴追・処罰の実践によって少なからぬ抑止効果を期待することもできよう。だが，犯罪の背後にはそれを促す構造的な力学が働いてもいる。犯罪が大規模であるほどに深度をますその位相を，歴史的・経済的な視座も交えながら根源的に問い詰めて必要があるのではないか。犯罪化の力学は責任を個人に帰すことで，犯罪をとりまくより大きな構造的因子から私たちの関心を遠ざけてしまう効能ももつ。条約の生誕・発効を祝う一方にあって，その不変のポリティクスに改めて想い到ることも忘れてはならないだろう。

5　極度の不平等と国際人権法

I　「ポスト人権」の時代？

　国連人権理事会により「極度の貧困と人権に関する特別報告者」に任命されたフィリップ・オルストン（Philip Alston）が2015年に提出した報告書の第一弾[1]は、世界にとめどもなく広がりゆく「極度の不平等（extreme inequality）」を国際人権法の観点から捉え直す必要性を訴えるものであった[2]。1999年に公刊した研究書[3]の中でアンドリュー・ハレル（Andrew Hurrell）らは、グローバル化の過程にあって不平等が国内でも国家間でも拡大している旨を指摘していたが、その実情は21世紀が時を刻むに連れて確然と深度を増している。
　オックスファムが行なった2017年の実態についての分析によれば、世界で最も裕福な1%の人々によって、残りすべての人間たちがもつ以上の富が保有されているという。国ごとに見ても、たとえば米国では最も富裕な3人が下位50%の人々（約1億6千万人）と同量の富を有し、インドネシアでも上位4人の富が下位1億人のそれに相当するという[4]。こうした数字が象徴するよう

---

(1) A/HRC/29/31. なお、「経済的、社会的及び文化的権利に関する国際規約」の履行を監視する委員会（社会権規約委員会）は、「貧困」を「適切な生活水準その他の市民的、文化的、経済的、政治的および社会的権利の享有に必要な資源、能力、安全および権力の持続的または常態的な剥奪によって特徴づけられる人間の状態」と定義している（E/C.12/2001/10, para. 8）。他方で、極度の貧困とは、「『所得の貧困、人間開発の貧困および社会的排除の結合』であって、長期にわたる基本的安全の欠如が人々の生活の様々な側面に同時に影響を与えることで、予見可能な将来における諸権利の行使または再獲得の可能性を重大に損なうもの」とされる（A/HRC/21/39, para. 2）。

(2) 国連開発計画は、所得・富の分配にかかる経済的不平等と、政治権力や健康・教育・住居等の配分にかかる社会的不平等とをあわせて垂直的不平等（vertical inequality）とする一方で、性別や人種などに基づく集団間の格差を水平的不平等（horizontal inequality）と類型化する。両者には当然ながら密接なつながりがある。See United Nations Development Programme, *Humanity Divided: Confronting Inequality in Developing Countries* (2013), chap. 1.

(3) Andrew Hurrell and Ngaire Woods (eds.), *Inequality, Globalization, and World Politics* (Oxford University Press, 1999).

に，経済的不平等の広がりは今や地球規模で比類なき醜貌を差し出しているといってよい。

オルストンの上記報告書では，経済的不平等が生命・自由・安全への権利や健康・教育への権利等の享有に負の影響をもたらしていることが憂慮され，さらに不平等の深まりにより社会不安が引き起こされ，政府への信頼が損なわれていることにも警鐘が鳴らされている[5]。たしかに，不平等の深まりは，ポスト9/11の安全保障化言説とも相俟ってポピュリズム培養の温床となり，民主主義・自由主義の基盤を揺るがす脅威となって立ち現れてもいる。のみならず，世界各地に浸潤する社会的亀裂・排除，人間間の分断，さらには最高次政治指導者らによる扇動的で暴力的な言動の連綿たる堆積を前に，世界は「人権終焉の時」あるいは「ポスト人権の時代」に入ったと不祥の宣明に走る論者もいる[6]。

「人権の主流化」という巷間に流布した標語が示唆するように，社会正義を追求する手段として，とりわけ冷戦終結以降の国際秩序における人権の位置付けには格別のものがあった。だが，その社会正義の根幹が深刻な動揺をきたしているにもかかわらず，孜々営々と積み上げられてきたはずの国際人権法制度は昂進するポピュリズムの動勢に効果的に対処するすべを提示しえずにいる。

この事態について浅見を経巡らせていくに，非常に示唆的なのは，2016年12月1日に英国でなされた講演におけるオルストンの指摘である。ポピュリズムは恐怖と憤懣によって駆り立てられており，経済政策の果たす役割が重要であると論じつつ，オルストンは，「国際人権法の主勢力が経済的・社会的権利の問題にせいぜい名目的にしか取り組んできておらず，不平等の問題にいたっては，まったく取り組んでこなかった」と峻烈に言葉を連ねる。続けて強調されたのは，「人権活動のほとんどが周縁化され抑圧された個人と少数者集団に焦点をあてている」現実であった[7]。

---

(4) Oxfam International, *Reward Work, Not Wealth* (January 2018), p. 19, https://d1tn3vj7xz9fdh.cloudfront.net/s3fs-public/file_attachments/bp-reward-work-not-wealth-220118-en.pdf.

(5) *Supra* note 1, paras. 26-32.

(6) Stephen Hopgood, *The Endtimes of Human Rights* (Cornell University Press, 2013); Ingrid Wuerth, "International Law in the Age of Trump: A Post-Human Rights Agenda", Lawfare blog, 14 November 2016, https://www.lawfareblog.com/international-law-age-trump-post-human-rights-agenda.

5　極度の不平等と国際人権法

　人権活動の主力が社会的被傷性の強い少数者（庇護申請者，人種的・性的少数者，「テロリスト」等）に向けられるのは事理の必然というべきものであろうが，しかしそのゆえにというべきか，社会的多数者の多くは人権保障の帰趨に関心を示さず，それどころか，関心の欠如（場合によっては敵意）を示す度合いは社会的安全網が断ち切られ，社会が不安定化するなかにあっていっそう強まっているところがある。オルストンの講演は，グローバル化に牽引された経済秩序の変容により生活面の不安や社会的憤懣を抱くようになった多数者の懸念に応える新しい人権課題を設定し，その主要な柱に社会権の保障とともに不平等の是正を据えるべき必要性を説くものでもあった。特別報告者として2015年に提出した報告書には，その旨の問題関心が色濃く映し出されている。

　種々の規範の定立を通じ国際人権法がこれまで目指してきたのは，いってみれば，すべての者に人間にふさわしい最低限度の生を保障することであった。自由を恣意的に奪われないこと，生きるために必要な衣食住を確保すること，である。これ以下に落ちてはならぬ最低水準の保障が求められてきたのであり，それすら享受し得ぬ窮境におかれた少数者に保護の焦点があたるのは，なればこその必然であった。だが最低水準に注力する反面にあって，「天井」すなわち上方への国際人権法の関心は控えめにいっても希薄なままに推移してきた。冒頭で言明したとおり，世界の実情はといえば，一握りの富裕層が天井を頭上はるかかなたに押し上げて，最底辺との間に圧倒的な経済格差を広げるまでになっている。そうした不均衡の存在によって人権の平等な享有に負の影響が生じ[8]，加えて，多数者の生活水準の低落と，確保されるべき最低水準自体の切り下げにより社会不安がひどく煽られる事態が深まっていることは改めて言挙げするまでもない。

　国際人権法は天井（上方）に十分な規範的関心を寄せぬことで人間間さらには国家間に横たわる不平等の拡大を看過し，社会的亀裂・排除ひいては人権に対する関心・信頼の低落を自ら招いてきたといえるのかもしれない。本章では，採択70周年目を迎えた世界人権宣言を礎として立ち上がった国際人権法の歩みの中で，（とりわけ経済的）不平等についてどのような眼差しが向けられてきたのかを，サミュエル・モイン（Samuel Moyn）の歴史研究[9]を参照しつ

---

(7)　Philip Alston, "The Populist Challenge to Human Rights", *Journal of Human Rights Practice*, Vol. 9 (2017), p. 6.
(8)　市民的及び政治的権利への負の影響について，UN Doc. A/72/502, 4 October 2017.

◆ 第Ⅰ部 ◆ 人権の領野

つ批判的にたどり直し,「ポスト人権」ならぬ「国際人権法の再考」に向けた規範的理路を探ってみることにする。

Ⅱ　平等主義の理念

　世界人権宣言の実質的な萌芽というべきフランクリン・ルーズベルト（Franklin D. Roosevelt）大統領の「四つの自由」演説（1941年米国議会）が「欠乏からの自由」という語をもって言及していたものの内実は，当時の時代的潮流を背景に，最低水準の確保にとどまらぬ分配的平等（distributive equality）の理念を含みもつものであった。周知のように，1948年に国連総会で採択された世界人権宣言には,「欠乏の自由」を投影して，自由権のみならず社会権に分類される規範も規定されている。誤解する向きもあるかもしれないが，社会権の挿入は社会／共産主義諸国の最重点課題だったわけではない[10]。実際のところ，初手から想定されていた社会権規定の導入に起草過程のいずれの段階においても異を唱える代表は皆無にも等しかった。

　大恐慌と大規模な惨禍を経た後に ── そして社会主義諸国の登立もあって ── 19世紀型の自由放任主義を維持することは資本主義諸国にあっても現実的選択肢ではなく，国家の介入を通して平等主義的成長と繁栄を求める潮流（福祉国家体制）が時代の趨勢をなしていたことは紛れもない。社会権はそれを象徴する規範としてあった。確認するまでもなく，社会権はソ連・社会主義諸国の憲法において独占的に規定されていたものではない。「四つの自由」はそうした支配的な時代状況を映し出すものでもあった。

---

(9)　Samuel Moyn, *Not Enough: Human Rights in an Unequal World* (Harvard University Press, 2018).

(10)　総じて見ると，ソ連およびその同盟国が最も多くのエネルギーを注入したのは差別の禁止であり，人民の自決権についてであった。William Schabas (ed.), *The Universal Declaration of Human Rights: The Travaux Préparatoires*, Vol.1 (Cambridge University Press, 2013), pp. 134, 195. ちなみに世界人権宣言には財産権も定められているが，起草過程で議論を呼んだこの規定は「私有」という語を削除して法定された。*Id.*, pp. 969-99. ハーシュ・ローターパクトは，同宣言の採択に先立ち，次のように述べていた。「私有財産は課税，相続税および一般的福祉のための規制を通じた大がかりな国家の介入の対象になっており，権利章典への挿入にはやや不自然なところがある」(Hersch Lauterpacht, *An International Bill of Rights* (1945, new ed., Oxford University Press, 2013), p. 163.)。

5　極度の不平等と国際人権法

　もっとも，自由の社会的統制が富の再分配を促していたことがたしかだとしても，その際に，社会権そのものがどれほど具体的な役割を果たし得たのかは判然としない。現に司法的手段を含め，社会権の「執行」についての有意な関心は世界人権宣言の起草過程にもうかがえない[11]。福祉国家内での富の再分配にあたっては，人種や性等による水平的不平等の問題が視野に入っていなかったことにも留意しておくべきだろうが，ただいずれにせよ，社会主義諸国も含め，平等主義の具現化に向けた各国の介入政策を領導するように，世界人権宣言（の社会権規定）が特筆すべき貢献をなし得たところまで見て取ることは困難である。その一方で，自決権への完黙が雄弁に物語るとおり，この宣言はそもそも大国による植民地支配を所与の前提に作成されたものであり，グローバルな次元における分配の平等の行方までを見据えて創出されたものでもなかった。

　世界大での平等が本格的に国際政治のアジェンダに上るのは，脱植民地化が進められるようになってからである。1974 年 5 月 1 日に特別会期を招集し国連総会が採択した新国際経済秩序（NIEO）樹立宣言（A/RES/S-6/3201）がその頂点をなす。NIEO への胎動は，1955 年のバンドン会議を始め，1962 年の天然の富と資源に対する永久的主権決議（UN GA Res. 1803(XVII)），1964 年の国連貿易開発会議（UNCTAD）の創設とその勢いを着実に増してきていたが，1966 年には停滞していた国際人権規約の起草作業もようやく終了する段となった。

　双頭の形姿を与えられた同規約は，共通第 1 条を自決権に当て，すべての人民は「自己のためにその天然の富及び資源を自由に処分することができる。人民は，いかなる場合にも，その生存のための手段を奪われることはない」と謳いあげるものとなった。社会権規約第 12 条は「到達可能な最高水準の身体及び精神の健康を享受する権利」を定め，さらに第 11 条では食糧・衣料・住居への権利も特記するなど，世界人権宣言と一体になって国際人権章典を構成するこの文書は，脱植民地化を視野に入れつつ，精緻化された社会権の実現に各国がいそしむよう求めるものとして生み出された[12]。

---

(11)　なお，1950 年署名の欧州人権条約は国際人権法の旗艦的役割を果たす欧州人権裁判所を擁しているものの，冷戦の政治的対立を背景に社会権を排除する形で生み出されている。

(12)　付言するに，世界人権宣言とは異なり，国際人権規約には財産権についての規定は

97

◆ 第Ⅰ部 ◆ 人権の領野

　とはいえ，本章との関連で言葉を継げば，「社会権についてのこの新たな条約は国内における平等主義的分配へのいかなる誓約も含んでおらず，また，条約が列挙した生活水準に関する規範を充足するため国境を超える社会正義を要求するものでもなかった。その先端性にもかかわらず，条約上の経済的自決にしても，外部の者から『その生存のための手段』を奪われない人民の権利を保護するものにすぎなかった」[13]。社会権規約には「世界の食糧の供給の衡平な分配を確保すること」（第11条）という注目すべき言辞が用いられてはいるものの，これは「飢餓から免れる基本的権利」を実現するという最低水準を保証するためのものであり，「生活条件の不断の改善」のための国際協力にしても，「自由な合意に基づく」という融通無碍な運用に資する条件を伴ってのことであった。

　国際人権規約は，国内はもとより，グローバルな次元での分配の平等の実現を各国（富裕国）に明確に義務付ける内容のものとして起草されたとまでは言い難い。脱植民地化により国際社会の権力構造が変容するなかにあって，平等への政治的期待を託されていたのは，人権条約以上に，国際経済秩序の改編を求める NIEO の構想であった。

Ⅲ　貧困削減のレトリック

　NIEO は，富裕国と貧困国の実質的平等という明瞭な目標を打ち出し，国家間の不均衡な経済格差の真因が欧米主導の国際経済構造にあるとして，既存のルールの改編に乗り出すドラスティックな内容を湛えていた。NIEO に関わる決議はその後も断続的に国連総会で採択されていくのだが，その集大成というべきものが 1974 年 12 月 12 日に採択された「国の経済的権利義務憲章」（GA Res. 3281(XXIX)）であったことは周知のとおりである。

　NIEO に懸けられていたのは不均衡な国際構造を背景に生み出された国家間の不平等を根本的に是正することであり，その矛先は公正な分配を損なう多国籍企業の活動にも向けられた。この紛うことなき壮大なプロジェクトは，しかし，主権国家間の平等を希求する政治エリート主導の域を出ず，国家（第三世

　　存在しない。
(13)　Moyn, *supra* note 9, p. 111.

界諸国）内部に巣食う不平等については，貧困国の結束を優先するという理由から，公然と関心の外に放擲された。

国家間の平等を求めつつ国内での不平等・人権状況は放置するという二重基準を内包して立ち上げられた NIEO の勢いは，70 年代後半に急速にしぼんでいく。その背景事情の委細に立ち入る余裕はここではないものの，ただ，NIEO が舞台の後景に退くのと時期をほぼ同じくして 2 つの潮流が台頭してきたことには留意しておく必要がある。1 つは貧困削減言説であり，もう 1 つは国際人権運動である。きわめて不十分であれ NIEO が体現していたグローバルな次元での富の再分配を求める声は，これらの潮流に呑み込まれるように国際秩序の遠景に押しやられていった。

1960 年代から国連では「開発」が重要なテーマにはなっていたのだが，70 年代になると「基本的な人間の必要（basic human needs）」という概念が訴求力をもち，その中心的担い手となった世界銀行の存在がこの分野できわめて大きなものになっていく。人間の基本的必要を満たすことに開発の目標が設定され，政策の力点は貧困の削減に据えられる。絶対的貧困（absolute poverty）という概念が創出されたのもこの文脈においてである。基本的必要は必ずしも人権の言葉をもって表現されていたわけではなく，そこに批判が向けられることもあったが[14]，ともあれ世界銀行が中心になったこの言説の広まりにより，平等の追求ではなく（絶対的）貧困の削減へと，社会正義についての認識転換が促されていった。NIEO の求めたグローバルな次元での平等へのコミットメントから，人道あるいは慈善の精神に支えられたミニマリストというべき最低水準の実現への転換である。「貧困の削減」は際限なき「天井」の追求（すなわち不平等の拡大）とも矛盾なく両立するものであり，グローバル新自由主義の代名詞的機関ともなる世界銀行がその推進役を担ったことに特段の不思議はない。

他方で，1970 年代は人権 NGO が国際政治の舞台で公的に認知されることにより，国際人権保障システムが飛躍的な発展を迎える時期でもあった[15]。そ

---

(14) See Philip Alston, "Human Rights and Basic Needs: A Critical Assessment", *Revue des droits de l'homme*, Vol. 12, no. 1-2 (1979).

(15) Suzan Marks, "Four Human Rights Myths", in David Kinley, Wojciech Sadulsky and Kevin Walton (eds.), *Human Rights: Old Problems, New Possibilities* (Edward Elgar Publishing, 2013), p. 226.

の代表格はといえば1977年にノーベル平和賞を受賞したアムネスティ・インターナショナルをおいてないだろうが，今日ではこの団体を凌ぐほどの認知度を誇るヒューマンライツ・ウォッチなどの活動が芽吹いたのもこの時期にほかならない。これらのNGOは，国家による抑圧・身体の自由に活動の軸足をおくことにより，国際人権法における自由権偏重の潮流を増幅させていくことになる。

1960年代の後半に至り「人権の保護」に活動の幅員を拡張していた国連人権委員会でも，1975年からチリにおける大規模な弾圧の事態に特別手続の矛先が向けられていく。NGOの活動も当然ながらその主導者たるアウグスト・ピノチェト（Augusto Pinochet）による抑圧・拷問の醜態を照射するものとなるのだが，他を圧するほどの人権蹂躙の嵐が吹き荒れたこの時期，チリでは経済成長の軌跡が着実に刻まれてもいた。民営化・規制緩和・国家の社会保障からの後退といった諸施策を一律に処方する新自由主義の綱領が，ピノチェトの軍政下にあってめざましい「実験の成果」をあげ始めていたのである。政治弾圧を厳しく非難する一方で，だが，国連人権メカニズムも人権NGOも，経済成長に伴い拡大する経済的不平等の実態を人権保障の観点からことさら問題視することはなかった。論者によっては，新自由主義政策それ自体が政治的恐怖の淵源になったと説く向きもあるが[16]，そこまで直截に断ぜずとも，少なくとも国際人権運動が経済政策のもたらす深刻な弊害から衆目を遠ざける役回りを演じたことはたしかであろう。

チリの事例からうかがえるのは，国際人権運動と新自由主義（の下での経済的不平等）の拡大とがまったく矛盾のない事象として同時進行し得るということであった。現に，冷戦が終結してほどなく訪れる「人権の主流化」の時代は，介入主義（福祉国家）あるいはNIEOのビジョンを暗渠に埋める新自由主義の潮流が，程度の差こそあれ中国やインド，ロシアを含む世界全域に行き渡る時代にもほかならない。1990年代以降の国際人権法の隆盛は，各所に広がる極度の経済的不平等と手を携えるように謳歌されていくのである。

---

(16) ナオミ・クライン『ショック・ドクトリン（上）』（岩波書店，2011年）第5章参照。

IV 不平等との並走

　平等な分配への規範的関心が希薄であった国際人権法上の問題意識をいくばくかでも喚起する試みがなされたのは，国連差別防止及び少数者保護小委員会においてであった。親機関たる人権委員会の人権理事会への改編に伴いその存在を終止した小委員会で社会権の実現に関する特別報告者の任にあったスロベニアのダニロ・トゥルク（Danilo Türk）が，1992年提出の報告書[17]において，所得の不平等が時代の主要課題の一つであるとの見解を提示した。同報告書は，1980年代を通じて，中流階層の多くが貧困化する一方で資本の国際化に従事する人々が最大の受益者集団になっていること，さらに所得の不均衡を是正せずして貧困の削減・社会権の実現が困難である旨を説くものであった。

　この報告の後，貧富の差の拡大を深く憂慮した小委員会は，実態を見極める調査を踏まえたうえで，人権（特に社会権）の享有と所得分配に関する特別報告者を任命することになる。その任を託されたチリのホセ・ベンゴア（José Bengoa）は1995年から98年にかけて断続的に報告書を提出し，1987年以降の世界経済の成長が国内的・国際的次元で不均衡な所得分配を随伴しており，経済成長に伴う不適切な所得分配が破滅的な社会状況を生み出しかねないことや，容認できないほどの所得の不平等は国内的および国際的な共存規範を侵害し，したがって人の権利の侵害にあたること，などからなる一般的な結論を導いた[18]。そのベンゴアからの勧告を受けて2002年に国連社会フォーラムが新設されたのは貴重な制度的成果の1つではあったが，しかし，市場の社会的統制を通じた不平等の是正に関する問題関心そのものは，どうにも雲散していったとしか言いようがない。

　この間，ラテン・アメリカや東欧では抑圧的な軍政・共産主義体制から民政への移行が急速に進んでいた[19]。その過程にあって国際人権法の主関心は，過去の重大な人権侵害をいかに清算するかに向けられる。移行期正義（transitional justice）という概念がいちやく国際社会の耳目を集めたのもこの時期である。この概念の下に提示される諸施策が新しい体制への移行に欠かせぬ重要

---

(17)　E/CN.4/Sub.2/1992/16.
(18)　E/CN.4/Sub.2/1998/8, paras. 4-9.
(19)　藤田和子・松下冽編著『新自由主義に揺れるグローバル・サウス』（ミネルヴァ書房，2012年）参照。

な政治的・法的措置であることは疑いないものの,看過し得ないのは,不処罰 (impunity) や公職追放 (lustration) などをめぐる学術的・実務的議論が進むのと歩調を合わせるかのように,当の諸国では大規模な外国直接投資・規制緩和,社会保障水準・労働権の劣化,さらには経済的不平等が深まっていたことである。実際のところ,移行期正義を構成する諸要素の中に分配の平等への規範的考慮はほとんど見受けられない[20]。先端的な司法判断の淵源となる欧州人権条約の東欧への拡張にしても,経済的不平等の拡大と軌を一にして進行していたのである[21]。

ところで,「人権の主流化」とともに90年代以降の国際社会を彩ったのは「ジェンダー主流化」でもある。その規範的動力源となった女性差別撤廃条約は,起草期である1970年代の息吹を投影し,「衡平及び正義に基づく新たな国際経済秩序の確立が男女の平等の促進に大きく貢献することを確信し」,「植民地主義,新植民地主義…の根絶が男女の権利の完全な享有に不可欠であることを強調し」て作成されたものであった。だが,この条約の実施にあたり,分配の平等を眼差す前文のこの箇所を本格的に駆動させる機会はいまだ創り出されていない。

戦略的な理由により優先されてきたのは既存の秩序内での女性の地位の確立と向上(「地位の平等」)であり,とりわけ「女性に対する暴力」の撤廃である。その成果は不十分とはいえ漸進的に積み上がってきているものの,超大国が際立った関心を寄せる人身取引の問題も含め,ジェンダーにかかわるこれらの取り組みもまた経済的不平等が深まる時代の中で推進されてきたことに変わりはない。女性の地位の確立・向上(と貧困の削減)に規範的関心が差し向けられる一方で,国内・国際的な経済格差はますます広がっていった[22]。

社会権規約委員会などの解釈実践により著しく深化した社会権も,これまでの実績を見るに,不平等の拡大を効果的に阻止し得る規範として機能してきたとは評し難いところがある。人権を実現する義務を三層に分けて解析したヘン

---

[20] たとえば,南アフリカの真実和解委員会が「『拷問や虐待,誘拐などアパルトヘイト体制の外面に現れたさまざまな事態』の解明には取り組んだものの,そうした人権侵害によって利益を得た経済システムについては『完全に不問に付した』」ことについて,クライン・前掲注(16)298頁。

[21] Moyn, *supra* note 9, pp. 186-87.

[22] こうした問題関心の一端を論じたものとして,阿部浩己『国際人権の地平』(現代人文社,2003年)29-44頁。

リー・シュー（Henry Shue）やアスビョン・アイデ（Asbjørn Eide）の洞察を引き受け、同委員会は人権の実現にあたり国家が尊重・保護・充足という3種類の義務を負うとの見解を公にし、現在ではこの義務類型が自由権・社会権を問わず国際人権一般に妥当すると解されるようになっている[23]。社会権規約委員会はさらに、一般的意見3[24]などを通じて「最低限の中核義務 minimum core obligation」という概念を提示し、各権利について「最低限の不可欠のレベル」の充足が国家に求められることも明らかにした。

社会権の実現を単なる政治的責務と等視する従来からの理解はこうして国際人権法上、規範的通用力を失い、裁判を通じた権利実現への可能性が拓かれていく。それを具現化する画期的な判断が示されることになったのは、極端な不平等を生み出したアパルトヘイト体制後の新憲法で社会権を明文化した南アフリカにおいてであった[25]。強制立ち退き後の代替施設提供措置の欠如や、HIV ウィルス胎内感染を防ぐ医療プログラムの限定的な実施、さらに外国人への社会保険給付の拒否などが居住権・ヘルスケアへの権利といった社会権侵害の観点から司法審査に付され、行政府の措置を不合理（unreasonable）と判ずる裁定が導かれることとなった[26]。

いずれの判断も財政的な含意を念頭においた抑制的なものではあったが、しかし、とるべき具体的な措置を委ねられた行政当局は司法の発した命令に背馳し、「国際金融機関と支配的な経済イデオロギーを受容した政治集団の圧力を受けて、社会権の義務を充足するため自ら作り上げた福祉規定の拡大を拒絶する」状況を続けてきた[27]。社会権の憲法化によっても、国家予算の配分に有意な変化をもたらすことは新自由主義の下では容易でないことが分かる。

---

(23) 申惠丰『国際人権法〔第2版〕』（信山社、2016年）第4〜6章参照。
(24) E/1991/23.
(25) 社会権規約について、南アフリカは1994年10月に署名していたが、批准は2015年1月になってからであった。署名・批准状況については国連の下記のサイトを参照。https://treaties.un.org/pages/ViewDetails.aspx?src=IND&mtdsg_no=IV-3&chapter=4&clang=_en.
(26) これらの事例について、Mohsen al Attar and Ciaron Murnane, "The Place of Capitalism in Pursuit of Human Rights In Globalized Relationships of States", in Jeffrey F. Addicott, MD. Jahid Hossain Bhuiyan and Tareq M.R. Chowdhury (eds.), *Globalization, International Law, and Human Rights* (Oxford University Press, 2012), pp. 214-220.
(27) *Id.*, p. 221.

◆ 第Ⅰ部 ◆ 人権の領野

　南ア憲法裁は社会権規約委員会が精力的に定式化した「最低限の中核義務」を司法審査基準として採用することに消極的であったことも想起されるが[28]、ただ既に述べたように、この概念は「最低限の不可欠のレベル」の充足、すなわち最低限の水準の確保を目指してきた国際人権規範の中にさらなる最小限の核を設定するものであり、これにより社会権の即時実施（裁判適合・自動執行）性についての疑念が払拭され得たとしても、社会における分配の平等が促されるわけではないことに留意しておく必要がある。

　また、同委員会は、前出一般的意見3において、特に富裕国が開発（社会権実現）のための国際協力義務を有していると説き、グローバルな次元における富の移転のあり方を律する意欲も示している。同委員会の先進性がうかがえるところだが、日本を含む該当諸国の実務を見るに、そうした協力義務が誠実に実施されている実態はなく、なにより同委員会によっても当該義務がグローバルな次元での分配の平等までを含んでいると解されてきたわけではない。

　世界人権宣言以来の歴史的素描が照らしだすように、国際人権法は国内および国際的な経済的不平等の拡大を（新自由主義との相和の下に）放任しこそすれ、自らの課題として能動的に引き受けることはほとんどしてこなかったに等しい。オルストンの上記報告書は、こうした貧寒な規範状況を背景にして呈された箴言でもあった。

Ⅴ　持続可能な誓い

　貧困とは異なり、実のところ、NIEO以来（極度の）不平等の問題については国際人権コミュニティのみならず国際社会全般においても関心が低位にとどまってきたきらいがある。そうしたなかで、2012年7月27日の国連総会決議（66/288）によって承認された「国連持続可能な開発会議」（リオ+20）の成果文書（「我々が望む世界」）において、貧困の撲滅とならび「不平等を削減すること」が持続可能な開発に必須のものとして再確認されるに至った（第4パラグラフ）[29]。そして2015年9月25日の国連総会決議（A/70/L.1）が採択した

---

(28) Allison Corkery and Gaby Ore Aguilar, "Toward Implementation: Monitoring and Enforcement", in Center for Economic and Social Rights (ed.), *Twenty Years of Economic and Social Rights Advocacy*, p. 59, http://www.cesr.org/sites/default/files/downloads/cesr_20years_escr.pdf.

「我々の世界を変革する：持続可能な開発のための2030アジェンダ」では，「持続可能な開発目標」の10に「各国内及び各国間の不平等を是正する」ことが明記されるに及んでいる[29]。

深度を増す不平等への関心は近年，国際金融機関自体からも示されるようになっているのだが，問題は，事態の極端な深まりを前に始まったこうした国際的な認識の転換にあって，人権がどのような役割を果たし得るかである。人権と不平等の関係に関する歴史的分析を基に，モインは次のように判じている。「人権は，完全に実現されたものであってさえ，不平等それも極端な不平等と両立する。人権の悲劇は，地球大の想像力を占拠してきたにもかかわらず，目立った貢献をこれまでほとんどなしてきておらず，新自由主義という巨人の…進路を変えることも遮ることもできないことだ。そして人権が市場原理主義の無力な道連れであった決定的な理由は，物質的不平等（material inequality）について言うべきことをなにももちあわせていないということにある。」[31]

たしかに本章で振り返った国際人権法の足跡に徴すれば，モインの晦冥な物言いにも諾うものがあるように思えてしまうところがある。だが他方で，既に触れたように，（極度の）不平等は自由権を含む人権諸規範の享有に負の影響を与えるだけでなく，人権が立脚すべき社会の根幹を揺るがし，人権そのものへの信頼を損なう事態を引き寄せつつある。不平等の是正を誓約した上記「我々の世界を変革する」も，2030アジェンダが基礎を置くべき主要原則の中に世界人権宣言と人権諸条約を明示的に含め，さらに「発展の権利宣言」の存在にも言及している（第10パラグラフ）。

人権諸条約機関でも，「実質的平等 substantive equality」の重要性を明記する見解が漸次示されており（社会権規約委員会一般的意見16（2005年），女性差別撤廃委員会一般勧告25（2009年）など），加えて，不平等を国際人権の観点から問題視するNGOによる実務的貢献も続けられている[32]。こうして見れば，国際人権法には「平等への権利 right to equality」という独立した権利こそ存

---

(29) 「我々が望む未来」（環境省仮訳），https://www.mri.co.jp/project_related/rio20/uploadfiles/rio20_seika_yaku.pdf#search=%27国連持続可能な開発会議成果文書＋仮訳%27.

(30) https://www.mofa.go.jp/mofaj/files/000101402.pdf#search=%27持続可能な開発成果文書%27.

(31) Moyn, *supra* note 9, pp. 213, 216.

(32) See Center for Economic and Social Rights, *supra* note 28, p. 33 et.seq.

しないものの[33]、「物質的不平等について言うべきことをなにももちあわせていない」と断じてしまうのではいささか性急にすぎる。

人間の平等を基本理念とする国際人権法にとり、「平等、尊厳および人権へのコミットメントといった諸観念と調和し得る不平等の度合いには限度がある」[34]のは所与の前提というべきことである。その限度を超え出るような事態が現に世界に広がっている以上、これを重大な課題として定位し直すことは国際人権法本来の規範的営みと言わなくてはならない。その際、社会権の活性化と並んで分配的平等の視座を既存の差別禁止あるいはジェンダー平等規範に組み入れていくことはもとより[35]、「不平等」の真因に照らし、経済（すなわち市場）のあり方があらゆる人権のあり様に直結する旨を明確に確認することがとりわけ緊要である。そしてそのうえで、高度に再分配的な富の移転を担保する税制を人権政策そのものとして定礎していくことも欠かせまい。

平等を求める規範的圧力の極端な低減も背景にして、国内では社会的分断・排除の契機が強まり、国際的にもグローバル・サウスからグローバル・ノースへの一方向的で大規模な人の越境移動が続き、深刻な事態が各所で生じている[36]。長く伴走を続けた新自由主義の下で育まれた極度の不平等という不祥の果実に、国際人権法も正面から向き合うべき時にある。

---

(33) A/HRC/29/31, *supra* note 1, para. 54.
(34) Philip Alston, "Extreme inequality as the antithesis of human rights", August 27, 2015, OpenGlobalRights, https://www.openglobalrights.org/extreme-inequality-as-the-antithesis-of-human-rights/.
(35) 差別が経済的不平等をもたらす重要な要因となることについて、A/HRC/29/31 (*supra* note 1), para. 24.
(36) 世界各地で国境管理の暴力性・軍事化が強まっていることについて、Reece Jones, *Violent Borders: Refugees and the Right to Move* (Verso, 2016).

6 国際人権法によるヘイトスピーチの規制

I グローバルな規範的潮流

　2019年6月18日,「ヘイトスピーチに関する国連戦略及び行動計画」を発表するにあたり,アントニオ・グテーレス（António Guterres）事務総長は,その問題意識を次のように表現した。「世界中で,外国人嫌悪,人種主義,不寛容,暴力的な女性嫌悪,さらに反ユダヤ主義・反ムスリム的憎悪が高まっている。……憎悪に満ちた破壊的な見解がデジタル技術を通じて急激に増幅され,しばしば女性や少数者,そして最も弱い立場におかれた者がその標的とされている。」

　「ヘイトスピーチは,それ自体が寛容,包摂,多様性および人権規範・原則の本質そのものへの攻撃である。さらにいえば,社会の一体性を損ない,共有された価値を侵食し,暴力の礎ともなって,平和,安定,持続可能な発展,そしてすべての者にとっての人権の実現を妨げる。」こう言葉を継いだ事務総長は,「他のいかなる悪意ある行為に対するのと同様に,これを無条件に非難し,その増幅を拒否し,真実によってこれに対抗し,そして,その実行者に行動を変えるよう奨励することによってヘイトスピーチと向き合うべき」と訴えるに及んだ[1]。

　戦略ビジョンと13の基本誓約を掲げる上記国連戦略・行動計画の「はしがき」が記すように,国連は設立そのものを憎悪の高まりによってもたらされた20世紀最大級の惨劇に拠っている。その惨劇を繰り返さないための要の一つとして1948年に生み出された世界人権宣言は,前文の冒頭で「人類社会の全ての構成員の固有の尊厳と平等で譲ることのできない権利とを承認すること〔が〕,世界における自由,正義及び平和の基礎を構成する」と謳いあげた。

　本章との関連で特記すべきは,同宣言が第7条で「差別の扇動（incitement）」

---

[1] Secretary-General's remarks at the launch of the United Nations Strategy and Plan of Action on Hate Speech, 18 June 2019.

からの保護を明記していることである。後述するように，国際人権法は，差別・敵意・暴力の扇動という言語行為に特に焦点を当てることによってヘイトスピーチの社会的害悪に対峙する手法を選択してきている。同条はその端緒をなすものに相違ない。

　1966年には，ナチス・ドイツの人種差別（の扇動）がもたらした「最終解決」と戦争の記憶を世界人権宣言とともに深く刻印する「市民的及び政治的権利に関する国際規約」（自由権規約）が採択されるが，その第20条2項には次のような規定がおかれた。「差別，敵意又は暴力の扇動となる国民的，人種的又は宗教的憎悪の唱道は，法律で禁止する。」直前の第1項では戦争のためのいかなる宣伝も法律により禁止することが定められている。これらの義務は，第二次大戦期の反省に立って格別の規範的重みを与えられた差別禁止と生命権の確保のために特に規定されたものにほかならない。

　ヘイトスピーチの規制について特段の役割を持ち得るこの条文は，だが，「個人の権利を定めるのではなく，他の権利とりわけ表現および情報の自由を制限するものにすぎず，自由権規約の体系にあっては異質な要素である」[2]と難じられ，また東西冷戦の状況下にあって東欧諸国からの支持を得る一方で西欧諸国から強い抵抗を受けていたこともあり，その規範的可能性が十分に開拓されないままにおかれてきた。

　他方で，人権差別そのものをテーマとし，「ヘイトスピーチと闘う主要な手段として機能してきた」[3]とされる1965年採択の人種差別撤廃条約（第4条）も，「人種主義と闘うため，（一定のタイプの）表現を犯罪として処罰することに大いに依存していることから，表現の自由の尊重に関して国際人権諸条約の中でこれまで特殊な地位におかれてきた」[4]ところがある。

　しかし，2011年に自由権規約の履行を監視する同規約委員会（以下，HRC）が一般的意見34[5]を採択し，表現の自由を保障する第19条と第20条2項と

---

(2) Manfred Nowak. *U.N. Covenant on Civil and Political Rights: CCPR Commentary* (2nd ed., 2005), p.359.
(3) CERD/C/GC/35. 26 September 2013, para. 8.
(4) Tarlach McGonagle. "The development of freedom of expression and information within the UN: leaps and bounds or fits and starts?", in *The United Nations and Freedom of Expression and Information: Critical Perspectives* (McGonagle and Yvonne Donders eds., 2015), pp. 29-30.
(5) CCPR/C/GC/34. 12 September 2011.

の整合的な関係を改めて定式化したことに加え，2013年には人種差別撤廃条約の履行を監視する同条約委員会（以下，CERD）が「人種主義的ヘイトスピーチと闘う」と題する一般的勧告35を採択し，同条約上の表現の自由の解釈を他の人権条約とりわけ自由権規約第19条のそれと整合させる旨を明確化した。表現の自由を過度に誓約するおそれがあるとして警戒感をもたれていた自由権規約第20条2項と人種差別撤廃条約（第4条）は，こうして自由権規約第19条との接続を通じて規範的安定性を保障され，ヘイトスピーチと闘う国際人権法上の中核的な役割を確然と担い得るものと認識されるようになっていく。

この間，国連人権高等弁務官事務所主催の下に世界4地域で専門家会議が招集され，その成果が2012年5月に「差別，敵意又は暴力の扇動となる国民的，人種的又は宗教的憎悪の唱道の禁止に関するラバト行動計画」として採択された[6]。同年9月には，国連人権理事会任命の「意見及び表現の自由への権利の促進及び保護に関する特別報告者」によって，ヘイトスピーチと表現の自由に関わる重要な指針が提示されてもいる[7]。

冒頭で紹介した国連戦略・行動計画が示すように，ヘイトスピーチは世界的な広がりを見せる深刻な現象であるが，他面で国際人権法はその鎮圧に向けて急速に規範的深化を遂げており，国連事務総長主導の取り組みを支える礎ともなっている。国際協調主義を具現化する憲法第98条2項により国際法を一般的に受容している日本においても，ヘイトスピーチの本格的な規制にこうしたグローバルな潮流を積極的に反映させていくべきことはいうまでもない。

II 規制の必要と態様

国際人権法は，抽象的で自律した個人ではなく，具体的な文脈において顕現する人間（集団）のあり方（たとえば，女性，子ども，性的少数者，障害者，移民，難民，先住民，子どもの難民，貧困女性というように）に焦点をあてて議論を構築するところに特徴がある。社会構造が不均衡であることを前提に，それに

---

(6) A/HRC/22/17/Add. 4, 11 January 2013. その経緯を詳細に解説するものに，前田朗『ヘイト・スピーチ法研究序説——差別煽動犯罪の刑法学』（三一書房，2015年）500-552頁。

(7) A/67/357, 7 September 2012.

よって不利な立場におかれた人々に特別の考慮を払うことによって権利の平等な実現が可能になるという認識が共有されている。したがって、表現の自由を論ずるにあたっても、個人・集団のおかれている社会的位置の違いには当然に敏感になり、話者同士が思想を自由に闘わせれば表現の自由が自動的に実現されるという考え方には立脚しない。むしろ、社会的不均衡の存在により、思想の自由市場の成立そのものが妨げられているという考え方に親和的である。

また、言語行為そのものについても、これを単なる発語行為（locutionary act）の域にとどめることなく、その効果、つまり受け手の感情・思考・行動になんらかの結果をもたらす発語媒介行為（perlocutionary act）の側面にも必要な関心を払う[8]。こうして、多数者の行う攻撃的言動によって被傷性の強い少数者（集団）のこうむる被害が法のあり方に反映されていく（もとより、攻撃的言動は、その標的になった者にとどまらず、第三者・社会全体にも負の効果をもたらすものでもある）。ヘイトスピーチを規制するにあたり人権条約機関が「他の者の権利」に言及するのは、不均衡な社会構造のもとでなされる発話行為の結果（効果）に着目してのことにほかならない。

国際人権法の保護する「他の者」には、特定の個人のみならず集団も含まれる。表現の自由の規制に最も懐疑的な議論はリバタリアン／個人主義アプローチに基づくものだが、自由権規約に代表される人権諸条約はこのモデルとは必ずしも調和せず、むしろ平等主義（egalitarian）アプローチや、集団のアイデンティティ・権利の保護に向けたコミュニタリアン・アプローチに共鳴するものでもある[9]。

ところで、ヘイトスピーチという術語は国際人権法の実務にあってもひんぱんに用いられてきているが、一義的に定義されてきたわけではない。もっとも、その意味するところを明確化しようとした数少ない文書の一つに欧州評議会閣僚委員会の勧告97 (20)があり、そこにあってヘイトスピーチはこう理解されている。「人種的憎悪、外国人嫌悪、反ユダヤ主義、または少数者、移民および外国に出自をもつ人々に対する不寛容（攻撃的なナショナリズムおよび自

---

[8] こうした区分について、J.L. オースチン［飯野勝己訳］『言語と行為』（講談社学術文庫、2019年）参照。

[9] Mona Elbahtimy, "The Right to be Free from the Harm of Hate Speech in International Human Rights Law". *University of Cambridge Center of Governance and Human Rights Working Paper* #7（January. 2014), p. 8.

民族中心主義による不寛容な表現を含む。)，差別および敵意に基づく他の形態の憎悪を拡散し，扇動し，促進しまたは正当化するあらゆる形態の表現を含む」。欧州人権裁判所も類似の理解を示しつつ，ヘイトスピーチは憎悪的な行為を直接に促すものである必要はなく，特定の集団を侮辱し，嘲(あざけ)りの的とするだけで成立すると説いている[10]。一義的な定義こそないものの，こうした理解は，国連の枠内でも概ね共有されているといってよい[11]。

　ヘイトスピーチは，法的規制の違いによりさらに3つに分けて把握することができる。第1は犯罪を構成すべきもの，第2は，刑事責任の対象にはならないものの民事・行政的制裁を必要とすべきもの，第3は違法ではないとはいえ十分な配慮を要するもの，である。

　差別的言動の禁止義務が自由権規約第20条2項に規定されていることは既に述べたとおりだが，人種差別撤廃条約第4条(a)(b)も同じように「人種的優越又は憎悪に基づく思想のあらゆる流布」，「人種差別の扇動」，「すべての暴力行為又はその行為の扇動」，「人種主義に基づく活動に対する……いかなる援助の提供」も法律で処罰すべき犯罪と宣言し，さらに，「人種差別を助長し及び扇動する団体及び……すべての宣伝活動を違法であるとして禁止する」よう締約国に求めている。これらの規定は，上記第1・第2の類型のヘイトスピーチの規制に主に差し向けられる[12]。

　日本は，人種差別撤廃条約第4条(a)(b)について，日本国憲法の下における諸権利の保障と抵触しない限度において義務を履行するとの留保を付しているのだが，人種差別の禁止は「いかなる逸脱も許されない国際法上の強行規範 (peremptory norm)」であり，第4条を「人種差別と闘うための中軸」とみなすCERDは，当該留保を撤回する可能性を検討するよう求めている[13]。もと

---

(10) *Vejdeland and Others v. Spain.* App. no. 1813/07. Judgment. 9 February 2012, para. 54.
(11) 人種主義的ヘイトスピーチを，CERDは「他者に向けられる形態のスピーチであって，人間の尊厳と平等という核心的な人権原則を拒絶し，社会における個人および集団の評価を貶めようとするもの」と定式化し，「標的と目的を偽装するため，間接的な言語を使用する場合もある」と警鐘を鳴らしている。前掲注(3)paras. 10, 7.
(12) 民主社会に欠かせぬ多元主義・寛容・開かれた精神の要請により，国際人権法の保護は国家や人々に不快な印象，衝撃または困惑を与える表現にも及ぶ。そのため，第3の類型にとどまるヘイト的表現は直接の規制対象にはなり得ない。とはいえ，その根源にある偏見を取り除くための措置（教育など）をとることが妨げられるわけではなく，公的機関や市民による対抗言論も重要である。

◆ 第Ⅰ部 ◆人権の領野

より日本国憲法と抵触しない限度の外縁は必ずしも明確でなく，自由権規約第20条について日本はなんらの条件も付すことなくその履行を約束している。

Ⅲ　憎悪の唱道を禁止する

　禁止義務を課す人権諸条約上の規定は，改めて確認するまでもなく，表現の自由の制限に直接に関わっている。この自由は自己実現および民主的過程にとって格別の意義を有するものだが，とはいえ絶対的なものではなく，他の基本的権利の享受を損なうものであってはらならない。だからこそ，その制限を正当化する事由が自由権規約第19条3項に列挙されているのでもある[14]。HRCが一般的意見34で再確認するように，自由権規約第20条の要請も，第19条3項に適合するものとして表現の自由と抵触をきたすことはない。

　ただ，第20条には客観的定義に馴染みにくい感情的要素を含んだ概念がちりばめられており，その運用には実務的にいささか難しさがあった。近年の議論の積み重ねは，そうした諸概念の意味内容を明確化する方向に進んでもいる。

　たとえば，表現の自由に関する特別報告者によれば[15]，「憎悪」とは「標的集団に対する激しい，不合理な恥辱，怨嗟および嫌悪の感情によって特徴づけられる心理状態」とされ，「唱道」とは「標的集団に対する明示的で意図的な，公然のかつ能動的な憎悪の支援および促進」，「扇動」とは「国民的，人種的または宗教的集団に関する言動であって，その集団に属する者に対し差別，敵意または暴力の差し迫った危険を生じさせるもの」と定義される。「敵意」についても「単なる心理状態を超えた憎悪の表明」という定義が示されてはいるが，この概念については法実務上の関心がほとんど見られなかったことからさらなる検討が必要とされている[16]。

---

(13)　CERD 2002 Statement on Racial Discrimination and Measures to Combat Terrorism. A/57/18. Chapter XI C, para.4: General recommendation XV on Article 4 (1993), para. 1: CERD/C/JPN/CO/10-11. 30 August 2018. para. 12.

(14)　「特別の義務及び責任を伴う」表現の自由の行使については，「法律によって定められ，かつ，次の目的のために必要とされるもの」に限り制限を課すことができるとして，「他の者の権利」などが列挙されている。

(15)　前掲注(7)para. 44.

(16)　このほか，「暴力」は「他の者または他の集団もしくはコミュニティに対する物理

自由権規約第20条2項は，一定の敷居を超え出た強度の差別的言動に対してのみ適用される。文言から明らかなように，禁止の対象になる憎悪の唱道は「差別，敵意又は暴力の扇動となる」ものでなくてはならず，単なる憎悪の唱道が禁止対象なのではない。規制されるのは表現の内容それ自体ではなく，表現がもたらす結果（発語媒介行為の側面）だからである。規制の敷居は，表現の自由を制限するものであることから，「高く，堅固なもの」[17]として設定されている。

　ちなみに，国際NGO「アーティクル19」は，国連人権高等弁務官主宰下で作成されたラバト行動計画を踏まえ，差別的言動が規制の敷居に達しているか，換言すれば，憎悪の唱道によって話者が聴衆の差別・敵意・暴力を扇動することを意図しているか，あるいはそのような結果を生じさせ得るかを見極めるために，次の6つの要因の検討を提唱している[18]。すなわち，文脈（そのスピーチのおかれた政治・経済・社会状況），話者のアイデンティティ（聴衆にどの程度影響を与えられる地位にあるか），話者の意図（特定の集団を標的に憎悪を唱道する意図があるか），表現の内容（表現の形態，スタイルも含む），表現の及ぶ範囲（公然性，手段など），そして，危害発生の見込み（扇動の直接の結果として差別・憎悪・暴力が起きる合理的な見込みがあるか）である[19]。

　HRCは，2016年に公にした個人通報事例において規約第20条2項の実体的解釈に初めて踏み込んだ[20]。本件訴えは，オランダの極右政党党首の差別的言動が無罪と判じられたことを受けてのものであった。HRCは，同条項が，「締約国に対し一定の行動および表現を法律によって禁止することを求めることで憎悪および差別からの自由への権利を…人々に保障する」一方で，「表現の自由が侵害されないよう注意深く作成されている」ことに注意を喚起する。

　的力または権力の行使であって，傷害，死亡，精神的危害…をもたらすか，またはもたらす見込みが高いもの」とされる。
(17)　前掲注(7) para. 45.
(18)　Article 19. *Responding to 'hate speech': Comparative overview of EU six countries* (2018). p.10.
(19)　CERDも，一般的勧告35で，特定の思想，差別の流布・扇動を禁止するための指針として，同様の敷居の検討を求めている。前掲注(3) para. 15.
(20)　ヘイトスピーチにかかる個人通報事例では，自由権規約第19条2項の適用可能性が問われるのが一般的であり，表現の自由の制限が正当化される場合には，同条項の定める「他の者の権利の尊重のために必要」という根拠がHRCによって援用されてきている。

そして，結果的に無罪になったとはいえ，本件では「[同条項]を侵害する言動を「禁止」するためオランダが必要かつ均衡のとれた措置」をとったとして，規約違反なしとの判断を導いている。「憎悪および差別からの自由への権利」が同条項によって保障されているとの認識が示されたことは注目に値する。

本件では第20条2項を実施するための国内法制のあり方が第19条3項の観点も踏まえて審査されたのだが，HRCが確認するように，「第20条2項は刑罰を科すことを明示的に求めてはおらず，[差別的]唱道を「法律で禁止する」ことを求めている」のであり，「法律による禁止は，刑罰に加えて民事的および行政的制裁も含み得る」[21]。

重要なことは，「第20条の定める宣伝および唱道が公序に反していることを明確にし，その侵害に対する適切な制裁を定める法律があるべきことである」[22]。「適切な」とは，差別的言動を禁止するのに必要で均衡がとれたもの，ということにほかならない。刑事罰は最も悪質なものについて妥当し，その余については民事あるいは行政的な手段が相当ということである。適切な法制が整備されたうえで，上記6要因の検討を踏まえた精確な判断が個々の事案について求められるのである[23]。

自由権規約とは異なり，人種差別撤廃条約第4条はもっぱら刑罰による禁止を求めるものと解されてきたところがある。このゆえに日本を含む若干の国が同条に留保を付してきたのであろうが，CERDが一般的勧告35で指摘するように（パラ12），この条約にあっても，犯罪としての処罰は重大なものに限定され，その域に達しないヘイトスピーチについては刑事法以外の手段が利用されるべきことには変わりない。あらゆるヘイトスピーチについて刑事責任を追及する義務が課せられているのではないことに留意すべきである。

なお，同じ人権条約とはいえ，欧州人権条約は人種差別撤廃条約とも自由権

---

(21) *Mohamed Rabbac. A.B.S. and N.A. v. The Netherlands,* Communication no. 2124/2011（14 July 2016），paras. 10.4, 10.7.

(22) General Comment No. 11, 29 July 1983, para. 2.

(23) 国連人権理事会決議（A/HRC/RES/20/8, June 2012）が明言するように，人々はオンライン上であってもまったく同じ表現の自由を有しており，差別的言動の規制についても同一の基準が適用される。民間の事業者の行うインターネット上の情報の削除についても，自由権規約などとの適合性を確保する形でこれを行うべきことは言うまでもない。

規約とも違って差別的言動の禁止を義務付ける規定を有していない。しかし，その履行監視機関である欧州人権裁判所は，既に廃止された欧州人権委員会の基本認識を踏襲し，ヘイトスピーチには条約上の保護が及ばないという判断を繰り返し示している。

その根拠は大別すると2つある。1つは権利の濫用を禁止する欧州人権条約第17条に基づき，ヘイトスピーチが同条約の基本的価値を否定するものとして保護に値しないとするものである。主にホロコーストやガス室の存在などを否定する歴史修正主義の事案に対して，こうした見解が示されてきた[24]。もう1つは，基本的価値の破壊までには至らずとも表現の自由の制限事由にあたるとして同条約第10条2項を適用する場合である。移民やエスニック集団を侮辱する人々の発言などについて，「[同条約] 第10条は，国連 [人種差別撤廃] 条約に基づく人種差別からの保護への権利を制限し，逸脱または破壊するように解釈すべきでない」[25]ことが確認されてきている。

欧州人権裁判所は，差別の扇動を判断する基準がどこにあるのかといった点について必ずしも一貫した基準を示してはいないものの，「人々の尊厳または安全すら損なう無責任な表現の自由の使用に直面する場合には，特定の住民集団に対する侮辱，嘲りもしくは中傷または差別の扇動があれば [暴力行為がなくとも] ヘイトスピーチとの闘いを当局が優先するには十分である」[26]という認識に揺らぎはない。禁止義務こそ課せられていないとはいえ，欧州人権条約体制下にあって「ヘイトスピーチが条約の保護から厳然と放逐されている」[27]ことは紛れもない。

IV 国際スタンダードとの接続

世界人権宣言の起草に関わったエレノア・ルーズベルト（Anna Eleanor Roosevelt）が述べていたように，国際人権法規範は私たちの生きる最も身近な

---

(24) 例えば，*Garandy v. France*. Application no. 24662/94. Decision. 24 June 2003.
(25) *Jersild v. Denmark*. Application no. 15890/89. Judgment. 23 September 1994. para. 27.
(26) *Férel v. Belgium*. Application no. 15615/07. Judgment. 16 July 2009. para. 73.
(27) Natalie Alkıvıadou. *The Far-Right in International and European Law* (2019), p. 152.

◆第Ⅰ部◆人権の領野

ころで生かされなければ意味がない。「国際」という修飾語がついていようとも，その実現の場は国内であり，さらにいえば地域社会であり，職場，家庭である。人権諸条約におけるヘイトスピーチの規制についても，日本の中で，そして地方自治体レベルでこれを確実に具体化していく以外にない。

その際，何より銘記しておくべきは，ヘイトスピーチ規制にかかる義務を第一義的に負っているのは公的機関であるという認識である[28]。「国又は地方の公の当局又は機関が人種差別を助長し扇動することを認めないこと」は，人種差別条約第4条(c)に特記された要請でもある。ヘイトスピーチ／クライムに対する社会的関心の高まりを背景に，被害当事者の奮迅の闘いもあって，日本では人種差別撤廃条約を援用しつつその不法性を厳しく非難する司法判断が累積してきていることは周知のとおりである[29]。この展開は疑いなく評価すべきことに違いないが，しかしその一方で看過してならないのは，公人によるたび重なる差別・憎悪扇動発言や法令に基づく朝鮮学校の差別的処遇などが放置・放任されている現状である。国際人権義務の第一義的名宛人である公人や公的機関が差別・憎悪からの自由を自ら踏みにじり続けるようでは，ヘイトスピーチの規制はとうてい覚束ない。表現の自由について「特別の義務及び責任」（自由権規約第19条3項）を負うジャーナリスト・マスメディアについても同様である。

CERDは2018年8月の第10・11回定期報告審査後の総括所見において，日本に対し，「私人又は政治家を含む公人若しくは報道機関職員によるヘイトクライム，人種差別的ヘイトスピーチ及び憎悪の扇動に対して，捜査し，適正な制裁を科すこと」を勧告した。また，公人，ジャーナリストの役割に焦点を当てて教育キャンペーンを実施することも促している[30]。第一義的な義務の担い手に向けた当然の要請である。

CERDは，上記総括所見においてヘイトスピーチ解消法の制定を歓迎するとともに，同法の不備を指摘し，その改善を勧告してもいる。川崎市など地方自治体の営みを含め，歩みをさらに進めていくべきことはいうまでもない。他

---

[28] 秋葉丈志「差別と公人・公的機関の役割 ——「平等」と「個人の尊厳」のために」法学セミナー編集部編『ヘイトスピーチとは何か —— 民族差別被害の救済』（日本評論社，2019年）参照。
[29] 法学セミナー編集部編・前掲注[28]第Ⅲ部参照。
[30] 前掲注[13]para. 13(g)(j).

6　国際人権法によるヘイトスピーチの規制

方で，自由権規約第20条2項との関連でいえば，この規定に従った法制の有無にはほとんど関心が向けられてこなかったのが実情である。日本はまだ「差別，敵意又は暴力の扇動となる国民的，人種的又は宗教的憎悪の唱道」を禁止し，差別・憎悪からの自由を保障する法律の制定には至っていないのだが，法律による禁止は自由権規約上の明白な義務であり，人種差別撤廃条約の場合とは違って，この義務を日本はなんら条件をつけることなく受け入れていることを忘れてはならない[31]。

　自由権規約にしても人種差別撤廃条約にしても，その実体規定は憲法第98条2項により国内的効力を有し，法律よりも高い効力順位を与えられている。にもかかわらず，人権諸条約の要請が国内で適切に実現される法状況にあるとは言い難い。こうした事態の転換を促す好個の手立ての一つが個人通報制度である。自由権規約などには，条約上の権利を侵害されたと主張する個人が，国内で手続きを尽くしたもののなお救済を得られなかったとき，HRCなど条約機関に直接に訴えを起こすことができる個人通報制度が設けられている。この制度の導入により，人権条約に対する国内的関心を引き上げるチャンスが広がっていく。ヘイトスピーチの規制についても，表現の自由，差別・憎悪からの自由（あるいは差別・憎悪の禁止）にかかる国際スタンダードを国内に導き入れる格好の法的回路を提供するに相違ない[32]。

　残念なことに，日本はいずれの人権条約についても個人通報制度を受諾していない。司法制度・立法政策上の諸問題や実施体制における課題があってのこととされるが，受諾に向けた検討は1979年に日本が自由権規約を批准して以来，すでに40年に及んでおり，機は熟し切っている。個人通報制度を受け入れ，21世紀の深まる今日にふさわしい人権保障体制[33]の中であらゆる差別を許容しない社会の実現に向けた闘いを推し進めていくべきである。

---

(31)　HRCも，第6回定期報告審査後の総括所見において，差別，敵意又は暴力を扇動する人種的優越および憎悪を唱道するあらゆる宣伝，デモを禁止するよう勧告している。CCPR/C/JPN/CO/6.20 August, 2014. para. 12.
(32)　人権条約への関心が希薄な国内の状況を厳しく批判して，前田朗は次のようにいう。「日本の議論は国際常識を顧みることなく，圧倒的マジョリティである日本人の自由を絶対化して，マイノリティの自由を無視する。…しかも，そうした思考様式をしていることに無自覚であるように見える」（前田・前掲書注(6)498頁）。
(33)　個人通報制度とならび，独立した国内人権機構の設置も急務である。

117

7 人権の国際的保障が変える沖縄

I 沖縄にとっての国際法

　沖縄と日本の間にあって国際法の果たしてきた役割には、長く、暴力的というべき相貌が濃厚に備わってきた。その暴力性は、より正確には、黙認と加担という二つの形態を通して現れ出ている。現に国際法は、「琉球処分」や第二次世界大戦後の軍用地使用・接収などの際に舞台の後景に奥深く退く一方で、1952年発効のサンフランシスコ平和条約、およびこれと対になって出来した日米安全保障体制にあっては、沖縄の被る構造的不利益を正当化する暴力性をあらわにしてきた。日本の安全保障のために沖縄に重度の負担を強いる差別構造の生成を、国際法が直接あるいは間接裡に支えてきたことを否定しさることはできまい。

　もとより、人種主義と植民地主義を基層に据えて世界化を遂げたその歴史的実相に照らしてみれば、国際法が果たしてきたこのような役回りにも特段の不思議はないと考える向きもあろう。「南」（非西洋）の視点を前面に押し出す論者が克明に描き出すように、不均衡な国際政治経済構造を正当化する機能を国際法が一貫して請け負ってきたことは紛れもなく[1]、その一端が日本と沖縄との関係にあって、とりわけ日米安全保障体制を通して如実に表出したと評することもできる。日本と沖縄の間には、国際社会における「北」（西洋）と「南」（非西洋）の関係が合わせ鏡のように映し出されているといってもよい。

　もっとも、1945年に制定された国連憲章は戦争違法化を一つの頂点に導くとともに、人権・平等の理念を国際社会の共通利益に深く刻み込む法的礎を提供するものでもあった。1960年代になると植民地支配の違法性が宣言され、国家の利益ではなく人間の利益を中核に据えた国際人権保障が本格的に起動する潮流が顕現する。こうした規範的・制度的動向は種々の政治力学が偶有的に

---
(1) Antonie Anghie, Bhupinder Chimni, Karin Mickelson, and Obiora Okafor (eds.), *The Third World and International Order: Law, Politics and Globalization* (Martinus Nijhoff Publishers, 2003).

◆ 第Ⅰ部 ◆ 人権の領野

交差して初めて生じえたものであるが，いずれにせよ，これに伴い国際法自体の変容が相応に促され，非正統なものとして封印されていた人々の声や価値を公的な場に送り届ける国際法上の回路が築かれることにもなった。日本と沖縄の不均衡な関係性を固定化する機能を国際法が爾来担ってきたとすれば，その国際法自体の変容は当然に両者の関係にも影響を与えずにはいないところである。沖縄の被る数々の不正義を国際的な機関に訴え出ることによって事態の是正を図ろうとする人権運動の広がりは，まさしくそれを体現するものにほかならない[2]。

日本の安全保障が沖縄の安全保障を根底から踏みにじる構造に立脚してきたことは，多くの論考が縷々描き出すとおりである[3]。こうした非対称な関係性の継続は，沖縄への犠牲の強要を通じ日本の安全保障そのものをも著しく不安定化させる要因として立ち現れるに至っている。強度の抑圧に抗するために，自己決定権（自決権）が精錬され，さらには琉球独立論が深まりを見せていることに，それを象徴的に感じ取れるのではないか[4]。今日の国際法は，こうした議論に正統性を付与する論理を提供しうるものとなっている。強者の側に圧倒的に有利に働いてきた国際法は，人権保障法制の拡充などにより，被抑圧者の尊厳を擁護する言説・政策空間をますます押し広げている。「人間の安全保障」を脅かす沖縄に対する圧力の賦課は，現代国際法の枠組みにおいては，これまでのような規範的正統性を得られ難くなっていることに留意しておく必要がある。

国際人権保障の訴求力が高まっていることは，人権の擁護と権力の制御を本旨とする日本国憲法が沖縄の文脈においては機能麻痺にも等しい状態を続けてきたことの裏返しともいえる。1995年9月の米兵による少女への性暴力事件後に提起されたいわゆる「代理署名拒否」裁判において，沖縄県の主張が司法の場で全面的に退けられたことは，憲法のみならず司法を含む日本の国家制度への不信を著しく増幅させることにもなった[5]。国際人権保障を意識的に選

---

[2]　上村英明・木村真希子・塩原良和編著，市民外交センター監修『市民の外交 ── 先住民族と歩んだ30年』（法政大学出版局，2013年）。

[3]　たとえば，島袋純・阿部浩己責任編集『沖縄が問う日本の安全保障』（岩波書店，2015年）所収の所論考参照。

[4]　松島泰勝『琉球独立への道 ── 植民地主義に抗う琉球ナショナリズム』（法律文化社，2012年），同『琉球独立論 ── 琉球民族のマニフェスト』（バジリコ，2014年）。

[5]　島袋純『「沖縄振興体制」を問う ── 壊された自治とその再生に向けて』（法律文化

好する沖縄の人々の法実践は、その意味からすれば、人種主義的態度を押し出す日本の国家制度への根源的な異議申立てのようでもある。

本章では、こうした基本認識にもとづき、日米安保体制の下での沖縄の状況を国際人権保障の観点から考察する。そのための重要な前提的作業として、まず、沖縄をめぐる諸問題の近代的起点というべき「琉球処分」の法的意味合いについて検討を加えることから始めたい。

II 「琉球処分」──不正の起点

1 「琉球処分」と国際法

「琉球処分」が断行された時期は、東アジアにおける中国中心の華夷秩序がヨーロッパ発祥の国際法秩序に取って代わられるときであった。明確な国境によってその領域を画された主権国家から成る国際社会に、日本も 1850 年代以降に急速に組み込まれていく。ちょうど同時期に、琉球王国も米国、オランダなどとの間で修好条約を締結していた。これら諸条約の原本は最終的な「琉球処分」への過程で日本に強制的に移管されたものの、今日の日本政府は「いずれも日本国としてこれら各国との間で締結した国際約束ではなく、それらの締結をめぐる当時の経緯について、政府として確定的なことを述べるのは困難である」という認識を示している[6]。

日本政府は、沖縄がいつから日本の一部になったのかという点についても「確定的なことを述べるのは困難であるが、遅くとも明治初期の琉球藩の設置及びこれに続く沖縄県の設置の時には日本国の一部であったことは確かであると考えている」とし、ただし、この見解は「過去に沖縄が日本国に属していなかった時期があるとの認識を表明したものではない」ともいう。琉球王国が「国際法の主体として国家の要件を備えていたか」という問いにも、「「琉球王国」をめぐる当時の状況が必ずしも明らかでないこともあり、お尋ねについて

　社、2014 年）第 1 章。
(6)　もっとも、1872 年 10 月に、琉米修好条約上の義務を日本政府が承継するのかというデロング米国公使の問い合わせに対し、副島種臣外務卿は「当政府ニ於テ維持遵行」すると回答しており、政府も同年 9 月に琉球に対して「各国ト取結候条約並ニ今後交際ノ事務外務省ニテ管轄候事」と通達していた（波平恒男『近代東アジア史のなかの琉球併合──中華世界秩序から植民地帝国日本へ』（岩波書店、2014 年）150 頁）。

確定的なことを述べることは困難である」という言に終始している。日本政府は,「琉球処分」を「一般に,明治初期の琉球藩の設置及びこれに続く沖縄県の設置の過程を指す言葉として用いられるものと承知している」というが,その国際法的意味合いについての見解は,いかにもあいまいというしかない[7]。

　他方で,「琉球処分」を東アジアの歴史的脈絡に位置づけて複眼的に詳論する波平恒男は,当時の琉球を次のように評している。「国際的には清朝中国を宗主国として仰ぐ朝貢国で,なおかつ独立した王国であった。独立国として諸外国と条約を結んでいた一方で,日本への従属は国際的には承認されていなかった。また,薩摩島津氏と琉球の関係について言えば,その支配の実態については一貫して隠蔽政策が続けられ,清国もまた公式に承認するところではなかった」[8]。

　波平の研究がその典型であるように,数々の歴史研究が詳らかにするのは,「琉球処分」が行われた1870年代までにおいて琉球王国が日本とは異なる厳然たる政治的実体であったことである。1872年5月30日付けの建議書の中で,大蔵大輔・井上馨が琉球を「我所轄ニ帰シ」,「内地一軌ノ制度」に服させるようことさら明記したのは,そのためにほかならない[9]。国際法的に鋳直せば,琉球は,当時,清・日本(島津藩)との朝貢関係を残しながらも,永続的住民,確定した領域,実効的政府,他国と外交関係を取り結ぶ能力という国家の要件を有する独立した主権的存在であったということになるのだろう。東アジア法秩序内での「附庸」は実効的支配を意味したのではなく,現に琉球は日本法の下でその政治的地位を決せられていたのではない。「琉球処分」は日本の領域を超えて生起した国際的な出来事として理解されるべきであり,国際法上いかなる権原により日本の領域取得がなされえたのかが問われてしかるべきものといえる。

2　領域取得の非正統性

　この点で,最終局面における警察・軍隊の威嚇を用いての松田道之処分官に

---

[7]　「答弁書」内閣衆質174第560号平成22年6月18日
[8]　波平・前掲注(6)147頁
[9]　上村は,井上のこの表現を捉え,「日本政府の高官自らが,近代国際法的に読めば,〔琉球への〕実効支配はなかったと指摘している」に等しいと評している(上村英明『先住民族の「近代史」——植民地主義を超えるために』(平凡社,2001年) 131頁)。

よる達書の一方的な申し渡し，首里城の接収，藩王尚泰の上京強要，沖縄県設置は，「琉球処分」が強制的併合と呼ぶにふさわしい情景の下にあったことを伝えている。強制的併合とは，国際法上は「征服」の謂いでもある[10]。交戦国が領有の意思をもって敵国を占領する行為を，国際法上，征服と称してきた。武力不行使原則が確立している現在では征服はもはや合法ではなくなっているものの，19世紀後半にあってはそうでなく，世界で最も権威ある国際法の体系書とされてきた書物にも，次のように記されている。「国際法が存在する間，各国および大多数の論者は，征服を領域取得の方式として承認してきた」[11]。

もっとも，そうだとしても，「琉球処分」については琉日間が交戦状態だったわけではなく，厳密には，戦争を前提とする征服の法理を援用することには疑点が残る。ただし，他所の例を参照するに，米国では，植民者と先住民族との間に戦闘がなされていないにもかかわらず，征服により領域の取得を正当化する裁判例も見られる。白人がそこに存在するというだけで征服が成立すると解された事例もある。そうとすれば，「琉球処分」も征服の法理をもって説明できぬこともないようにも思えようが，しかし米国の裁判例は，控えめにいっても，この法理を（先住人民に）差別的に適用したものというしかなく，領域が適法に取得されたのかをかえって疑わしめるものになっていることに留意しておかねばならない[12][13]。

米国では，米西戦争中の1898年に独立国であったハワイ王国を併合する両院合同決議案が可決され，大統領が同決議案に署名して併合が実現することになった。だが，これもまた国際法上の根拠付けが至難というしかなく，1993年には，ハワイ併合に至る過程に国際法や自決権の侵害があったことを認め，先住ハワイ人への公式の謝罪を行う両院合同決議が採択されるに及んでいる。

---

(10) 伝統的国際法の領域取得権原には，合意によるものとして割譲と（任意的）併合，一方的なものとして征服（強制的併合）と先占，時効，添付がある。

(11) Lassa Oppenheim, International Law: A Treatise, Vol.I, 1st ed. (Longmans, Green and Co., 1905), p. 288.

(12) 征服を成立させるために必要な戦争そのものが（文明）国家間でしかなしえないものとされていたので，先住民族との戦いに戦争という概念を適用することに国際法上の困難があったという事情もある。

(13) Jeremie Gilbert, *Indigenous Peoples' Land Rights under International Law: From Victims to Actors* (Transnational Publishers., 2006), pp. 13-20.

◆ 第Ⅰ部 ◆ 人権の領野

同決議では，併合が不正であったことの証として先住ハワイ人が人民としての固有の主権を米国に放棄したことはない旨も強調されているのだが，総じて，こうした植民地主義的な領域拡張の場合には国際法上の根拠があいまいなことが少なくない[14]。既に述べたように伝統的国際法には暴力的な位相が横溢していたにしても，そうした国際法の規則すら遵守されぬか，あるいはその遵守が判然としないままに，領域の取得が黙認されてきたということでもある。

　日本による琉球王国併合についても同様の評価が妥当すると考えられる。「琉球処分」は，琉球王国の実態からして日本の内部で生じた事象と捉えることはできず，しかしその一方で日本と琉球に及び始めた当時の国際法に照らしてみても，援用可能な領域取得権原を特定することは難しい[15]。「琉球処分」は，端的に，国際法上の正当化根拠を欠く行為であったと評してよいのではないか。だが，こうした評価を与えうるものであるにもかかわらず，先述した日本政府の態度が示すように，日本による琉球王国の編入行為（併合）は法的な問題として可視化されることなく放置・黙認され[16]，その後，植民地／人種主義の腐臭を伴いながら，あまたの暴戻を沖縄に強いる制度的淵源となっていくのである。

Ⅲ　軍事占領から軍事的植民地へ

1　米軍の軍事占領

　沖縄の安全保障を脅かす米軍基地問題は日本の戦後レジームの根幹を支える

---

[14]　ヴァンダイク，ジョン・M「日本の韓国併合と米国のハワイ占領との比較」松谷基和訳，笹川紀勝・李泰鎮編著『韓国併合と現代 —— 歴史と国際法からの再検討　国際共同研究』（明石書店，2008 年）449-481 頁。

[15]　征服でなければ，合意による任意的併合を論ずる余地があるのかもしれない。だが，「琉球処分」の場合には，併合についての合意が形式的にも実質的にも見出しがたい。それでもなお合意を語るのであれば，「国の代表者に対する強制」により，法的有効性が当初から疑わしいものとならざるをえまい。「琉球処分」の国際法的評価について先駆的に取り組んできた上村は，達書が「形式上国内文書であっても，その実態は国際法上の「条約」とみなされる」としたうえで，国の代表者に対する強制により，その同意は無効であると説く（上村英明「国際人権から日本の近代国家成立と琉球を考える —— 1879 年の「琉球処分」は「琉球併合」か」神奈川大学論評 79 号（2014 年）63 頁）。

[16]　ただし，欧米諸国は当初，日本による琉球王国の強制的併合を肯定的に評価していたわけではない（波平・前掲注(6)298-303 頁）。

7 人権の国際的保障が変える沖縄

　日米安全保障法制に根ざす病弊ではあるが，改めて確認するまでもなく，その始源は第二次世界大戦終期における米軍の軍事占領にある。その軍事占領が軍用地の使用・接収に直結されていった。「米軍は，このような戦場または占領地の継続状態としての軍用地の使用は，国際法上当然に与えられた権利であるとし，その根拠として「陸戦の法規慣例に関する条約〔陸戦条約〕」……をあげ，何らの法制上の措置を必要としないとしていた。したがって，米軍は占領当初の軍用地に対してはもちろんのこと，その後の新規接収地に対しても軍用地料の支払いをせず，無償のまま使用を続けていた」[17]。

　米軍は上記引用文中の陸戦条約について，具体的にはその付属文書であるハーグ陸戦規則第52条における，占領軍による現品徴発権限を援用する。しかし，同条によれば，現品の供給には対価の支払いが義務づけられているところ，軍用地の使用は無償でなされていたことに加え，そもそも徴発されうる「現品」を土地にまで適用することは同条の射程を大きく踏みはずしている。何より，軍事的必要の観点からして徴発の適法性に重大な疑問符がつくことは，「敵国打倒のため以外の目的で恒久的な基地を設けることは，ハーグの陸戦法規に違反する疑いが多分にある」などと，つとに指摘されているとおりである[18]。私有財産の尊重を求める同規則第46条との両立性も根本的に疑わしい。

　ハーグ陸戦規則の違反によって損害が生じた場合には，陸戦条約第3条により，占領国は賠償の義務を負う。だが，「交戦国の違法行為に由りて損害を受けたと認むる私人は，その交戦が如何なる原因に基いて起つたものにせよ，当然救済を求むるの権利がある。……加害国が独自の強硬なる見解を採るとした所で，賠償要求者は不満足と思う場合には，自国政府に訴へて之を彼我政府間の外交問題と為し得るの道もある」[19]と帝国海軍第三艦隊司令部国際法顧問が言明していたにもかかわらず，この深刻な不正もまた日米両政府によって封印され，国際法はここでもその存在を遠景に押しやられることになってしまった。

---

(17)　沖縄県知事公室基地対策課編『沖縄の米軍及び自衛隊基地』（2010年）1頁。
(18)　加藤一郎「沖縄軍用地問題」国際法外交雑誌56巻4・5合併号（1958年）144頁。
(19)　信夫淳平『上海戦と国際法』（丸善，1932年）359，364頁。

◆ 第Ⅰ部 ◆ 人権の領野

2 「軍事的植民地」の情景

　国際法の姿はその後、サンフランシスコ平和条約と日米安保条約を通して前景化されることになるが、そこにあって与えられた役割は国の権力行為の規制ではなく極大化であった。沖縄は米国の全面的な施政権下におかれ、日本のなしうることは、米国を唯一の施政権者とする信託統治制度の下に沖縄をおく米国提案への同意に限局された。その説明のために用いられることになった「潜在的（残存）主権」という茫漠たる概念[20]はあまりに強い政治的含意を孕んだものというしかないが、それにしても、サンフランシスコ平和条約は沖縄が実質的に信託統治地域という名の「植民地」として処せられる状況にあることを示唆して余りある。ただし、信託統治地域であれば国際的監視を受けるものの、そうでない沖縄のおかれた実情は、むき出しの暴力が現出する「日米憲法番外地」とでも呼ぶべきものとなった。

　国家の利益に資する国際法を梃にした禍々しき実景というべきものだが、しかし視野をグローバルに広げれば、多数のアフリカ諸国が国連に加盟した1960年に植民地独立付与宣言が総会で採択され、「外国による人民の征服、支配及び搾取は、基本的人権を否認するものであり、国際連合憲章に違反し、世界の平和と協力の促進の障害となる」こと、および「全ての人民は、自決の権利をもち、この権利によって、その政治的地位を自由に決定し、かつ、その経済的、社会的及び文化的権利を自由に追求する」ことが高らかに謳われる状況が訪れていた。

　この機会を捉え、1962年2月1日に琉球政府立法院が「施政権返還に関する要請決議」を採択し、米国の支配が沖縄の住民の意思に反して行われている不当性を自決の原則に基づいて国際社会に訴え出たことは、日本政府の反論や時代的制約もあって所期の成果をもたらすまでにはいたらなかったものの、人間の利益を至高の価値とする国際法の新しい規範的潮流と沖縄の状況を連結させる先駆的な営みにほかならなかった[21]。

---

[20] 「国際法上、潜在主権という確立した概念があるわけではなく、この用語の定義があるとは承知していないが、従前、南西諸島（琉球諸島及び大東諸島を含む。）等について、日本国との平和条約……第3条の下で、我が国が領有権を放棄しない状況で、米国が施政権を行使していたことを説明するために用いられていたと承知している」というのが日本政府の見解である（答弁書・内閣衆質163第53号平成17年11月4日）。

[21] 松島・前掲注(4)『琉球独立への道』180-187頁。

1972年に発効した沖縄返還協定により日本の主権は「潜在的」な状態を脱することになるが，しかし日米安保体制のもたらす負担は減じられるどころか，かえって返還協定や日米地位協定，関連国内法を通してその重みを増すことになった。最高裁も，米軍の駐留が日本国憲法に違背するとの判断を回避することによって，日米安保体制を公然と支える役割を演じている[22]。島袋は，沖縄返還を「まったく沖縄の人々の人権が考慮されない戦時の軍事占領状態から，せいぜい軍事的植民地への昇格とでもいうべき実態であった」と難ずる[23]。米軍基地の使用に供される私有地の継続使用や土地収用のための代理署名手続について定める諸法令等の制定・改正により，日米安保体制の強化は明瞭であった。

　人間の視点に立ってみれば，沖縄戦後の米軍占領から現在まで，基地問題の根幹は土地をめぐって生じてきているといって過言でない。自らの土地を奪われ，人々が自由と生存と生活を連綿と脅かされてきているところに問題の核心がある。まさしくそれは，人間の安全保障を脅かす事態というべきものであり人権問題そのものである。そうした沖縄の窮境が，国家間の安全保障の枠を超え，国際人権保障の枠組みの中で捉えられるようになるのは，人権蹂躙の大規模性と重大性からして必然にも等しいものがあった。

Ⅳ　自己決定権の規範構造

1　国際法の基本原則としての自決権

　国際社会の現在の規範環境は，日米安全保障体制が形成・拡充された1950-60年代とも，あるいは，沖縄が日本に返還された1970年代とも大きく異なり，人権の理念が国際法の中心軸を構成し，あらゆる分野において人権の考慮が要請されるまでになっている。「人権の主流化」と称される状況の広がりである。覇権主義を象徴的に体現する国連安保理事会の諸措置すら，人権法との適合性への配慮が求められる点で例外ではない。

　拡充される人権の観点に立って改めて沖縄の状況を見るに，まずなにより，

---

[22]　吉田敏浩・新原昭治・末浪靖司『検証・法治国家崩壊 ── 砂川裁判と日米密約交渉』(創元社，2014年)。

[23]　島袋純『「沖縄振興体制」を問う ── 壊された自治とその再生に向けて』(法律文化社，2014年) 271頁。

◆ 第Ⅰ部 ◆ 人権の領野

軍用地としての私有地の継続使用・収用は，現在に引き続く強制退去（forced eviction）の問題として，居住権との整合性が正面から問われる事態にほかならない。日本も締結している「経済的，社会的及び文化的権利に関する国際規約」（社会権規約）の定める居住権は，安全で，平和に，そして尊厳をもって住む権利をすべての人間に保障している。当事者がその意思に反して，占有している家屋や土地から恒久的にまたは一時的に立ち退かされる強制退去は居住権を脅かす最たるものであり，のみならず，プライバシーや健康への権利，教育への権利，さらに生命への権利など，関連する人権規範の重層的な侵害につながりかねないことから，厳しい適合性審査が各国に義務づけられるようになっている[24]。駐留軍用地特別措置法など諸法令の適用にあたっても，こうした国際人権義務との整合性が厳格に問われてしかるべきことはいうまでもない。

軍隊の駐留が生み出す醜悪な性暴力もジェンダーに基づく暴力として女性差別撤廃条約等の規律を免れないが，こうした諸例が示すように，国家間の枠組みに封印されてきた沖縄の事態は，すべからく，国際人権の規範的枠組みの中で普遍的な広がりをもつ問題として再定位されうるものである。その際，基底的概念としてとりわけ重要性をもつのが「人民の自決権（right of people to self-determination）」（自己決定権）にほかならない。この権利は，世界人権宣言とともに国際人権保障の主柱を成す「市民的及び政治的権利に関する国際規約」（自由権規約）と社会権規約双方の第１条で次のように規定されている。

1　すべての人民は自決の権利を有する。この権利に基づき，すべての人民は，その政治的地位を自由に決定し並びにその経済的，社会的及び文化的発展を自由に追求する。
2　すべての人民は……国際法上の義務に反しない限り，自己のためにその天然の富及び資源を自由に処分することができる。人民は，いかなる場合にも，その生存のための手段を奪われることはない。
3　この規約の締約国……は，国際連合憲章の規定に従い，自決の権利が実現されることを促進し及び自決の権利を尊重する。

自決権が両規約の冒頭に据えられたのは，集団が抑圧されることにより，そ

---

[24] 阿部浩己『国際人権の地平』（現代人文社，2003年）145-168頁。

の集団に属する諸個人の権利の実現が危うくなってしまうからにほかならない。換言すれば，自決権は，外部（国家や多数者集団）から加えられる圧力や搾取への法的防壁となって，集団構成員の権利保障を確保する役割を担う。自決権は両規約の射程を超えていまや国際法の基本原則の一つになっており[25]，さらに，この権利を，一般国際法の強行規範（*jus cogens*）ととらえる見解も有力である[26]。いかなる逸脱も許さぬ強行規範の成立により，当該規範に抵触する既存の条約は効力を失い，終了するものとされている（条約法条約第64条）。

自決権の主体である「人民」は，一義的に定義されているわけではない。共通の歴史的伝統，エスニック・アイデンティティ，文化的同質性，言語的一体性，領域的結びつきといった一定の客観的な指標が求められるにしても，あらかじめその外縁を画されるべきではなく，「自己」決定権である以上，集団自身による自己認識が尊重されなくてはならない[27]。これまで非自治地域（植民地）や外国の征服・支配・搾取の下にある人々が人民として広く認められてきたことからうかがえるように，外部からの一貫した抑圧を媒介にして人々が人民として立ち現れることが少なくない。ただし，今日では，自決権はすべての人民が有する権利とされており，また，マイノリティや先住民族（indigenous peoples）といった集団も人民の概念に包摂されて語られる機会がふえている[28]。

2　内的自決権の意味するもの

自決権は，内的側面と外的側面をもつ。内的自決権は既存国家の枠内で，人

---

(25) 国際司法裁判所は，自決権を「現代国際法の基本原則の一つ」として，国際社会全体に対する「対世的義務（obligation *erga omnes*）」を生じさせるものと判じている（*East Timor（Portugal v. Australia*），(1995) ICJ Reports, para. 29）。

(26) Matthew Saul, "The Normative Status of Self-Determination in International Law: A Formula for Uncertainty in the Scope and Content of the Right?" *Human Rights Law Review*, Vol. 11 (2011); *Yearbook of International Law Commission*, Vol. II (1966), p. 248.

(27) *Final Report and Recommendations of an International Meeting of Experts on the Further study at the Concept of the Right of people for UNESCO*, SNS-89/CONF 602/7 (1990).

(28) 伊藤理恵「内的自決権とマイノリティの自律」横浜国際経済法学18巻2号（2009年）。

民が自らの政治的，経済的，社会的及び文化的発展を自由に追求することを保障する。内的自決権の行使態様は一様でなく，一定範囲の立法権限の委譲や文化的・言語的決定権の保障などの諸措置を通して具体化されることもあり，場合によっては自治あるいはガバナンスという語をもって表現されるものでもある[29]。

　内的自決権は，とりわけ先住民族の権利保障の中核をなす[30]。先住民族とは，先住性，文化的独自性，自己認識，被支配といった基準によって同定される集団のことだが，2007年に国連総会は先住民族の権利に関する宣言（先住民族権利宣言）を採択し[31]，先住民族が自決権を有し（第3条），自決権行使に際して内部的事項等につき自律及び自治の権利を有すると明定した（第4条）。国は，先住民族に影響を与えるおそれのある法律や行政措置を採択・実施する場合に，「自由な，事前の，情報に基づく同意（informed consent）を得るために，その代表機関を通じて」誠実に協議し協力することを求められている（第19条）。同宣言にはさらに，土地，領域，資源に対する先住民族の権利も明記され（第26条），「関連する公共の利益により正当化される場合または関係する先住民族により自由に同意されもしくは要請される場合を除くほか，先住民族の土地または領域において軍事活動は行われない」ことも確認されている。国は，軍事活動のために土地を使用する場合には，先住民族と事前に効果的な協議を行うものとされる（第30条）。「効果的な協議」とは，意思決定に影響を与える現実的な機会が適切な時機に提供されることを意味する。おざなりの形だけの協議は「効果的」とはいえない。

　先住民族権利宣言に色濃く現われ出ているように，内的自決権とは「手続的権利の束」[32]というべきものである。国家権力の行使を制御し，多数者には説明責任を求め，少数者にはその声を尊重される機会が保障される。その要諦

---

(29) Robert McCorquodale, "Group Rights," in Daniel Moeckli, Sangeeta Shah, and Sandesh Sivakumaran (eds.), *International Human Rights Law*, 2nd ed. (Oxford University Press. 2014), p. 342.

(30) Ricardo Pereira and Orla Gough "Permanent Sovereignty over Natural Resources in the 21st Century: Natural Resource Governance and the Right to Self-Determination of Indigenous Peoples under International Law", *Melbourne Journal of International Law*, Vol. 14 (2013), p. 21.

(31) 採択時に不支持であった米国，カナダ，オーストラリア，ニュージーランドも，事後に同宣言の承認を表明している。

7 人権の国際的保障が変える沖縄

は，政策決定過程への「効果的な参加」ということだが，こうした機会の保障は，国際人権規約においても，前記共通第1条，および自由権規約第27条（マイノリティに属する者の権利擁護規定）に包含されており，その他，先住民族にかかる国際人権機関や世界銀行等の法文書にも効果的な参加の権利はほぼ例外なく挿入されている。

ただ，従来は「国際法上，参加と協議は「同意」を意味するのではなく，協議または参加の基準が満たされることのみが要求される」にとどまり，「国が，影響を受ける人民と関わり，交渉しまたは協議するメカニズムとプロセスを十分に構築するかぎり，先住民族の同意を得ることはいまだ国際人権法により義務づけられていない」とされていた[33]。しかし，先住民族権利宣言が「自由な，事前の，情報に基づく同意を得る」ことに明文で踏み込んだことを機に，自由権規約の履行を監視する同規約委員会も，2009年には次のような判断を示すに及んでいる[34]。

> 当委員会の見解は，マイノリティ若しくは先住民コミュニティの文化的に重要な経済活動を相当に（substantially）損なうか又は害する措置が許容されるかどうかは，当該コミュニティの構成員がこれらの措置にかかわる意思決定過程に参加する機会を有していたか……による，というものである。当委員会は，意思決定過程への参加は効果的でなければならないと考えるが，それは単なる協議ではなく，当該コミュニティ構成員の自由な，事前の，かつ，情報に基づく同意（informed consent）を要するものである。

これを約言すれば，先住民族（マイノリティ）構成員が国家のとる立法また

---

(32) Jan Klabbers, "The Right to Be Taken Seriously: Self-Determination in International Law," *Human Rights Quarterly*, Vol. 28. (2006) p. 202.
(33) Melissa Costan, "DRIP Feed: The Slow Reconstruction of Self-Determination for Indigenous Peoples," in Sarah Joseph and Adam McBeth eds., *Research Handbook on International Human Rights Law*（Edward Elgar, 2010), pp. 505, 507.
(34) *Poma v. Peru*, CCPR/C/95/D/1457/2006 (2009), para. 7.6. 地域的には，先住民族が多数居住する米州（南北アメリカおよびカリブ海）の人権擁護機関（米州人権委員会および米州人権裁判所）が，先住民族の財産権に影響を与える国の行為について，早くから，「事前の，情報に基づく同意」を得るよう義務づけていた（Pereira, *supra* n. 30, p. 41）。

は行政措置により影響を被る場合には、意思決定過程への効果的な参加が保障されなくてはならないということであり、その影響が重大であるときには、効果的な参加が単なる協議にとどまってはならず、事前の、情報に基づく同意を得なければならないということである。内的自決権の文脈に即し、現在では、こうした法実務が国際法（自由権規約）上、要求されるようになっている。

3　外的自決権と救済的分離

　その一方で、外的自決権は主権国家の国境の変更をもたらしうることから国際法の扱いはきわめて慎重であり、領土保全を害することへの主権国家の強い警戒心が横溢している。そのため、ケベック州分離の憲法・国際法上の合法性について意見を求められた際にカナダ連邦最高裁判所が言明したように、自決権は通常、内的自決を通じて実現することが原則とされている。とはいえ、植民地支配や外国の征服・支配・搾取下にある場合において、人民が国家からの分離を外的自決権の一形態として行使しうることについては国際法上疑いがない。加えて、同裁判所が示唆するように、「人民が、既存の国家内で内的自決権の有意な行使を否認されている場合」にも、外的自決権を行使する可能性は必ずしも否定されていない[35]。

　一般国際法の証として引用されることの多い国連総会友好関係原則宣言（1970年）も、「人種、信条又は皮膚の色による差別なしにその地域に属する人民全体を代表する政府」が存する場合において領土保全又は政治的統一が尊重されるべきと定めていることから、その反対解釈として、人民が内的自決権の有意な行使を阻害されている場合における分離は領土保全を害する行為にはあたらないと解され、カナダ連邦最高裁判所の前記判断にもこうした認識を見て取ることができる。

　内的自決権の行使が阻害される状況は、様々な人権が重大にかつ広範囲にわたって侵害され続ける事態の裏面でもあり、そうした事態における外的自決権の行使には救済的分離の意味合いが伴う[36]。もとより、このような外的自決権の行使は最後の手段というべきものであるが、実際に自決権を行使して分離等を行う際には、自由かつ真正な意思表明により、人民の半数を超える支持が

---

(35) *Reference re Secession of Quebec* (1998) 2 S. C. R. 217., p.154.
(36) Karen Knop, Diversity and Self-Determination in International Law (Cambridge University Pres, 2022), pp.73-86.

必要とされている[37]。

V 国際人権機関の眼差し

1 マイノリティ，先住民族としての琉球・沖縄人

　沖縄の事態が人権のプリズムを通して国際的に可視化されるようになったのは21世紀を迎えてからであった。その重要な契機となったのは，2001年の人種差別撤廃委員会における日本の第1，2回定期報告審査である。その総括所見において同委員会は，沖縄の人々を人種差別撤廃条約の保護を受けるマイノリティであると認めるとともに，沖縄の住民が，「特定の民族的集団として認識されることを求めており，また，現在の島の状況が沖縄の住民に対する差別的行為につながっていると主張している」ことについて日本政府の注意を喚起している[38]。

　これを引き継ぐ形になったのは，現代的形態の人種主義等について調査研究を行う国連人権委員会（現理事会）特別報告者が2006年に公表した報告書であった。これ以降，沖縄の事態は国際人権機関において断続的に取り上げられて行くのだが，同特別報告者は，沖縄の人々をアイヌ民族と並ぶ日本の「ナショナル・マイノリティ」と位置づけ，こう記している[39]。

> 14世紀から沖縄の人びとにより維持されてきた「琉球王国」は，1879年に日本政府に征服され，併合された。これにより，琉球の地域言語，伝統的な慣習，信仰および生活様式の禁止など，多くの植民地主義的・同化主義的政策が生み出された。1972年以降，日本における米軍基地の大多数が，日本国土の0.6パーセントに過ぎない沖縄に集中し，環境ならびに沖縄の人びと固有の文化・慣習に影響を及ぼしている。政府は，国会に対

---

(37)　自決権の法理によらぬ独立の可能性も，国際法上必ずしも否定されているとはいえない。Robert McCorquodale, *supra* n. 29, p. 344.

(38)　人種差別撤廃委員会「日本の第1・2回定期報告に関する総括所見7」（2001年）http://www.mofa.go.jp/mofaj/gaiko/jinshu/saishu.html.

(39)　Report of the Special Rapporteur on contemporary forms of racism, racial discrimination, xenophobia and related intolerance, Doudou Diene, Addendum: MISSION TO JAPAN（Report of the Special Rapporteur）(2006) pp. 6, 88（日本語訳は http://imadr.net/wordpress/wp-content/uploads/2012/10/D4-4.pdf）.

し，沖縄に米軍基地が存在し続けることは沖縄の人びとの基本的人権の尊重と両立しうるのかという問題について綿密な調査を行なうよう要請すべきである。また，沖縄の人びとの状況との関連で差別の存在を監視する，沖縄の人びとおよび政府の代表者からなる合同機関を設置することも奨励される。

この報告書の刊行から2年後に，今度は自由権規約委員会が第5回定期報告の総括所見において，琉球・沖縄の人々を先住民族ととらえる認識を公にし，日本政府に対し，次のような勧告を行うに及んだ。

締約国〔日本〕は，国内法によってアイヌの人々及び琉球・沖縄の人々を先住民族として明確に認め，彼らの文化遺産及び伝統的生活様式を保護し，保存し，促進し，彼らの土地の権利を認めるべきである。締約国は，アイヌの人々及び琉球・沖縄の人々の児童が彼らの言語で，あるいは彼らの言語及び文化について教育を受ける適切な機会を提供し，通常の教育課程にアイヌの人々及び琉球・沖縄の人々の文化及び歴史を含めるべきである[40]。

琉球・沖縄の人々を先住民族ととらえる認識は，自由権規約委員会による2014年の第6回定期報告審査において，さらに鮮明にされた。同委員会は，「先住民族」という表題の下に，前記先住民族権利宣言の内容を明瞭に組み入れて，次のように述べる。

締約国は，法制を改正し，アイヌ，琉球及び沖縄のコミュニティの伝統的な土地及び天然資源に対する権利を十分保障するためのさらなる措置をとるべきであり，それは，影響を受ける政策に事前に情報を得た上で自由に関与する権利を尊重しつつ行われるべきである。また，可能な限り，彼らの児童に対する彼ら自身の言葉での教育を促進すべきである[41]。

他方で，人種差別撤廃委員会も沖縄の事態への懸念を深め，2010年の定期

---

(40) 自由権規約委員会「日本の第5回定期報告に関する総括所見」(2008年) パラ32, http://www.mofa.go.jp/mofaj/gaiko/kiyaku/pdfs/jiyu_kenkai.pdf.
(41) 自由権規約委員会「日本の第6回定期報告に関する総括所見」(2014年) パラ26, http://www.mofa.go.jp/mofaj/files/000054774.pdf.

7 人権の国際的保障が変える沖縄

報告総括所見において,次のような見解を表明した。

　委員会は,ユネスコが沖縄の固有の民族性,歴史,文化,伝統並びにいくつかの琉球語を認めている(2009年)ことを強調するとともに,沖縄の独自性に正当な承認を与えることについての締約国の姿勢を遺憾に思い,沖縄の人々が被る持続的な差別について懸念を表明する。さらに,委員会は,沖縄における軍事基地の不均衡な集中は,住民の経済的,社会的及び文化的権利の享受に否定的な影響があるという現代的形態の人種主義に関する特別報告者の分析を再述する(第2条及び第5条)。
　委員会は,沖縄人の権利を促進し適切な保護施策や保護政策を設けるために,沖縄人が被る差別を監視することを目的に,沖縄人の代表者と広範な協議を行うよう締約国に奨励する(42)。

　同委員会は続けて2014年にも,琉球・沖縄の人々を先住民族と認める立場を明らかにして,次のようにいう。

　委員会は,締約国が,その立場を見直し,琉球を先住民族として承認することを検討し,また彼らの権利を保護するための具体的な措置をとることを勧告する。委員会はまた,締約国が,琉球の権利の促進及び保護に関連する問題について,琉球の代表との協議を強化することを勧告する。委員会はさらに,締約国が,琉球の言語を消滅の危険から保護するために採用された措置の実施を加速させ,彼ら自身の言語による琉球の人々の教育を促進し,学校カリキュラムにおいて用いられる教科書に彼らの歴史及び文化を含めることを勧告する(43)。

　当事者たちの働きかけを受けて,このように,沖縄の事態は国際人権機関の扱う重要な人権問題の一つとなっていった。日米安全保障体制の下で生じる沖縄の状況が,国際人権基準に照らした人権の問題として国際的な承認を受け,しかも,その中で琉球・沖縄の人々が人民(マイノリティ,先住民族)ととらえ

---

(42) 人種差別撤廃委員会「日本の第3-6回定期報告に関する総括所見」(2010年)パラ21. http://www.mofa.go.jp/mofaj/gaiko/jinshu/pdfs/saishu3-6.pdf(訳文は一部修正した)。
(43) 人種差別撤廃委員会「日本の第7-9回定期報告に関する総括所見」(2014年)パラ21. http://www.mofa.go.jp/mofaj/files/000060749.pdf.

◆ 第Ⅰ部 ◆ 人権の領野

られるようになっていることをはっきりと確認できるであろう。沖縄に対して加えられる日米両政府の長期にわたる差別的圧力は，個々人の次元で重大な人権侵害を累積させるだけでなく，集団の権利，つまりは自決権を前面に掲げざるをえない事態を引き寄せているということでもある。

　いうまでもなく自決権の保障は日本国（政府）が負う義務に相違ないが，沖縄の事態については米軍の管轄権行使も随伴していることから，自由権規約の締約国として米国にも琉球・沖縄人民の自決権を実現すべき義務が同様に課せられている。前記した同規約第１条３項からも，その旨は明白である。

2　パレスチナの壁と米軍基地

　国際司法裁判所は，パレスチナにおけるイスラエルの長大な壁の建設がパレスチナ人の自決権を踏みにじり，移動の自由，健康への権利，教育への権利，相当な生活水準への権利など，国際法規範を幾重にも侵害するものであると認め，その違反の帰結として，壁建設の中止，建築物の取り壊し，関連法令の失効，損害賠償の支払い義務がイスラエルにあるとの判断を示している[44]。同裁判所のこの勧告的意見はイスラエルの強い反発と欧米諸国の政治的意思の欠如から容易に実現されないものの，1967年以来のイスラエルによるパレスチナの占領は，今日では「違法な／偽装された併合」と呼ぶべき段階にあるという評価も広まっている。

　米軍基地とりわけ沖縄本島を分断して広がるそれは，古関彰一が嘉手納基地を例にとって描写するように，実際には，その実態からして軍事基地である以上に「立派な街」の体をなしているようでもある。古関はその様をとらえて，「戦前の「租借地」や植民地とほとんど変わるところのない」ものと評している[45]。パレスチナの例に倣ってこれをさらに敷衍すれば，『偽装された占領／併合』とでもいうべき実情を呈しているといえるのかもしれない。そこまでいわずとも，沖縄の地を囲う米軍基地の存在はパレスチナに築かれた巨大な壁を想い起こさせずにはいられない。

　現に，米軍基地とパレスチナの壁は，ともに，身体の自由，居住権，健康への権利，教育への権利をはじめとする国際人権諸規範の実現に甚だしい影響を

---

[44]　Advisory Opinion (2004) ICJ Reports.
[45]　古関彰一「沖縄／日本の安全保障」『シリーズ日本の安全保障１　安全保障とは何か』（岩波書店，2014年）194頁。

与えていることに加え，広大な土地を人民の意に反して使用することにより，
「経済的，社会的及び文化的発展の自由に追求する」自決権の実現を根底から
妨げてもいる。沖縄では，県の実施した調査「米軍基地に関する各種経済波及
効果」により，米軍基地の存在が地域の「経済的発展」を阻害する重大な要因
になっていることが明らかにされている。米軍基地の集中により，都市機能や
交通網の拡充など社会資本の整備に深刻な足かせをかけられていることもいう
までもない。人々の移動，生活，生存を脅かす軍事基地の長期にわたる存在
が，「社会的及び文化的発展を自由に追求する」琉球・沖縄人民の営みに著し
い影響を生じさせていることは紛れもない。

　米軍普天間飛行場の名護市辺野古への移設案件は，土地及び資源に対する権
利に直接にかかわるものであるが，2014年における世論調査や名護市長選挙，
沖縄県知事選挙，衆議院選挙等を通して現れ出た圧倒的な民意に照らせば，
「自由な，事前の，情報に基づく同意」が真に得られたとはとうていいいがた
いのが実情である。軍事活動が目的とされることから，先住民族権利宣言にも
示されているとおり，土地および資源の使用には格別の配慮が求められること
はいうまでもない。

　基地の建設・存続・移設について真正な民意を問う意義は，国際法的には，
なによりそれが人民／先住民族の自決権に直接にかかわるからにほかならな
い。1952年以降すでに70年を超過してなお広大な米軍基地が住民の意に反し
て存続し，さらに拡充されるようであれば，軍事基地が日常的にもたらす深刻
な人権状況と相まって，内的自決権の有意な行使が否認されていることに基づ
く救済的分離の論理により，あるいは，「琉球処分」にまで遡っての「外国に
よる征服・支配・搾取」という立論をもって，外的自決権の行使を求める主張
が増幅されていくことにも特段の不思議はない。

　既に述べたように，自決権は条約上の権利を超えて，現代国際法の基本原則
としての地位を獲得するに至っている。日米両政府が安全保障にかかる国際的
合意をすることは，むろん両国の主権的裁量の範囲内の事項には違いないが，
そうではあっても，当該合意は国際法の基本原則を損なうものであってはなら
ない。日米安全保障法制（日米安保条約，日米地位協定等）は，沖縄の人民の自
決権を十分に尊重しえないのであれば，そのあり方が両国政府によって根本か
ら再考されなくてはならないことになる。国家の安全保障には長く，最も高い
政治上の優先順位が与えられてきたが，人間の尊厳を最優先する現代国際社会

◆ 第 I 部 ◆ 人権の領野

にあっては，たとえ国家の安全保障が理由であれ —— それが「テロとの戦い」であっても —— 人権の実現が深刻に損なわれる状況が常態的に引き起こされることは，もはや許容されるものではない。まして，一般国際法の強行規範としての性格すら帯びつつある自決権を脅かす事態となれば，なおいっそう，その言が妥当することは論を俟たない。

VI 「沖縄からの自立」のとき

　2012 年 10 月の垂直離着陸輸送機 MV オスプレイの配備や 2013 年 4 月 28 日の主権回復の日の挙行，さらに 2014 年 7 月の辺野古移設工事の着工といった強行措置は，その重度の抑圧的な力をもって，琉球・沖縄人としての自己意識の形成を強く促す契機となった。2013 年 1 月のオスプレイ配備に反対する首相宛「建白書」の提出にもその様が明瞭に見て取れる。むろん，1879 年の琉球王国の併合以来，沖縄の独自性が人々の意識の基層をなす集合的記憶として綿々としてあったことは，多くの論者が指摘するとおりである[46]。沖縄にあって，人間の安全保障を損なう深刻な脅威に抗うために集団の権利としての自決権が主張されることは，この権利が有する抵抗権としての本旨に照らし，当然というべき規範的展開でもある。

　日本からの分離という事態まで呼び寄せるかどうかは別として，少なくとも，「自己決定権」の実現を求める沖縄の声は，国際法上の自決権（とりわけ内的自決権）の行使を求めるものにほかならない。日本政府は，琉球・沖縄人という別個の存在を承認することにはいまだ消極的ではあるが，「人民」の存在は本国政府の承認によるのではなく，自決権もまた本国政府によって恩恵的に与えられる類いのものではない。人民の存在は客観的・主観的要素をもって決せられるべきものであり，自決権は国際法により直接に保障されている。自由権規約委員会や人種差別撤廃委員会といった国際人権機関の解釈動向を徴するに，沖縄の事態は，自決権の文脈に即した対応をますます必要とするものになっていくに相違あるまい。

　沖縄の声をすくいとる役割は，もちろん日本国憲法にも課せられてきた。だ

---

(46) 大田昌秀・新川明・稲嶺惠一・新崎盛暉『沖縄の自立と日本 ——「復帰」四〇年の問いかけ』（岩波書店，2013 年），藤原書店編集部編『「沖縄問題」とは何か ——「琉球処分」から基地問題まで』（藤原書店，2011 年）。

138

が，誇るべき絶対的平和主義に立脚したこの憲法は，1972年の「復帰」以降もその立憲主義的な輝きを沖縄で発揮することがないままに，いまやその根幹を破砕されかねぬ政治情勢下にある。国際人権保障上の法術語（自決権）が用いられ，国際人権機関への訴えに期待が寄せられるようになっているのは，このゆえでもある。再び島袋の言葉を借用すれば，「今や沖縄にとって，日本の政府や最高裁よりも国連の方が，人権状況を改善する手がかりを与えてくれる。……国連諸人権機構と国際人権法の活用は最も可能性のある手段といえる」のだろう[47]。

　他国にあっても，マイノリティとりわけ先住民族とされる人民の権利主張は，国内法上の制度を回避して国際的な場で行われることが多い。国内法そのものが，マイノリティに不利な制度文化によって常々支配されているからである。別して言えば，いずれにあっても，多数者優先の人種主義的性向が国家制度内に埋め込まれているということである。島袋の認識がそうであるように，沖縄から見れば，日本の憲法や司法・行政制度等についてもこの指摘が少なからずあてはまることは歴然としていよう。

　自決権の法理は，抵抗の権利として，国家と集団（マイノリティ／先住民）との間の不均衡な権力関係の変革のために動員される。沖縄にあっては，日米安全保障体制そのものが変革の対象として名指しされているのだが，憲法の平和主義がそうだったように，日米安全保障体制は沖縄への全面的な依存ぬきには現実化しえなかったといってよい。集団的自衛権の行使を公然と容認した2014年7月1日の閣議決定は「日米安全保障体制の実効性を一層高め，日米同盟の抑止力を向上させる」と高唱し，沖縄への変わらぬ負担賦課を示唆しているものの，旧来型の国家安全保障観に基づくこうした思考態度は，既に述べたように，人間の尊厳を最重視する現代国際社会の規範環境と著しい離齬をきたすようになっており，日本と沖縄の懸隔をさらに広げ，自決権の主張をいっそう強めるだけである。

　沖縄の人々は，自決権の主体として「その政治的地位を自由に決定し，並びにその経済的，社会的及び文化的発展を自由に追求する」ことができる。国際人権機関の法実践はそうした了解を醸成している。日本の安全保障は，急速に深化する国際人権保障上の規範的現実を踏まえ，その内実を根底から再検討す

---

　(47)　島袋，前掲注(5)50, 52頁。

べきときが来ているのではないか。「自己決定権」の名の下に，沖縄は日本からの自律を本格的に考究し始めている。日本もまた，自らの安全保障を持続可能なものとするために，沖縄からの自立を真剣に検討すべきときである。

第 II 部

人道のポリティクス

8 戦場なき戦争法の時代

Ⅰ 序

「「対テロ戦争」によって否定されているのは，あれやこれやの憲法条項や国際人道法規則ではなく，近代法的人道性の基礎となっていた『敵』と『犯罪者』の区別である。今後もテロリストへの戦争という思考が支配的であり続けるとすれば，われわれは人道性の基礎となる思考について，根底から考え直す必要がある」——。近代の人道的な法制度を基礎づける「敵」と「犯罪者」の区別が失われ，さりとて新たにつくり出される法秩序がいまだ見えぬ21世紀初頭の法状況を評して，西平等はそう述べている[1]。

「対テロ戦争」の象徴というべきウサーマ・ビン・ラディンが2011年5月，米海軍特殊部隊によってパキスタンの地で抹殺されたとき，私たちはたしかに，「敵」と「犯罪者」を分かつ境界が溶暗した剥き出しの断面をまざまざと見せつけられた。ビンラディンの一件だけではない。無人爆撃機が中東やアフリカの空域を縦横に飛翔し，多くの「付随的被害」を伴いながら「標的殺害(targeted killing)」を繰り返す日々の情景[2]は，軍事活動と法執行活動の区別はもとより，国と国を区分する国境すら無化されてしまったかのような感を抱かせる。

「区別の原則 (principle of distinction)」は，武力行使を規制する国際人道法の基層を成すものとしてあった。戦争／犯罪，敵／犯罪者，武力／警察力，国

---

(1) 西平等「「敵」と「犯罪者」——近代法的人道性の基礎についての考察」『グローバルな倫理』平和研究第36号（早稲田大学出版部，2011年）。

(2) パキスタンを現地調査のために訪れた「人権とテロ対策に関する国連人権理事会特別報告者」が同国政府から得た情報によれば，2004年以来，無人機による330回以上の爆撃が行われ，これにより，少なく見積もっても400人以上の文民が命を落とし，このほか200人の死者がおそらく非戦闘員とみなされるのではないかという。*Statement of the Special Rappor-teur following meetings in Pakistan* (13 March 2013), http://www.ohchr.org/EN/NewsEvents/Pages/DisplayNews.aspx?NewsID=13146&LangID=E.

◆ 第Ⅱ部 ◆ 人道のポリティクス

際紛争／国内紛争，戦闘員／非戦闘員（文民），軍事目標／民用物，戦闘地域／非戦闘地域，交戦国／中立国というように数多くの事項にまたがって網の目のように境界線が敷かれ，そうして，武力紛争時に適用される法規範の内容と射程が画されてきた。それらの境界が，つまりは区別の原則という人道法の基層が動揺をきたし，そして崩落したという言説が21世紀に入って急速に広まっていった。グローバル化の深化の中で国家による大規模暴力の独占が終わりを告げ，非国家主体との非対称な戦争が世界大で展開されるようなったことから，従来の枠組みに基づく人道法の理解はその現実的有用性を喪失したのではないかと説かれることも稀ではなくなっている(3)。

　本稿では戦場という概念に焦点を当ててその実相と含意について浅見を巡らせてみようと思うが，それに先だって，1点だけ「戦争（戦い）（war）」という語の使用についてコメントしておきたい。イラク戦争や対テロ戦争に象徴されるように，戦争という語が21世紀になって各所で頻繁に用いられるようになっている。あまりに遍在化してしまったためこの語の使用に違和感を覚える向きは平和学に携わる者の間でも少なくなっているのかもしれない。だが戦争（war）は，実のところ，前世紀中に国際法においてすでに駆逐されたはずのものではなかったか。

　国際法を平時と戦時に二分する無差別戦争観の時代は，20世紀に入ると戦争違法化の時代に取って代わられ，それとともに戦争という語もまた，国際法上は特殊な法的効果を随伴する概念として語り得るものではなくなっていった。現に，国際社会の準憲法的文書たる国連憲章に戦争が有意な法術語として登場する箇所は皆無である。代わって憲章では，武力による威嚇，武力の行使，武力攻撃，自衛，紛争，平和の破壊，侵略行為，強制措置といった諸概念が採用され，ジュネーヴ諸条約に追加される1977年の2つの議定書も，戦争ではなく「(非)国際的武力紛争」に適用されるものと銘打たれている。伝統的国際法が培ってきた*jus in bello*（戦争法）でさえ，国際法学にあっては「武力紛争法」，「交戦法規」あるいは「国際人道法」という表記の下に叙述されることが一般化している。

---

(3) Rosa E. Brooks, "War Everywhere: Rights, National Security, and the Law of ArmedConflict in the Age of Terror," *University of Pennsylvania Law Review*, Vol. 153 (2004) p.681; Noam Lubell, *Extraterritorial Use of Force Against Non-State Actors* (Oxford University Press, 2010), pp.112-134.

むろん，戦争（war）という語は，修辞学的隠喩になじみやすいものであり，厳密な法的用語としてではなく，もっぱら政治的あるいはジャーナリスティックな文脈で使用される場合も多い。9/11の直後にも，これは戦争なのかという問いを受けてラムズフェルド（Donald Henry Rumsfeld）米国国防長官は，「法律家がどのような語を用いるかは，彼らが決めることである」と述べ，ブレア英国首相もまた，「われわれはテロとの戦争を行っている」と言明するに際して「法的問題がどうあれ」という修飾句を付け加えることを忘れなかった[4]。

いずれの発言にも，戦争という語を法用語として使用することへの慎重な姿勢を読みとれるが，しかしそうとしても，その後の事態の展開が指し示しているのは，この言葉の力によって武力行使にかかる国際法の議論状況がただならぬ動揺を強いられたということである。法的精確さを欠いていようとも，例外事態を表象する戦争という語が各所で前景化されることにより，力の行使を正当化する心理的・集団的機制は国際法の言説空間にあって疑いなく強まった。それによって人道法を支える既存の境界群にきしみが走り，人道法の存在意義そのものを問い直す法状況すらもたらされている。無人爆撃機が運び来る同時代の実景は，戦争とともにあった人道法それ自体を葬りかねぬ逆説的な力学すら生じさせているようにも見える。

II　戦場の構築

人道法（戦争法）のナラティヴは，赤十字誕生の契機とされるソルフェリーノの戦いに近代的起源を見出すことが多い。アンリ・デュナン（Henry Dunant）がその惨状に衝撃を受けたという19世紀最大級の会戦は，同時期に欧州で勃発した普仏戦争やクリミア戦争などとともに，その後，規制すべき戦争の範型を示すものとなっていく。主権国家の下に組織化された軍隊の行う戦場での敵対行為が戦争の正統な形とされ，戦争法の焦点もそこに当てられていくことになる。戦争が戦争法をもたらし，戦争法が戦争の正しきあり方を示す関係性がこうして構築されていくわけである[5]。

---

(4)　Frédéric Mégret, "War? Legal Semantics and the Move to Violence", *European Journal of International Law*, Vol. 13 (2002) p. 364.

(5)　1863年のリーバー法典を生んだ米国南北戦争も，戦争法の生成にとって重要な契機

◆ 第Ⅱ部 ◆ 人道のポリティクス

　戦争が主権国家によって独占された公的暴力として概念構成されるのは19世紀の中葉にいたってからであった。「私船ヲ拿捕ノ用ニ供スルハ，自今之ヲ廃止スル事」と第1条で定める1856年のパリ宣言（海上法ノ要義確定スル宣言）が伝えるように，戦争の一端を私人に請け負わせる慣行が廃止され，戦争は主権国家のみが正統に行える公的営みとなった[6]。もっとも，公私を区分する法思想の深まりや広範な人道の声もあって，戦争はあくまで公的空間に限局され，市民の私権を毀損するものであってはならなかった。「平時」は開戦宣言を通して「戦時」に置き換えられたが，そうではあっても敵対行為は戦場で軍隊が遂行するものであり，いかに酸鼻を極める事態が出来（しゅったい）しようとも，戦場の外では市民の生活空間は変わらずに確保されるべきものとされた。大量の人間を明確な殺意をもって惨殺し傷つけることを公認された戦場は，他の社会空間から隔絶された「聖域」となり，そうして戦争と平和の境界が凝然と屹立したのである[7]。

　「戦場（battlefield）」は，敵対行為の正統性を決する重要性を初手から担ってきた。戦争が戦場において遂行されることは，1907年のハーグ陸戦規則第14条，1949年の傷病兵保護条約第15条，1977年の第1追加議定書第33条4項などが定めるとおりだが，人道法（戦争法）諸条約に記された「作戦地帯」，「戦闘地域」，「危険地帯」，「戦闘地帯」，「戦闘が行われている地域」，「戦線」，「接触地帯」といった諸概念は，その旨をより仔細に伝えている。また，「背信行為の禁止は，騎士道に由来する最古の武力紛争原則」と評されるところ[8]，

　になったことはいうまでもない。なお，戦争法の礎を築いた功労者たちは，デュナンにしてもグスタフ・モアニエ（Gustave Moynier）にしても，あるいはフリードリッヒ・マルテンス（Friedrich von Martens）にしても，いずれも人道主義者であると同時に植民地主義者であった。このゆえに，と性急に裁断するわけではないものの，戦争法は「文明」を欠く非西洋圏での武力闘争を射程に入れるものとしては定立されなかった（阿部浩己『国際法の暴力を超えて』（岩波書店，2010年）4-5頁。

(6) 「戦争するの権利は独立の国家として其の国民の発達を計る上に於て他の国家の反対の意思に屈従すること能はさる地位に在るより起るものなり，故に国家の事業に与らさる私人私闘は固より交戦権あることなし」（有賀長雄『戦時國際公法』（早稲田大学出版部，1904年）12頁，新漢字に改めて引用）。

(7) David Kennedy, "War and International Law: Distinguishing Military and Humanitarian Professions," *International Law Studies*, Vol. 82 (2007), pp. 8-10.

(8) 田中誠「背信行為禁止規範の形成と展開」村瀬信也・真山全編『武力紛争の国際法』（東信堂，2004年）349頁。

8　戦場なき戦争法の時代

騎士法が戦場（前線）での公然たる戦闘行為を選好するものであったことはよく知られているところではないか。

戦闘員が交戦する戦場は，他面において，非戦闘員が所在する場の安全確保に向けた規範的概念にもほかならない。この目的に資するため，戦場は敵対行為の開始後に非戦場の確定をもって対比的に設定されるものでもある。具体的には，「戦争の影響から保護するために組織される病院及び安全のための地帯及び地区」（文民保護条約第 14 条），「戦争の危険から避難させるための中立地帯」（同第 15 条），「無防備地区」（第 1 追加議定書第 59 条），「非武装地帯」（同第 60 条）などから区別されて戦場は設定されなくてはならない。人道法は，「前線・戦場と文民地帯の明瞭な区別，それに応じた戦闘員と非戦闘員の明瞭な区別を前提とするもの」[9]としてあり，それこそが，この法体系の生命線というべきものにほかならなかった。

その生命線が対テロ戦争の時代のなかで溶解しつつあるとされるのだが，人道法の設定する境界は，実のところ当初から具体的適用にあたって少なからぬ不分明さを漂わせており，その深度が 20 世紀に入っていや増していたことも否めない。このことを考えるうえで留意すべきは，人道法の代名詞というべき赤十字国際委員会（ICRC）の専門家が，武力を担う軍事専門家と密接な実務的関係を築いてきたことである。人道法規の定立と実施にあたり，両者は境界を挟んで対峙するのではなく，むしろパートナーの関係にあった。両者は会議の場を共有し，細かな部分で意見を異にするにしても，同じ言語を同じ表現技法をもって語ってきた。人道法は，その意味において，武力を規制するために動員される善なるものの外在的表現というよりは，武力にかかる内在的専門性の法的発現というべきものなのだろう。外在的非難を長く中心戦略としてきた人権法との違いが，そこに端的に現われ出ているといわれることもある[10]。

人道法が設定する平和と武力紛争の境界は，このように実用主義（pragmatism）と強く共振する波動を受けており，当初から不安定さを湛えてきたのは構造的な必然でもあった。実用主義の断面は武器の規制にことのほか強く見られ，現に，条約や宣言などを通した規制対象の拡充は，一見して人道の勝利のようでありながら，深層にあっては当該武器が軍事的有用性を喪失した（ので

---

(9) Brooks, *supra* note 3, p. 706.
(10) Kennedy, *supra* note 7, p. 13.

◆ 第Ⅱ部 ◆ 人道のポリティクス

規制されてもかまわない）ことの法的追認にも等しいものがあった[11]。

　20世紀は法思想全般において境界への信頼が失墜する時代ともなった。法と政治，私権と公的権限といった事どもを区分けすることへの疑念が増幅し，そうした知的文脈が人道法内の境界群を揺さぶる後背を成していく。そして，20世紀の深まりとともに戦場の形姿に深刻な挑戦を投げかける事象が広がってその地理的画定が難しくなり，同時にその規範的な意味合いを見定めることも困難さを増していくのである。

Ⅲ　戦場の変容

　現実の世界にあって，戦場の地理的画定を困難にした大きな要因の一つは科学技術の「進歩」にある。戦闘行為にかかる技術の発達は，前線・戦場の大幅な延伸をもたらすことになった。

　1911年11月1日に，イタリア軍により，史上初の空爆がオスマントルコ支配下のリビアで実行された。空爆は，その後フランス軍やスペイン軍によって北アフリカの植民地で実戦を重ねられていく。だが，「文明なき未開人」たちはそもそも国際法の人的保護対象から除外されており，人道法のナラティヴにその精確な被害が刻まれることはなかった。空爆が本格化する契機として語られるのは，第一次世界大戦である。「空爆は第一次世界大戦で本格化し，前線と後方の区別もなく，都市まで爆撃されて，民間人も殺傷されるようになった。……爆撃機の作戦範囲が拡大し，戦場の敵部隊や敵陣地などを攻撃する戦術爆撃から，後方の軍事施設や工場地帯や都市を攻撃する戦略爆撃にまで手を広げていった」[12]。

　爆弾を搭載した航空機の出現は，戦闘の性格を根本から変容させた。戦場と非戦場の境界があいまいになり，戦争の惨禍が文民たる住民を直撃するようになる。加えて，第一次世界大戦は史上初の国家総力戦でもあった。国民皆兵主義が徹底され，大量の文民が戦闘員となって動員されていく。戦争を，戦場における戦闘員の敵対行為として語ることが難しくなり，規範的な概念としての戦場の退行も進んでいく。

---

(11) Chris Jochnick and Roger Normand, "The Legitimation of Violence: A Critical History of the Law of War," *Harvard International Law Journal*, Vol. 35 (1994).
(12) 吉田敏浩『反空爆の思想』（日本放送出版協会，2006年）71, 73頁。

8 戦場なき戦争法の時代

　戦闘技術の「進歩」という点では、核兵器の及ぼした影響も甚大である。国際司法裁判所（ICJ）の勧告的意見において例示された次の認識は広く共有されるものに違いあるまい。「核兵器が使用されると、あらゆる場合に文民たる住民と戦闘員の区別も、民用物と軍事目標の区別もつけることができなくなり、また、その影響にしても、ほぼ制御不能で、時間的にも空間的にも合法的な標的に限定することはできなくなるだろう」。ICJ はこの一節に続けて、中立原則の観点から、核兵器の影響が紛争国の領域に封じ込められないことにも注意を喚起している(13)。

　実際に、核兵器の使用は、その破壊力とともに放射能の広域拡散により、一瞬にして戦闘員と文民、あるいは戦場と非戦場の区別をなくしてしまう。その影響は、ICJ がいうように一国の領域内にとどまることなく、紛争に関わっていない第三国（中立国）にも及んでいく。「核爆発によって放出される放射能は非常に広域にわたって健康、農業、天然資源および人口統計に影響を及ぼす」(14)。戦場が、紛争国の領域を超え出て、第三国に浸潤していくにも等しい。この意味において、核兵器の特異性には際立ったものがある。

　他方において、戦闘形態との関連で戦場概念の希薄化を促したのはゲリラ戦の広がりである。戦争法は当初から不正規軍の存在を念頭において民兵・義勇兵・群民兵の交戦資格を認めていたが、1949 年の捕虜条約は占領軍に対するレジスタンスを射程に入れた「組織的抵抗運動団体の構成員」にもその資格を明示的に拡充した。もっとも、戦闘員の範型はあくまで正規軍であり、不正規軍は正規軍に類似した実態を備えることではじめて同様の資格を獲得できるものとされていた。だがこうした制約は 1977 年の第 1 追加議定書により大幅に緩和され、正規軍・不正規軍の区別が撤廃されるとともに、最低限、交戦時等に公然と武器を携行していれば戦闘員の地位の保持が可能となった（同議定書第 43 条）。

　植民地解放闘争等に従事する者の戦いに正統性を付与する条件緩和ではあったが、そうした「弱者の戦い」は前線・戦場を本来的に明確にしないことから、あらゆる地域が戦場に変貌する可能性を帯び、それに呼応して掃討作戦の場も文民の生活空間に及んでいくことを避けえない。実際のところ、ゲリラ戦

---

(13) *Legality of the Threat or Use of Nuclear Weapons, Advisory Opinion,* ICJ Reports, (1996) paras. 92, 93.

(14) *Id.,* para 35.

149

にあっては，伝統的な戦争のように戦場の制圧が目的になるのではなく，住民全体を標的にその人心制圧が最優先される。文民たる住民に戦場が重なりあっていくわけである。ゲリラ戦を通じた交戦資格の拡充は，こうして戦場と非戦場の区分を実質的に無化するにも等しい効果を生み出していく。

　人道に対する罪という犯罪類型の定着は，そうした潮流の規範的延伸というべきものであろう。極東とニュルンベルクという二つの国際軍事法廷で明文化された人道に対する罪は，その後，集団殺害という別個の犯罪概念（ジェノサイド）を分化させるが，これらの犯罪は，いずれも戦争犯罪とは異なり戦争（武力紛争）の存在を前提にしていない。国際刑事裁判所規程によれば，集団殺害罪とは「国民的，民族的，人種的又は宗教的な集団の全部又は一部に対し，その集団自体を破壊する意図をもって行う……行為」であって「当該集団の構成員を殺害すること」などがそこに含まれる。また，人道に対する罪とは，「文民たる住民に対する攻撃であって広範又は組織的なものの一部として，そのような攻撃であると認識しつつ行う」殺人や絶滅させる行為などを指す。

　ルワンダや旧ユーゴスラビアの惨劇などを想い起こすまでもなく，こうした犯罪が生起する現場の多くは，戦闘員が衝突する戦場ではなく一般住民が生を営む日常の生活空間にほかならない。また，国際刑事裁判所規程の関連規定によれば，ジェノサイドの概念には「当該集団の全部又は一部に対し，身体的破壊をもたらすことを意図した生活条件を故意に課すこと」や「当該集団内部の出生を妨げることを意図する措置をとること」が包摂され，人道に対する罪となる「絶滅させる行為」とは「住民の一部の破壊をもたらすことを意図した生活条件を故意に課すこと（特に食糧及び薬剤の入手の機会のはく奪）を含む」ものとされるが，これらの定義は戦場というより収容所のイメージを喚起せずにはいない。戦闘員が激突する戦場とはおよそ異なる空間において，ほかならぬ文民の殲滅を目的として一方的な戦闘が遂行される場こそ，ジェノサイドであり人道に対する罪の典型的な舞台なのである。そこにあって戦場の含意は完全に変質しているといってよい[15]。

---

(15) Frédéric Mégret, "War and Vanishing Battlefield," *Loyola University Chicago International Law Review*, Vol. 9, No. 1 (2012).

Ⅳ 戦場の剝落

　9/11を奇貨として卒然と推進された米国主導の「対テロ戦争」は，武力紛争（戦争）の概念に根本的な変容を迫っているが，当然というべきかそれは戦場概念にも根源的な動揺を与えている。既述のとおり，20世紀の法的潮流は戦場と非戦場の境界を無化する方向で顕現したとはいえ，戦場は人道法あるいは戦争の規範的根幹としてなお葬り去られてはいなかった。だが21世紀に入ってにわかに世界を覆った「対テロ戦争」の言説は，戦争を日常的な事象と化し，戦いの場をグローバルな次元で偏在化させる力学を生み出している。米国による無人戦闘機（drone）の頻用によって，その様相はますます深まり，広まりゆくばかりである。それでもなお人道法を語るのであれば，その正確な謂いは「戦場なき戦争／人道法」という語義矛盾を孕んだそれにならざるをえない。戦場という規範概念とともに歩んできた人道法（戦争法）の歴史に照らすに，それはもはや本来の人道法とは似て非なるものというべきものであろう。

　国家対非国家主体という非対称な戦いであるところに「新しさ」があると言挙げされる対テロ戦争については，国際法上，次のような問いが呈されてきた。第1，国境を超えて遂行されるこの戦争は（武力紛争足りうるとして）国際的な武力紛争なのか非国際的な武力紛争なのか。第2，この戦争の戦場は確定しえるのか。第3，非国家主体から攻撃を受けた国が他国に侵入して武力を行使できる法的根拠はなにか。これらの問いに沿って，以下では論を進めていく。

　戦争法の現代的表現である人道法は，その適用範囲を地理的に画定しうることを規範の前提として構築されてきた。旧ユーゴスラビア国際刑事法廷上訴裁判部は，1995年に示した判断のなかで次のように述べている。

　「国際人道法は紛争国の領域全体において，または国内紛争の場合には実際の戦闘が行われていると否とにかかわらず当事者の支配している領域全体で引き続き適用される」[16]。ルワンダ国際刑事法廷も，非国際的武力紛争にあって人道法は「敵対行為が行われている国の全領域に適用される」と判示してい

---

(16) *Tadić* Decision on the Defence Motion for Interlocutory Appeal on Jurisdiction, IT-94-1-A (1995) para. 70.

る。「紛争に従事している国の全領域」という文言をもって定式化されたこともあるが、いずれであっても人道法の適用が地理的な限定を受けていると解されている点では変わりない[17]。

一国の全領域を適用範囲にすることに対しては、敵対行為が必ずしも領域全体に及んできたわけではない実態にも照らして批判が寄せられているとはいえ、人道法が戦場を中心に構想されてきたこと、そして、非国際的武力紛争については、これを一国内の政府と叛徒間の武力紛争（あるいは叛徒間のそれ）とみる理解が一般的であったことはたしかなところである[18]。非国際的武力紛争については、なによりジュネーヴ諸条約共通第3条の「締約国の一の領域内に生ずる国際的性質を有しない武力紛争」という文言がその国内性を紛うことなく伝えている。

だが、対テロ戦争を領導する法言説が勢いを増すにつれて、こうした了解事項への重大な疑念が奏でられることになる。武力紛争を国際／非国際に二分する思考への批判を通奏低音に据えながら、非国際的武力紛争を一国内に限界づけることが世界の実情に即していないという言説が広がりを見せる。こうして2006年の米国連邦最高裁判決は、国際的性質を有しない紛争を国際的性質を有する紛争（国家間紛争）の対比概念と位置づけ、共通第3条の適用範囲が伝統的な意味での内戦に限定されないという解釈を打ち出していく[19]。国家と非国家主体との対立は、その烈度が「武力紛争」の敷居に達する場合には、一国内にとどまろうと国境を超えようと国家間の対立でない以上「非国際的な武力紛争」になるという認識が急速な支持を集めていくのである。

これによって人道法の適用範囲が相応に拡張されることにはなったのだろうが、しかし、国境を越える非国際的武力紛争[20]にあって肝心の戦場はいったいどこにあるのか。人道法は武力紛争があってはじめて適用される。武力紛争とは、組織化された当事者が相互に武力をもって殺傷方法・手段に訴える状

---

(17) *Akayesu* Judgment, Trial Chamber (ICTR-96-4-T) (1998), paras. 635-636., Rutaganda, Judgment, Trial Chamber, ICTR-96-3-T (1999) para. 101.

(18) 樋口一彦「国際人道法の適用における「武力紛争の存在」——国際的武力紛争と内戦（非国際的武力紛争）の区別の意味」村瀬・真山編・前掲書（注8）129頁。

(19) *Hamdan v. Rumsfeld*, 548 US 557, 2006, at 65-69.

(20) 国家と非国家主体間の国際的な武力紛争を「トランスナショナル武力紛争」と称する向きもある（Michael W. Lewis, "Drones and the Boundaries of the Battlefield", *Taxas International Law Journal*, Vol. 47 (2012), p.308）。

態，つまりは敵対行為の存在がなければ成立しない。しかし，対テロ戦争にあって，敵対行為の行われる場は流動的で脱領域的な相貌を帯び，時間・場所の固定を伴った戦場という概念が本来的に妥当しうるものなのかすら疑わしい。むしろ，越境する非国際的武力紛争という概念との交接を通して，人道法自体も脱領域化し，その規範構造から戦場概念を剥落させる力学に牽引されていかざるをえなくなっているというべきなのだろう。

　戦場の剥落は，実のところ，人道法の 2 次規則として発展してきた国際刑法を通して促進されてもいる。旧ユーゴスラビア国際刑事法廷は，戦争犯罪を「敵対行為と密接に関連した」作為または不作為であると定義づける[21]。敵対行為との関連性が人道法の適用の有無を決するというわけだが，この要件は，地理的な限定を離れて個人（の行為）と武力紛争との関係に法の適用可能性を押し広げていく。同法廷は次のようにもいう。「戦争の法規および慣例の違反は，戦闘が実際には行われていない時および場所で生ずることがある。……犯罪が時間的および地理的に実際の戦闘から離れていても，被告人の行為が武力紛争と密接に関連していなくてはならないという要件が否定されるわけではない」[22]。

　対テロ戦争の時代にあって，戦場の剥落は戦場の遍在化の別表現でもある。人道法の適用の場は，いまや無人爆撃機とともに国境をまたぎ越し世界各地に移動していく。無人爆撃機が手掛ける標的殺害の合法性あるいはその対象となった個人の法的保護のいかんを見定めるにあたり，最も重視されるのは，そこが戦場かどうかということではない[23]。むしろ，それは誰なのか，ということである。戦場は空間／場所的な要素によって構成される概念であるが，越境する非国際的武力紛争において人道法の適用可能性を支配する中心軸は機能的／人的な概念枠組みに転じている[24]。

　非国際的武力紛争にあって，文民は敵対行為に直接に参加する間においてのみ保護を失う（すなわち人的攻撃目標となりうる）という理解が長く共有されて

---

(21)　*Supra note* 16.
(22)　*Kovac Kunarac and Vukovic* Appeal Judgment, Appeals Chamber, IT-96-23-A (2002) para. 57.
(23)　Noam Lubell and Nathan Derejko, "A Global Battlefield?: Drones and the Geographical Scope of ArmedConflict," *Journal of International Criminal Justice*, Vol. 11 (2013), pp. 81-86.
(24)　ここでは，非国際的武力紛争の存在を前提にして議論を進める。

きた。しかし，対テロ戦争の状況圧力を受けて赤十字国際委員会は，武装集団の構成員であって継続的に敵対行為に従事する者については（国際的武力紛争における）戦闘員と同じように現に敵対行為に従事しておらずとも攻撃目標になるという解釈を公然と打ち出すようになっている[24]。そうなると，武装集団にあって継続的戦闘機能を有する者は，敵対行為への直接参加にかかわりなく，世界のどこに所在しようとも無人爆撃機の合法的な標的になりうるということにもなる。これまでも作戦命令を発する者等については，戦場に所在しておらずとも敵対行為に直接に参加していると見なされてはきたが，無人爆撃機の登場は，それ以上に，人道法と戦場との分離を表象する出来事といっても過言ではない。

　もとより，無人爆撃機による標的殺害はそれ自体が敵対行為にもほかならず，そうとすれば，標的殺害が実行される場こそが戦場ということにもなる。つまりは，いまや戦場はそこにあらかじめ佇立しているのではなく，敵対行為が飛散する地球上のそこかしこで翻然と立ちあがるものとしてあるといってもよい。戦場はあらかじめ画定されず，あらゆるところが戦場になる。戦場の剥落はまさしく戦場のグローバル化そのものであり，そしてそれは，とりもなおさず，戦場という概念が19世紀以来担ってきた規範的規制力の消失を物語る事態にもほかならない。

　これに加えていえば，無人爆撃機の離着陸等が行われるのは敵対行為が生起する場から離れた地であるのが通例だろうが，爆撃機自体が正当な軍事目標である以上，紛争当事国はもとより，各種便宜供与を行う第三国もまた，戦闘地帯から遠く離れていようとも武装勢力の正当な攻撃の場になりうることはいうまでもない。中立原則の観点から重大な問題を投げかけるこうした事態も，戦場の剥落－地球規模での戦場の遍在化を物語る一断面である[25]。

---

[24]　真山全「文民保護と武力紛争法 ── 敵対行為への直接的参加概念に関する赤十字国際委員会解釈指針の検討」世界法年報31号（2012年）参照。

[25]　森田桂子「武力紛争の第三国の対する武力行使の正当性」防衛研究所紀要第7巻2・3合併号（2005年）139-142頁，Tess Bridgeman, "The Law of Neutrality and the Conflict with Al Qaeda," *New York University Law Review*, Vol. 85 (2010), pp. 1211-1214.

V　法の変容／法律家の責任

　対テロ戦争の言説にあってもう一つ触れておかなくてはならないのは，被害国（たる大国）が越境して武力行使を行う法的根拠のありかである。無人爆撃機による他国領域内での武力行使を正当化しうる国際法上の根拠は奈辺にあるのか。これまでの議論が *jus in bello*（戦争／人道法）にかかるものであったのに対して，ここでは *jus ad bellum* の次元での問いが提起される。近年の法言説はこの局面でも小さからぬ変容を見せている。

　国際法上，他国における武力行使を正当化するには，当該国の同意または安保理の許可がない限り，自衛権を援用するしかない[26]。その自衛権は国家間の関係において行使されうるというのが今日に続く国際司法裁判所の基本認識であり，圧倒的な国家実行であった。非国家主体を直接の相手として国家が自衛権を行使することは想定されてこなかったといってよい。武装集団や不正規兵による，武力攻撃に匹敵する重大な越境武力行為がなされる場合であっても，被害国がこれに反撃するには，当該集団等が領域国に完全に依存しているか，または当該武力行為について領域国の指揮・命令・支配を受けていなければならないものとされてきた。非国家主体が関与する場合であっても，自衛権はあくまで国家間関係に鋳直して議論されてきたということである[27]。

　対テロ戦争言説は，武力行使の敷居を高く設定するこうした自衛権の理解を変容させ，領域国が非国家主体の行為を規制する意思または能力を欠いている場合には，被害国は当該非国家主体を直接の相手として自衛権を行使できるという議論を前景化させている。2011 年に米軍がパキスタンに侵入してビンラディンを標的殺害する行為に訴えた際の議論がまさにそれにあたる。

　「意思または能力」論を打ち出すある論者は，「叛徒またはテロリスト集団による武力攻撃を受けた X 国は，Y 国がその脅威を鎮圧する意思または能力を有していない場合には Y 国において当該集団を相手に武力を合法的に行使することができる」ことが「1 世紀以上に及ぶ国家実行により示される」と断じている[28]。歴史修正主義的な様相が少しく漂うこの主張を裏付けているのは，

---

(26) 念のために付言すると，武力行使を正当化しうる国際法上の根拠にかかわりなく，そこに武力紛争があるかぎり人道法は適用される。

(27) Olivier Corten, *The Law Against War: The Prohibition of the Use of Force in Contemporary International Law*, Hart Publishing (2010) p. 454.

実際にはイスラエル，米国，英国，ロシア，トルコという5カ国の限定された実行のみであり，また，ダウッド・アフメド（Dawood I. Ahmed）が的確に指摘するように「意思または能力」論が展開される事案にはほぼ例外なく国家間の非対称な力関係が無批判にその前提とされている。米国対アフガニスタン，米国対パキスタン，ロシア対ジョージアといった関係性がそれを如実に示しているのではないか[29]。介入される領域国（弱小国）の側に「意思または能力」の有無について判断する機会が確保されてきていないことも看過しえぬ問題点の一つである。

このような自衛権をめぐる議論がそうであり，また前述した「越境する非国際的武力紛争」にかかる議論もそうであるように，対テロ戦争言説は，武力を封じ込める国際法規範のタガを断続的に緩めていく思潮と紛うことなく共振している。いうまでもなくそれは，人道法や自衛権のあり様に直接にかかわるだけに，そこには国際法学者を中心とする法律専門家（集団）の姿勢がどうあるのかという問いも必然的に伏在している。とりわけ，平和憲法を有し，かつ，極大な原子力災害をもたらした専門家的権力への懐疑が募るこの国において専門家の関与がどうあるのかを考究することは，対テロ戦争の行方に関してもけっして瑣事としてすますわけにはいかないところであろう。

対テロ戦争にあって専門家（法律家）の陰影がおそらく最も衝撃的に顕現したのは，米国における「拷問メモ」を通してではないか。とくに司法長官を補佐する法律の専門家集団にあってジョン・ユー（John Yoo）とジェイ・バイビー（Jay Bybee）という2人の高官の果たした役割は決定的ともいえるものであった。ユーの起案したメモはアルカーイダとタリバンの被拘禁者には拷問や戦争犯罪を禁ずるジュネーヴ条約と連邦法の適用がないことを論じ，バイビーの作成したメモは臓器不全または死に至らぬ苦痛を与える尋問方法は拷問にあたらないという旨を示していた。醜悪きわまるグアンタナモ体制の根幹を支える「法論理」がそこに括然と記されていたのである[30]。

---

(28) Ashley Deeks, "Unwilling or Unable=: Towarda Normative Framework for Extraterritorial Self-Defense," *Virginia Journal of International Law*, Vol. 52, No. 3 (2012), p. 486.

(29) Dawood I. Ahmed, "Defending Weak States against the 6Unwilling or Unable=Doctrine of Self-Defense," *Journal of International Law and International Relations* (Toronto), Vol. 9 (2013), pp. 22-23.

(30) Jens D. Ohlin, "The Torture Lawyers," *Harvard International Law Journal*, Vol.

明白な国際法違反というべきものを法解釈の手法をもって正当化しようとした両者の法匪的営みについては，国際人権機関はもとより米国人自身の手で誤りであったと厳しく断罪された[31]ことがまだしも救いであったとはいえようが，しかし，政府高官を退いた後，1 人はカリフォルニア大学バークレー校法科大学院教授，もう 1 人は米国連邦控訴裁判所判事という，いずれも「法の支配」を担う枢要なポストに復帰・転身しえたことには名状しがたい違和感を覚えずにはいない。もっとも，拷問という国際社会の最も重大な犯罪にも相当するユーらの行為は法律の専門家の責任を考究するにはあまりに極端にすぎる例というべきものかもしれない。

より悩ましいのは，たとえばイラク戦争への参戦のように，国際社会や国際法（自衛権や人道法など）のあり方に看過しえぬ影響を与えるおそれのある行動に国家が訴える場合に，平和（研究）にコミットする国際法の研究者はいかなる行動をとるべきかというところにある。イラク戦争の際には，日本を含む世界各地の多くの国際法学者が，それぞれに声明を発して，その違法性を社会に広く訴えたことは関係者の間ではいまだ記憶に残るところかもしれない[32]。

もとより，自らの態度を学術論文や研究報告等を通して専門家集団内で表明することの本来的重要性がそうした社会的行動によって減じられることはない。象徴資本を有する集団内での議論に影響を与えることは社会に直接に訴えかける以上に有意性があり，効果的なこともむろんありうることである。困難さを覚えるのは，専門家集団の内部においてであれ直接に社会に向けてであれ，対テロ戦争において武力行使を抑制する議論を展開する場合には，形式主義的な側面がどうしても強まってしまうところである。とりわけ，批判法学的な観点から国際法制度の孕む暴力性を解明しようとする研究手法をとる者にとって，法の複雑さ，不確定性，政治性を捨象して合法違法にかかる形式主義的な議論を押し出すことには，ためらいに似た感を禁じえない。

実際のところ，国際法における自衛権の行使が国家間の関係でのみ認められてきたのは，ほかならぬ国家主権（国の政治的独立・領土保全）を擁護するため

51, No. 1 (2010), pp. 199-207.

(31) The Constitution Project, *The Report of the Constitution Project's Task Force on Detainee Treatment*, 2013, http://detaineetaskforce.org/pdf/Full-Report.pdf.

(32) イラク問題に関する国際法研究者の声明（2003 年），http://www.jcp.or.jp/akahata/aik2/2003-03-19/02_01.html

であり，必ずしも人間の利益の実現が優先的にはかられてきたのではない。国際法における国家中心主義のもつ偏頗な相貌を批判する向きからすれば，自衛権にかかる形式主義的議論の唱導（現行法遵守の訴え）は，たとえ武力の抑制を求めるものであっても，退行的な心性を醸し出さずにはいないところである。

　だが，英国の同学の士たちが迷い惑いつつ想い起こさせてくれるように[33]，法の言説にあって重要性を有するのは文脈というべきであり，形式主義もまた文脈によってはきわめて鋭利な批判主義的含意すらもつものとなる。武力行使にかかる規範の変容を推し進める法的思潮が勢いを増す対テロ戦争の時代状況にあっては，形式主義への徹底したこだわりこそが最もラディカルな営みというべきものになるのかもしれない。

　むろんそれは，危機を煽る時代状況への暫定的対応にとどまるのであって，本源的には，戦争（武力紛争）そのものを封じ込める規範の強化（平和への権利の明確化や良心的兵役拒否の拡充など），さらに，日常における構造的暴力を緩和し除去するための規範的関心を高めることにこそ平和研究に携わる国際学徒（専門家）の担う大切な役割があることはいうまでもない。ヒラリー・チャールズワース（Hilary Charlesworth）が的確に指摘するように[34]，「危機にあって嬉々とする」国際法学の伝統的な学問的性癖を見つめ直すとともに，世界の日常に奥深く埋め込まれた巨大な不正義や長期的に引き続く動向に対する批判的で創造的な介入の契機をいっそう押し広げていかなくてはなるまい。

---

(33) Mathew Craven, Gerry Simpson, Susan Marks and Ralph Wilde, "We Are Teachers of International Law," *Leiden Journal of International Law*, Vol. 17 (2004) p. 374.

(34) Hilary Charlesworth, "International Law: A Discipline of Crisis," *Modern Law Review*, Vol. 65 (2002) p. 377.

核兵器禁止条約と国際司法裁判所

I 核兵器禁止条約の誕生

　核の軍事利用と平和利用の境界は，その始点（製造）にあっても終点（爆発）にあっても実にあいまいとしかいうしかない。松井芳郎の表現を借りるなら，「この二つの利用方法を分かつのは，基本的には用いられる技術の性格ではなく，それを用いる人間の意図である」[1]というのが本質をとらえた物言いになるのだろう。

　核兵器の脅威または使用の合法性に関する勧告的意見において，国際司法裁判所（ICJ）は次のような認識を示していた。「核爆発によって放出される放射線は，非常に広い範囲にわたり健康，農業，天然資源および人口統計に影響を与えるであろう。電離放射線は，将来の環境，食糧および海洋生態系を損傷し，未来世代に遺伝疾患と疾病を引き起こすおそれがある」[2]。放射線の放出という特有の性質を有する核兵器との関連で示されたこの認識が原子力災害一般にもそのまま妥当することは，フクシマの惨劇を半永久的に抱え込んだこの国の実情が暗然と燻り出すとおりである。

　もっとも，核の平和利用について国際社会は，1953年の国連総会でなされたアイゼンハワー（Dwight D. Eisenhower）米大統領の「アトムズ・フォー・ピース」演説以来，これを公然と推進する姿勢をとってきた。現に1968年の核兵器不拡散条約（NPT）は，「平和的目的のための原子力の研究，生産及び利用を発展させること」を各国の「奪い得ない権利（inalienable right）」（第4条1項）と宣言し，また1957年には「原子力の貢献を促進し，及び増大するように努力」することを目的とする国際原子力機関（IAEA）が設立され，安全基準を拡充しつつも今日に至るまで「原子力の研究，開発及び実用化を奨励

---

(1) 松井芳郎「原子力平和利用と国際法日米原子力平和利用協定を中心に」法律時報50巻7号（1978年）46頁。
(2) *Legality of the Threat or Use of Nuclear Weapons, Advisory Opinion*, ICJ Rep. 1996, para. 35.

しかつ援助」し続けていることは周知のとおりである[3]。

　他方核の軍事利用については，これとは対照的に，不十分とはいえ漸進的に規範的・制度的封じ込めの対象としてきた様を見て取れる。核軍縮レジームの中心に据えられたNPTが核の拡散防止・核軍縮を担い，部分的核実験禁止条約（1963年）や包括的核実験禁止条約（1996年，未発効）が締結され，さらに兵器用核分裂性物質生産禁止条約（カットオフ条約）の作成に向けた交渉も行われてきてはいる。また，核兵器の完全なる不存在と国際的検証／管理制度という二つの基本要素から成る非核兵器地帯を設定する条約も既に5つ発効し，核兵器の配備され得ぬ地理的範囲がラテンアメリカ・カリブ海，南太平洋，東南アジア，アフリカ，中央アジアに広がっている[4]。

　そして2017年7月7日には，多くの人々の宿願というべき核兵器禁止条約が122か国の賛同を得て採択され，9月20日に署名のために開放される段となった[5]。この条約は，国連総会決議71/258（2016年12月23日採択）に基づき開始された「核兵器を完全な廃絶に向けて禁止する法的拘束力ある文書を交渉するための国連会議」の成果として産み落とされたものである。

　核兵器の開発，実験，製造，保有，貯蔵，移譲，使用・威嚇を禁止し，ヒバクシャ（hibakusha）等へのケア・支援などについて定めるこの歴史的条約は，前文において，核兵器の使用が引き起こす破局的な人道上の帰結を深く憂慮し，核兵器が二度と使用されないことを保証する唯一の方法がその完全な廃絶にあることを明らかにする。また，すべての国が適用可能な国際法（国際人道法および国際人権法を含む。）を常に遵守する必要があり，いかなる核兵器の使用も武力紛争に適用される国際法の諸規則（特に国際人道法の諸原則および諸規則）に反することになろうとの認識も示す。女性・少女，先住人民に対する不均衡な影響が特記されていること，さらに，ヒバクシャを含め，核兵器の完全な廃絶に向けて尽力する様々なアクターの存在が明文で刻み込まれていることも着目すべきところである[6]。

---

(3)　IAEA憲章第2・3条。
(4)　このほか，モンゴルも非核兵器国宣言を行なっており，また南極条約により南極大陸も非軍事化されている。
(5)　A/CONF. 229/2017/L. 3/Rev. 1, 6 July 2017. 表決にあたり，オランダは唯一の反対票を投じ，シンガポールは棄権した。
(6)　前文では，「この条約のいかなる規定も，無差別に平和的目的のための原子力の研究，生産及び利用を発展させることについての締約国の奪い得ない権利に影響を及ぼす

核兵器禁止への政治的動勢を昂進させる原動力になってきたのは、市民社会ではたとえば「核兵器廃絶国際キャンペーン（ICAN）」であり、政府レベルでは 2013 年から 14 年にかけてノルウェー、メキシコ、オーストリアで開催された核兵器の人道的影響に関する政府間会議や、ブラジル、メキシコ、南アフリカ、スウェーデンなど 7 か国から成る「新アジェンダ連合」のイニシアチブであった。これに対して日本政府は国連総会決議 71/258 に反対票を投じたほか、条約制定交渉会議についても自国の立場を表明したのち不参加を決め込んだ。無人と化した日本政府代表団の席に置かれたのは、ICAN や日本原水爆被害者団体協議会のメンバーが参加への期待・不参加への抗議の意を込めて折りあげた平和のシンボル・折り鶴であった。

高見澤将林・軍縮会議日本政府代表部大使が伝えた政府の立場は次のようなものである。「禁止条約を作っても、実際に核兵器国の核兵器が 1 つでも減ることにつながらなければ意味はありません。それどころか、核兵器国が参加しない形で条約を作ることは、核兵器国と非核兵器国の亀裂、非核兵器国間の離間といった国際社会の分断を一層深め、核兵器のない世界を遠ざけるものとなります。また、禁止条約が作成されたとしても、北朝鮮の脅威といった現実の安全保障問題の解決に結びつくとも思えません。」[7]

高見澤の指摘するとおり、核兵器保有国はたしかに 1 か国も条約制定交渉には参加しなかった。国連安保理常任理事国 5 か国以外にインド、パキスタン、イスラエル、朝鮮民主主義人民共和国といった国々である。日本のように米国の核の傘つまりは核の抑止力に頼る諸国（韓国、ドイツ、イタリア、カナダなど）も条約制定交渉には加わらなかった。核兵器の包括的封じ込めへの歩みを大きく進めるこの条約の成立は、かくして核の軍事利用に依存し続けようとする一群の国々の存在をくっきりと浮き立たせるものともなった。

II 国際司法裁判所における核兵器

核兵器禁止条約交渉会議の開始から半年ほど遡る 2016 年 10 月 5 日、「核軍備競争の停止および核軍備縮小に関する交渉についての義務」という事件名の

ものと解してはならない」ことも強調されている。
(7) http://www.mofa.go.jp/mofaj/files/000243025.pdf#searc.

下に国際司法裁判所（ICJ）が重大な司法判断を示すに及んでいた[8]。この事件は，2014年4月にマーシャル諸島共和国（RMI）が核兵器を保有する9か国を相手どって請求を提起したことに始まる。そのうち3か国（英国，インド，パキスタン）は，RMIと同様にICJ規程第36条2項により裁判所の強制管轄権を受諾する宣言を行っていた。

RMIは，英国について，全面的な核軍縮をもたらす交渉を誠実に行い・終了させることを怠り，また核兵器システムを強化し無期限に保持しようとしていることがNPT第6条と慣習法上の義務に違反すると宣言し，当該義務を本判決から1年以内に履行するよう命ずることを裁判所に求めていた。NPTの非当事国インド，パキスタンについては，もっぱら慣習法を根拠に同様の申立てを行った。他の国は応訴しなかったので，結局これら3か国を被告とする3つの判決が上記期日に下された[9]。

「われらの一生のうちに二度までも言語に絶する悲哀を人類に与えた戦争の惨害から将来の世代を救」うことを決意して設立された国連の主要な司法機関・ICJが核兵器にかかる法関係について判断を示すよう求められたのはこれが大別して3度目である。今般の判決に先立つ経緯を少々たどり直してみると，その最初のケースは1974年の核実験事件判決であった[10]。1966年以降南太平洋のムルロワ環礁で実施されていたフランスの大気圏内核実験の違法性が問われた事案である。

オーストラリアとニュージーランドによって提起されたこの訴えは，いささか奇妙な判断に逢着した。裁判所の判示によれば，大統領や国防大臣の記者会見・テレビインタビューなどでの発言を通じフランスは大気圏内核実験を終止するという意図を公にし，その一方的行為という方法でなされた宣言に同国は拘束されているのだという。つまり，フランスは南太平洋でこれ以上大気圏内核実験を行わない義務を自ら引き受けたのであり，これによって紛争は消滅

---

(8) *Obligations concerning Negotiations relating to Cessation of the Nuclear Arms Race and to Nuclear Disarmament* (*Marshall Islands v. UK*), Preliminary Objections, (Marshall Islands v. India; Marshall Islands v. Pakistan), Jurisdiction of the Court and Admissibility of the Application (5 October 2016).

(9) これらの判決は請求却下の判断部分において実質的に同一なので，本章では「RMI対英国」判決に依拠して論述を進める。

(10) *Nuclear Tests* (*Australia v. France; New Zealand v. France*), Judgments, 1974 ICJ Rep. pp. 253, 457.

し，本件請求は目的を失ったため決定を下す必要はない，というのである。名宛人を特定せずになされる一方的宣言から法的義務を導き出す手法は本件で初めて採用されたものであり，後の判例でICJ自らその評価に及び腰になっているように見受けられるが，ともあれ核実験事件はそうした問題含みの法理を恃みとして大気圏内核実験の違法性にかかる判断を回避する結末をもたらした。

ただ，判決の基礎が損なわれる場合には事態の審査を要請できる旨の付言もなされていたことから，この文言に従って1995年8月にニュージーランドが現に審査を求め出た。フランスが核実験モラトリアムを破棄して同年9月から南太平洋で地下核実験を再開すると発表したからである。ICJは，だがこの審査請求にも却下という判断をもって応えた。判決の基礎が影響を受けたといえるのは大気圏内核実験が再開された場合に限る，といういかにも形式的な理由からであった[11]。従前の請求においてニュージーランドは，フランスの核実験が南太平洋の環境に深刻な損害を生じさせていることを訴えていた。1995年の時点でも地下核実験のもたらす危険性が科学的知見によって十分に明らかにされていたものの，そうした現実世界の実相が法廷の判断に有意に作用することはなく終わった。

核実験事件判決から20年の時を閲し，ICJは核兵器にかかる判断を再度求められることになった。核兵器の使用・威嚇の合法性にかかる，世界保健機関と国連総会からの勧告的意見の要請である。ICJは国連総会からの要請に応じ，広く知られることになった見解を1996年に示すのだが，その際，反対意見を示した小田滋裁判官は，他の手段では達成できぬ目的を横から成し遂げようとNGOや非同盟諸国がICJを政治利用していることを理由に勧告的意見の要請に応ずるべきでないと説いた[12]。

たしかに「核兵器に反対する国際法律家協会（IALANA）」や「国際平和ビューロー」などからなる「世界法廷運動」が効果的な働きかけを行なっていたことは間違いない。しかしNGOがこうした活動を展開するのは現代国際社会では至極当然のことである。この要請はまた，より本質的に，核拡散防止と核軍縮という二つの柱を有するNPTの振り子が前者に振れてしまった実態を

---

(11) Request for an Examination of the Situation in Accordance with Paragraph 63 of the Court's Judgment of 20 December 1974 in the Nuclear Tests (New Zealand v. France) Case, 1995 ICJ Rep. p. 288.

(12) Supra note 2, Dissenting Opinion of Judge Oda, paras. 8, 25.

是正するためになされたことにも留意する必要がある[13]。英国が核抑止の合法性を主張するなど、NPTの下での全面的な核軍縮が無期限に延期されたかのような状況が深まっていた中にあって、ICJの権威ある法的見解を求めることはけっして不適切な政治的振る舞いと断じられるべきものではなかった。

ICJが果断に示した勧告的意見は、だが、ひどく論争的で、禍根を残すものとなってしまった。裁判所は核兵器の使用・威嚇が一般的には国際法に反すると認めつつ、自衛の極限的状況においてその合法性・違法性を確定的に結論づけることはできないと判じた。賛否が拮抗し裁判所長の決定投票により決せられたこの部分は、適用可能な法がないことを示す「裁判不能 non liquet」をICJ自らが初めて宣言したにも等しいものとして多くの批判を招くことになる。

私自身は、全面違法の見解を委曲を尽くして示したウィーラマントリー（Christopher Gregory Weeramantry）裁判官の反対意見[14]に共感を禁じ得ない者の一人だが、ただ、コスケニエミ（Marti Koskenniemi）の示唆するように、極限的状況における核兵器の使用・威嚇について沈黙することにより、核爆発・大量殺戮に抗する道徳的あるいは理屈を超え出た衝動の働く余地が残されたともいえるのかもしれない[15]。そしてなにより重要なことに、ICJの裁判官たちは、勧告的意見の終盤においてNPT第6条の法的意義を強調し、「厳重かつ効果的な国際管理の下における全面的な核軍備縮小に至る交渉を誠実に行い、終了させる義務が存在する」ことを全員一致で宣言するに及んだ[16]。ICJ所長（当時）ベジャウィ（Mohammed Bedjaoui）は、この義務を慣習法としての性格を有するものと明言し、さらに、いささか高揚した心持ちをうかがわせながら、「核の不断の脅しにさらされた…人類のためのこの救済事業において、当法廷はいかに小さなものであれ役割を果たす責務を有している」と宣明することも厭わなかった[17]。

だが高揚感を漂わすその勧告的意見からさらに20年ほどの時が流れ、全裁

---

(13) Surabbi Ranganathan, "Nuclear Weapons and the Court", *AJIL Unbound*, Vol. 111 (2017), p. 91.

(14) *Supra* note 2, Dissenting Opinion of Judge Weeramantry, pp. 429-555.

(15) Marti Koskenniemi, "The Silence of Law/The Voice of Justice", in *International Law, The International Court of Justice and Nuclear Weapons* (Laurence Boisson de Chazournes & Philippe Sands eds., 1999), pp. 496-497.

(16) *Supra* note 2, paras. 99-103.

(17) *Supra* note 2, Declaration of President Bedjaoui, paras. 23, 6.

判官がその存在を高らかに宣言した国際義務の違反を正面から問い正す争訟事件が RMI によって提起されるや，ICJ はまるで核実験事件の記憶を呼び覚ますかのように，門前の形式論理の中にその身を再び固く閉ざすのであった。

Ⅲ　マーシャルの誓い

　太平洋中西部のエメラルドの海に「真珠の首飾り」のように浮かぶ RMI は，人口 5 万人ほどの極小国でありながら，陸域の 60 倍を超えるラグーン（礁湖）を擁するまばゆき環礁国家である。満目美しきその大海原は，しかし，国際法に内蔵された人種主義・植民地主義の威権が恬然と行使される薄汚れた歴史の舞台ともなってきた。

　16 世紀の大航海時代にスペイン領に組み込まれたのち，1886 年に英国との勢力圏分割協定によりドイツの支配を受けることになったマーシャルの島々は，第 1 次世界大戦後には日本を受任国として「文明の神聖なる使命」を担う委任統治制度の下におかれ（C 式），さらに第二次大戦後になると米国を施政国とする信託統治制度へと移行された。ただし，マーシャル諸島を含む日本の旧委任統治地域は，信託統治地域とされた中で唯一「戦略地区」に指定され，しかも米国の手による信託統治協定案には，施政権者が安全保障上の理由によりいかなる区域も随意に閉鎖できる旨が記されていた。

　閉鎖区域が設定されれば，信託統治理事会はもとより安保理の監視も及ぶところではなくなる。外部からの介入をいっさい排して米国が守ろうとしていたものは明白であった。「すでに開始されていたビキニ環礁での原爆実験を拡大して次々に設けられていくであろう核実験施設を『保護防衛』するため」[18]である。この協定案は 1947 年 4 月 2 日に安保理において全会一致で採択される。千島の領有を絡ませた巧みな外交取引によりソ連が拒否権を行使することもなく，こうして「真珠の首飾り」が死の灰にまみれゆく不祥の条件が遺漏なく整えられた。

　1946 年から 58 年にかけて，マーシャル諸島では合計 67 回にも及ぶ原水爆実験が行われることになる。1954 年 3 月に第 5 福竜丸の乗組員らが放射性降

---

(18)　豊下楢彦「占領と排他的支配権の形成 ──『沖縄問題』の国際的位相」『20 世紀の中のアジア・太平洋戦争』［岩波講座アジア・太平洋戦争 8］（岩波書店，2006 年）66 頁。

◆ 第Ⅱ部 ◆ 人道のポリティクス

下物を浴びた水爆実験もその一つであった。「米核実験の爆発威力は67回でのべ108メガトンに達し，広島型の原爆に換算すれば，じつに7000発以上に相当する」[19] ものであったという。「有害物質および廃棄物の環境上適切な管理および処分が人権に及ぼす影響に関する特別報告者」が現地調査を踏まえて2012年に刊行した報告書には，1986年10月に米国との自由連合盟約が発効しRMIが独立を果たして以降も，一連の核実験が現地の人々に深刻な影響を及ぼし続けている実態が詳述されている[20]。健康への権利や効果的な救済を受ける権利の実現はいうまでもなく，強制移住によって土地・伝統的文化から切り離されてしまった人々への対応がことのほか肝要である旨が記されている。

この報告書が人権理事会に提出された際，米国の核実験を生き延びたRMIの市民が初めて国連の舞台で直接に証言する機会を与えられた。その折の審議が思い起こさせてくれたのだが[21]，マーシャル諸島の人々は1954年と56年に信託統治理事会に2度にわたって核実験にかかる懸念を伝える請願を行なっていた。しかしそのいずれの訴えにも，同理事会は予防措置をとることを条件に核実験の継続を容認する決議をもって応じていた。「真珠の首飾り」を戴く人々は，施政国政府から「さらなる核実験がこの世界のすべての人々の最終的な福利のために絶対的に必要なのだ」と申し渡されることにもなる[22]。

こうして振り返れば，植民地化，委任統治，信託統治，原水爆実験という，国際法に依拠して大国が威権を振るったそのいずれの下にあっても，現地の人々は存在を不可視化され，文字通り法の他者として処せられていたことを見て取れる。それが，「文明ノ中心ヨリ遠キコト」(国際連盟規約第22条6) のもたらす構造的な必然でもあったのだろう。

だがマーシャルの人々は，暴力的で抑圧的な貌を湛えたその国際法を直接の

---

(19) 竹峰誠一郎『マーシャル諸島 —— 終わりなき核被害を生きる』(新泉社，2015年) 36頁。同書38-39頁に67回に及んだ原水爆実験の内訳が記されている。

(20) Report of the Special Rapporteur on the implications for human rights of the environmentally sound management and disposal of hazardous substances and wastes, Calin Georgescu, Addendum, Mission to the Marshall Islands and the United States of America, A/HRC/21/48/Add. 1, 3 September 2012.

(21) Barbara Rose, "Nuclear Betrayal in the Marshall Islands" (September 17, 2012) at http://www.counterpunch.org/2012/09/17/nuclear-betrayal-in-the-marshall-islands.

(22) Report of the Special Rapporteur, *supra* note 20, paras. 37-38.

9　核兵器禁止条約と国際司法裁判所

拠り所に自ら主権国家として立ち上がり，国連に加盟し，ICJ の強制管轄権も受け入れた。そして，核の脅威にさらされた己れの窮境を礎に据え，2014 年 4 月 24 日，人類全体の未来をも左右し得る訴えを国連の主要な司法機関に提起するに及んだ。国際社会の周縁にあって国際法の暴力をひたぶるに被り続けた RMI が，核兵器保有国すべてを裁決の場に召喚し，グローバルな安全保障のあり方を審問に付そうとする情景には，同国の辿り来た道のりを知るほどに，格別の感懐を呼び覚まさずにはいない趣があった。

　請求を提起するにあたり，RMI の外相はこう述べていた。「私たちの人民は核兵器による破滅的で回復不能な損害を被ってきた。地球上の他の誰もがこうした残虐な行為を再び経験することがないよう，私たちは闘うことを誓う。…核兵器の存続と世界に及ぶその恐ろしい危険性は，私たちすべてを脅かすものなのだ。」[23] この言辞が端的に伝えるように，RMI の請求にはひとり同国の利益を超え出た，人類全体の利益が懸かる民衆訴訟（*actio popularis*）の位相もくっきりと映し出されていた。

　もう一つ想起しておくべきなのは，1996 年の勧告的意見から 20 年近くが過ぎ，NPT の求める核軍縮への機運がいまだまったく高まらずにいたことである。それどころか，政治的友好／敵対関係の違いによって国家の別異処遇が公然と認められるようにもなっていた。たとえばイランや「北朝鮮」は非民主的な国家として信用ならないが，インドは民主国家であり責任ある同盟国であるという理由で核兵器の保有を事実上容認するかようのような実情が現前していた。核軍縮はかくしていっそう後退し，NPT のもう一つの柱である不拡散の原則までもが侵食される事態が広がっていた。これに加えていえば，核兵器にアクセスする能力はいまや非国家主体にまで及びつつあった[24]。

　RMI による提訴には，核兵器をめぐるこういった悚然たる国際社会の文脈も大いに与っていた。核兵器なき世界への願いを担う NPT が土台から動揺を

---

(23) Quoted in John Burroughs, "Overview about the Marshall Islands Case", *IALANA Special Newsletter July 2014*, p. 2. もとより極小国 RMI の行動は多くのサポーター抜きにはなし得ないものであった。1996 年の勧告的意見のときと同じように，ここでも IALANA が法的・財政的な支援を提供し，「核時代平和財団」とともに訴訟を支える役割を担った。Lawyers Committee on Nuclear Policy, "The Marshall Islands' Nuclear Zero Cases in the International Court of Justice" (April 2016) at http://lcnp.org/RMI/status.html.

(24) Ranganathan, *supra* note 13, pp. 111-112.

強いられる危機的状況を前に,「核の不断の脅しにさらされた…人類のためのこの救済事業において,当法廷はいかに小さなものであれ役割を果たす責務を有している」と当時の所長が希望をつむいだICJに,核軍縮への歩みを共有する司法的証しをいま一度示してもらう差し迫った現実の必要が生じていたのである。

IV 「紛争は存在せず」──埋め込まれた歪み

そうであっただけに,2016年10月5日の判決には,ことのほか大きな落胆と失望を覚える向きが少なくなかった。ICJへの信頼を長きにわたり失墜させた1966年南西アフリカ事件に準えて本件判決を厳しく難ずる論者もいる[25]。裁判所は,当事者間に紛争が存在しないという被告の先決的抗弁を支持し,3つの訴えをいずれも入り口の段階であっさりと葬り去ったのである。英国を被告とする請求の却下は,上記勧告的意見の時と同じように裁判所長の決定投票によるものであった。

判決に付された反対意見の数々を見やるに,本件請求に内在する人間的側面や公益的性格を深く覚知する裁判官が少なからずいたことを確認できる[26]。だがICJが示した判決は,カンサード・トリンダージ(Cançado Trindade)裁判官の表現を用いれば,「形式主義アプローチ」,「形式主義的推論」によって貫かれた[27]。そして,「請求の提起に先立って原告と被告の間に紛争が存在し

---

(25) Ingo Venzke, "Public Interests in the International Court of Justice A Comparison Between Nuclear Arms Race (2016) and South West Africa (1966)", *AJIL Unbound*, Vol. 111 (2017), p. 68. 南西アフリカ事件判決は,第1段階判決(1962年)の認定を裁判所長の決定投票によって覆し,国際社会全体の利益が託された人種差別撤廃への訴えを,原告適格なしという形式論理をもって退けるものであった。「新興独立・非同盟諸国にとって,1966年判決は,ICJが白人の国際法秩序に資する白人のための裁判所であるという自らの見解を確認させるものであった」(*Id.*, p. 111)。

(26) たとえばロビンソン裁判官はこう述べている。「当裁判所で事件の審理を担うようになった20か月の間に,私は5つの条約の解釈適用を検討する機会に恵まれた。しかし,おそらく私の残りの任期中にさらに50の条約を検討することになるにしても,核兵器が人類にもたらす現実の脅威のゆえに,当法廷と国際共同体の利益にとって,本件の主題である核兵器不拡散条約ほど決定的に重要なものはないであろう」(Dissenting Opinion of Judge Robinson, para. 2)。

(27) Dissenting Opinion of Judge Cançado Trindade, paras. 11-13, 23-24, 28-30.

9　核兵器禁止条約と国際司法裁判所

なかったという理由で「世界」法廷（常設国際司法裁判所および国際司法裁判所）が訴えを却下したのは初めてである」[28]とトムカ（Peter Tomka）裁判官の教示する今般の判断が導かれることになった。

　裁判官の多数が支持した本件判決の論理はこうである[29]。RMI は，2013年9月26日の核軍縮に関する国連総会ハイレベル会合において，すべての核兵器保有国に対し効果的で確実な軍縮に向けて行動するにあたりその責任を果たす営みを強化するよう要請した。しかしこの陳述は，英国がいずれかの法的義務に違反しているという主張とは解することができず，核兵器保有国にいっそうの努力を要請しているにとどまる。また2014年2月13日のナヤリット会議でのRMIの陳述は，核兵器保有国がNPT第6条による義務の履行を怠っていると主張する一文を含んでいるものの，英国はこの会議に参加しておらず，英国の行動を特定して義務違反の主張がなされたわけでもない。他のフォーラムでの陳述においても，英国の義務違反は明瞭に主張されていない。

　こうして裁判所は，「すべての事情を考慮するに，これらの陳述に基づき個別に解しても全体として解しても，英国が義務に違反しているとマーシャル諸島が主張していることを英国が認識していたかまたは認識できなかったはずはない，と言うことはできない」と判じた。続けて判決は，本件請求の提起や審理過程でのやりとりから紛争が新たに生じることもなく，多国間フォーラムでの核軍縮に関わる決議についての賛否の違いそのものも紛争の存在を示すものではないなどとして，紛争の存在を立証しようとするRMIの主張をことごとく退け，同国の請求を却下するのであった。

　1924年のマヴロマティス・パレスタイン事件判決以来，「紛争」の定義は漸次精緻化されてきたが，ユスフ（Abdulqawi Ahmed Yusuf）裁判所次長が説くごとく，裁判所は客観的な基準をもってその存在を決定する手法を確立してきており，国家の主観的認識の如何を見極めるようなことはしてこなかった[30]。ところが本判決においてICJは，「紛争が存在するのは，被告の見解が原告によって「積極的に反対されている」ことを被告が認識していたかまたは認識できなかったはずはないということが証拠に基づいて立証される場合である」[31]

---

(28)　Separate Opinion of Judge Tomka, para. 1.
(29)　Judgment, paras. 48-57.
(30)　Dissenting Opinion of Judge Yusuf, para. 23.
(31)　Judgment, para. 41.

と新奇要件を設定し，上述のようなあてはめ作業を通じてこの要件の不充足を宣言するに及んだ。

クロフォード（James Crawford）裁判官の反対意見にならうなら[32]，柔軟でプラグマティックなこれまでのICJのアプローチを踏襲し，多国間フォーラムにおいてまだ十分には個別化されていなかった紛争が請求提起後のやりとりにより当事者間の紛争として明確になったという見解もとり得たのかもしれない。困惑することに，「客観的な認識」という要素を根拠付ける先例として判決が提示したものは2011年以降の2件しかなく[33]，そのうちの1件は本件口頭審理の時点でいまだ判決が下されておらず，当該判決が先例になり得るとしたところで，RMIとしてはその存在を客観的に認識しようがなかった。もう一つの先例とされるものも人種差別撤廃条約22条の解釈適用を問題としており，その特殊性からして本件のようなICJ規程選択条項にかかる先例としての価値はそもそもきわめて限定的だったはずである[34]。

名状しがたい感に駆られるのは，核兵器に関わる事案が付託されるたびごとに，ICJが新しきなにものかを提示してきたことである。そしてそれら新しきなにものかは，常に，核兵器についての法的判断を回避し，現状を追認する方向に機能してきた。1974年核実験判決における「一方的宣言」，1996年勧告的意見における「裁判不能」，そして2016年判決における「客観的認識」。ほぼ20年の時間的間隔をもって示される裁判所の一連の判断には，いつも初物（first）があり，それら初物の前に現状変革をもとめる規範的潮流がせき止められてきた観がある[35]。

ビアンキ（Andrea Bianchi）は，ICJは「選択」をしているのだ，と怜悧に指摘する[36]。今般の事件では，「客観的認識」という要件をもって形式主義ア

---

(32) Dissenting Opinion of Judge Crawford, paras. 7-9.

(33) *Supra* note 31.

(34) Vincent-Joel Proux, "The Marshall Islands Judgments and Multilateral Disputes at the World Court: Whither Access to International Justice?", *AJIL Unbound*, Vol. 111 (2017), p. 98.

(35) See Maitê de Souza Schmitz, "Decision of the International Court of Justice in the Nuclear Arms Race", *Harvard International Law Journal*, November 21, 2016.

(36) Andrea Bianchi, "Choice and (the Awareness of) its Consequences: The ICJ's 'Structural Bias' Strikes again in the Marshall Islands Case", *AJIL Unbound*, Vol. 111 (2017), pp. 81-87.

プローチを貫徹し，NPT 義務違反についての判断を回避する選択が行なわれた。1966 年南西アフリカ事件判決に付した反対意見の中でジェサップ (Philip C. Jessup) 裁判官が用いた表現を借用すれば，形式主義の解釈手法は，「正しき結論への導きの糸なのではなく，他の方法によって得られた結論を覆い隠す蓑 (cloak)」[37]になっているということなのだろうが，そこまで直截にいわずとも，裁判官がいずれかの「選択」をしていることはいまや広く知られ渡っているところである[38]。

　ICJ はこれまでも，外務大臣や軍隊による重大な人権侵害の責任が問われたとき，国家免除の法理をもって国家中主義を体現する国際秩序の維持に資する判断を示してきた。NATO による空爆を阻止しようと仮保全措置が求められたときも，紛争概念の解釈によって管轄権の不在を宣言してみせた。国際秩序の根幹にかかわる重大な事件に直面すると，かくのごとく，人権よりは国家，中小国よりは大国の利益にかなう判断を ICJ が選好する傾向にあったことは否めない。それが今般も裏付けられた形になっている。

　ビアンキは，コスケニエミの議論枠組みを参照しながら，そこに ICJ の「構造的歪み (structural bias)」があると喝破する。これにより，特定の世界観や規範的判断が他の選択肢を排して選好されることになる。RMI の請求を退けた今般の結果を最もよく説明できるのは，ICJ が有するその構造的歪みなのだという。これを多少敷衍するに，その歪みは，ICJ が国際社会を表象する国連の主要な司法機関として立ち現れていることに起因していよう。国連によって表象される国際社会が国家中心・欧米中心に歪んでいれば，その国際社会の擁護者たることを自負する司法機関の判断が歪むのは事理の必然である。

　もとより，ICJ の意思は裁判官の意見を通じて表明されるものに相違ない。この観点から今般の判決を改めて見つめ直すと，判決を支持した多数派を構成したのは，国連安保理常任理事国 5 か国とインド，それに米国の核の傘の下にある日本，イタリアの国籍を有する裁判官たちである。裁判官席にあった核兵器保有国の国民は，一人の漏れなく訴えを退ける側にまわった。その一方で，反対意見を呈した裁判官のほとんどは核兵器をもたぬグローバル・サウス出身者であった。ICJ の構造的歪みは，こうした裁判官の構成と，現状維持を選好

---

(37) Dissenting Opinion of Judge Jessup, 1966 ICJ Rep., p. 355.
(38) Hersch Lauterpacht, *The Development of International Law by the International Court* (1958), p. 399.

する裁判官たちの思考様式によって具体的な像を結んできたといってよい。

V　原暴力を超える

　核兵器は，現在の国際社会あるいは国連・ICJ の構造的歪みと根源的な結びつきを呈している。第二次世界大戦終期に広島と長崎に投下され，大国であることの決定的証となり，植民地・先住人民の地を踏みしだく暴戻を経て拡散を続ける核兵器には，戦後国際秩序を支える「原暴力」たる相貌が備わってきた。

　主権国家創成の場合がその典型であるように，新たな法秩序生成に先立って行使される暴力は，その非道性・違法性を事後的に問われることがない。その伝でいえば，破格の殺傷能力をもつ核兵器の放認には，第二次世界大戦後の国際社会を基礎づける原暴力のありかが端的に示唆されているように見える。核軍縮義務違反についての判断を回避し，核兵器の存在を不問に付す国連の主要な司法機関の営みは，そのことを象徴的に伝えるものでもある。

　アンギーは，なればこそ，現在の国際社会にあって世界平和と核戦争の防止を可能にするには，さらに多くの核兵器を生産する以外にないと逆説的かつ晦冥に言葉を継ぐ[39]。レトリカルなその言に異存があるわけではないが，ただ，国際社会は原暴力として核兵器を迎え入れた時点のままに静止しているわけでもない。実際に，1996 年の勧告的意見にしても 2016 年の判決にしても，判断の最重要部分は裁判所長の決定投票をもってようやく確定し得たものであった。別の判断がすぐそこにあり得ることをこのうえなくよく示す分裂結果であったように見受けられる。さらには，RMI という極小国が NGO と協働しつつ大国中心の国際秩序の根幹に堂々と異議申立てを行うようになっていることも看過してはなるまい。

　ICJ の判決は，RMI の訴えに仮託された解放言説としての国際法のありようを旧套にこよなくなずむ国家（大国）中心主義的な解釈により排斥するものであった。この判決により ICJ への大国の信頼は確保される一方で，その他の諸国や市民社会の期待は大きく揺らぐことになった。この揺らぎは，しかし，核

---

(39)　Antony T. Anghie, "Politic, Cautious, and Meticulous: An Introduction to the Symposium of the Marshall Islands Case", *AJIL Unbound*, Vol. 111（2017），p. 66.

兵器を起源の暴力として定位することを峻拒する新たな国際秩序構築に向けた揺らぎにもほかならない。現にICJの判決を受けて闘いの場は再び政治的アリーナに移行し，核兵器そのものを禁止する条約の成立がもたらされたことは冒頭に記したとおりである。

　もちろん，核兵器という原暴力に支えられた国際社会（の構造的歪み）を維持しようとする国々は依然として少なくない。核兵器禁止条約をめぐる事態はおそらく予断を許さないままに推移していくことになるのだろう。そうであればこそいっそう重要になるのは，大国，欧米，そして（大国たることを渇望する）男性的な思考様式からの脱却をさらに意識的に推し進めていくことである。この点は日本の政策決定・研究者層にとりわけて妥当することのように思えてならない。「人類社会のすべての構成員の固有の尊厳と平等で譲ることのできない権利」に根ざす公正な秩序を希求する国際人権法の担う役割と責務が，この意味からもますます大きなものになっていくことを，私たちとしてもしっかりと心に刻みおくべきである[40]。

---

(40)　核兵器と国際人権法のかかわりについては少なからぬ論者が様々な文脈に即して検討を加えてきており，自由権規約委員会も一般的意見14を通じて核兵器にかかる見解を表明していた。同委員会は，核兵器の（威嚇または）使用が生命に対する権利と両立しないことを明記し，核兵器不拡散・核軍縮義務の遵守・尊重を要請する一般的意見36を発出してもいる。

10 サンフランシスコ平和条約と司法に アクセスする権利——重慶大爆撃訴訟に寄せて

I 序

　最高裁判所 2007 年 4 月 27 日第 1 及び第 2 小法廷判決[1]（以下，最高裁判決）は，「日中戦争の遂行中に生じた中華人民共和国の国民の日本国又はその国民若しくは法人に対する請求権は，日中共同声明五項によって，裁判上訴求する権能を失ったというべきであり，そのような請求権に基づく裁判上の請求に対し，同項に基づく請求権放棄の抗弁が主張されたときは，当該請求は棄却を免れないこととなる」と判示した。最高裁のこの判断をもって，国は「日中共同声明五項の請求権放棄の抗弁については，既に決着をみた問題というほかない」と主張する[2]。

　しかし，最高裁の上記判決は，国際法の観点から少なくとも二つの点で看過できない重大な問題を抱えている。一つは条約の第三国への適用にかかる問題，もう一つは国際人権条約に規定された司法にアクセスする権利の保障にかかる問題である。

　条約は国際法の基本原則に従って誠実に解釈されなければならず，またそれは，他の条約義務との両立性に十分に配慮したものでもなくてはならない。平和条約であっても，それは変わりない。最高裁の上記判決にはこうした基本的要請への配慮がうかがえず，国際法の観点からは是認しえない法律論が展開されている。

　また，本件事案は 1938 年から 1943 年にかけて行われた日本軍の爆撃による被害にかかるものであり，爆撃それ自体は「過去」に生起したものには違いな

---

[1] LEX/DB28131153, 28131154.
[2] 2009 年 4 月 9 日付「今後の訴訟進行に対する意見書」3 頁。なお，本章は，以下の事件の原告らの求めにより 2013 年 4 月 13 日付けで東京地方裁判所民事第 13 部に提出した意見書を一部修正のうえ再録したものである。2006 年（ワ）第 6484 号損害賠償請求事件（原告　王子雄外 29 名　被告国），2008 年（ワ）第 18382 号損害賠償請求事件（原告　呉及義外 21 名　被告国），2008 年（ワ）第 35183 号損害賠償請求事件（原告　劉国珍外 44 名　被告国），2009 年（ワ）第 35262 号損害賠償請求事件（原告　夏振東外 80 名　被告国）。

175

いが，後述するとおり，日本国の行為は国際義務の違反を構成し，これにより国際法上，国家責任を生じさせたと思料される。爆撃それ自体はすでに終了しているとしても，それによって生じた国家責任は原因行為がなされた時点から今日にいたるまで解除されずにある。国際法における賠償義務の懈怠は，現在まで継続している。2001年に国連総会で採択された「「国際違法行為に対する国の責任」に関する条文[3]」(以下，国家責任条文) 第14条2項は，継続的な違反について，次のように規定する。「継続的な性質を有する国の行為による国際義務の違反は，当該行為が継続しかつ国際義務と合致しない状態にある全ての期間に及ぶ」。

本件事案は，過去の国際義務違反のみに焦点を当てるものではなく，それによって生じかつ継続する現在の国際義務違反を問題にするものでもある。それゆえ，その法的評価も，「日本国が締結した条約及び確立された国際法規は，これを誠実に遵守することを必要とする」という日本国憲法第98条2項の趣旨を踏まえ，今日の国際法に十分な関心を払って行うべきものである。

II 「サンフランシスコ平和条約の枠組み」に関する国際法的評価

最高裁判決は「日中戦争の遂行中に生じた中華人民共和国の国民の日本国又はその国民若しくは法人に対する請求権は，日中共同声明5項によって，裁判上訴求する権能を失ったというべきであり，そのような請求権に基づく裁判上の請求に対し，同項に基づく請求権放棄の抗弁が主張されたときは，当該請求は棄却を免れないこととなる」と述べる。

「裁判上訴求する権能を失った」という判断は，「サンフランシスコ平和条約の枠組み」という論理の下に導かれたものだが，その枠組みとは最高裁によれば次のようなものである。「サンフランシスコ平和条約は，個人の請求権を含め，戦争の遂行中に生じたすべての請求権を相互に放棄することを前提として……日本国の戦後処理の枠組みを定めるものであった。この枠組みは，連合国48か国との間で締結されこれによって日本国が独立を回復したというサンフランシスコ平和条約の重要性にかんがみ，日本国がサンフランシスコ平和条約の当事国以外の国や地域との間で平和条約等を締結して戦後処理をするに当

---

[3] 翻訳は，奥脇直也・小寺彰編集代表『国際条約集 2013』(有斐閣, 2013年) による。

10 サンフランシスコ平和条約と司法にアクセスする権利

たっても，その枠組みとなるべきものであった（以下，この枠組みを「サンフランシスコ平和条約の枠組み」という）」。

　最高裁判決はこの「枠組み」を日中共同声明にもあてはめて，次のように論ずる。「サンフランシスコ平和条約の枠組みは平和条約の目的を達成するために重要な意義を有していたのであり，サンフランシスコ平和条約の枠組みを外れて，請求権の処理を未定のままにして戦争賠償のみを決着させ，あるいは請求権放棄の対象から個人の請求権を除外した場合，平和条約の目的達成の妨げとなるおそれがあることが明らかであるが，日中共同声明の発出に当たり，あえてそのような処理をせざるを得なかったような事情は何らうかがわれず，日中国交正常化交渉において，そのような観点からの問題提起がされたり，交渉が行われた形跡もない。したがって，日中共同声明5項の文言上，「請求」の主体として個人を明示していないからといって，サンフランシスコ平和条約の枠組みと異なる処理が行われたものと解することはできない」。「そして，前記のとおり，サンフランシスコ平和条約の枠組みにおいては，請求権の放棄とは，請求権に基づいて裁判上訴求する権能を失わせることを意味するのであるから，その内容を具体化するための国内法上の措置は必要とせず，日中共同声明五項が定める請求権の放棄も，同様に国内法的な効力が認められるというべきである。」

　最高裁判決の要諦は以上のとおりだが，仮にサンフランシスコ平和条約が「裁判上訴求する権能」を失わせる効果をもつものであったとしても，「枠組み」という非法的な論理をもって，それをそのまま同条約の非締約国である中国（ここでは，中国とは中華人民共和国を意味するものとして用いる。）との関係に妥当させることは，国際法上は困難というしかない[4]。

　条約と第三国の関係について，日本における代表的な国際法の教科書は次のように記す[5]。「「条約は締約国を拘束する（*pacta sunt servanda*）」。したがっ

---

(4)　なお，最高裁判決が説くとおり，日中共同声明は「我が国において条約としての取扱いはされておらず，国会の批准も経ていない」。「国際法上条約としての性格を有することが明らかな日中平和友好条約において，日中共同声明に示された諸原則を厳格に遵守する旨が確認された」とはいえ，厳密にいえば，その確認は前文においてであり，これをもって同共同声明がただちに「条約としての法規範性を獲得した」と断ずることには難がある。同共同声明5項については，日本国を名宛人とする中国側の「一方的な宣言」として法規範性を獲得したと解すべきものであろう。なお，本章において日中共同声明に言及する場合には，主として5項を念頭におく。

177

て，締約国でない第三国は条約上の権利を有し義務を負うことはない。……常設国際司法裁判所は自由地帯事件において，問題となったヴェルサイユ条約の規定は「本条約の締約国ではないスイスに対しては，同国が受諾する限度でしか対抗しえない」とし (PCIJ Series A/B, N.46, p.141)，また上部シレジア事件では，「条約はその締約国間においてのみ法をつくるのであって，疑わしい場合はそこから第三国のための権利を引き出すことはできない」とした (PCIJ Series A, N.7, p.29)。こうして条約法条約は，［第34条で］「条約は，第三国の義務又は権利を当該第三国の同意なしに創設することはないとの基本原則を確認したのである」。

　上記引用文中にある条約法条約とは「条約法に関するウィーン条約」を指すが，同条約は第35条において，条約が第三国に義務を課す場合には，締約国がそれを意図し，当該第三国が書面によってそれに明示的に同意することを求めている。杉原教授も確認するように，「義務の創設の場合には，とりわけ関係第三国の同意を要することは国家実行上も学説上も疑問視されることはなかった[6]」。

　サンフランシスコ平和条約には，第三国である中国と朝鮮への利益付与について定める規定はあるが（第21条），第三国に対していずれかの義務を課す規定は存せず，そのような意図を推認できる事情も存しない。中国が書面によって明示的にサンフランシスコ条約にもとづくいずれかの義務を引き受けたという事実もない。このため，同条約の「枠組み」を中国の明示の同意なく同国にも引き受けさせるような法解釈には国際法的な根拠が見出せない。

　サンフランシスコ平和条約については日本の国際法学会が条約締結時に包括的な研究書を刊行していた。そのうちの『平和條約の綜合研究（下）』（有斐閣，1952年）が所収する前原光大「紛争の解決，最終条項，不講和国との関係」は，第三国への条約適用について明快にこう説いている。「［サンフランシスコ平和条約］は既に記したところの連合国と日本との条約である。それ故，この条約の効果は専ら，日本と連合国との間に発生するのである。この条約に参加しない第三国にその効果が及ぶべきでないことは，条約の原則的な理論上当然のことである。この点は，25条に明示されている」。

---

(5)　杉原高嶺『国際法学講義』（有斐閣，2008年）143-144頁。
(6)　同上書，145頁。

さらに重要なことに，サンフランシスコ平和条約は続けて第26条で次のように定めてもいる。「日本国は……この条約の署名国でないものと，この条約に定めるところと同一の又は実質的に同一の条件で二国間の平和条約を締結する用意をすべきものとする。但し，この日本国の義務は，この条約の最初の効力発生の後3年で満了する。日本国がいずれかの国との間で，この条約で定めるところよりも大きな利益をその国に与える平和処理又は戦争請求権処理を行ったときは，これと同一の利益は，この条約の当事国にも及ぼされなければならない」。

　別して言えば，サンフランシスコ平和条約と（実質的に）同一内容の条約を非締約国と締結する義務は平和条約発効後3年で消滅しているということであり，しかも，同条約よりも大きな利益を与える戦争請求権等処理を行う可能性も排除されているのではない。そして現にそのような処理を行った場合には，それと同一の利益がサンフランシスコ平和条約の締約国にも及ぼされなければならないというのだから，同条約はけっして事後の平和条約を内容的に縛る絶対的な「枠組み」とされていたわけではないことが分かる。

　これを日中間の関係に関連づけて敷衍すれば，サンフランシスコ平和条約発効後3年以上を経過して発せられた日中共同声明および平和条約は内容的に同条約と（実質的に）同一のものであることを義務づけられておらず，しかも，同条約よりも大きな利益を保障する可能性も排除されていない。そして，同共同声明・平和条約が同条約よりも大きな利益を与えるものとなった場合には，その利益が同条約の締約国にも及ぼされなければならない，ということになる。それが，サンフランシスコ平和条約（第26条）の誠実な解釈というものである。

　最高裁判決は次のようにもいう。「日中共同声明5項は，「中華人民共和国政府は，中日両国国民の友好のために，日本国に対する戦争賠償の請求を放棄することを宣言する。」と述べるものであり，その文言を見る限りにおいては，放棄の対象となる「請求」の主体が明示されておらず，国家間のいわゆる戦争賠償のほかに請求権の処理を含む趣旨かどうか，また，請求権の処理を含むとしても，中華人民共和国の国民が個人として有する請求権の放棄を含む趣旨かどうかが，必ずしも明らかとはいえない」が，「公表されている日中国交正常化交渉の公式記録や関係者の回顧録等に基づく考証を経て今日では公知の事実となっている交渉経緯等を踏まえて考えた場合……日中共同声明は，平和条約

179

◆ 第Ⅱ部 ◆ 人道のポリティクス

の実質を有するものと解すべきであり，日中共同声明において，戦争賠償及び請求権の処理について，サンフランシスコ平和条約の枠組みと異なる取決めがされたものと解することはできないというべきである」。

「日中共同声明は，平和条約の実質を有するものと解すべき」ものだとしても，だからといって，「日中共同声明において，戦争賠償及び請求権の処理について，サンフランシスコ平和条約の枠組みと異なる取決めがされたものと解することはできない」という判断を導くのは牽強付会にすぎる。「日中国交正常化交渉の公式記録や関係者の回顧録等に基づく考証を経て今日では公知の事実となっている交渉経緯等」が示すのは，サンフランシスコ平和条約の請求権放棄については交渉の過程で有意な議論がなされていないということである。最高裁判決は，交渉過程において同条約が議論されなかったことをもって，その枠組みは否定されなかった，と言っているに等しい。だがいうまでもなく，議論されなかったことと，否定されなかったこととは，同義なわけではない。

それどころか，交渉の過程では，日華平和条約により「蔣[介石]が賠償を放棄したから，中国はこれを放棄する必要がないという外務省の考え方を聞いて驚いた。……蔣介石が放棄したから，もういいのだという考え方は我々には受け入れられない。これは我々に対する侮辱である」という周恩来首相(当時)の発言が確認されている[7]。「サンフランシスコ平和条約の枠組み」なるものについて，中国は明示的な同意をしていない以上に，交渉過程においてこれに反発していたと解することができる。

以上を約言するに，サンフランシスコ平和条約が仮に裁判上訴求する権能を失わせるものであったとしても，同条約が非締約国である中国との関係に「枠組み」としてそのまま適用されうる条件は存しておらず，そもそも「枠組み」という論理を用いて同条約の効果を非締約国との関係に及ぼすことは国際法的に根拠がない。「日中共同声明において，戦争賠償及び請求権の処理について，サンフランシスコ平和条約の枠組みと異なる取決めがされたものと解することはできない」という最高裁の認識は，法律論としては成立しえない[8]。

---

(7) 石井明ほか『記録と考証 —— 日中国交正常化・日中平和友好条約締結交渉』(岩波書店，2003年) 56頁。
(8) 五十嵐正博教授は，最高裁判決を「まことに奇妙な判決である」と評している。「サンフランシスコ条約と中国 —— 最高裁判決の「サンフランシスコ条約枠組み論」」法律時報第80巻4号 (2008年) 92頁。

なお，最高裁判決を受けて中国外交部劉建超報道局長は同判決を「違法であり，無効であるとする談話を発表し，日中共同声明が「サンフランシスコ平和条約の枠組み」の下にあるという認識を必ずしも共有していないことを明言している(9)。

　また，最高裁判決には言及がなかったものの，請求権放棄にかかる法解釈に際してサンフランシスコ平和条約に関連つけて議論されることのある1965年の「財産及び請求権に関する問題の解決並びに経済協力に関する日本国と大韓民国との間の協定」(以下，日韓請求権協定）について，大韓民国大法院（最高裁判所）が次のような認識を示していることにも留意しておく必要がある(10)。

〔日韓〕請求権協定は……サンフランシスコ平和条約第四条に基づいて韓日両国間の財政的・民事的債権・債務関係を政治的合意によって解決するためのもの「であるところ」……国家と国民個人が別個の法的主体であることを考慮すれば，条約に明確な根拠がない限り，条約締結で国家の外交的保護権以外に国民の個人請求権まで消滅させたとみることはできないだろうが，請求権協定には個人請求権の消滅に関して韓日両国の意思の合致があったとみるのに充分な根拠がない点，日本が請求権協定直後日本国内で大韓民国の日本国およびその国民に対する権利を消滅させる内容の財産権措置法を制定・施行した措置は，請求権協定だけでは大韓民国国民個人の請求権が消滅しないことを前提とする時，初めて理解できる点等を考慮してみると，原告らの請求権が請求権協定の適用対象に含まれるとしても，その個人請求権自体は請求権協定で当然消滅するとみることはできず，ただ請求権協定でその請求権に関する大韓民国の外交的保護権が放棄されることにより，日本の国内措置で該当請求権が日本国内で消滅したとしても大韓民国がこれを外交的に保護する手段を喪失しただけである。したがって原告らの被告〔三菱重工業株式会社〕に対する請求権は請求権協定で消滅しなかったために，原告らは被告に対してこのような請求権を行使できる。

---

(9) 「「西松建設」訴訟判決に関するコメント 中国外交部報道官」2007年4月28日．http://www.china-ernbassy.or.jp/jpn/fyrth/t314884.htm．
(10) 韓国大法院．広島三菱徴用工原爆被害者裁判2012年5月24日。翻訳は，日本製鉄元徴用工裁判を支援する会・太平洋戦争被害者補償推進協議会『五・二四韓国大法院判決資料集』（2012年6月20日）9頁．

◆ 第Ⅱ部 ◆人道のポリティクス

Ⅲ 司法にアクセスする権利の保障

1 「裁判上訴求する権能の喪失」と国際人権法

最高裁が請求権の放棄を裁判上訴求する権能の喪失と解したのは次のような理由からであった。

> サンフランシスコ平和条約の枠組みは、日本国と連合国四八か国との間の戦争状態を最終的に終了させ、将来に向けて揺るぎない友好関係を築くという平和条約の目的を達成するために定められたものであり、この枠組みが定められたのは、平和条約を締結しておきながら戦争の遂行中に生じた種々の請求権に関する問題を、事後的個別的な民事裁判上の権利行使をもって解決するという処理にゆだねたならば、将来、どちらの国家又は国民に対しても、平和条約締結時には予測困難な過大な負担を負わせ、混乱を生じさせることとなるおそれがあり、平和条約の目的達成の妨げとなるとの考えによるものと解される。
>
> そして、サンフランシスコ平和条約の枠組みにおける請求権放棄の趣旨が、上記のように請求権の問題を事後的個別的な民事裁判上の権利行使による解決にゆだねるのを避けるという点にあることにかんがみると、ここでいう請求権の「放棄」とは、請求権を実体的に消滅させることまでを意味するものではなく、当該請求権に基づいて裁判上訴求する権能を失わせるにとどまるものと解するのが相当である。

最高裁判決は、続けて、「上告人らは、国家がその有する外交保護権を放棄するのであれば格別、国民の固有の権利である私権を国家間の合意によって制限することはできない旨主張するが、国家は、戦争の終結に伴う講和条約の締結に際し、対人主権に基づき、個人の請求権を含む請求権の処理を行い得るのであって、上記主張は採用し得ない」とも判示する。最高裁のこうした認識は、しかし、個人の請求権を認める韓国大法院の上記認識と異なるだけでなく、欧州の実情にもそぐわない。

ヨーロッパでは、平和条約の存在にもかかわらず、とりわけイタリア（破毀院）とギリシア（最高裁）で第二次世界大戦期における重大な非人道的行為（強制連行・拘禁、虐殺）について損害賠償を求める訴えが提起され、請求が認容される司法判断が示されてきている[11]。ただし、被告となったのがいずれも

ドイツという外国国家であったことから，国際法における主権免除（国家免除）の法理との抵触が問題となり，事件が国際司法裁判所に付託されるところとなった（原告ドイツ，被告イタリア）。

国際司法裁判所は慎重な審理の後に主権免除の法理を優先し，イタリアの国際法違反を認定した[12]。もっとも同裁判所では，国際人道法違反を理由に外国国家を国内裁判所に訴えることができるかという「裁判管轄権」の問題に争点が絞られていた。同裁判所の表現を用いれば，「国家が他国の裁判所で免除を受けることができるかは，当該国が国際責任を生じさせたかどうか，そして当該国が賠償義務を負うかどうかとはまったく別個の問題である」[13]。換言すれば，ドイツはイタリアの国内裁判所において主権免除を享有するものの，そのことによって国際法違反が免責されるわけではない，ということである。ちなみに同裁判所は，この点に関連して次のような付言も添えている。「ドイツが被害者集団への損害賠償を拒絶する決定をしたことは，驚くべき —— かつ遺憾な —— ことである」[14]。

本件においては，日本国が日本の国内裁判所に訴えられていることから，いずれにせよこうした裁判管轄権の問題はいっさい生じない。ここでは，平和条約の存在にもかかわらず第二次世界大戦期に被った損害の賠償を訴える裁判が欧州では現に審理されてきたという実情を確認できれば十分である[15]。条約の内容と文言が同一でないことから軽々に比較することには抑制的であるべきだろうが，少なくともイタリアなどでは「平和条約を締結しておきながら戦争

---

(11) たとえば，*Feniri v. Federal Republic of Germany*, Decision No. 5044/2004,*International Law Reports*, Vol. 128, p. 658; *Prefecture of Voiotia v. Federal Republic of Germany*, case No. 11/2000, *Id.*, Vol. 129, p. 513; *Repubblica Federale di Gem ania c. Aulogestione p efettizia di Vojotia (Grecia)*, Case No. 11163/11, Italian Court of Cassation,Judgment of 12 January 2011. イタリアとギリシアにおける裁判の実情は，下記注(12)所掲の国際司法裁判所判決中（paras. 27-36）に要約されている。

(12) *Jurisdictional Immunities of the State (Germany v.Italy: Greece Intervening)* Judgment, 3 February 2012.

(13) *Id.*, para. 100.

(14) *Id.*, para. 99.

(15) なお，イタリアの裁判所は，第二次世界大戦期に起きたイタリアによる財産権侵害を理由とする連合国国民からの訴えについても審理してきているが，そのような事案の場合に主権免除との抵触が生じないことはいうまでもない。*Counter, Memorial of Italy*, 22 Decernber 2009, para. 4.91, http://www.icj.cij.org/docket/files/143/16017.pdf.

の遂行中に生じた種々の請求権に関する問題を，事後的個別的な民事裁判上の権利行使をもって解決するという処理にゆだねたならば，将来，どちらの国家又は国民に対しても，平和条約締結時には予測困難な過大な負担を負わせ，混乱を生じさせることとなるおそれがあり，平和条約の目的達成の妨げとなるとの考え」によって裁判上訴求する権能が喪失せしめられたわけではないことは確認できる。

「請求権の放棄」を「裁判上訴求する権能の喪失」と解する最高裁判決の踏襲は，こうした欧州等の法実務と離齬をきたすだけでなく，日本を拘束している国際人権条約の義務に違背する深刻な事態を引き起こすことも指摘しておかなくてはならない。

日本を拘束する人権条約の一つである「市民的及び政治的権利に関する国際規約」（以下，自由権規約）は，締約国に対して，その管轄の下にある者に規約上の保護を及ぼすことを義務づけている。本件原告らも，少なくとも本件訴訟追行の限りにおいて日本の管轄下にあることは疑いなく，自由権規約の必要な保護を受けうることは明白である。

自由権規約の締約国として，日本は次のことを法的に約束している（第2条3項。）「(a)この規約において認められる権利又は自由を侵害された者が，公的資格で行動する者によりその侵害が行われた場合にも，効果的な救済を受けることを確保すること，(b)救済措置を求める者の権利が権限のある司法上……の機関によって決定されることを確保すること及び司法上の救済措置の可能性を発展させること」。また，自由権規約14条1項は第2文で次のように定める。「すべての者は，その……民事上の権利及び義務の争いについての決定のため，法律で設置された，権限のある，独立の，かつ，公平な裁判所による公正な公開審理を受ける権利を有する」。

「効果的な救済を受ける権利」と「公正な裁判を受ける権利」を主要素として構成される「司法にアクセスする権利（right of access to justice）」[16]は，国際人権法において，民主社会における法の支配の要と位置づけられており，日

---

(16) 換言すれば，司法にアクセスする権利（司法へのアクセス）とは，形式的・手続的な側面のみならず，「結果面での実体的な『正義』へのアクセスを含意する」（松尾弘「開発プロセスにおける司法アクセスの改善への統合的アプローチ――法の支配および良い統治との関連に焦点を当てて」慶應法学23号（2012年）4-5頁）のであり，本章でもこの語はそのような意味で用いる。

本の管轄下にある本件原告らにも当然にその保障は及んでいる。

「請求権の問題を事後的個別的な民事裁判上の権利行使による解決にゆだねるのを避けるという点にあることにかんがみると、ここでいう請求権の「放棄」とは、請求権を実体的に消滅させることまでを意味するものではなく、当該請求権に基づいて裁判上訴求する権能を失わせるにとどまるもの」とする最高裁判決は、請求権の実体的な消滅までを認めるものではなく、あくまで「民事裁判上の権利行使による解決」の道を遮断することに限局されている。このため、次のような指摘も可能になる。「[最高裁判決では]日中共同声明5項から中国国民個人の（実体的権利はあるが）訴権のみ放棄されたと解釈することにより、逆に、中国国民個人の（国際法上の）請求権が存在したことを認めていることにもなろう。最高裁判所の日中共同声明の解釈については重大な問題が残されているが、日本の司法部が日中戦争中の戦争法ないし人道法違反行為による被害者個人の損害賠償権の存在そのものを否定しなかったことは注意しなければならない」[17]。

請求権の実体的消滅が宣言されなかったことの国際法上の含意については後述するが、実務的な観点からすると、司法的救済を求めても訴求力を欠くとして訴えが退けられるのであれば、これは司法への効果的なアクセスを否認される事態というしかない。既に述べたとおり、司法へのアクセスは基本的人権として国際人権法なかんずく自由権規約に明記されたものであり、日本はこの権利を管轄下にあるすべての者に保障する明瞭な義務を負っている。それゆえ、この観点からの吟味を欠かすわけにはいかない。

2 国際人権法における権利保障の実際

国際人権機関にあって司法へのアクセスをとりわけ重視してきたのは米州人権裁判所である。アメリカ大陸およびカリブ海地域に妥当する米州人権条約の履行を監視する同裁判所は、侵害された実体的権利が強行規範（*jus cogens*）である場合には司法へのアクセスもまた強行規範としての性格を帯びることを確認している[18]。自由権規約の履行を監視するために設置された同規約委員会も、同規約14条の解釈指針を示した一般的意見32において、公正な裁判の保

---

(17) 藤田久一「国際人道法と個人請求権」法律時報80巻4号（2008年）83-84頁。
(18) *Case of Goiburu et.al. v. Paraguay*, Merits, Reparations and Costs, Judgment of September 22, 2006, Series C, No. 153, para. 131.

障が，公の緊急事態においても義務の免脱を認められない権利の保護を妨げるような免脱措置の対象にはなりえないと述べるとともに，「公正な裁判の基本的諸原則からの逸脱は，いかなる時にあっても禁止される」と明言する[19]。

　もっとも，司法へのアクセスは拷問禁止のように制限をいっさい許さぬ絶対的権利というわけではなく，その保障については二つの観点からの検討が必要とされる。一つは，訴訟において争いうる実体的な権利（民事上の権利及び義務）が国内法によって与えられているかどうか，もう一つは，そのような権利が存するとしても，裁判を受ける権利の制限が合理的なものたりうるかどうか，である。本件に引きつけていえば，裁判上訴求する権能を喪失させる措置が自由権規約の適合性審査をクリアするためには，原告らに訴訟で争いうる実体的な権利侵害自体が生じていないことを示すか，あるいは，（そのような権利侵害が主張可能な場合であっても）訴権を喪失させることには合理的な理由がある，と言えなくてはならない。

　司法へのアクセスについては欧州人権裁判所に判例の蓄積がある。欧州人権条約は自由権規約と同じく1948年に国連総会で採択された世界人権宣言を母胎として誕生したものであり，両者の規定態様（文言）には —— 司法へのアクセスにかかる規定も含めて —— 際立った類似性がみられる。このため，欧州人権条約の履行を監視する欧州人権裁判所の示す判断は自由権規約の解釈にとって格別に重要な指針を与えるものにほかならない。

　自由権規約14条1項に酷似した規定内容の欧州人権条約第6条1項について，欧州人権裁判所は「締約国において法的な基礎なしに新しい実体的権利を創設することを目的とするものではなく，既に国内法で認められている権利の手続的な保護を与えることを目的とするものである」という基本認識を有している[20]。関連判例を詳細に分析した薬師寺教授は，「国内法上争いうる権利が存在しているか否かを決定する一般的な規準を導き出すことは，相当困難である。結局は，個々の事件で主張されている権利が，当該事件の事情の下で，国内法上，一定の根拠をもって争いうるだけの実体性を有しているかどうかの判断にかかっているということになろう」と述べる。もっともその一方で同教授は，「人権裁判所は，国内制定法又は判例法などによって既に明確かつ十分に

---

(19)　General Comment No. 32. CCPR/C/GC/32, 23 August 2007, para. 6.
(20)　*Case of Emine Arac v. Turkey* (9907/02), Judgment (Second Section), 23 September 2008, para.51.

国内法上の権利性が認められている「権利」だけでなく，そうした権利として十分争いうる可能性（arguability）があれば，裁判所へのアクセスを広く認め，6条1項の適用可能性を肯定してきたということが指摘できるだろう」とも言う[21]。

薬師寺教授のこの分析に依拠すれば，欧州人権裁判所にあっては，「個々の事件で主張されている権利が，当該事件の事情の下で，国内法上，一定の根拠をもって争いうるだけの実体性を有しているかどうか」が問われ，また「既に明確かつ十分に国内法上の権利性が認められている「権利」だけでなく，そうした権利として十分争いうる可能性があれば」，司法へのアクセスが広く認められているということになる。

司法へのアクセスは，他方で，争いうる権利義務関係があっても，合理的な理由による手続的制限に服する場合がある。欧州人権裁判所は，そうした合理的制限を次のように定式化している。「当裁判所は，適用される制限が，権利のまさしく本質（very essence）を毀損するようなやり方で個人に委ねられたアクセスを制約しまた縮減するものでないことを確認しなくてはならない。さらに，正統な目的を追求しておらず，また，用いられる手段と実現が企図されている目的との間に合理的な比例性の関係がない場合には，制限は第6条1項と両立しないだろう」[22]。自由権規約委員会も，制限が正統な目的を追求していない場合や個人に委ねられたアクセスが権利のまさしく本質を損なう程度に限定されるような場合において，司法にアクセスする権利の侵害がもたらされることを上記一般的意見で確認している[23]。

こうして，司法へのアクセスの制限が合理的かどうかは，まず第一に制限が正統な目的を追求するものであるか，第二に用いられる手段が当該目的と比例しているか，という点の審査を通して行われることになる。欧州人権裁判所では，司法へのアクセスの本質が損なわれる場合にあたるかどうかを見極めるにあたり，実体的権利の保護を可能にする合理的な代替手段が存するかどうかを

---

(21) 薬師寺公夫「裁判所にアクセルする権利の適用範囲（一）―― 欧州人権条約6条1項と自由権規約14条1項の比較」研究紀要（財団法人世界人権問題研究センター）15号（2010年）47，44頁。

(22) *Case of Waite and Kennedy v. Germany*, Application no.26083/94, Judgment, 18 February 1999, para.59.

(23) General Comment No. 32, *supra* note 19, para. 18.

◆ 第Ⅱ部 ◆ 人道のポリティクス

検討してきてもいる。たとえば，国際機構内部における労働紛争にかかる裁判管轄権免除（司法へのアクセスの制限）を，代替的な紛争解決手段の導入によって合理的と判断した場合などがそうである[24]。イタリア破毀院も，第二次世界大戦期の事案に際して，国内の司法手続へのアクセスを排除する唯一の適当な措置は，当該個人が直接に利用できる代替的な国際手続の提供であるとする[25]。

引き起こされた権利の侵害が大規模で重大であるほどに，司法へのアクセスの本質そのものを損なわないような措置が求められるのは当然である。それは，比例原則の基本的要請でもある。人権法・人道法の重大な侵害がかかわる場合には，法の支配の原理により正義の回復が強く求められるだけに，司法へのアクセスを制限するのであればこれに代わる効果的な措置が提供されなくてはならない。人権法・人道法の重大な侵害を受けた被害者に対して，司法へのアクセスを遮断しながら，有意な代替措置をいっさい提供しない場合には，司法にアクセスする権利のまさに本質が損なわれ，国際人権法の侵害がもたされることになる。

本件に論を戻すに，裁判上訴求する権能を失わせることは，司法へのアクセスすなわち司法的救済への道を遮断する手続的な制限にほかならない。訴求力の喪失はサンフランシスコ平和条約の帰結とされるところ，その「枠組み」をもって日中共同声明の文脈でも同様の帰結がもたらされるというのが最高裁の見解であり，また被告国の主張でもある。問題は，こうした措置が司法へのアクセスを制限するものであるにもかかわらず，国際人権法の観点からの検討がなされていないことにある。原告の側において争うことのできる実体的な権利侵害があるのかどうか，そして，訴求力の剥奪が不合理な制限にあたらないのかどうかが，人権条約上の観点から精確に吟味されなくてはならない。

より詳しくは後に述べるように —— 結論を先に述べてしまうと ——，日本国は原告らに対して人道に対する罪に相当する重大な国際人道法（戦争法）の違反を犯した。国際義務に違反したことにより日本国が負う国家責任は，サンフランシスコ平和条約・日中共同声明等によっても解除されることなく現在に引き続いている。最高裁の論理によっても，失われたのは民事裁判上の権利行

---

[24] *Waite and Kennedy, supra*, note 22 para. 69; *Beer and Regan v. Germany*, Application no. 28934/95, Judgment, 18 February 1999, para. 59.

[25] *Counter-Memorial of Italy, supra* note 15, paras. 4, 92.

使の可能性にすぎず,義務違反によって生じた国家責任そのものが解除されたわけではない。それ以上に,重大な国際人道法違反についてはそもそも国家による放棄の対象にはなりえない。人道法違反の被害者たる原告らは,「陸戦の法規慣例に関する条約」(以下,ハーグ陸戦条約第3条あるいは民法(不法行為規定)を用いて損害賠償を請求する権利を有する。また,日本国の国際法違反は現在まで継続し国家責任の解除義務を日本に課しているところ,現在進行形のこの義務が履行されないことにより現時点において損害を被っているとして,国家賠償法による損害賠償請求権の行使も妨げられない。

このように権利義務関係について十分に争いうる主張を行える原告らの訴権の喪失を正当化するには,司法へのアクセスの制限が合理的であることが示されなくてはならない。人道に対する罪に相当する重大な国際人道法違反の被害に鑑みるに,民事裁判で争う法的回路を遮断する場合にはこれに代わる有効な措置が提供されなくては,司法へのアクセスのまさに本質が損なわれることになってしまう。だが,国際司法裁判所が用いた表現を借用すれば「驚くべき —— かつ遺憾な —— こと」に,重慶大爆撃の被害者には賠償措置もそれに代わる措置もまったくとられておらず,今後におけるその可能性も稀薄なままである。重大な国際人道法違反を受けた原告らが,効果的な代替措置を提供される可能性がないままに裁判上訴求する権能を剥奪されるのであれば,司法にアクセスする権利のまさしく本質が損われることになってしまう。

こうした事態の発生を回避するため,サンフランシスコ平和条約および日中共同声明は自由権規約に適合するように解釈されなければならない。条約は,他の条約と可能なかぎり調和するよう解釈されなくてはならず,条約間の調和を可能にする解釈が現に存する場合には,その解釈を採用すべきは当然である。人間の尊厳を具現化する人権条約がかかわる場合には,なおのことその要請は強まる。

IV 争いうる民事上の権利義務

1 国際義務の違反

国際人権法の観点から司法にアクセスする権利の保障について論ずるにあたりまず検討すべきは,本件原告らがいかなる権利義務関係について争うことができるかだが,この点については,国際人道法違反にかかる主張が可能であ

◆ 第Ⅱ部 ◆ 人道のポリティクス

る。

　原告らが被った被害は日本軍による5年半にわたる大規模な爆撃によって引き起こされた。国際人道法は、とりわけ1977年のジュネーヴ条約第1追加議定書を通じて空爆（空襲）を射程に入れた明文の規定をもつにいたっているものの、本件爆撃がなされた時点にあっては、空爆そのものを明文で規制する一般的な国際文書は存していなかった(26)。もっとも、条約としては発効しなかったものの、1923年にハーグ法律家委員会により「空戦規則案」が作成されるなど、空爆を規律しようとする試みは重ねられており、現に、重慶大爆撃が実行されていた時点にあっても、国際法の規制は空爆に及んでいなかったわけではない。

　たとえば、国際慣習法規則を成文化したとされる「陸戦の法規慣例に関する規則」（以下、ハーグ陸戦規則）は第26条で砲撃の通告を義務づけているところ、ヴェルサイユ条約に基づき設置された混合仲裁裁判所は、1916年のドイツ飛行船によるギリシア・サロニカ爆撃について、同条を準用しドイツ軍の行為の違法性を認めている（1927年）。同混合裁判所は、1930年に別の事件でも同様の判断を示している(27)。

　1937年に刊行した書物の中で、田岡博士は、上記サロニカ爆撃判決の関連部分を訳出し、その判決の基礎となった考え方を以下のように解説する(28)。

　「交戦国が平和的人民及び其所有財産を出来る限り尊重する義務ある事は国際法に依って認められた一般原則の一である。1907年の海軍条約は此の原則に基き、陸戦の法規慣例に関する規則第26条の中に、強襲の場合を除き、攻撃軍の指揮官に、攻撃に着手するに先だって之を官憲に通告する為施し得る手段を尽すべき事を命ずる。此条約の制定者が予告の義務を設くる事に拠って、砲撃せられるべき都市の官憲に、或は降服を申出て砲

---

(26) 1907年の空爆禁止宣言は15カ国の署名・批准を得ていたが、有力国が締約国にならず、また総加入条項もあったため、その効果は限定的であった。城戸正彦『戦争と国際法』（嵯峨野書院、1993年）174頁参照。

(27) Greco-German Mixed Arbitral Tribunal, *Coenca Brothers v. Germany* (1927) & *Kiriadolou v. Germany* (1930), Georg Schwarzenberger, *International Law as Applied by International Courts and Tribunals*, Vol. 2 (1968), pp. 144-150; Ingrid Detter, *The Law of War* (2nd ed., Cambridge University Press, 2000), p. 284.

(28) 岡田良一『空襲と國際法』（巌松堂書店、1937年）289頁。なお、引用文は新漢字に改めた。

撃を避けるか，或は一般人民をして都市より撤退せしめるかの可能を与へんと欲したものである事は明かである。尤も第26条は陸戦のみを目指して作られたるものである事は事実である。然し此の規定は本問題に関するcommunis opinio（一般的意見）を表示せるものと看做さるべきであり，陸戦の砲撃に付て採用せられた規則を空襲にも同様に適用する事を不可ならしめる何等の理由もない。被告（独逸政府）は空爆は不意打に依って為さるる事を要し従って予告は不可能であると主張する。被告の主張は縦令軍事的見地から正当であるとしても，予告無き空襲が許さるべしとの結論を生ぜず，却って空襲は一般に許し得べからずとの結論を生ずべきである。」

要するに予告必要論の基礎は非戦闘員の生命の尊重である。而して其法規上の支持点は陸海軍砲撃に就て予告義務を定める規定である。非戦闘員の生命尊重は戦争法の一般原則であって，陸軍と海軍と空軍とを問はず拘束する。然るに，陸海軍は此原則より派生する一の義務として，都市砲撃に当って予告を発する義務を負ふ。陸海軍が負ふと同程度の非戦闘員生命保護の義務は空軍も亦負ふべきではなかろうか。

20世紀を代表する国際法学者であったオッペンハイム＝ローターパクトも次のようにいう。「非戦闘員を直接の攻撃から免除することは戦争に関する国際法の基本原則の一つである。この原則は，第二次世界大戦に先だって，陸戦にも海戦にも空戦にも適用されていた。これは，陸戦および海戦に妥当する規則を，類推によって空戦に適用する問題ではない。それは，戦争の特定の局面を，戦争法の基礎をなすと一般に認められた規則に服せしめることである。非戦闘員を直接の攻撃から免除することは，そのような性格を有する原則の一と思料されていた」。そしてオッペンハイム＝ローターパクトは，上記混合仲裁裁判所判決を，文民たる住民の生命および財産を尊重する原則が優先的に適用された国際判例として特記している[29]。

さらに，帝国海軍第三艦隊司令部国際法顧問も務めた信夫博士は，空爆への戦争法規の適用可能性について次のように説く。「1907年改定の陸戦法規慣例規則も，第25条に「防守セザル都市，村落，住宅又ハ建物ハ如何ナル手段ニ

---

(29) Lassa Oppenheim [Hersch Lauterpacht ed.], *International Law: A Treatise*, Vol.II [7th ed.] (Longmans, 1952), p.524.

◆ 第Ⅱ部 ◆ 人道のポリティクス

依ルモ之ヲ攻撃又ハ砲撃スルヲ得ズ」とあるに於いて，その「如何ナル手段ニ依ルモ」の一句がこれ亦空戦関係の国際法規の一と云える。1899 年海軍議定の奮規則の之に該当する第 25 条には「防守セザル市府町村居宅ハ建物ヲ攻撃又ハ砲撃スルヲ禁ズ」とあり，「如何ナル手段ニ依ルモ」の一句は無かった。1907 年の改定規則にて之を挿入したのは（それは仏国全権の発議であった），要するに軽気球や航空機に依る上空からの攻撃をも予想し，該禁制を之に及ぼすの意であったのである。斯く上空からの攻撃は当時既に将来を予想されたものであるけれども，之を陸戦法規慣例規則の 1 条項の修正に止めたのは，畢覚航空機の今日の偉大なる発達までは予想せず，乃ち空戦を律するに陸戦法規中の 1 条項を以ってせば足りると見た結果でもあらう」[30]。

信夫博士が言及する軍事目標主義について，1963 年 12 月 7 日の東京地裁・原爆判決[31]は踏み込んだ認識を示して次のように判示している。

> 空襲に関して一般的な条約は成立していないが，国際法上戦闘行為について一般に承認されている慣習法によれば，陸軍による砲撃については，防守都市と無防守都市とを区別し，また海軍による砲撃については，防守地域と無防守地域とを区別している。そして，防守都市・防守地域に対しては無差別砲撃が許されているが，無防守都市・無防守地域においては戦闘員及び軍事施設（軍事目標）に対してのみ砲撃が許され，非戦闘員及び非軍事施設（非軍事目標）に対する砲撃は許されず，これに反すれば当然違法な戦闘行為となるとされている。この原則は，ヘーグ陸戦規則第 25 条で，「防守サレサル都市，村落，住宅又ハ建物ハ，如何ナル手段に依ルモ，之ヲ攻撃又ハ砲撃スルコトヲ得ス。」と規定し，1907 年のヘーグ平和会議で採択された「戦時海軍力をもつてする砲撃に関する条約」では，その第 1 条において，「防守セラレサル港，都市，村落，住宅又ハ建物ハ，海軍カヲ以テ之ヲ砲撃スルコトヲ得ス。（以下略）」と規定し，第 2 条において「右禁止中ニハ，軍事上ノ工作物，陸海軍建設物，兵器又ハ軍用材料ノ貯蔵所，敵ノ艦隊又ハ軍隊ノ用ニ供セラルヘキ工場及設備並港内ニ在ル軍艦ヲ包含セサルモノトス。（以下略）」と規定していることからみて明ら

---

(30) 信夫淳平『上海戦と国際法』（丸善，1932 年）299 頁。引用文は，条件を除くほか，新漢字に改めた。
(31) LX/. DB27661004.

10 サンフランシスコ平和条約と司法にアクセスする権利

かである。

ところで空戦に関しては「空戦に関する規則案」があり……まだ条約として発効していないから，これを直ちに実定法ということはできないとはいえ，国際法学者の間では空戦に関して権威のあるものと評価されており，この法規の趣旨を軍隊の行動の規範としている国もあり，基本的な規定はすべて当時の国際法規及び慣例に一貫して従っている。それ故，そこに規定されている無防守都市に対する無差別爆撃の禁止，軍事目標の原則は，それが陸戦及び海戦における原則と共通している点からみても，これを慣習国際法であるといつて妨げないであろう。なお，陸戦，海戦，空戦の区別は，戦闘の行われる場所とその目的によってなされるのであるから，地上都市に対する爆撃については，それが陸上であるということから，陸戦に関する法規が類推適用されるという議論も，十分に成立し得ると考える。

それでは，防守都市と無防守都市との区別は何か。一般に防守都市とは地上兵力による占領の企図に対し抵抗しつつある都市をいうのであって，単に防衛施設や軍隊が存在しても，戦場から遠く離れ，敵の占領の危険が迫つていない都市は，これを無差別に砲撃しなければならない軍事的必要はないから，防守都市ということはできず，この場合は軍事目標に対する砲爆撃が許されるにすぎない。これに反して，敵の占領の企図に対して抵抗する都市に対しては，軍事目標と非軍事目標とを区別する攻撃では，軍事上の効果が少く，所期の目的を達することができないから，軍事上の必要上無差別砲撃がみとめられているのである。このように，無防守都市に対しては無差別爆撃は許されず，ただ軍事目標の爆撃しか許されないのが従来一般に認められた空襲に関する国際法上の原則であるということができる。

もちろん，軍事目標を爆撃するに際して，それに伴つて非軍事目標が破壊されたり，非戦闘員が殺傷されることは当然予想されうることであり，それが軍事目標に対する爆撃に伴うやむをえない結果である場合は，違法ではない。しかしながら，無防守都市において非軍事目標を直接対象とした爆撃や，軍事目標と非軍事目標の区別はせずに行う爆撃（いわゆる盲目爆撃）は，前記の原則に照し許されないものということになる。

以上のごとく、国際・国内判例および内外の権威ある国際法学者の見解に徴するに、空爆を規制する（当時有効であった）国際法に照らして重慶大爆撃の違法性を評価することには十分な根拠がある。

さらに、重慶大爆撃は、有賀博士が「文明戦争の例規として最も重要なるものなり」と説くハーグ陸戦規則第46条を大規模に踏みにじる重大なものでもあった。有賀博士は、「個人ノ生命及私有ノ財産……ハ之ヲ尊重セザルヲベカラズ」と規定する同条を解説して、（上記引用に続けて）次のようにいう。「其の大体の主意は、元、戦争は国と国の間に於て互に戦闘力を以て勝敗を争ふものにして平和の人民に関係なし、而して人民の人として此の世に生存する上に就きて享有する天賦の権利自由は政府と雖奪ふ可からさるものなり、国家一時の緩急の為に之を侵害すへからす、況や文明戦争は国民発達の必要条件に関する二国の紛争を解決する為に起る所なれは、之か為にその発達の根源たる権利自由を障害するとあるへからすと云ふに存せり」[32]。重慶大爆撃は、ハーグ陸戦規則第46条に託された国際人道法（戦争法）の根本精神・基本原則を根底から踏みにじるものであったと言うしかない。

同条の違反は、戦争法規・慣例の違反を構成する。戦争法規・慣例の違反は、単なる国際法違反にとどまらず、国際犯罪として国際公序に反する重大な性格を帯びてもいる。ちなみにギリシア破毀院は、下級審の判断を支持するにあたって、ハーグ陸戦規則第46条が「強行規範（*jus cogens*）」であることを確認し、いかなる逸脱も許さぬ高次の規範的効力を同条に付与することを躊躇しなかった[33]。本件におけるような戦争法規・慣例の大規模な蹂躙は、極東国際軍事裁判所憲章第5条(ハ)に規定する「戦前又は戦時中為されたる殺戮、殲滅」として人道に対する罪に該当する行為と評すべきものでもある（同一の行為が国家の違法行為と個人の国際犯罪を構成することは国際法上も確立している）。

2 賠償請求権の根拠

重慶大爆撃は上記のように重層的でかつ重大な国際法違反を問われるものであるところ、原告らは、その被害者として、損害賠償を請求する権利を国際法

---

(32) 有賀長雄『戰時國際公法』（早稲田大学出版部、1904年）346-347頁。引用文は新漢字に改めた。

(33) *Prefecture of Voiotia v. Federal Republic of Germany*, case No. 11/2000, *supra*, note 11, p. 521.

10　サンフランシスコ平和条約と司法にアクセスする権利

によって与えられている。その根拠の一つはハーグ陸戦条約第3条である。同条は次のとおり定める。「［陸戦の法規慣例に関する］前記規則ノ条項二違反シタル交戦当事者ハ、損害アルトキハ、之ヲ賠償ノ責ヲ負フヘキモノトス。交戦当事者ハ其ノ軍隊ヲ組成スル人員ノ一切ノ行為二付責任ヲ負フ」。

　同条は陸戦の場合に適用されることを想定されてはいるが、空爆の場合においても同様の法理が妥当することはいうまでもない。信夫博士はこの点について次のように説く。「交戦国政府がその軍隊の組成員の行為に付責任を負ふのは、専ら陸戦法規慣例規則の規定する諸事項の違反行為である。けれども、その故を以て同規則以外の交戦法規の違反に就ては全然責任を負ふに及ばずして可なりといふ結論を伴ふものではない。凡そ国際法と国内法たるとを問はず、苟も社会の掟則に違反すれば、之に就て責を負ふべきものたることは総ての場合を通じて一貫する原則である。交戦法規はその陸戦に係ると、海戦に係ると、将た空戦に係るとを問はず、総てその違反者に対して之が責任の負担を要求する。ただ陸戦法規慣例条約は、その凡例として同条約附属の陸戦法規慣例規則の違反に対し特に責任の帰着を明指したまでである。交戦の当事者この理を誤解なきを要する」[34]。

　ところで、同条が個人に直接権利を与えたものなのかそれとも賠償請求権の主体はあくまで国家に限定されるのかについては、日本における一連の戦後補償裁判で激しく議論されてきたところであり、これまでの判例の趨勢が個人の権利主体性を否定的に捉えるものであったことについては承知している。しかし、国際人道法の法益はまぎれもなく個人の保護にあり、その起草過程等を分析した一群の権威ある国際法学者たちが詳論するように、同条は損害を被った個人の救済を念頭において制定されたものであった[35]。もとより、手続きが整備されなければ個人はそうした権利を十全には行使しえず、実際には国家間の合意により、あるいは、国際機構の独立した手続きを通して、個人が被った損害の賠償が（きわめて不十分ではあれ）なされてきたのが現実であった。

　だが、国家間の合意によってもあるいは国際機構を通じてもまったく賠償さ

---

(34)　信夫・前掲書注(30)358頁。引用文は新漢字に改めた。なお、Oppenheim, *International Law, supra* note 29, p.594 も同旨。

(35)　同条が個人を権利主体としているという権威ある国際法学者の見解を収録するものに、藤田久一・鈴木五十三・永野貫太郎編『戦争と個人の権利』（日本評論社、1999年）。

◆ 第Ⅱ部 ◆ 人道のポリティクス

れない損害がある場合には，個人は国内裁判に訴えて救済を図らなくてはならない。こうして，前述のとおり第二次世界大戦期におけるドイツ占領下での文民たる住民の殺害・財産損壊についての損害賠償請求を，（私権の尊重について定める）ハーグ陸戦規則第46条および（賠償について定める）ハーグ陸戦条約第3条により認容する判断がギリシア地方裁判所で示され，この判断が2000年に同国最高裁でも維持されるところとなっている(36)。

もっとも，ギリシアでは当該判決が執行されなかったことから，当事者がイタリアの裁判所にその執行を求める訴えを提起したところ，同国破毀院は2011年にその訴えを認容し，ドイツに対してギリシアの裁判所の判決に従って損害賠償を支払うよう命じた（こうした一連の事情の下に，ドイツが主権免除違反を理由に国際司法裁判所に訴えを提起したことについては前述したとおりである）。その際，同破毀院は次のように判示している。「ギリシアの裁判所が正しく指摘したように，前世紀の初頭においてさえ，……文民の保護を責任をもって確保する義務がすでに存在していた。これら国際法諸規範は，ドイツ軍によるVojotia地方占領期に深刻に侵害された。ドイツ軍は文民たる住民の不可侵の権利に反する途方もない行為に従事したのである。……したがって私たちは，当該侵害についての損害賠償の支払いを命じたギリシアの裁判所の判決がイタリアにおいて執行できるものと判断する」(37)。

この判決文から，イタリア破毀院もまたハーグ陸戦条約第3条が具現化する個人の賠償請求権を承認していることを見て取れる。同条に関するこうした理解は，上記事件において，国際司法裁判所の裁判官からも明瞭に支持されるにいたっている(38)。

ハーグ陸戦条約3条の賠償請求権が個人にあるという理解は，日本にあって

(36) 申惠丰・高木喜孝・永野貫太郎編『戦後補償と国際人道法』（明石書店，2005年）346-349頁に要約が収録されている。
(37) *Repubblica Federale di Gemania c. Autogestione prefettizia di Vojolia* (*Grecia*), Case No. 11163/11, *supra*, note 11. para. 50.
(38) Dissenting Opinion of Judge Cancado Trindade, paras. 67, 68. 同判事は次のように述べる。「この規定［ハーグ陸戦条約第3条］の準備作業は，賠償が上記侵害の被害者である個人に対して行われるべきものであるという見解を支持している。……この規定は，国際人道法に関する1949年ジュネーブ条約の第1追加議定書第91条によってアップデートされた。1907年規則の侵害についての国際責任の承認と被害者たる個人に賠償を提供する関係国の義務については，（1907年も1977年も）なんらの論争も異論もなかった」。

10 サンフランシスコ平和条約と司法にアクセスする権利

も、たとえば信夫博士が次のとおり明言していたことを改めて想起しておきたい[39]。

> 著者の見解に依れば、私有財産の尊重すべきは敵人のたると第三国人のたるとに依り何等異なる所なく……第三国人に関する賠償は考慮すべし支那人のそれは考慮せずといふが如きは、国際法眼に照さば何等理由なき暴説と云わざるを得ない。……苟も交戦国の違法行為に由りて損害を受けたと認むる私人は、その交戦が如何なる原因に基いて起ったものにもせよ、当然救済を求むるの権利がある。ただ問題は、交戦国の行為が果たして交戦法規の容認せざる違法のものであったか否かにありて……それは国際法が冷静且公平に裁断するのである。殊に交戦国の違法行為（が仮にありとして）に因る損害賠償問題に関しては、如何に加害国が独自の強硬なる見解を執るとした所で、賠償要求権者は不満足と思ふ場合には、自国政府に訴えて之を彼我政府間の外交問題と為し得るの道もある。

あきらかに、戦争法違反により損害を受けた個人は賠償請求権を有しているとの認識であり、その認識には一点の疑念もみられない。ハーグ陸戦条約第3条は、1930年代の日本において、軍の法律顧問を務めた権威ある国際法学者によってそのように解釈されていたということである。もとより、損害賠償請求権があるということと、それを行使する手続きが整備・開放されているということとは別個の問題である。上海戦にあっても、日本軍の構成員が第三国たる英国の国民に生じさせた生命財産の損害は英国政府を通して伝えられ、日本政府にその責を果たすべきことが求められていた。いずれにせよ、信夫博士が記すとおり、「第三国人は、その受けたる財産の損害に関し賠償要求を提するに遠慮しない」のであった[40]。

本件にあってさらに留意すべきは、賠償請求が21世紀の今日に提起されていることである。本件国際法違反により生じた国家責任は現在にいたるまでまったく解除されずにある。義務違反の状態は今にいたるも継続している。条約は解釈の時点において有効な関連国際法規則を考慮して解釈されることを要する。数多くの人権・人道法条約が整備された今日、自らが被った侵害につい

---

(39) 信夫・前掲書注(30)359, 364頁。新漢字に改めて引用。
(40) 信夫・前掲書注(30)365-366頁。

197

◆ 第Ⅱ部 ◆ 人道のポリティクス

て個人が効果的な救済を求める権利を有することは、司法にアクセスする権利の重要な一部をなし、そのようなものとして人権諸条約等を通じて普遍的に認められている。そして、国連総会決議が確認するとおり、「国家は、当該国家に帰属し得る作為または不作為であって国際人権法の大規模な違反または国際人道法の重大な侵害にあたるものの被害者に対して、賠償を提供しなければならない」[41]。ハーグ陸戦条約第３条は、こうした国際人権・人道法の今日的枠組みに組み入れられることで、個人を権利主体にするものであることをいっそう明確にしている（もとより、同条が第二次世界大戦終結に先だって個人に賠償請求権を付与するものと認識されていたことは既にみたとおりである）。

再びイタリアの判例に着目すると、破毀院は 2009 年に、ドイツ軍人の戦争犯罪行為によって被害を受けたイタリア人の提起した損害賠償請求（附帯私訴）を受けて、次のように述べている。「人間の自由および尊厳の価値が侵害された場合には、国際社会の構成員および被害者自身による懲罰的反応を必ず引き起こすことが国際的な法システムの一体性には欠かすことができない」[42]。人間の尊厳を深刻に毀損する戦争犯罪は国際公序に反する重大な国際法違反にほかならず、それゆえ被害者への賠償は国際社会全体が共有する基本的価値（国際公序）を回復し保護することにほかならない。ハーグ陸戦条約第３条の根底にあるのも、こうした基本的な要請にほかならない。

国際法を一般的に受容する日本において、ハーグ陸戦条約第３条はハーグ陸戦規則とともにそのまま国内法化されている。個人が国際法主体であるかどうか、あるいは個人に権利が付与されているかどうか、という国際的次元で発せられる問いとはまったく別に、同条は、そのまま国内法化されることにより、日本法の規定として（日本法上の主体である）原告らに賠償請求の法的根拠を与えるものともなっている。「［ハーグ陸戦］規則ノ条項ニ違反シタル交戦当事者ハ、損害アルトキハ、之ヵ賠償ノ責ヲ負フベキモノトス」という規定は紛れもない日本の国内法なのであり、そのようなものとして裁判において適用され

---

(41) Article 15 of *the Basic Principles and Guidelines on the Right to a Remedy and Reparation for Victims of Gross Violations of International Human Rights Law and Serious Violations of International Humanitarian Law*, UN General Assembly Resolution 60/147, December 16, 2005.

(42) *Corte di Cassazione (Sez. I penale), 13 January 2009, No. 1072, Criminal Proceedings against Josef Max Milde, Italian Yearbook of International Law*, Vol. 18 (2008), p. 329.

うるものである。

　もとより，国際違法行為は治癒され，国家責任は解除されなくてはならない。それが国際法の変わらぬ基本原則である。国内法化したハーグ陸戦条約第3条を根拠に原告らに賠償請求を認めることは，本件戦争法規・慣例違反により生じた国際義務違反を治癒し，国家責任の解除を促すことにつながる。それは，憲法第98条2項の定める国際法遵守義務を具現化する営みそのものでもある。

　これに加うるに，ハーグ陸戦条約第3条を適用することと並び，民法不法行為規定を適用する可能性も必ずしも排除されない。戦後補償裁判においては，国家無答責の法理を排斥して民法の適用可能性が認められた事例も少なくない。たとえば，中国人強制連行・強制労働事件新潟地方裁判所判決は次のように判じている[43]。

> 戦前において，国家無答責の法理が存在していたことは認められるが，これを本件に適用することは相当でない。すなわち，戦前においては，行政裁判所法が「行政裁判所ハ損害要償ノ訴訟ヲ受理セス」と定め（同法16条），司法裁判所も国による公権力の行使に関連する行為については民法の不法行為に関する規定を適用しないとしており，司法裁判所及び行政裁判所ともに国の公権力の行使に関連する不法行為に甚づく損害賠償請求を受理しなかったため，そのような請求を行うことはできなかった。しかし，このようにして，国に対する損害賠償請求を否定する考え方自体が，行政裁判所が廃止され，公法関係及び私法関係の訴訟の全てが司法裁判所で審理されることとなった現行法下においては，合理性・正当性を見出し難い。また，国の公権力の行使が，人間性を無視するような方法（例えば，奴隷的扱い）で行われ，それによって損害が生じたような場合にまで，日本国憲法施行前・国家賠償法施行前の損害であるという一事をもって，国に対して民事責任を追及できないとする解釈・運用は，著しく正義・公平に反するものといわなければならない。本件は，被告国が政策として，法律上・人道上およそ許されない強制連行・強制労働を実施したという悪質な事案であり，これに従事した日本兵らの行為については微塵の要保護性も存在しない。また，前記認定事実八のとおり，被告国は，強制連行・

---

[43]　2004年3月26日判決（LX/DB28092047）。

強制労働の事実を隠蔽するために，外務省報告書等を焼却するなど極めて悪質な行為を行っているのである。

このような事情を総合すると，現行の憲法及び法律下において，本件強制連行・強制労働のような重大な人権侵害が行われた事案について，裁判所が国家賠償法施行前の法体系下における民法の不法行為の規定の解釈・適用を行うにあたって，公権力の行使には民法の適用がないという戦前の法理を適用することは，正義・公平の観点から著しく相当性を欠くといわなければならない。

このほかにも，大江山中国人強制連行・強制労働事件京都地裁判決（2003年1月15日），アジア太平洋戦争韓国人犠牲者補償請求控訴事件東京高裁判決（2003年7月22日），損害賠償等請求控訴事件福岡高裁判決（2004年5月24日）[44]など少なからぬ裁判において民法の適用可能性が肯認されてきている。ハーグ陸戦条約第3条についてそうであるように，民法を通してであれ，不法行為が治癒されることにより，国家責任の解除が促されることには変わりない。国家責任の解除は日本に課せられた厳然たる国際法上の義務であり，その義務の履行を可能にするように下位法である民法を解釈適用することは，憲法98条2項にもとづく憲法上の要請といえる。

既に確認したように，2007年の最高裁判決の論理によっても，日本が生じさせた本件国際法違反は治癒されたわけではない。サンフランシスコ平和条約・日中共同声明等によっても請求権は放棄されたにとどまり，違法性が治癒され国家責任が解除されたわけではない（重慶大爆撃の被害者には，賠償措置がなんらとられていない）。「請求権の放棄」とは，国家間レベルでは責任の追及をしないという謂いであり，個人のレベルでは（最高裁判決の論理によれば）裁判上訴求する権能が消滅したということである。いずれにせよ，それによって，本件国際違法行為がもたらす国家責任が解除されたのではない。

だが，国家責任は解除されなくてはならない。この義務は，ハーグ陸戦条約第3条とともに，国家責任にかかる一般国際法の基本原則に基づき，今日に引き続く義務としてある。国家責任解除のためにとるべき措置は，国際法（ハーグ条約および一般国際法）により明確にされている。義務違反により生じた損

---

[44] それぞれ，LX/DB28081334, LX/DB28090599, LX/DB28091628.

害に対する金銭賠償の支払いがその中心をなす（一般国際法上の責任解除の形態については，前述国家責任条文第2章に列記されている）。

本件国際法違反による国家責任解除義務は明確であり，また，責任解除のためにとるべき措置も国際法上特定されている。国家責任解除義務は国際義務の違反が生じた1938年から継続しており，すでに60年以上の時が経過している。日中共同声明および日中平和友好条約の時点からでも30年以上，重慶市人民代表大会が日本に対する賠償請求決議を採択してからでも20年以上が経っている。責任解除義務について時効はなく，解除されない限り国家責任は継続する。

この間，日本政府は，一貫して，原告ら個人に対して負担する職務上の法的義務と評価できる作為義務（責任解除のための措置を講ずる義務）の懈怠を続けてきた。文字通りなんらの措置もとられておらず，公務運営の瑕疵は明白である。こうした継続する不作為は，原告らにはなはだしい精神的・肉体的負担を及ぼしている。このゆえに，国家賠償法施行後以降引き続く国家責任解除義務の懈怠については，同法第1条の適用を受けてしかるべきものといってよい。なお，本件において国家賠償請求の対象になるのは，日本国が負う国家責任解除義務の懈怠という同法施行後の行為（不作為）に基づく損害についてであって，この法律施行前の行為に基づく損害ではない。また，相互保証の要件に関しては，仮にそれを問題にするのであれば，被害者救済を念頭においた正義公平の原則に照らし緩やかに解されるべきであるが，相互保証の時期については，これを請求権行使時でなく不法行為時としても，中華人民共和国国家賠償法が施行された1995年1月1日以降継続する日本国の違法行為（国家責任解除義務の懈怠）についてはなんら障害は生じない。

V　権利制限の合理性審査

上記Ⅲに記載したとおり，本件においては民事上の権利義務関係について争いうる十分な法的根拠がある。もっとも，そうではあっても，既に述べたとおり，司法にアクセスする権利は絶対的なものではなく，合理的な制限に服するものでもある。そこで，次に，最高裁判決による裁判上訴求する権能の喪失という手続的制限が合理的であるかを検討する。合理的であるかどうかは，第一に当該制限が正統な目的を追求するものであるか，第二に手段が当該目的と比

例しているか，という点の審査を通して判断される。また，権利の本質を損うような制限は許容されない。

　最高裁判決によれば，裁判上訴求する権能が失われるのは次の理由からである。「サンフランシスコ平和条約の枠組みは，日本国と連合国48か国との間の戦争状態を最終的に終了させ，将来に向けて揺るぎない友好関係を築くという平和条約の目的を達成するために定められたものであり，この枠組みが定められたのは，平和条約を締結しておきながら戦争の遂行中に生じた種々の請求権に関する問題を，事後的個別的な民事裁判上の権利行使をもって解決するという処理にゆだねたならば，将来，どちらの国家又は国民に対しても，平和条約締結時には予測困難な過大な負担を負わせ，混乱を生じさせることとなるおそれがあり，平和条約の目的達成の妨げとなるとの考えによるものと解される」。

　つまり，将来に向けて揺るぎない友好関係を築くという平和条約の目的達成のために，相互に過大な負担が事後的に発生する事態を回避することが制限の目的ということになる。その目的を達成するために，裁判上訴求する権能を喪失させる手段が採用されたということである。国際法秩序にあって平和条約の果たしてきた役割に鑑みるに，こうした目的の正統性については，ただちに否定し去るものではない。しかし，そのために採用される手段（裁判上訴求する権能の喪失）がそうした目的と比例するものであるのかについては重大な疑義がある。

　本件で問題となっているのは人道に対する罪に相当する重大な国際人道法違反により生じた損害なのであって，戦時に生じた単なる私有財産等の損壊なのではない。後者のような事案にかかる請求権については必要な措置をもって平和条約等により消滅させることも否定するものでないが，前者については，国際公序そのものを脅かす重大な違法行為であるだけに，特別の配慮が必要になる。国際犯罪に相当する違法行為から生じた損害と，戦時中に生じた他の損害とを法的に同列に扱うことはできない。

　その旨は，日本も締約国である1949年のジュネーヴ4条約に共通に規定されている。たとえば，文民条約は第7条で「いかなる特別協定も，この条約で定める被保護者の地位に不利な影響を及ぼし，又はこの条約でそれらの者に与える権利を制限するものであってはならない」と定め，第8条では「被保護者は，いかなる場合にも，この条約及び，前条に掲げる特別協定があるときは，その協定により保障される権利を部分的にも又は全面的にも放棄することがで

きない」と定める。これらの規定が明らかにするのは、国だけでなく当事者個人であっても、ジュネーヴ条約で与えられた水準を低下させることに合意することは許容されないということである。なぜならそれは、国際公序にかかわる問題そのものだからである。

さらに、文民条約は第147条および第148条で次のように規定する（他の3条約にも同様の規定あり）。「重大な違反行為とは、この条約が保護する人又は物に対して行われる次の行為、すなわち、殺人、拷問若しくは非人道的待遇（生物学的実験を含む。）、身体若しくは健康に対して故意に重い苦痛を与え、若しくは重大な障害を与えること……又は軍事上の必要によって正当化されない不法且つ恣意的な財産の広範な破壊若しくは徴発を行うことをいう」。「締約国は、前条に掲げる違反行為に関し、自国が負うべき責任を免かれ、又は他の締約国をしてその国が負うべき責任から免れさせてはならない」。

国際人道法の根幹をなすこれらの規定が伝えるのは、国家は個人の権利水準を低下させたり、あるいは重大な国際人道法の違反にかかる自国の責任を免れるような合意をなすことができないということである。ジュネーヴ条約に関する赤十字国際委員会のコメンタリーが解説するように、これらの規定は従前の諸条約に内在していたものを具現化させたものであり、けっして第二次世界大戦後に新設されたものではない。また、締約国の責任にかかる条項については、刑事処罰を終えてもなお損害賠償責任が残ることが含意されている[45]。

ハーグ陸戦条約第3条は1977年の第1追加議定書第91条としてそのまま継承されているが、同条に関する赤十字国際委員会コメンタリーは次のようにいう。「平和条約の締結にあたり、当事国は、適当と思料される場合、戦争損害一般に関する問題と戦争を開始した責任に関する問題を原則的に処理する。その一方で、戦争犯罪人の訴追を控えることはできず、また、ジュネーヴ諸条約および本議定書の規則を侵害された被害者が権利資格を有する（entitled）賠償を拒否することもできない[46]」。

平和条約により国と個人の請求権を処理することはかまわない。しかし、それによって国が本来負うべき責任を回避し、重大な被害を受けた個人の地位を

---

(45) http://www.icrc.org/ihl.nsf/COM/380-600010?OpenDocument; http://www.icrc.org/ihl.nsf/COM/380-600170?0penDocurnent
(46) *ICRC Commentary to the Additional Protocol to the Four Geneva Conventions of 1949*, para. 3651, http://www.icrc.org/ihl.nsf/COM/470-750117?0penDocument.

◆ 第Ⅱ部 ◆ 人道のポリティクス

損なうことは国際人道法上許されない。換言すれば，ジュネーヴ諸条約に体現された国際人道法の基本的要請と両立する限りでのみ請求権処理はなしうるということである。

　もとより，最高裁判決は請求権が実体的に消滅したとまでは宣言していない。裁判上訴求する権能が失われたというにとどまる。それゆえ，裁判以外の方法により賠償の手当がなされ，人道法違反が治癒される方途は残されていないわけではない。しかし，最高裁判決の時点のみならず現時点にあっても，原告らに対する賠償（あるいはそれに相当する）措置は日本政府によりまったくとられていない。「過大な負担」が事後的に発生することを憂慮する前に，これほど大規模な違法行為による損害を受けた原告らになんらの賠償措置も振り向けられてきていないことを想起しなくてはならない。のみならず，裁判以外の方法による将来的な賠償手当ての見込みはなにも立っていない。重大な国際人道法違反の被害者たる原告らは文字通り放置され，日本国の負う法的責任も回避されたままである。

　また，前記Ⅰで論じたとおり，そもそも「サンフランシスコ平和条約の枠組み」を日中共同声明にあてはめることには国際法上の根拠がない。日中共同声明はサンフランシスコ平和条約に照らして解釈されるべきものではなく，独立した国際法文書として解釈されるべきものである。その際，最高裁判決がいうように，「日中共同声明五項は……その文言を見る限りにおいては，放棄の対象となる「請求」の主体が明示されておらず，国家間のいわゆる戦争賠償のほかに請求権の処理を含む趣旨かどうか，また，請求権の処理を含むとしても，中華人民共和国の国民が個人として有する請求権の放棄を含む趣旨かどうかが，必ずしも明らかとはいえない」。

　同共同声明の性格については，たとえば，前出新潟地裁判決（2004年3月26日）などにおいて詳細な判断が示されている。同判決は，「日中共同声明は，文言自体からして，中華人民共和国政府の日本国に対する戦争賠償の請求を放棄しただけであり，中華人民共和国の国民個人の日本国に対する請求権を放棄したとは規定されていないのであり，個人の私的請求権は放棄されていない」と述べるとともに，政府の見解，中国側の見解等を分析し，「日中共同声明及び日中平和友好条約により，原告ら中国国民固有の私的請求権は放棄されておらず，日本の裁判所において本件損害賠償請求の裁判を行うことができるという結論を導いている。こうした判断はすでに紹介ずみの他の中国人被害者関係

裁判でも同様に示されている。

　このように、日中共同声明を誠実に解釈した場合には裁判上訴求する権能が失われたという解釈を導き出すことは困難であり、にもかかわらず「サンフランシスコ平和条約の枠組み」に強引に組み入れてしまうことは、国際法上さらなる過ちを重ねることにほかならない。

　上述したことを約言するに、「サンフランシスコ平和条約の枠組み」を日中共同声明にあてはめて原告らの裁判上訴求する権能を喪失させることは、国際法上根拠のない論理に依っており、また、ジュネーヴ諸条約が体現する国際人道法の基本的要請に違背する事態をもたらすものである。したがって、司法へのアクセスを制限する手段として失当であり、目的と均衡を失した不合理なものといわなくてはならない。なにより、日本政府によってなんらの代替措置もとられず、かつ、とられる見込みもないなかで、重大な国際人道法違反の被害者である原告らの裁判上訴求する権能を喪失させることは、司法にアクセスする権利のまさしく本質を損なうに等しい。原告らの裁判上訴求する権能を喪失させることは、以上の理由により、自由権規約（特に第14条1項）の定める司法にアクセスする権利の侵害をもたらすものといわなくてはならない。

Ⅵ　結　語

　「サンフランシスコ平和条約の枠組み」を日中共同声明にあてはめて裁判上訴求する権能を失わせることは、条約の適用にかかる国際法規範に違背し、かつ、自由権規約（特に第14条1項）によって原告らが保障されている司法にアクセスする権利の侵害をもたらすことになる。

　既に確認したように、条約は、他の条約と可能なかぎり調和するよう解釈されなくてはならず、条約間の調和を可能にする解釈が現に存する場合には、その解釈を採用すべきは当然である。人間の尊厳を具現化する人権条約がかかわる場合には、なおのことその要請は強まる。法的根拠のない「サンフランシスコ平和条約の枠組み」なるものに依拠した最高裁判決を無批判に踏襲することなく、国際法の適正な解釈により、原告らに対して裁判上訴求する権能を認める司法判断が示されるべきである。

11 国際法における性奴隷制と「慰安婦」制度

I 国際社会の言説状況

 1991年8月に故・金学順氏が元「慰安婦」として公に名乗り出て以来,「慰安婦」問題は,日本の抱える最も重大な人権問題の一つとして国際社会で広く認知されて今日に至っている。

 「慰安婦」問題が国際的な場で審議されるようなったのは,1992年2月の国連人権委員会以降のことである。「慰安婦」制度をその実態に即して「性(的な)奴隷制」と表することはすでにその時点から始まっていたが[1],国際人権文書において「性奴隷制(sexual slavery)」という語が用いられた嚆矢は,1993年6月に開催された第2回世界人権会議の採択したウィーン宣言及び行動計画である。この文書のII-38は次のように記している。「…武力紛争の状況における女性の人権侵害は,国際人権法及び国際人道法の基本的原則の侵害である。特に,殺人,組織的レイプ,性的奴隷及び強制的妊娠を含むこの種のすべての人権侵害は,実効的な対応を必要とする。」

 上記箇所で用いられている「すべての」という文言は,修正前は「現在の」となっていたのだが,「慰安婦」問題に関心を有する多くのNGOからの働きかけがあって,「現在の」が最終的に「すべての」となった。韓国から元「慰安婦」らが参加したこともあって,「慰安婦」問題は世界人権会議の場でも早くから注目されていた。この会議は,「慰安婦」を「性奴隷」という語に結びつけて認識する国際的な潮流をつくり出すことに大きく寄与したと言える[2]。

 1994年になると,人権分野において高い評価を受けている国際法律家委員

---

(1) 戸塚悦朗「人権侵害に関する不処罰問題」ICJ国際セミナー東京委員会編『裁かれるニッポン』(日本評論社,1996年) 43頁。

(2) 世界人権会議NGO連絡会編『NGOが創る世界の人権』(明石書店,1996年) 107-110頁。ウィーン宣言及び行動計画の邦訳についても,同書268頁による。なお,1995年に北京で開催された第4回世界女性会議において採択された「北京宣言及び北京行動綱領」でも「性的奴隷化」という表現が用いられた(パラグラフ114,132,135参照。邦訳は,山下泰子他編『ジェンダー六法』(信山社,2011年) 95, 97頁による)。

207

会（International Commission of Jurists）が「慰安婦」問題について調査報告書を発表し，その中で「慰安婦」制度を国際法上の奴隷制に該当すると認定した[3]。1996年1月には，国連人権委員会の女性に対する暴力特別報告者が「戦時における軍用性奴隷の問題に関する朝鮮民主主義人民共和国，大韓民国及び日本への訪問調査報告書」を刊行し，その冒頭で，「慰安婦」制度を「性奴隷制」と表記することの適切性を強調している[4]。

国連人権委員会の下部機関であった「差別防止及び少数者保護に関する小委員会」も1993年8月に「戦時における組織的強かん，性奴隷制及び奴隷制同様の行為」の研究を行う特別報告者を任命し，ゲイ・マクドゥーガルが1998年に「慰安婦」制度についての包括的な調査報告書を公刊した。その中で同特別報告者は，「慰安婦」制度を国際法に基づき明瞭に性奴隷制と認めている[5]。

2000年には研究者・実務家とアジアの女性を中心とする市民が協働して女性国際戦犯法廷が招集され，「慰安婦」制度についての詳細な事実認定と国際法的評価が行われたが，ここでも性奴隷制という語が用いられ，奴隷制禁止規範の違反が認定されている[6]。他方で，人権NGOの代表的存在であるアムネスティ・インターナショナルも2005年に「慰安婦」制度を性奴隷制として類型化する調査報告書を発表し，1930年代にすでに慣習法化していた奴隷制禁

---

(3) International Commission of Jurists, Comfort Women: An Unfinished Ordeal (1994). 邦訳は，国際法律家委員会『国際法からみた「従軍慰安婦」問題』（明石書店，1995年）。

(4) *Report on the Mission to the Democratic People's Republic of Korean, Republic of Korea and Japan on the Issue of Military Sexual Slavery in War Time*, UN Doc. E/CN.4/1996/53/Add.1, 4 January 1996. 邦訳として，『R.クマラスワミ国連報告書』（日本の戦争責任資料センター，1996年）。（財）アジア女性基金による邦訳は，http://www.awf.or.jp/pdf/0031.pdf。

(5) *Final Report submitted by Ms. Gay J. McDougall, Special Rapporteur, Appendix: An Analysis of the Legal Liability of the Government of Japan for "Comfort Women Stations" Established during the Second World War*, UN Doc. CN.4/Sub.2/1998/13, 22 June 1998. 邦訳として，ゲイ・マクドゥーガル（VAWW-NETジャパン訳）『戦時・性暴力をどう裁くか──国連マクドゥーガル報告全訳〈増補新装2000年版〉』（凱風社，2000年）。（財）アジア女性基金による邦訳として，http://www.awf.or.jp/pdf/0199.pdf。

(6) The Women's International War Crimes Tribunal for the Trial of Japan's Military Sexual Slavery, Judgement, Case No. PT-2000-1-T, Corrected: 31 January 2002, Delivered on 4 December 2001, The Hague, The Netherlands, available at http://vawwrac.org/war_crimes_tribunal.

止規則の違反があったとの見解が示された[7]。

　人権諸条約の履行監視機関も「慰安婦」問題への関心を有し，日本の定期報告審査後の総括所見（最終見解）において何度となく懸念が表明され，勧告が出されてきている。その中にあって「慰安婦」を明瞭に「性奴隷」と表しているのは拷問禁止委員会であり，同委員会は2007年の第1回定期報告審査後の最終見解において，「第2次世界大戦中の日本の軍による性的奴隷行為」という表現を用いて勧告を発し（パラグラフ24）[8]，2013年の第2回審査後にも引き続き「第2次世界大戦中の日本軍の性的奴隷行為の被害者」という表現をもって日本への勧告を行っている（パラグラフ19）[9]。自由権規約委員会も2014年の第6回定期報告審査後の最終見解において，「戦時中日本軍により行われた性奴隷制」という語を使用して，きわめて強い姿勢で日本への勧告を発するに及んでいる（パラグラフ14）[10]。

　このほか，米国（2007年1月31日），カナダ（2007年11月28日），欧州連合（2007年12月12日），大韓民国（2008年10月27日），台湾（2008年11月11日）を始めとする諸外国・超国家機構の議会で可決された「慰安婦」問題にかかる決議でも，性奴隷制（sexual slavery，米国），性奴隷化（sexual enslavement，カナダ），性奴隷制度（sexual slavery system，欧州連合），性的奴隷化・軍用性奴隷制（大韓民国），性的奴隷化・軍用性奴隷（台湾）といった語がそれぞれ使用されている。

　学術雑誌に掲載される論文においても，「慰安婦」制度を（性）奴隷制として表記することは1990年代前半からなされており，現在では一般化したといってよい[11]。

---

(7)　アムネスティ・インターナショナル「60年を経てなお待ち続ける－日本軍性奴隷制サバイバーたちに正義を」(http://www.amnesty.org/en/library/asset/ASA22/012/2005/en/b26b670a-d49d-11dd-8a23-d58a49c0d652/asa220122005ja.pdf)。

(8)　日本政府による仮訳は，http://www.mofa.go.jp/mofaj/gaiko/gomon/pdfs/kenkai.pdf。

(9)　日本政府による仮訳は，http://www.mofa.go.jp/mofaj/files/000020880.pdf。

(10)　日本政府による仮訳は，http://www.mofa.go.jp/mofaj/files/000054774.pdf。

(11)　たとえば，Yvonne Park Hsu, "'Comfort Women' from Korea: Japan's World War II Sex Slaves and the Legitimacy of their Claims for Reparation", *Pacific Rim Law and Policy Journal*, Vol.1 (1993), p. 97; Christine Chinkin, "Women's International Tribunal on Japanese Military Sexual Slavery", *American Journal of International Law*, Vol. 95 (2001), p. 335-; Mary De Ming Fan, "The Fallacy of the Sovereign Prerogative to Set De Minimis Liability Rules for Sexual Slavery", *Yale Journal of International*

このように，「慰安婦」問題が国際的に提起された 1992 年以降，国際機関や NGO，研究者らによって「奴隷制」という術語が広く使用されてきていることを確認できる。「慰安婦」制度が（性）奴隷制と表現されることは，国際社会においてはごく一般的な情景にほかならない。

以下では，奴隷制概念の位相を精査することにより，「慰安婦」制度を性奴隷制と表することの妥当性を国際法の観点から改めて考察してみることにする。

II　国際法における奴隷制禁止の展開・概観

1　奴隷制条約から奴隷制補足条約へ

国際法における奴隷制概念は，1926 年の奴隷制条約（Convention to Suppress the Slave Trade and Slavery）第 1 条 1 項に定められている。同条項は次のように規定する。「奴隷制とは，所有権に伴ういずれか若しくはすべての権限が行使される者の地位又は状態をいう（Slavery is the status or condition of a person over whom any or all of the powers attaching to the right of ownership is exercised）」[12]。

奴隷制条約の前文にも記されているとおり，奴隷制廃止の潮流は既に 19 世紀中に具体的な成果として現われていた。1815 年の奴隷貿易廃止に関する諸国宣言，1885 年のベルリン会議一般議定書，1890 年のブリュッセル一般議定

　　 Law Vol.27（2002），p. 395; S.K. Park "Broken Silence: Redressing the Mass Rape and Sexual Enslavement of Asian Women by Japanese Government in an Apppropriate Forum", Argibay, "Sexual Slavery and the Comfort Women of World War II", *Berkley Journal of International Law*, Vol. 21（2003），p. 375; Kristl K. Ishikane, "Korean Sex Slaves' Unfinished Journey for Justice: Reparations from the Japanese Government", *University of Hawaii Law Review*, Vol.29（2006），p. 134, 鄭鎮星（鄭大成・岩方久彦訳）『日本軍の性奴隷制』（論創社，2008 年）。

(12)　「1926 年の奴隷制条約の締結以来，国際法において用いられる「奴隷制」という文言は，「所有権に伴ういずれか若しくはすべての権限が行使される者の地位又は状態（第 1 条 1 項）」と定義されてきた」（A.M. Trebilcock, "Slavery" in R. Berhardt（ed.），*Encyclopedia of Public International Law*, Installment 8（1985），p. 481）。奴隷制廃止が 1930 年代の時点ですでに慣習法として成立していたことについて，*Final Report submitted by Ms. Gay J. McDougall, supra* note 5, paras. 12-16. See also, Hersch Lauterpacht, *International Law and Human Rights*（1950），pp. 334-335.

書及び宣言，1919年のサンジェルマン条約といったものがその代表的なものである[13]。奴隷制条約は，こうした実績の上に立って，奴隷制の要件を成文化するに至ったものである。

　奴隷制条約制定の端緒は，1922年の国際連盟決議に見出される。当初，アフリカ，特にエチオピアの奴隷制に焦点を当てていた提案が，総会での審議を経て，最終的に，奴隷制の問題を総会の議題に加えるとともに奴隷制に関する報告書の作成を要請する決議となって採択された[14]。この決議に基づき，1924年に暫定奴隷制委員会（Temporary Slavery Commission）が設置されることになった。同委員会は奴隷制に関する様々な側面を検討した後，1925年に奴隷制と奴隷取引を扱う国際条約の作成を要請したところ，英国がこの要請を引き受け総会に提案した条約案が奴隷制条約に結実した。

　第2次世界大戦終に国際連合が発足すると，経済社会理事会の下に「奴隷制に関するアドホック委員会（Ad Hoc Committee on Slavery）」が設置され（1950年），奴隷制条約上の奴隷制定義の妥当性等が検討の対象とされた。同委員会は，1951年に提出した報告書において，奴隷制の定義が維持されるべきことを指摘する一方で，奴隷制に至らぬ苦役について扱う新しい法文書の作成を提案した。これを機に国連事務総長が1953年に報告書を刊行し[15]，ついで英国による条約案の提出を受けて経済社会理事会の下で審議がなされた後，1956年に新たに成立したのが「奴隷制，奴隷取引並びに奴隷制に類する制度及び行為の廃止に関する補足条約（Supplementary Convention on the Abolition of Slavery, the Slave Trade, and Institutions and Practices Similar to Slavery）」である。奴隷制の定義には変更はなかったものの，国際連盟時の暫定奴隷制委員会の議論も踏まえ，「奴隷制に類する制度及び行為」という新たな法概念の下に，債務奴隷，農奴，女性の奴隷的婚姻，児童取引が廃止すべきものとして指定された。

---

(13)　See Seymour Drescher, "From Consensus to Consensus: Slavery in International Law", in Jean Allain (ed.), *The Legal Understanding of Slavery* (Oxford University Press, 2012), pp. 85-102; Jean Allain, *Slavery in International Law: Of Human Exploitation and Trafficking* (Martinus NIfhoff Publisher, 2013), Chap. 2.

(14)　以下の記述について，Jean Allain, "The Legal Definition of Slavery into the Twenty-First Century", in Allain (ed.), *supra* note 13, pp. 200-219 参照。

(15)　*Report of the Secretary-General on Slavery, the Slave Trade and Other Forms of Servitude*, UN Doc. E/2357 (January 27, 1953).

◆ 第Ⅱ部 ◆ 人道のポリティクス

2 現代的形態の奴隷制の出現

1960年代に入り発展途上国が国連において勢力を得ると，奴隷制をめぐる議論の重心はしだいに植民地主義とアパルトヘイトに移行していく。発展途上国を中心にこれらを奴隷制として類型化しようとする主張がなされたが，奴隷制条約の定める奴隷制の概念との適合性に疑義が呈され，こうして政治的妥協により，経済社会理事会では，アパルトヘイト及び植民地主義については「奴隷制と同様の行為（slavery-like practices）」という文言が用いられることになった[16]。もっとも，1974年に人権小委員会の下に「奴隷制に関する作業部会（the Working Group on Slavery）」が設置されると，同作業部会は奴隷制条約上の奴隷制の定義に拘束されない旨を表明し，アパルトヘイトと植民地主義を「奴隷制と同様の行為」ではなく「奴隷制」と称すべきとの認識を表明するに及んだ[17]。

冷戦が終結した1990年代になると，アパルトヘイト・植民地主義と「奴隷制・奴隷制と同様の行為」をめぐる議論は後景に退いていくが，この時期は，奴隷制に関わる術語の使用が国際的にやや混乱していくときでもあった。現に，同作業部会は1989年に，「奴隷制並びに奴隷制に類する制度及び行為」という法術語に代えて「奴隷制及び奴隷制と同様の行為」という文言の議題を設定し，さらに，「現代的形態の奴隷制 contemporary forms of slavery」という議題の下に，人身取引，売春からの搾取，子どもポルノ，武力紛争下の子ども，子ども兵士，臓器摘出，近親姦，移住労働者，セックス観光，不法養子縁組，早婚といった諸テーマが取り上げられていくことになった。

こうした国連人権機関の活動は，「奴隷制と同様の行為」あるいは「現代的形態の奴隷制」という新たな用語の下に，隷属的状態にある人々の境遇への国際的関心を高めることにはなったものの，「奴隷制」や「奴隷制に類する制度・行為」という国際法上の法術語の精錬をもたらすものではなかった。

3 奴隷制概念の精緻化

もっとも，その一方で，1990年代には旧ユーゴスラビア国際刑事裁判所，ルワンダ国際刑事裁判所等が設置され，処罰犯罪（人道に対する犯罪）に「奴

---

(16) UN ECOSOC Res.1126 (XLI), 26 July 1966.
(17) *Report of the Working Group on Slavery on its First Session*, UN Doc. E/CN.4/Sub.2/AC.2/3, 28 August 1975.

212

隷化 (enslavement)」が含まれていたことから，奴隷制についての厳格な法解釈を行う契機が生じることにもなった。1998年の国際刑事裁判所規程の定立は，その必要性をさらに強めた[18]。こうして2001年には，旧ユーゴスラビア国際刑事裁判所第一審裁判部において，奴隷化の概念について詳細な分析を施した判決 (Kunarac事件判決) が示されることになる。ボスニア・ヘルツェゴビナにおける民族浄化政策の遂行の過程で，被告人らがムスリム人女性を拘束し，移動の自由を剥奪したうえで強姦を重ね，女性たちを私有財産のように扱ったとして奴隷化（人道に対する犯罪）の成立を認定した画期的な判断であった。この判断を示すにあたり，裁判所が依拠したのは奴隷制条約上の奴隷概念にほかならない[19]。

上訴裁判部によって法解釈をさらに精錬された旧ユーゴスラビア国際刑事裁判所の判断に続き，シエラレオネ特別法廷（2007年，2008年），西アフリカ諸国経済共同体司法裁判所（2008年），欧州人権裁判所（2005年，2010年），国際刑事裁判所（2014年）でも奴隷制条約上の奴隷概念に関わる重要な判断が出され[20]。さらに，国内裁判所としては，2008年にオーストラリア連邦最高裁判所が奴隷制概念の解釈を全面的に展開する判決を下した[21]。当該事案は，債務返済のためにメルボルン郊外で，週6日，4乃至6か月の間に各自900人に

---

(18) 同裁判所規程第7条1項(c)，(g)は，人道に対する犯罪の構成要件に「奴隷化すること」と「性的な奴隷」を含めている。また，同条第2項(c)は，「奴隷化すること」を「人に対して所有権に伴ういずれか又はすべての権限を行使することをいい，人（特に女性及び児童）の取引の過程でそのような権限を行使することを含む」と定めている。

(19) International Criminal Tribunal for the former Yugoslavia, *Kunarac et. als.*, (IT-96-23 & IT-96-23/1-A), Judgment, 12 June 2002.

(20) シエラレオネ特別裁判所（Special Court for Sierra Leone）について，*Brima et als.*, Trial Chamber, Judgment, SCSL-2004-16-T, 20 June 2007; Appeals Chamber, Judgment, SCSL-2004-16-A, 22 February 2008. 西アフリカ経済共同体司法裁判所 (Court of Justice of the Economic Community of West African States) について，*Hadijatou Mai Koraou v. the Republic of Niger*, No. ECW/CCJ/JUD/06/08, 27 October 2008. 欧州人権裁判所について，*Siliadin v. France*, Application no. 73316/01, 26 July 2005; *Rantsevv Cyprs and Russia*, Application no. 25965/04, 7 January 2010. 国際刑事裁判所について，Situation en Republique Democratique du Congo, *Affaire le Prosecureur c. Germain Katanga*, ICC No: 01/04-01/07, 7 mars 2014.

(21) *The Queen v Tang* [2008] HCA 39, 28 August 2008. Jean Allain, "R v Tang: Clarifying the Definition of 'Slavery' in International Law", *Melbourne Journal of International Law*, Vol. 10 (2009).

213

◆ 第Ⅱ部 ◆ 人道のポリティクス

のぼる顧客相手の性行為を強いられていた5人のタイ人女性たちに関わるものであった。彼女らは，売春宿に施錠されて閉じ込められていたわけではなく，衣食等を相応に保障されていたものの，債務にかかる条件を知らされないまま，英語も理解できず知人もなく，旅券を取り上げられ，（査証が違法に取得されていたので）入国管理当局から身を隠すように指示されていたこともあり，事実上，建物の外に出られない状態にあった。（外出する場合には，売春宿の主人を伴うよう指示されていた。）女性たちのおかれていたこのような状態が奴隷制条約上の奴隷にあたるのかが「所有権に伴ういずれか又はすべての権限行使」の詳細な検討を通して詳らかにされた点で，この判断は特筆すべきものであった。

このほか，2000年には「国際的な組織犯罪の防止に関する国際連合条約を補足する人（特に女性及び児童）の取引を防止し，抑止し，及び処罰するための議定書」（人身取引議定書またはパレルモ議定書）が採択されたが，同議定書も，用語を定義した第3条(a)で「奴隷制[22]若しくはこれに類いする行為」に言及している。明らかに，この文言は1926年の奴隷制条約と1956年の奴隷制補足条約に拠るものであり，現に，起草者たちも両条約を十分に念頭においていた[23]。

国際法におけるこれまでの奴隷制禁止の展開を顧みると，脱植民地化が進んだ1960年代以降に「奴隷制と同様の行為」あるいは「現代的形態の奴隷制」といった用語の導入によって奴隷制概念が拡散したかのようにも見えるが，実際には，国際法における「奴隷制」の概念そのものは希薄化されることなく今日に引き続いている。近年，国際的な判例を通して明確化されているのは，「奴隷制と同様の行為」でも「現代的形態の奴隷制」でもなく，1926年奴隷制条約に定められた奴隷制の概念にほかならない。国際法律家委員会報告書や国連人権委員会クマラスワミ報告書，国連人権小委員会マクドゥーガル報告書，アムネスティ・インターナショナル報告書などが日本軍「慰安婦」制度の評価にあたって用いてきた法的基準とまったく同一のものである。そこで，次に，その奴隷制条約上の奴隷制の要件内容について，起草過程にも遡って検討を加

---

(22) 公定（政府）訳では「奴隷化」となっているが，条文（英語正文）で用いられているslaveryには「奴隷制」という訳語が適切である。「奴隷化」に相当するのは，国際刑事裁判所規程第7条2項(c)等で用いられているenslavementである。

(23) Allain, *supra* note 14, p. 215.

えることにする。

Ⅲ　奴隷制の要件

1　奴隷制条約第1条の起草とその意義

　国際連盟の下に1924年に設置された独立専門家から成る暫定奴隷制委員会は、条約案の起草にあたり、あらゆる形態の搾取を包摂する広義の奴隷制の定義を提案していたが、連盟加盟国、とりわけ植民地において種々の労働搾取を行っていた諸国は、廃止の対象とする奴隷制を限定するよう望んでいた。1925年9月、連盟第6委員会（政治委員会）において英国代表セシル・オブ・チェルウッド子爵（Viscount Cecil of Chelwood）は、「奴隷制とは、人が他人に対して財産権（right of property）を行使する地位である」という定義を提案し、暫定奴隷制委員会委員長からもこうした定義付けへの賛同が表明された。その後、当該提案の一部が「財産権（proprietorship）に伴う権限」という語句に修正され、最終的に、セシル子爵の再提案により、「所有権に伴ういずれか若しくはすべての権限が行使される者の地位又は状態」という文言で合意された[24]。

　「所有権に伴ういずれか若しくはすべての権限」の具体的内容は起草過程で詳らかにされることはなかったが、この要件を充足する制度・慣行が、その名称や形式の如何にかかわりなく奴隷制にあたることは、以下に記すとおり、条約第2条(b)の起草過程からはっきりと確認できる。

　同条項は、締約国に「漸進的かつ可及的速やかにあらゆる形態の奴隷制の完全な廃止をもたらすこと」を義務付けるものだが、1925年段階の草案は、「漸進的かつ可及的速やかにすべての形態の奴隷制、特に家内奴隷制（domestic slavery）及びこれに類する状態の場合において、その消滅をもたらすこと」を求めるものとされていた。この草案に対して南アフリカ連邦は、「他のいずれかの者が、法によりまたは強制される慣習により、物について請求するような財産権を人について請求でき、それゆえ、労働を提供し又はその収益若しくは対価を支配する当人の生得の意思の自由が奪われるのであれば、当人は奴隷で

---

(24) Robin Hickey, "Seeking to Understand the Definition of Slavery", in Jean Allain (ed.), *supra*, note 14, pp. 221-222. 以下、奴隷制条約の起草過程については、Jean Allain, *The Slavery Convention* (Martinus Nijhoff Publisher, 2008) による。

◆ 第Ⅱ部 ◆ 人道のポリティクス

ある」と述べるとともに，家内奴隷制であれこれに類する状態であれ，奴隷制の定義にあてはまるのであれば奴隷制にほかならず，特段の区分は不要であるとの見解を表明した。その一方で，ドイツとハイチは，「債務奴隷，偽装養子縁組，児童婚，女性の取引等奴隷制に類する苦役」を廃絶の対象とすることなどを求めていたが，いずれも第6委員会および総会で取り上げられることはなかった。

こうした経緯を踏まえ，セシル子爵が1926年に総会に提出した第6委員会の報告書はこう記している。「「特に家内奴隷制及びこれに類する状態の場合に」という文言は削除されることになった。この修正がなされたのは，当該状態が第1条に定める奴隷制の定義に該当し，それ以上の禁止を明記する必要がないと考えられたからである」。同報告書はまた，次のようにも記す。「[奴隷条約の起草に当たった委員会は]，個人が物に対してもちうる権利と同様の性質の権利を他人に対してもつことを認めるあらゆるものを制定法または国の慣習から消滅させることに向かうものと，第2条を解釈している」。

国際連盟にはその後「奴隷制に関する専門家諮問委員会（Advisory Committee of Experts on Slavery）」が設置され奴隷制の検討が重ねられるが，同委員会も1936年に，債務奴隷（debt bondage or debt slavery）であっても奴隷制条約第1条にあてはまらない場合には奴隷制に該当しないとの見解を表明し，奴隷制の基準があくまで「所有権に伴ういずれか若しくはすべての権限の行使」による旨を明言している[25]。国際連合の時代に入り，事務総長の任命した「奴隷制に関するアドホック委員会（Ad Hoc Committee on Slavery）」は，奴隷制条約第1条の定義が正確で適切であるので引き続き維持すべきとの見解を表明し[26]，これを受けて作成された事務総長報告書でも，「「奴隷」と呼称されていると否とにかかわらず，同条約第1条の掲げる「所有権に伴ういずれか若しくはすべての権限が行使される」のであれば」同条約上の義務が生ずる，と明記されている[27]。

法論理としては当然のこととともいえるが，以上のように，奴隷制の存否は奴

---

(25) Jean Allain, "The Definition of Slavery in International Law", *Howard Law Journal*, Vol. 52, No. 2 (2009), p. 251.

(26) *Report of Ad Hoc Committee on Slavery (Second Session)*, UN Doc. E/1988, E/AC.33/13 (May 4, 1951), paras. 10-11.

(27) *Supra* note 15, para.36.

隷制条約第1条の定める要件に該当する事実があるかどうかによるのであって，その形式（名称）の如何によるのではないことが国際連盟時代から一貫して確認されてきている。

2 「地位又は状態」

奴隷制は，「所有権に伴う権限のいずれか若しくはすべての権限が行使される人の地位（status）又は状態（condition）」と定義されるが，この定義には，法上の奴隷制（slavery *de jure*）と事実上の奴隷制（slavery *de facto*）とが含まれる。奴隷制を「人が他人に対して財産権を行使する地位」と定義していたセシル子爵の当初の提案と比較すると，条約上の定義に，「に伴う権限」と「又は状態」という文言が付加されたことがわかる。法上の奴隷制のみに焦点を当てるのであればこうした文言を加える必要はなかった[28]。奴隷制の要件が問題とするのは，「所有権」そのものではなく「所有権に伴う権限（powers attaching to the right of ownership）」の行使なのであり，また，そのような権限が行使される人の「状態」でもある。そこには，条約による廃絶の対象が，法上の奴隷制に限局されず，事実上の奴隷制でもあることが含意されている。

奴隷制条約上の奴隷の定義を国内法（連邦刑法第270.1条）に編入するにあたり，オーストラリアでは「地位」という語が削除された。その背景事情について，同国連邦最高裁判所は次のように述べている。「オーストラリア法には，奴隷の地位は存しない。人の法的所有は不可能である。したがって，第270.1条は，オーストラリア内での行為に適用されるにあたり，事実上の奴隷制に関わっている。第270.1条における，奴隷制として描かれる状態にある人に対して行使される所有権に伴う権限とは，事実上の（法的な，ではない。そもそもそれは不可能なので。）所有権の属性たる性質と程度を有する権限のことである」[29]。

奴隷制条約上の奴隷制について最も精確な解釈を展開した司法判断とも評されるこの判決[30]は，さらに次のようにも判示する。「1926年に，オーストラ

---

(28) Jean Allain, "The Definition of 'Slavery' in General International Law and the Crime of Enslavement within the Rome Statute", *Guest Lecture Series of the Office of the Prosecutor*, 26 April 2007, The Hague, para. 18.
(29) *Tang, supra* note 21, para. 30 (Gleeson, CJ).
(30) Allain, *supra* note 14, p. 217.

◆ 第Ⅱ部 ◆ 人道のポリティクス

リアを含む多くの［奴隷制］条約当事国において，法的な奴隷の地位は存在しておらず，一の人による他の人の法的所有は不可能であった。…世界の多くの場所において法的な奴隷の地位が存在せず，しかしすべての場所において奴隷制の存在を終えることが意図されていたことから，条約が「状態」に言及した明らかな目的は，法上のみならず事実上の奴隷制を網羅することにあった。…当事国は「あらゆる形態の奴隷制の完全な廃絶」をもたらすことを約束した。法的地位の問題のみを扱う条約を作成するのでは，その目的の達成への努力は哀れなものとなったであろう」[31]。

　オーストラリア連邦最高裁によるこうした解釈は，奴隷制条約の趣旨・目的に照らして与えられる用語の通常の意味に従い，条文を誠実に解釈したものとして国際法の解釈規則に適合したものである。また，既に述べたとおり，条約の起草過程において，セシル子爵は，奴隷制の廃絶を「制定法」のみならず「国の慣習」の次元でも達成すべきことに言及していた。この言及は，南アフリカ連邦の前記発言とも符合しており，事実上の奴隷制の廃絶が条約の射程に入っていることはこうした起草過程での審議からも確認できるところである。

3　「所有権に伴う権限」

　奴隷制の要件が「所有権」そのものではなく「所有権に伴う権限（powers attaching to the right of ownership）」の行使に焦点を当てている含意は上述したとおりであるが，英語と並んで奴隷制条約の正文とされるフランス語では，当該箇所は「所有権の属性（les attributes）」と表現されており，その含意はいっそう明瞭である。

　もっとも，欧州人権裁判所の判例の中には，これとは異なる解釈を示したものがあった。15歳の時に欺罔によりフランスに連れてこられた後，3年余の期間にわたり，旅券を取り上げられて，毎日午前7時30分から午後10時30分までの間，無休かつ無給でパキスタン人家族のメイドとしての労働を強いられ，子どもの通学への付き添いとミサへの例外的な参列を除くほか，アパートからの外出を禁じられていたトーゴ人女性の処遇が問題となった事案におい

---

[31]　*Tang, supra* note 21, para. 25. そもそも，すべての人を権利の主体とする近代法において，生きている人が所有権の客体になれないことはいうまでもない。日本の民法も，所有権の客体を物に限定していることは周知のとおりである。我妻栄［有泉亨補訂］『新訂　物権法（民法講義Ⅱ）』（1983年（1932年第1刷））258頁参照。

218

て，欧州人権裁判所は，苦役を強いた者に適切な刑罰を賦課できぬフランスの責任（欧州人権条約第4条違反）を認定したものの，当該トーゴ人女性は「真正な法的所有権の行使」の対象として「物（客体）」の地位に貶められたわけではない，として奴隷制にはあたらないとの判断を示した[32]。

だが，この判決から5年後に，同裁判所は，ギリシアに「芸術家」の査証で渡航した後，売春婦として雇用され不審な死を遂げたロシア人女性の処遇が問題となった事案において，奴隷制の要件を「真正な法的所有権の行使」ではなく，「人に対する，所有権に伴ういずれか又はすべての権限の行使」に求めることにより，その認識を奴隷制条約の本来の解釈に適合的なものに修正している[33]。

所有権は，客体を一般的・全般的に支配する物権であり，行使される種々の権限・権能の束ではなく，渾一な内容を有するものとされるが，日本の民法（第206条）によれば，その具体的な内容は目的物の使用，収益，処分という形で表出するものとされている。その一方で，前述したように，奴隷制の要件を成す「所有権に伴う権限」の具体的な内容は奴隷制条約の準備作業から窺い知ることはできないものの，国際的にこれを示唆したものとして最も権威があるのは1953年の国連事務総長報告書である[34]。同報告書は奴隷制の定義をローマ法に照らして吟味した後に，「所有権に伴う様々な権限の特質」として，次の事項を列挙している[35]。

第1．隷属的な地位・状態にある個人を，売買の目的物とすることができる。第2．主人（master）が，法律によって明示的に規定される場合を除くほか，隷属的な地位・状態にある個人とりわけその労働能力をいかなる制限もなく全面的に使用することができる。第3．隷属的な地位・状態にある個人の労働の果実が，当該労働の価値と釣り合ったいかなる報酬もなく主人の財産になる。第4．隷属的な地位・状態にある個人の所有権を他人に移転することができる。第5．隷属的な地位・状態が恒久的である，すなわち，隷属的な地位・状態にある個人の意思によってその地位を終了することができない。第6．隷属的な地位・状態が，当該地位・状態を有する個人の子孫に事実上継承され

---

(32) *Siliadin, supra* note 20.
(33) *Rantsev, supra* note 20.
(34) Allain, *supra* note 13, p. 123.
(35) *Supra* note 15, p. 28.

る。

　これらの特質の要諦は，事務総長報告書の言葉を用いれば，人に対する支配 (dominion) であり，そうした「主人の権限 (dominica potestas)」は絶対的な性質のものであって，物を取得し，使用し又は処分する権利を含むとされる[36]。また，国際刑事裁判所の「犯罪の構成要件に関する文書 (the Elements of the Crimes)」は，同裁判所規程第7条1項(c)に定める「奴隷化」について説明するにあたり，実行者が，「一人またそれ以上に対して所有権に伴ういずれか又はすべての権限を行使」する例として，「購入すること，売却すること，貸与すること若しくは交換すること，又は同様の自由の剥奪 (a similar deprivation of liberty)」を挙げている[37]。ここでいう「同様の自由の剥奪」とは，購入，売却，貸与，交換と同じように，人に対して所有権に伴う権限が行使される例として示されている[38]。

　念のために付言すると，「同様の」という語は，「自由の剥奪」が，購入・売却・貸与と同じような商取引行為であることを求めているのでない。そうではなくて，購入・売却・貸与等と同様に，所有権に伴う権限が人に対して行使される行為・状態を求めるものである。この点を明確にするため，「犯罪の構成要件に関する文書」は次のような注記を付している。「そうした自由の剥奪は，ある事情の下では，強制労働を強いること，又は，そうでなければ，[1956年奴隷制補足条約] に定義された苦役的地位に人を落とすことを含むものと理解される。」もとより，「同様の自由の剥奪」が実際には多様な形態をとりうることはいうまでもない[39]。

---

(36) *Id.*, pp. 27-28.
(37) International Criminal Court, Assembly of States Parties, Elements of Crimes, ICC-ASP/1/3, 9 September 2002, p. 117. 原文は次のとおり。The accused exercised any or all powers attaching to the right of ownership over one or more persons, such as by purchasing, selling, lending or bartering such a person or persons, or by imposing on them a similar deprivation of liberty. such as という文言からも明らかなように，購入や売却等は所有権に伴う権限行使の例示である。
(38) Allain, *supra* note 13, p. 281.
(39) 国際刑事裁判所も，「犯罪構成要件に関する文書」は所有権に伴う権限行使の例を示しているが，そうした権限行使の形態は多様であり，当該文書に網羅さるものののではない旨を説いている。また，他人に対する所有権の行使は必ずしも商業的な性質の取引きとは限らず，所有権に伴う権限の行使は，人の自律性を剥奪し，人を従属状態に陥らせるものであり，様々な要因を考慮して事案ごとに判断すべきものであると判示してい

11 国際法における性奴隷制と「慰安婦」制度

　他方で，奴隷制にかかわる主要な国際的判例を見ると，そのほぼすべてにおいて前述した旧ユーゴスラビア国際刑事裁判所 kunarac 事件判決への言及が見られる[40]。当該判決では，奴隷制の存否を見極めるため，次のような徴証 (indicia) が提示されており，各裁判所は，こうした徴証に最も参照すべき価値を見出している。「移動の支配，物理的環境の支配，心理的支配，逃亡を防止し又は抑止するためにとられる措置，力 (force)，力による威嚇又は強要 (coercion)，期間，排他性の主張，残虐な取扱い及び虐待を受けること，セクシュアリティの支配，並びに強制労働」[41]。国際刑事裁判所も katanga 事件判決において，同様に，移動の自由の制限，逃亡の試みを阻止し挫折させる措置，心理的・物理的強要，強制労働に従事する義務，脆弱性，社会経済的状態等を権限行使の徴証として示している[42]。

　なお，旧ユーゴスラビア国際刑事裁判所上訴裁判部によれば，「同意」は奴隷制の要素として立証を必要とするものではないが，所有権に伴う権限行使を立証するうえでの証拠的価値をもつ，とされる。もっとも，同意の表明を不可能とする事情があればその欠如を推定するに十分であることも示唆される。また，同裁判部は第一審裁判部の判断に賛同し，「期間の長さ」について，その重要性は奴隷化にかかる他の徴証を勘案のうえ事案ごとに判断すべきものとしている[43]。

　同裁判部はさらに，第一審裁判部判決にならい，ニュルンベルグ継続裁判判決の次の一節を再度引用してもいる[44]。「奴隷制は拷問がなくとも存在する。奴隷たちは食糧をよく与えられ，衣料もよく提供され，快適に居住する場合もあろうが，それでも，合法的な手続きなくその自由を強制的な拘束により奪われるのであれば，奴隷である。あらゆる虐待の証拠を排斥し，飢餓，殴打その他の蛮行を見逃したとしても，奴隷制の事実 —— 強制的な無報酬の労働 —— はなお残る。慈悲深い奴隷制など存在しない。意に反する苦役は，人道的な処遇によって緩和されたとしても，なお奴隷制である。」

　　　る。Katanga, supra note 20, paras. 975, 976.
(40)　Supra notes 20, 21.
(41)　Supra note 19, para. 119.
(42)　Katanga, supra note 20, para. 976.
(43)　Supra note 19, para. 121.
(44)　Id., para.123. 引用されたのは，次の判決。US v Oswald Pohl and Others, Judgment of 3 November 1947.

◆ 第Ⅱ部 ◆ 人道のポリティクス

　国際的な判例は，奴隷制の様々な徴証を検討することにより，国連事務総長報告書や国際刑事裁判所「犯罪の構成要件文書」に記された「所有権に伴ういずれか又はすべての権限」の行使について判断している。その中にあってオーストラリア連邦最高裁の判断は，次のような判示を通じ，奴隷制の要件に最も忠実な解釈を行っているといえる。

　「本件において，証拠によりその行使が明らかになった決定的な権限（critical powers）とは，［被害者ら］を購入の目的物にする権限，契約期間中に［被害者ら］及びその労働を実質的に制限なく使用する能力，［被害者ら］の移動を支配し及び制限する権限，並びに，［被害者ら］のサービスをそれに釣り合った報酬なく使用する権限，であった。最後の3つの権限については，その程度と性質が重要になる。第1の権限は，陪審員が［被害者ら］のおかれた状態を理解する鍵とみなせるものであった。…［本件では，］奴隷制の状態をもたらすと合理的に考えられるような性質と程度の権限が故意に行使されたことについて説得的な証拠があった。」[45]

　すでに述べたように，奴隷制の要諦は人の支配であり，支配とは，人の自由または自律性を重大なやり方で剥奪することである[46]。たとえ人道的な側面が残されていたとしても，それが支配の一形態として許可されるにすぎないのであれば，奴隷制の本質が損なわれることはない。また，条約上の定義から明白なように，奴隷制とは「地位又は状態」であり，人がどのような方法・手段・目的によりそのような地位又は状態に至ったのかは本質的な問題ではない。強要されて連行されてきた場合であっても奴隷制の要件を充足しないのであれば，当人は奴隷ではない。反対に，自発的に移動してきた者であっても，奴隷制の要件を充足する状態に陥れば奴隷となる。奴隷制にかかるこうした認識は，奴隷制条約起草の時点から今日に至るまで，国際法上，なんら変わっていない。

4　奴隷制に関するガイドライン

　国際法の領域にあって，奴隷制について最も詳細かつ権威ある研究実績を著してきているベルファスト・クィーンズ大学の国際法教授 Jean Allain 氏が中

---

[45]　*Tang, supra* note 21, paras. 50, 56.
[46]　Allain, *supra* note 13, p. 120.

心になって立ち上げられた奴隷制に関する学術的なネットワークは、その活動の重要な成果として、2012年3月3日に「奴隷制の法的要素に関するベラジオ－ハーバード・ガイドライン (2012 Bellagio-Harvard Guidelines on the Legal Parameter of Slavery)」を発表した[47]。

10の個別のガイドラインから成るこの文書は、ガイドライン1において奴隷制条約上の奴隷の定義を示し、同2において、次のようにいう。「奴隷制の場合において、「所有権に伴う権限」の行使とは、人に対する支配であって、その使用、管理、収益、移転または処分により、当人の個人としての自由を重大に剥奪するものと理解すべきである。通例、その行使は、暴力、欺罔及び／又は強要などの手段により支えられて達成される。」

ガイドライン3では、物を支配するように人を支配すること（所持 (possession)）が所有権に伴う権限の中核とされ、その具体的な表出として物理的拘束の形態がとられる場合もあるが、身分証明書を取りあげたり、自由な移動を制限しようとする場合にも、そうした支配がありうるとされる。ガイドライン3は、続けて、「そのような支配がなされる場合には、当人にとって不確定な期間にわたり個人の自由が重大に剥奪されることになろう」と定める。ガイドライン4は、所有権に伴う権限のさらなる例として、「人を購入し、売却し又は移転すること」、「人を使用すること」、「人の使用を管理すること」、「人の使用から収益をあげること」、「相続人又は後継者への承継」、「人の処分、虐待又は遺棄」などに言及する。

ガイドライン5は「奴隷制が存するかについて決定する」と題して、次のように定める。「ある事案において奴隷制が存するかについて決定するにあたっては、特定の事情を検討し、「所有権に伴う権限」が現に行使され、所持 (possession) に相当する人の支配を示すものであるかについて問うことが必要である。／奴隷制が存するかどうかを決定するため特定の事情を評価するにあたっては、単に問題となっている関係の形式でなく、実質を調べるべきである。」

ベラジオ－ハーバード・ガイドラインは、これまでの国連や諸司法機関の蓄積を整序し、1926年奴隷制条約の定める奴隷制の内実を実践的に定式化したものとして、きわめて重要な意義を有するものといえる。

---

(47) http://www.law.qub.ac.uk/schools/SchoolofLaw/Research/HumanRightsCentre/Resources/Bellagio-HarvardGuidelinesontheLegalParametersofSlavery/

◆ 第Ⅱ部 ◆ 人道のポリティクス

Ⅳ 性奴隷制としての「慰安婦」制度

1 奴隷制要件の確認

　1926年に成文化された国際法における奴隷制の要件は，20世紀後半以降に様々な展開があったなかにあって，まったく変わらずに今日に引き継がれている。奴隷制の要件解釈にかかる近年の国際的な判例や学術的な営為は，奴隷制の要件を拡張したり修正するものではなく，あくまで奴隷制条約の定める奴隷制概念を精緻化しているものにすぎない。すなわち，「所有権」ではなく「所有権に伴う権限」こそが問われるべき本質であり，そうした権限の行使は物に対する支配と同様に人を支配すること，換言するに，人間の自由・自律性の重大な剥奪をもたらすものであることは今日まで変わらずにある。

　「所有権に伴う権限」が行使される具体的な形態については，国連事務総長報告書からベラジオ−ハーバード・ガイドラインに至るまで様々に提示されてきているが，そうではあっても，人の売買や使用，移転，処分，状態の恒久性（自らの意思では当該状態を脱せられないこと）といったところに焦点が当てられている点において違いは見られない。旧ユーゴスラビア国際刑事裁判所や国際刑事裁判所の判示は，そうした権限行使の徴証を見定めるうえで特に有益である。

　日本軍「慰安婦」については，奴隷という語に「性」という語を付して表記されることが一般的である。単なる奴隷ではなく性（的な）奴隷ということである。もっとも，奴隷と性奴隷という語は概念を異にするものではない。

　国際刑事裁判所規程第7条1項には，人道に対する犯罪を構成する要素として「奴隷化すること」と「性的な奴隷」が別個に規定されているが，同条2項(c)と「犯罪の構成要件に関する文書」を併せ読むに，「奴隷化」と「奴隷」が同一の概念内容（人に対して所有権に伴ういずれか又はすべての権限を行使すること）を有していることは明白である。問題は，「性的な」という語の付加にどのような意味があるかだが，「犯罪の構成要件に関する文書」は，「実行者が，性的な性質を有する一又はそれ以上の行為を当人にさせた」ことが「性的な」という語の意味するところであると解説する。つまり，「性的な奴隷」とは，奴隷概念に性的な要素が加味されたものにすぎず，「奴隷」の一つの形態にすぎないということである。国連人権小委員会の特別報告者が述べていたとおり，「「性的な」という語は奴隷制の形態を描写するための修飾語であって，別

個の犯罪を意味するものではない。あらゆる意味において，あらゆる事情の下にあって性奴隷制は奴隷制なのである」[48]。

　日本軍「慰安婦」制度が奴隷制に該当するかどうかは，当然ながら，奴隷制条約に具現化された奴隷制の要件に該当するかどうかによって判断されることになる。すなわち，「人に対して所有権に伴ういずれか又はすべての権限の行使」がなされたのかが検討されなくてはならない。これを別して言えば，「慰安婦」制度の下におかれた女性たちが，加害行為実行者によって物（客体）のように支配され，自由・自律性を重大に損なわれる状態にあったのかどうかが問われることになる。

2　「慰安婦」のおかれた状態

　奴隷制と人身取引とは少なからぬ場合に密接な関連を有し，「慰安婦」の場合もその例にもれないだろうが，「奴隷制」の存否という観点からいえば，前述したとおり，どのような方法・手段・目的で当人が移動をしてきたのかは直接の問題とはならない。問われるのは，あくまで，当人がどのような状態におかれたのか，ということである。本訴訟との関連では吉見義明教授の代表作というべき『従軍慰安婦』（岩波新書，1995年），とりわけ同書第Ⅳ章の「慰安婦たちが強いられた生活」が，奴隷制に該当する状態を指し示すものであるのかが検討されるべきことになる。

　改めて確認するに，旧ユーゴスラビア国際刑事裁判所は，次のような奴隷制の徴証をあげていた。「移動の支配，物理的環境の支配，心理的支配，逃亡を防止し又は抑止するためにとられる措置，力，力による威嚇又は強要，期間，排他性の主張，残虐な取扱い及び虐待を受けること，セクシュアリティの支配，並びに強制労働」。国際刑事裁判所も，同様に，移動の自由の制限や逃亡を阻止し挫折させる措置，心理的・物理的強要，脆弱性といった徴証に言及している。これらは，人の全的支配（自由・自律性の重大な剥奪）の徴証といってよい。こうした徴証が見られる場合には，「所有権に伴ういずれか若しくはす

---

(48)　*Final Report submitted by Gay J. McDougall, supra* note 5, para.30. See also, Situation in the Democratic Republic of the Congo i*n the Case of the Prosecutor v. Germain Katanga et al.*, ICC-01/04-01/07, 30 September 2008, para. 430（「当裁判部は，規程第7条1項(g)に別個の犯罪として含まれているとはいえ，性的な奴隷を奴隷化の特定の形態とみなすことができることに留意する」）。

◆ 第Ⅱ部 ◆ 人道のポリティクス

べての権限」の行使を推認することが可能である。

　国連事務総長報告書では，主人（master）が，隷属的な状態にある個人とりわけその労働能力をいかなる制限もなく全面的に使用することができること，隷属的な状態にある個人の労働の果実が，当該労働の価値と釣り合ったいかなる報酬もなく主人の財産になること，隷属的な状態にある個人の意思によってその地位を終了することができないこと等がそうした権限行使の例としてあげられており，ベラジオ－ハーバード・ガイドラインは，「人を使用すること」，「人の使用を管理すること」，「人の使用から収益をあげること」等を例示している。このような権限行使がなされていたのであれば，当人の処遇に「人道的な」側面が付随していたとしても，奴隷制の成立が損なわれるわけではないことも既に述べたとおりである。

　『従軍慰安婦』第Ⅳ章は，「慰安婦」たちが軍・業者による全的な支配を受けていた様を具体的に描き出している。多数にのぼる相手との性交の強要（140-143頁）は「セクシュアリティの支配」の典型であり，そこに暴力の行使が随伴していた実情は，力による威嚇・強要・虐待が「慰安婦」の日常を支配していた様を浮き彫りにしている。また，「慰安婦」が，逃亡や外出を厳しく監視され，制限されていた様（148-151頁）は，移動の支配，物理的環境の支配，心理的支配，逃亡を防止し又は抑止するためにとられる措置そのものといってよい。報酬の支払いがまったくなされなかった者が少なくない事実（145-148, 151-152頁）や，多くの「慰安婦」が生活に絶望して自殺を図ったという事実（157頁）も，「慰安婦」の脆弱性を示す事態として看過しえない。『従軍慰安婦』第Ⅳ章からは，奴隷制の徴証を幾重にも見て取ることができる。

　こうした実態は，「慰安婦」が自らの意思によって隷属的な状態を終了させられなかったことを示すとともに，軍あるいは業者が，「慰安婦」の労働能力をいかなる制限もなく全面的に使用する権限，及び，「慰安婦」の労働の果実をいかなる相応の報酬もなく収奪する権限を行使していた証といえる。言い換えれば，人を使用し，人の使用を管理し，人の使用から収益をあげる権限が行使されていたということである。

　『従軍慰安婦』第Ⅳ章に描き出されたこうした実態は，端的に，「所有権に伴う権限が行使された状態」というべきものであり，人（「慰安婦」たち）の自由・自律性の重大な剥奪をもたらすものとして，奴隷制条約に成文化された国際法上の奴隷制の要件に合致するものと解することができる。また，「慰安婦」

制度は，性行為の強要を中心に据えた制度であることから，法的にも，これを奴隷制の一形態である性奴隷制と表しうることはいうまでもない。

　以上を要するに，『従軍慰安婦』に描写された「慰安婦」の実態は国際法における奴隷制の要件を充足し，その行為の性質から，「性（的な）奴隷制」と言うべきものにほかならない。国際社会における一般的な言説実践と同じく「慰安婦」を「性的奴隷」と表現する『従軍慰安婦』は，奴隷制に関する国際法の規範的現実となんら離齬をきたすものではなく，むしろ国際法上適切な表現を用いたもの，というのが本意見書の結論である。

＊本章は，平成25年(ワ)第19679号 損害賠償等請求事件（原告・吉見義明，被告・桜内文城）において，国際法における奴隷制の定義・要件と「慰安婦」制度への適用の可否を明らかにするため，東京地方裁判所民事第33部に提出した意見書に基づいている。

12　徴用工問題と国際法——時を超える正義の視点

I　大法院判決と「解決策」

　2018年10月30日,「大韓民国大法院による日本企業に対する判決確定について」と題する外務大臣談話を通じ,日本政府は次のような見解を表明した。
　「大韓民国大法院が,新日鐵住金株式会社に対し,損害賠償の支払等を命じる判決を確定させました。この判決は,日韓請求権協定第2条に明らかに反し,日本企業に対し不当な不利益を負わせるものであるばかりか,1965年の国交正常化以来築いてきた日韓の友好協力関係の法的基盤を根本から覆すものであって,極めて遺憾であり,断じて受け入れることはできません。」
　同年11月29日に三菱重工を被告とする裁判において同様の判断が示された際にも,抗議のメッセージが重ねて発せられた。日本政府による強硬な反発の一方で,判決の履行を求める原告らの姿勢も変わらず,こうして2023年3月,窮余の一策として案出されたのが韓国財団による賠償金肩代わりという「解決策」である。1人あたり約2億ウォン(約2000万円)の支払いがすでに進んでおり,同年5月の岸田文雄首相訪韓時に,生存者たる原告3人のうち1人が受け入れの意向を表明したとの報道もなされた。
　滞っていた日韓関係の円滑化に資するものとして,今般の措置を好意的に評する向きが日本では多いように見受けられる。しかし大法院判決に現れ出た植民地支配にかかる本質的問題は,日本側からの有意な対応がないまま,この「解決策」ではただ先送りになっただけ,と言わなくてはならない。

II　変容する規範環境

　原告らが追及していたのは日本企業の責任であり,韓国最上級審はその訴えを認容した。だが,この判断に応答すべき被告は沈黙し,韓国政府が打開策を示したものの,その眼目が資産売却を阻止することにあるため,肝心の企業の責任は宙に浮いたままにある。もとより,企業(日本政府)側からすれば,判

◆ 第Ⅱ部 ◆ 人道のポリティクス

決自体が国際法に反しているので、そもそも従ういわれはない、ということなのだろう。誤っているのは韓国司法の判断ということである。

　大法院は、1965年の日韓請求権協定が日本の不法な植民地支配に対する賠償については扱っていないとした上で、原告らの請求は未払賃金や補償金を対象にしたのではなく、「不法な植民地支配と直結した日本企業の反人道的な不法行為を前提とする強制動員被害者の慰謝料請求」にあたるので同協定の適用はない、と説いて賠償支払いを命じた。だが、同協定により、両国／民間の請求権に関する問題は「完全かつ最終的に解決」され、いかなる主張もできないことになっている。大法院はこれを一方的に覆し、国際法違反の状態を作り出した。したがって直ちに是正されなくてはならない。日本側の見解を約すれば、そういうことになる。

　大法院の判断を誤りと難じる日本側の物言いには、自らの認識が正しいという前提が当然ながら見てとれる。日本政府の示す見解が正しい解釈であり、大法院は歪んだ推論により国際法に反する判断を導いた。正しい解（条約当事国の意思）はそこにあり、正しい推論によって発見できるのに、大法院はそれを見極められず、政治的に歪められた解釈を行なった、ということである。

　しかし、法解釈の営みとは、適切な推論を通して正しい解に自動的にたどり着ける類のものではない。実のところ、条約当事国の意思は、解釈作業により「発見」されるのではなく、「創られ」ている。法の文言は多義的なのが常であり、その中から特定の解釈が「選択」されているのである[1]。条約は価値をめぐる闘争の場にほかならず、いずれの解釈であっても特定の価値・利益の実現に向けられることに変わりはない。日本政府のそれは正しい法解釈で、大法院のそれは政治的に歪められたもの、と切り分けられるわけではない。

　大法院判決が伝えるように、韓国政府にとって請求権協定は領土分離に伴う日韓間の財政的・民事的な債権・債務関係を解決するためのものであり、日本の植民地支配に対する賠償問題に適用されるものとは解されてきていない。同協定締結時にあって、日本政府も同様の認識であった。ただ、植民地支配の法的評価（合法／違法）については見解が一致することなく今日に至っており、そこに両国間の深刻な溝が横たわる。

　ところで、日韓請求権協定を含む国際法の主要な担い手とオーディエンス

---

(1) Anne Orford, *International Law and the Politics of History* (2021), pp. 289-290.

は，長く，強国（欧米）の健常な男性・支配エリートであった。彼らの間にあって，国際法は植民地支配を正当化するために公然と動員されて疑われることがなかった。だが，前世紀後半から今世紀にかけて，国際法過程に非欧米，市民／民衆，被抑圧者の声が反響し，人間（被害者）中心の物の見方が急速に受容されるようになっている。

これにより従来の国際法のあり方を批判的に問い直す潮流が勢いを増し，この法の基層を成してきた植民地主義・人種主義の根源的な見直しが求められるに及んでいる。現在進行形の人種主義を克服するため過去の植民地支配に向き合うよう求める言説，あるいは，時の壁を超え出るトランス・テンポラルな正義を追求する動勢の深まりと言ってもよい。

植民地支配責任を前景化させる大法院判決は，実のところ，グローバルな次元で生起するこうした動勢と連なりあるものと捉えられる。日韓の力関係の変化，市民／民衆の声の高まり，人権を重視する国際環境の深化といった諸要因を背景に，請求権協定をめぐる規範状況はかつてのそれと同じではなくなっている。「国際法違反」と抗議の弁を重ね，その是正を言い募るだけでなく，21世紀世界に広がる新たな環境の中で，日韓請求権協定の解釈がどうあるべきかに思惟を巡らす好個の契機として大法院判決を位置付けてしかるべきではないかと考える所以である。

Ⅲ　過去への介入を阻む壁

植民地支配のような過去に生起した歴史的不正義への介入は，これまで法的には困難とみなされてきたところがある。過去への介入を阻む障壁とされてきたものは，4つほどに集約できる。第1に，法は過去に及して適用されないという時際法の壁。第2に，過去に遡っての証拠収集は困難であるとする時効（除斥）の壁。第3に，平和条約など一括処理条約の存在。そして第4に，救済の困難さである。

これらの障壁は，道義と法を分かつ二分論を随伴し，過去の不正義には道義的な観点から対応するしかないとして，国際法の無力化，さらに言えば植民地支配を是認してきた国際法の暴力性の再刻印に大いに寄与してきた。しかし改めて確認するまでもなく，過去の不正義を問う営みは単なる懐古の作業ではない。問われているのは，現時点において顕現する不正義にどう対応するかとい

う，つとめて現在の問題にほかならない。過去の法に従うかどうかではなく，関連する過去あるいは現在の法を今どう解釈するかが問われている，ということでもある[2]。

法によってもたらされた過去の不正義の是正を，再び法を用いて封殺することは，植民地主義の効果を持続させるネオ・コロニアルな営みというべきものにほかならない。2001年の反人種主義・差別撤廃世界会議で採択されたダーバン宣言も，そのことに警鐘を鳴らし，次のように記す。「植民地主義によって苦痛がもたらされ，植民地主義が起きたところはどこであれ，いつであれ，非難され，その再発は防止されねばならないことを確認する。この制度と慣行の影響と存続が，今日の世界各地における社会的経済的不平等を続けさせる要因であることは遺憾である[3]。」

国際法のネオ・コロニアルな発現を制し，法の持つ解放可能性を引き出すべく，前述した障壁を超え出る試みが世界各地で断続的になされるようになっている。植民地支配下で生じた個別の不正義と，植民地支配それ自体への取り組みをあわせて整序すると次のようになる。

Ⅳ　時際法の壁を超える——脱植民地主義の理路①

第1に，行為時の法に照らしても違法であった場合には時際法の壁を除去できることから，当時の具体的な事情を精査し直すことに力を注ぐ営みが積み重ねられるようになっている。こうして，アフリカや米国における先住人民の強引な編入，1879年の琉球王国併合（琉球処分）などについて，当時の法によっても正当化し難い事情が詳らかにされてきている。1910年の大韓帝国併合も，その前段階を成した1905年の第二次日韓協約（乙巳条約）が，国の代表者に対する強制と，韓国法上重大な瑕疵ある条約締結手続きに依っていたとして，その有効性に根本的疑念を投げかける見解が呈されている[4]。米国によるハ

---

(2) 同前，p. 202.
(3) パラグラフ14。日本語訳は前田朗による。https://www.hurights.or.jp/wcar/J/govdecpoa.htm
(4) なお韓国大法院は，2018年判決に先立つ2012年判決において，1948年制憲憲法と現行憲法に照らし，「日帝強占期の日本の韓半島支配は規範的な観点から見て不法な強占にすぎない」と判じていた。金昌禄『韓国大法院強制動員判決，核心は「不法強占」だ』（2023年）24-25頁，http://justice.skr.jp/documents/nocciolo.pdf

ワイ王国の併合については，1993年に米国議会が自決権侵害・違法行為への謝罪を行なうまでになっている。

　植民地支配については，現在の規範水準では是認できないものの当時は合法であったという見方が有力である。だが，国際法の歩みは前進と退行，停留が混交しており，現在と過去を規範水準において截然と分けてしまうことには抑制的でなくてはならない。国際法の歴史は1本の直線的進化の軌跡を描いてきたわけではない。欧米中心性が希薄化する中で，複線的な歴史叙述の可能性が押し広げられていることも見過ごしてはなるまい。

　これに加えてさらに言えば，そもそも法の遡及適用も場合によってあり得ないことではない。ホロコースト後の国際社会の起点ともなったニュルンベルク・極東国際軍事裁判がその典型例なのだが，ここでは，そのホロコーストに関わって，2019年に公表された「行方不明・殺害された先住女性・女児についての国家調査」について一言しておきたい。

　先住人民に対する集団殺害の調査にあたったカナダ国家委員会は，ジェノサイド条約の採択された1948年以前に，長期にわたって構造的に強いられた先住人民文化の衰微・消失にジェノサイド概念を当てはめてみせた。ホロコースト型の殺戮からコロニアルな文脈での殲滅にこの概念を延伸した同報告書は，法の遡及適用も含め，実定法の枠を踏みはずすものとして法学者から強い批判を受けることになる。

　だがマギル大学のフレデリック・メグレは，同委員会の試みを「国際法自体の脱植民地化」と評し，「国際法が，もし歴史的に植民地支配に関与していなかったとすれば，どのようなものであり得るのかを想像させるもの」と論評する[5]。先住人民にとって特にそうなのだが，脱植民地化とは，簒奪されてきた国際法を実証主義の制約を超えて想像し，創り直す動態的営みでもあることが理解できる。

---

(5)　Frédéric Mégret, "The MMIWG Report: A Call for Decolonizing International Law Itself," *The Conversation*, June 9, 2019. 2021年5月にドイツ政府は，20世紀初頭の植民地期ナミビアにおけるヘレロ人・ナマ人の絶滅政策をジェノサイドであったと認め，公式に謝罪した上で30年にわたる総額11億ユーロの再建プログラムを提示している。

◆ 第Ⅱ部 ◆ 人道のポリティクス

V　時効の壁を超える――脱植民地主義の理路②

　第2に，現行法を脱植民地主義的に解釈することで時効の壁を超え出る可能性が高められている。「今日であれば国際犯罪と類型化される多くの侵害行為について，当時の水準ではこれに相当する法的なラベルが必ずしもなかった。植民地主義それ自体も犯罪として認められてきたわけではない。歴史的に『正しい』法の適用を行うと，過去の不正義は永続化されることになってしまうかもしれない。……しかしながら，法が現在の形式で課す制約［＝法の壁］の多くは乗り越えられないものではなく，選択に結びついている[6]」。そして，その選択の具現化に向けて，「国際法学者と裁判官は適用可能な法原則の脱植民地化を確保するため自らの役割を果たさなくてはならない[7]」と国連特別報告者は呼びかける。

　これに応ずるかのように，重要な事例が漸進的に蓄積されつつある様を見てとれる。たとえば，英国植民地ケニアにおける独立運動弾圧下で恣行された拷問等に対する損害賠償請求事件（マウマウ裁判）では，英国高等法院の判断で時効の適用が排除され，これにより英国政府は2013年，事実を認めて遺憾の意を表し，訴えを提起した5228人に1990万ポンド（約30億円）の支払いを約束した[8]。また，インドネシア独立戦争期のオランダ軍による虐殺事件の責任が追及された裁判でも，植民地下で起きたあらゆる不正義を時効によって封じることはできないという重要な判断が2019年に示されたことから，オランダ政府が法的責任を認め，謝罪と損害賠償を行なうこととなった[9]。

　ソウル中央地方裁判所も，2021年1月の判決で，「法を解釈・適用する場合にはその結果を考慮すべきであるが，解釈の結果著しく不合理であったり不当な結論が導かれるなら，そのような解釈を排除する方法を講究すべきである」として，「被告となった国家が国際共同体の普遍的な価値を破壊し，反人権的

---

(6)　Carsten Stahn, "Reckoning with colonial injustice: International law as culprit and as remedy?," *Leiden Journal of International Law* (2020), 33, p. 832.
(7)　*Report of the Special Rapporteur on contemporary forms of racism, racial discrimination, xenophobia and racial intolerance*, A/74/321, 21 August 2019, para. 58.
(8)　これは，「宗主国が植民地下での残虐行為について賠償を行なった初の事例」とされる。Makau Mutua, "Reparations for Slavery: A Productive Strategy?," in Jacqueline Bhabha *et. al.* (eds.), *Time for Reparations: A Global Perspective* (2021), p. 21.
(9)　前掲注(6) p. 833.

行為により被害者らに激甚な被害を与えた場合にまで，これに対する最終的手段として選択した民事訴訟において裁判権が免除されると解釈することは……不合理で不当な結果が導かれるというべきである」として，「慰安婦」問題への主権免除の適用を排除している。時効とは異なるものの，この判断もまた脱植民地主義的な法の適用例にほかならない[10]。

Ⅵ 発展的解釈と救済の多元化——脱植民地主義の理路③・④

　第3に，発展的解釈（evolutive interpretation）の手法を用いて時の壁に挑むことも提唱されている。国際司法裁判所がナミビア事件勧告的意見（1971年）で示したように，「国際文書は，解釈の時点において支配的な法体系全体の枠内で解釈されなければならない」。それゆえ，平和条約や日韓請求権協定を含む一括処理条約についても，裁判を受ける権利や効果的な救済を受ける権利など国際人権法の現代的要請と両立する解釈が改めて求められるようになっている。国際司法裁判所ガブチコボ・ナジュマロシュ事件判決（1997年）の分離（個別）意見においてウィーラマントリー裁判官は，「人権に影響を与える条約は，その適用の時点において人権を否認するようには適用できない」とも言う。

　第4に，植民地支配下での被害の全容を見定めることが困難であっても救済が妨げられることはない，という認識の広がりが見られる。奴隷制・ジェノサイドなど人道に対する罪の被害回復のため2013年にカリブ海諸国が立ち上げた委員会の提示する「10の被害回復プラン[11]」や国連特別報告者の浩瀚な研究[12]が伝えるように，歴史的不正義が現在に及ぼす効果（人種差別など）の除去，真相究明，記念・記憶，教育，謝罪，責任者の処罰など，被害回復措置はその幅員を豊かに広げている。植民地支配にかかる被害回復にあっては，原状回復や損害賠償以上に，暴力・被害を引き起こした構造的原因に向き合うことがとりわけ重視されることにも留意しておくべきである。

　大法院の判断が連なっているのは，このように，4点にわたり述べてきた，

---

(10)　日本語訳は山本晴太による。http://justice.skr.jp/

(11)　https://caricomreparations.org/caricom/caricoms-10-point-reparation-plan/

(12)　*Report of the Special Rapporteur on the promotion of truth, justice, reparation and guarantees of non-recurrence*, A/76/180, 19 July 2021.

◆第Ⅱ部◆人道のポリティクス

ダイナミックに進みゆく脱植民地化の規範的潮流にほかならない。

Ⅶ　責任のありか

　「世界」2023年5月号掲載のインタビュー（「日韓逆転のなかの徴用工問題〝解決策〟」）において李鍾元が言明するように，「元徴用工や「慰安婦」問題について日本側ではこれを歴史問題，外交問題と捉え，一部のメディアや政治家は「歴史戦」などといきり立っていますが，国際的にみれば植民地支配下の，あるいは戦時における人権問題と捉えるほうが一般的」であることは紛れもない。国際労働機関（ILO）も，徴用工の処遇を「強制労働条約の違反」と認め，日韓請求権協定の存在にかかわらず，日本政府に対し，責任を受諾して被害者の期待に応える措置をとるよう求めている[13]。

　徴用工のおかれた状況は，日本の裁判所にあっても「強制労働に該当し，違法といわざるをえない」とされ，被告企業に「賃金未払，強制労働，それぞれに関して債務不履行及び不法行為に基づく損害賠償責任」があることが認められている。もっとも裁判所は，そう説示しながら，未払債務・損害賠償債務は後継の会社には承継されていないとして，その訴えを棄却した（2001年3月27日大阪地裁判決）。上級審でも敗訴した被害者たちが訴訟の場を韓国に移し，最終的に手中に収めた司法判断がくだんの大法院判決である。

　植民地支配下での不正義の是正を拒み，ネオ・コロニアルな法の適用を続ける日本の行政・司法府と，その是正を求め，脱植民地主義的なアプローチをとる韓国司法の対比的構図が浮き立ってくる。李鍾元は，リベラルで「国際的な人権重視の流れ」が韓国司法判断の背景に横たわっていると分析するが，これを別して言えば，そうした流れが日本側には希薄だということである。

　先述のとおり，日韓両政府は請求権協定が植民地支配にかかる賠償問題を扱うものではないとの認識を共有してきたのだが，日本側は，国交正常化交渉の過程において，朝鮮半島の支配は正当かつ合法という立場を崩さなかった。ところが1990年代に入ると，歴代の首相が一転して植民地支配の不当性を認める見解を公にするようになる。

　98年の日韓共同宣言では，小渕恵三首相が「我が国が過去の一時期韓国国

---

[13]　Observation adopted 1998, published 87th ILC session (1999), para. 12.

民に対し植民地支配により多大の損害と苦痛を与えたという歴史的事実を謙虚に受けとめ，これに対し，痛切な反省と心からのお詫びを述べ」，韓国併合100周年談話において菅直人首相も，「当時の韓国の人々は，その意に反して行われた植民地支配によって，国と文化を奪われ，民族の誇りを深く傷付けられました。……この植民地支配がもたらした多大の損害と苦痛に対し，ここに改めて痛切な反省と心からのお詫びの気持ちを表明」した。

この流れは，しかし，2015年の安倍晋三首相による戦後70周年談話により一気に希釈され[14]，2023年5月に訪韓した際の岸田首相の発言も，98年の日韓共同宣言を含め，「歴代内閣の立場を全体として引き継いでいる」という，安倍首相のそれをなぞるものにとどまった。

韓国併合には，だが，既に述べたように，締結過程に見過ごすことのできない瑕疵が見てとれる。1943年11月のカイロ宣言には「朝鮮の人民」が「奴隷状態」におかれていたとも記されており，当時の法規範に照らしてもその合法性への疑念がさらに膨らんでくる。2010年に発せられた「「韓国併合」100年日韓知識人共同声明」も次のように言う。「併合の歴史について今日明らかにされた事実と歪みなき認識に立って振り返れば，もはや日本側の解釈を維持することはできない。併合条約は元来不義不当なものであったという意味において，当初よりnull and voidであるとする韓国側の解釈が共通に受け入れられるべきである。」

メグレは，国際法を「神聖な権限の淵源」ではなく，「特定の歴史的かつ地理的に位置付けられた伝統の一部」と捉えるべきと説く[15]。そして今，植民地支配の遺制としてあまた残る構造的不正義と対峙し，ポスト・コロニアルな国際法を発展させる動勢が世界各地で広がっている。その中にあって，大法院が差し出す判決に向き合うことなく植民地支配下の不正義を黙過することは，克服すべき植民地主義を再び国際法過程に導き入れる驕慢な行状にも等しい。

改められるべき行状は，政府のみならず，国家の背後に隠れて沈黙する徴用工問題の第一義的当事者たる企業によっても重ねられている。1990年代には

---

(14) 高橋哲哉は，植民地支配正当化論の維持が世界的にますます困難になっているのに，「日本政府は再び，「植民地支配」の現実を否認する地点に戻ってしまったかと思えるほどである」と慨嘆している。「終わりなき歴史責任――欧州の現在と日本（下）」『世界』2022年11月号，131頁。
(15) 前掲注(5)。

和解による解決に応ずる企業もあり，いわゆる戦後補償裁判の帰趨に決定的な影響を与えた西松建設強制連行事件最高裁判決（2007年）も，強制労働の被害回復に努力するよう関係者に促していた。そして何より，日本の外務省が積極的な関わりをもつ「国連ビジネスと人権作業部会」もまた，企業に対し，「過去の振る舞いを是正する責任を有することを認識し」，「真相究明，被害回復および再発防止の保証に寄与すべき」ことを求めている[16]。

　自らが引き起こした過去の重大な不正義を直視し，その是正を図ることは，現代ビジネスに欠かせぬグローバル・スタンダードというべきものに違いない。世界をまなざす企業であろうとするのなら，その理りをいっそう深く自覚してしかるべきである。

---

[16] *Report of the Working Group on the issue of human rights and transnational corporations and other business enterprises*, A/75/212,21 July 2020, para. 85.

第Ⅲ部

国境の扉，庇護の門

13 グローバル化する国境管理

I グローバル化と人権／国家主権

1 人の越境移動

「グローバル化」という概念をめぐる学術的議論は膨大で，多くの論者がこの術語を様々に定義してきているが[1]，情報通信手段を媒介に経済的・社会的・政治的・文化的位相の世界的な平準化を推進するこの過程にあって優先的に唱導されてきたものの内実が新自由主義的な価値であり市場の利益にあることについては多言を要すまい。人間の尊厳を基底に据えた国際人権法の立場からは，公共財の縮減を促す国際貿易・金融機関，多国籍企業の活動をいかに規制するのかが重大な関心事とされて久しいところがある[2]。

実際に，国際人権法とグローバル化という二つの要素が組み合わさる場合には，市場化あるいは民営化の力学がもたらす人権への影響に照準を定めて分析がなされることが多い[3]。本章ではこうした豊潤な知的成果に屋上屋を架すことは避け，これまで必ずしも十分な法的関心が寄せられてこなかった人の移動の側面，とりわけグローバル化に随伴して確然と進む国境を超えた人の移動に焦点をあて，国際人権法とのかかわりについて浅見を経めぐらせてみることにする。

---

[1] Jennifer Westaway, "Globalization, Transnational Corporations and Human Rights ― A New Paradigm", *International Law Research*, Vol. 1 (2012), pp. 64-65.

[2] Michael K. Addo, *Human Rights Standards and the Responsibility of Transnational Corporations* (1999). 阿部浩己『国際法の人権化』（信山社，2014年）第3章。

[3] See *e. g.*, Joe Wills, *Contesting World Order?: Socioeconomic Rights and Global Justice Movement* (2017); Manfred Nowak, *Human Rights or Global Capitalism* (2017); Shabina Arfat, "Globalization and Human Rights: An Overview of its Impact", *American Journal of Humanities and Social Sciences*, Vol. 1 (2013), pp. 18-24; Kate Nash, "Global Capitalism and Human Rights", *Journal of Globalization Studies*, Vol. 4 (2013), pp. 63-77; Westaway, *supra* note 1, pp. 63-72; Dinah Shelton, "Protecting Human Rights in a Globalized World", *Boston College International and Comparative Law Review*, Vol. 25 (2002), pp. 291-321.

◆第Ⅲ部 ◆国境の扉，庇護の門

　近年その正統性に深刻な疑念が呈されてはいるとはいえ，グローバル化の過程が政治的には自由民主主義や法の支配とならんで基本的人権の実現に親和的なものとして定位されてきたことは広く知られているところである[4]。もっとも，現実世界にあって各国は「国民国家（nation state）」という形態をもって立ち上げられていることから，権利主体の構成も「国民」中心的なそれを脱することは困難なままにある。国連国際法委員会で起草中の「外国人の追放に関する条文草案」は，外国人を「当人が所在している領域の国家の国籍を有さない個人」と定める[5]が，この定義が指し示すように，外国人は当該国の国籍を有する国民と二項対立的な関係におかれ，しかも国民国家の基本原理に沿って劣位の位置を割り振られるのが常である。

　そうして周縁化を強いられた外国人の存在が，だがグローバル化の深まりとともに「移住（migration）」・「移民（migrant）」という語に置換されて，かつてないほどに可視化されるようになっている。「経済のグローバル化を唱導する者の中には，モノと資本に対して国境を開放することは人の移動の必要を排除することになろうと誤って推測する向きもあった。しかし実際には，国境を越えた人の移動はグローバル化の他の側面を当然のごとく深く補完するものとなっている」[6]。難民及び移民の大規模移動に取り組むハイレベル全体会合（2016年9月19日）に向けて作成された国連事務総長報告が指摘するように，今や「移民はグローバル化した世界の厳然たる事実」[7]となっており，同会合の成果文書として示された「難民及び移民のためのニューヨーク宣言（New

---

(4) Catherine Dauvergne, *Making People Illegal: What Globalization Means for Migration and Law* (2008), Ch. 3.
(5) Expulsions of Aliens: Texts and titles of the draft articles adopted by the Drafting Committee on second reading, A/CN. 4/L. 832, 30 May 2014, Art. 2(b).
(6) Chantal Thomas, "What Does the Emerging International Law of Migration Mean for Sovereignty", *Melbourne Journal of International Law*, Vol. 14 (2013), p. 5.
(7) *In safety and dignity: addressing large movements of refugees and migrants*, A/70/59, 21 April 2016, para. 9. なお，「正式の定義はないとはいえ，国際的移民（international migrant）とは，短期的または一時的な移民と永住的な移民の間に区別は設けられるものの，自己の居住国を変更する者であるということについてほとんどの専門家は同意している」。「人々は，留学するため，家族と結合するため，就業や生計のため，そして，子どもたちによりよい未来を確保するため，というように多くの理由で移動する。犯罪，暴力，紛争，迫害，不安全，差別，災害，環境劣化や貧困を逃れて自国を離れる人たちもいる」（*Id.,* paras. 12, 9）。本章でも，こうした意味合いで「移民」という語を用いる。

York Declaration for Refugees and Migrants)」も「私たちは今日，前例のないレベルの人の移動を目撃している」[8]と明言する。

現に 2015 年に移民・難民の総数は 2 億 4400 万人に達し，2000 年の時点からで も 7100 万人・41％の増加を呈している。そのなかの 1 億 5000 万人が移民労働者であるとされるが，非正規移民の実態については正確なデータを収集しえておらず，越境移動全体の規模はさらに大きなものになることはいうまでもない[9]。同宣言が端的に描写するように，「かつてないほど多くの人々が出生国以外の 国で生活している。移民は世界のすべての国にいる」というのがグローバル化の中で広がりゆく現実の情景というべきものにほかならない[10]。

2 ユートピアと地獄絵図

こうした時代状況への対応として，人の越境移動と移民の法的処遇について規律する一群の国際法規則および原則を「国際移民法（International Migration Law)」と名付け，その理論的深化を進める営為が精力的になされるようになっている[11]。もっとも，国際移民法という名辞を登場させるまでもなく，ノン・ルフールマン原則の拡充にみられるように，すでに国際人権法や難民法の進展により越境する人々を保護する規範的圧力が相応に高まっていることは疑いない。

アーレント（Hannah Arendt）はかつて，すべての人間に生まれながらに備わっているはずの人権が，後ろ盾となる政府を失った瞬間に，たちまちにして執行しえないものに帰してしまう酷薄な実態を鮮烈に描き出していた[12]。自らが陥った無国籍の窮境に依拠したこの言は，主権国家・国民中心の伝統的な国際社会の構造にあって，そのまま移民の境遇にも妥当するもののようにも思

---

(8) A/RES/71/1, 3 October 2016, para. 3.
(9) *Supra* note 7, para. 12.
(10) *Supra* note 8, para. 3.
(11) Vincent Chetail, "The transnational movement of persons under general international law – Mapping the customary law foundations of international migration law", in Chetail and Celine Bauloz (eds.), *Research Handbook on International Law and Migration* (2014), pp. 1-72; Chetail, "The Architecture of International Migration Law: A Deconstructivist Design of Complexity and Contradiction", *AJIL Unbound*, Vol. 111 (2017), pp. 18-23; Chetail, *International Migration Law* (2017).
(12) Hannah Arendt, *The Origins of Totalitarianism* (1951), pp. 287-295.

えようが，国際人権・難民法の上記のような実務的展開は，アーレントの晦冥な告発よりも，むしろベンハビブ（Seyla Benhabib）の唱える楽観的なコスモポリタニズム（cosmopolitanism）的思潮の醸成を裏付けているようにも見える。

ユートピア的世界の到来を予示するかのように，ベンハビブはこう述べている。「［移民の権利を定める国際法は］拘束力ある規範を定立することにより，いかなる既存の法域の実定法規をも超越する。……1948年の世界人権宣言以来，私たちは，正義の規範が国際からコスモポリタンに移行することによって特徴づけられるグローバルな市民社会へと進みゆく段階に入った」[13]。同様に，移民の人権に対する司法的関心が高まることにより市民権・国籍に囲われていた排他的特権の幅員が急速に縮小していることを指摘する向きも少なくない[14]。

しかし他方で，こうした認識とはまったく対照的に，国境・移民をめぐる現状を地獄絵図的に描き出す論者もいる。伝統的な国家構造の解体とこれにより導かれる「統治のパラダイムとしての例外状態」の広がりを説くアガンベン（Giorgio Agamben）の論[15]についてはよく知られているところだが，このほかにも，たとえばブラウンは，世界各地に連綿と建設される壁（wall）が表象する国境管理の強化を，衰えゆく国家主権の暴力的な発現ととらえる見立てを提示する[16]。後述するように，グローバル化の深まりに伴いたしかに国境はせり上がり，その管理手法も軍事化され，強制送還も常態化している。こうした国境の実相を，「現在おきているのは構造的な『対移民戦争』である」と厳しく論難する者もいる[17]。

このように，グローバル化時代の人の越境移動の実情をめぐり，一方では移民の権利の拡充が賞賛され，他方では主権・国境管理の強化が難じられるとい

---

(13) Seyla Benhabib, *Another Cosmopolitanism* (2006), pp. 15-16; 25.
(14) See Saskia Sassen, *Losing Control ?: Sovereignty in an Age of Globalization* (1996); David Jacobson and Galya Benarieh Ruffer, "Courts Across Borders: The Implications of Judicial Agency for Human Rights and Democracy", *Human Rights Quarterly*, Vol. 25 (2003), p. 74; Christian Joppke, *Citizenship and Immigration* (2010).
(15) 『ホモ・サケル――主権的権力と剥き出しの生』［高桑和巳訳］（以文社，2003年），『例外状態』［上村忠男・中村勝己訳］（未来社，2007年）。
(16) Wendy Brown, *Walled States, Waning Sovereignty* (2010), p. 67.
(17) ステファン・ロジェール［小山晶子訳］「現在おきているのは構造的な『対移民戦争』である」森千香子・エレン・ルバイ編『国境政策のパラドクス』（勁草書房，2014年）21頁。

うように，まったく相反する見解が提示されている。認識の懸隔といえばそれに相違ないものの，ただ一見して相矛盾するこの二つの見解は，いずれもが基底において国家主権の退潮あるいは減衰を指し示しているという意味において同一の地平に立つものではある。トーマス（Chantal Thomas）の言葉を借用すれば，両者にとって，結局のところ「伝統的な国家構造は断末魔の苦しみにあり，国境での取り締まりはその最期の瞬間の痙攣にすぎない」わけである。もっとも，断末魔の苦しみの先に訪れるのは「ベンハビブにとっては（コスモポリタン・ユートピアの形をとる）天国であり，アガンベンにとっては地獄」ということになるのだが[18]。

ドヴェルニュ（Catherine Dauvergne）は，グローバル化が深まる過程で国内政策に関する決定権限を断続的に喪失している主権国家の側が移民の管理を「主権の最後の砦（last bastion of sovereignty）」として先鋭化させていることを強調する[19]。私自身もこうした分析に共感するところが少なくないが，ただ，本章では，国家主権が弱体化あるいはハイパー化しているのか，といった問いや，近未来の情景がいかなるものか，といった問いへの直接の解を見定めることはしない。そうではなくて，グローバル化の中で顕在化する移民への関心の高まりによって国家主権の位相がいかに変容しているかを，変わりゆく国境管理の情景を通して実証的に描き出すことにしたい。

II 国境管理権限の生成と拡充

1 入国の自由と領域主権との接合

論述を進める前提として，国家の国境管理権限，より直截的には外国人の入国・在留を規制する国家の権限が，国際法上，領域主権に基づく自明の原理というべき位置づけを与えられてきたことをまず確認しておきたい。国際法学の代表的なテキストはこう記す。「外国人の受け入れは裁量の問題である。いずれの国も，その領域的至高性によって，自国領域のすべてあるいはそのいずれの部分からも外国人を排除する権限を有する」[20]。

---

(18) Thomas, *supra* note 6, p. 45.
(19) Catheline Dauvergne "Irregular Migration, State Sovereignty and the Rule of Law", in Chetail *et. al.* (eds.), *supra* note 11, p. 80.
(20) Robert Jennings and Arthur Watts (eds.), *Oppenheim's International Law*, (9th

◆ 第Ⅲ部 ◆国境の扉，庇護の門

　こうした法認識を先駆的に定式化したものとして知られるのは，1892年に米国連邦最高裁判所が宣明した次の一節である。「主権に固有のものとして，かつ，自己保存に欠かせぬものとして，あらゆる主権国家が自己の統治下への外国人の受け入れを禁止すること，または，もっぱら自己が適当と認める場合に適当と認められる条件に基づいて外国人の受け入れを認める権限を有していることは，国際法上認められた格言（maxim）である」[21]。

　だが，歴史的・規範的にいえば，国家の国境管理権限は，米連邦裁が説いたように「国際法上認められた格言」であったわけではない。むしろ，19世紀末に至るまで，欧米においては，国内の移動や国民の出国が制限されこそすれ，外国人の受け入れは国力の源泉として大いに歓迎され，外からの入国にはほぼ制限がなかったのが実態である[22]。当時の文献・資料を紐解くと，こうした実情を背景に，外国人の入国の自由を支える法認識が表出していることが分かる。

　たとえば，マルテンス（Georg Friedrich de Martens）は1864年の著作で「入国と通過の自由は欧州で一般に確立した慣行に基づいている」と述べており，英国の外務大臣も1852年に「英国の現行法により，すべての外国人は英国に入国し在留する制約のない権利を有する」と明言している[23]。ラテンアメリカ諸国およびスペインの憲法には，入国の自由が明文で謳われており[24]，欧州およびラテンアメリカの学者たちには，総じて，相互依存の原則と越境移動の自由を説く傾向が明瞭に見て取れた[25]。

　もとより，国境管理能力を欠く結果として外国人の自由な入国を容認せざるを得なかったわけではない。英国がそうであったように，その能力を備えていた大国もまた，外国人に対して国境を積極的に開いていた。実際にも，英国で

　　　ed., 1992), pp. 897-8.
(21)　*Nishimura Ekiu v. United States*, 142 US 651, 659 (1892).
(22)　「若干の国で放浪者とアウトカーストを除外している場合を除くほか，欧州は，どこも，国家の敵でないいかなる者にも開かれてい［た］」(Emmerich de Vattel, *The Law of Nations or the Principle of Natural Law* (1758), Book II, Ch. VIII, para. 100）。
(23)　Georg Friedrich de Martens, *Précis du droit des gens modern de l'Europe* (1864), p. 232; W. F. Craines, "The Right of Aliens to Enter British Territory", *Law Quarterly Review*, Vol. 6 (1890), pp. 27-41.
(24)　Paul Fauchille, *Traité de droit international public* (8th ed., 1926), pp. 897-898.
(25)　*E.g., id.*, pp. 894-895; Irizarry y Puente, "Exclusion and Expulsion of Aliens in Latin America", *American Journal of International Law*, Vol. 36 (1942), pp. 254-56, 270.

はナポレオン戦争後1905年まで外国人の入国拒否・退去強制の例は皆無であった[26]。当時の規範意識を，1892年の万国国際法学会の決議（「外国人の入国及び追放に関する国際規則」第6条）は次のように表している。「文明国への外国人の受け入れは……公共の福祉のためおよび最も重大な理由がある場合を除くほか，一般的及び恒久的に禁止することはできない」。同決議は続けて，「国内労働力の保護は，それ自体では外国人の受け入れを拒否する正当化事由ではない」と念押ししてもいる[27]。

　国家が外国人に対する国境管理権限を国際法に基づいて前面に押し出す状況が訪れたのは，19世紀後半になってからである。その端緒を開いたのは米国であった。1875年に犯罪者・売春婦の入国を拒否する法律を制定すると，1882年には，それまでのリベラルな政治的思潮を一変させて人種・国籍に基づく入国禁止政策を法定する[28]。国境での排斥の対象は，まず中国人に向けられた。中国人労働者の移住を10年間停止する立法の憲法適合性について判断を求められた連邦最高裁は，「中国人入国拒否事件（The Chinese Exclusion Case）」として知られることになる判決の中で，自己保存権を有する主権国家の固有の権限として，国家は外国人の入国を拒否できると断ずるに及んだ[29]。ついで排斥の対象は日本人に拡張されたのだが，この事案もまた連邦最高裁まで争われることになり，結果として上記1892年判決が導かれることになる。

　すでに示唆したとおり，米連邦裁の判断は歴史的・実証的な根拠が希薄な問題含みのものであった。自らの判示を正当化する根拠として裁判所が提示した学者たちの見解もきわめて片面的で不正確な理解に基づくものであったことはナフジガー（James Nafziger）がつとに批判しているとおりである[30]。にもか

---

(26) Chetail, *supra* note 11 ("The transnational movement"), p. 30.

(27) Règles internationales sur l'admission et l'expulsion des étrangers, Session de Genève-1892, *Annuaire de l'institut du droit international*, 12, 1892-1894, p. 220.

(28) 「人種と国籍にもとづく区別をすることによって，移民に対する連邦法とアメリカの姿勢が新時代を迎えたことを告げた」のである（ジョン・トービー［藤川隆男監訳］『パスポートの発明――監視・シティズンシップ・国家』（法政大学出版会，2008年）155頁）。

(29) *Chae Chan Ping v. United States*, 130 US 581 (1889). 本件について Michael Kagan, "Is the Chinese Exclusion Case Still Good Law (The President Is Trying to Find Out)", *Nevada Law Journal Forum*, Vol. 1 (2017), pp. 80-91. この判決後，米国連邦最高裁は，退去強制についても同様の論旨を提示している。*Fong Yue Ting v. United States*, 149 US 698 (1893).

かわらず，同旨の判断は英国枢密院やカナダの裁判所などにも引き継がれ，さらに世界各地の司法判断，行政実務に決定的なまでの影響力を浸潤させていく(31)。

　実際に，外国人の入国を拒否する法的潮流が米国で生じると，それ以降まるでドミノ倒しのように英国，オーストラリアやカナダ，ラテンアメリカ諸国で同様の法律が作られていった。第一次世界大戦期に入ると国境管理はさらに多くの国に伝播し，適用の期間も対象も限定のない一般化した形の国境管理が顕現していく。戦時を奇貨として広がった外国人への国境管理は，1929年の大恐慌を機にいっそう強化されていった(32)。シュタイル（Vincent Chetail）が言うように，「出入国管理は，19世紀の終わりから20世紀の中葉にかけて，主として人種的理由で導入され，それが戦時法制下で一般化し，さらに経済危機によって強化されて近代国家の標準となった」。そしてこの時期以降，領域主権に基づく裁量権限としてあたかも当初から定礎されていたかのような国境管理のナラティヴが連綿と再生産されていくことになるのである。

2　国境管理の基層と現実

　国境管理権限が出来した時期は，人の越境移動の内実が大きな変動をきたす時であった。グローバルな人の移動の歴史的側面を分析した1999年の書物において，ヘルドらは，1880年から1920年にかけて生じた人の大規模移動がそれまでで最も激しい局面にあったことを明らかにしている(33)。ヨーロッパからの移民が急増するとともに，「これまであまり知られていなかった地域から来た移民が，拡大するアメリカ共和国の新たな征服地である西海岸にさらに多く到着しはじめ」ていた(34)。

　前例のない大がかりな人の移動に加えて，「これまであまり知られていなかった地域」からの移民の姿が顕在化していた点を看過してはなるまい。いう

---

(30)　James. A. R. Nafziger, "General Admission of Aliens under International Law", *American Journal of International Law*, Vol. 77 (1983), p. 826.
(31)　*Musgrove v. Chun Teeong Toy*, [1891] AS 272; *Attorney-General for Canada v. Cain* [1906] AC 542.
(32)　Chetail, *supra* note 11 ("The transnational movement"), p. 31.
(33)　David Held *et. al.*, *Global Transformations: Politics, Economics, and Culture* (1999), p. 312.
(34)　トービー・前掲書注(28)154頁。

までもなく，念頭におかれていたのは中国や日本などアジア地域からの移民である。そうした〈他者〉たる人々は，受け入れではなく公然たる排除の対象とされた。1915年に刊行されたボーチャード（Edwin Montefiore Borchard）の著作のなかでも，国境管理権限を行使し領域から正当に排斥しうる「劣等なまたは同化しえないと考えられる外国の人種」として，「米国および英国植民地の多くにおける中国人および日本人労働者」が真っ先に名指しされている[35]。

それまでとは異なる人間集団の出現を前に急速に広まったこうした言説が図らずして照らし出しているのは，19世紀末にいたるまで欧米において見られた人の越境移動の自由が，実のところ，権利行使の主体を欧米／白人に限局する特殊な文脈ぬきには存立しえなかった実情である。多くのリベラルな国際法学者たちが示していた入国の自由への寛大なコミットメントも，「人類の相当の部分が排除されていたがゆえにこそ一般的な文言で定式化されえたもの」[36]にすぎなかったということでもある。

シュタイルの上記指摘のように，二つの世紀をまたぐ時期に顕現し一般化した国境管理権限は，たしかに人種主義的な相貌を全身にまとって生成された。だが人種主義的な位相は，外国人の入国の自由が広く唱導されていたそれ以前の時期にもけっして無縁だったわけではない。つまるところ，入国の自由は欧米／白人によって謳歌されるかぎりにおいてのみ一般的な文言で擁護されえたのであり，「これまであまり知られていなかった地域」からの一群の〈他者〉が権利主体として立ち現れるや，その自由は，「国際法の格言」というマジックワードをもってたちどころに領域主権の原理に回収されゆくこととあいなった。人種主義は，この意味において，国境管理権限の非在と存在のいずれとも切り離し難く結びついた根源的要因というべきものにほかならない[37]。

---

(35) Edwin Montefiore Borchard, *The Diplomatic Protection of Citizens Abroad: or, The Law of International Claims* (1915), p. 46.

(36) Frédéric Mégret, "Transnational Mobility, the International Law of Aliens, and the Origins of Global Migration Law", *AJIL UNBOUND*, Vol. 111 (2017), p. 16.

(37) 20世紀に定着した国家の国境管理権限は，国際法学に強い影響力をもつ自由主義思想によってその礎を支えられてきた。国境を超える正義についてはロールズもドゥオーキンも主要な関心を寄せていたわけではないものの（John Rawls, *A Theory of Justice* (1971); Ronald Dworkin, *Law's Empire* (1986))，閉ざされた共同体の存在が正義・公正に先立つものとして定礎されてきたことには違いない。その一方で，ゴールウェイのように「閉鎖された国境は「純粋な」自由主義に合致するものである」と論ずる者もいる（Donald Gallway, "Liberalism, Globalism, and Immigration", *Queen's Law Jour-*

もとより，国境管理権限が刻印されたことによって各国の国境が外国人に閉ざされたわけではない。むしろ，主権的裁量に委ねられた権限を駆使して，各国は外国人の差別的な受け入れを公然と手がけていった。その中心的な役割を担ったのは，米国やカナダ，オーストラリアなどといった一群の移民国家である。「新世界（New World）」とも称されるこれらの諸国は，「国家建設（nation-building）」のために外国からの移民受け入れを積極的に推進した。移民国家建設をめぐる支配的ナラティヴは，白地のキャンバスを彩る移民たちによって国家が勇躍立ち上がっていく旨を基調とするのだが，「無主地」とされたその白地のキャンバスには，いうまでもなく，多くの先住民族（人民）がすでに確固として生を営んでいた。したがって新世界における国家建設の物語は，そうした先住民族の存在を忘却し，抹消することなしには成立しえないものであった。

 移民の受け入れを担った諸国は圧倒的なまでに欧米／白人社会として構成された。現に，新世界への移民の最大の供給源は常に欧州諸国（「旧世界（Old-World）」）であり続けた。その欧州諸国は，だが，移民を送り出す一方にあって，（旧）宗主国たる責務を担い，（旧）植民地からの人の優先的移入を自ら行なってもいた。他方で20世紀には難民の受け入れも広まっていくのだが，新世界・旧世界に迎え入れられる難民の多くが東側（社会・共産主義圏）の出身者であったことは周知のとおりである。

 やや大雑把な物言いではあるが，外国人への国境管理が法定されて以降20世紀における越境移動の実態を要言すれば，旧世界から新世界へ，つまりは「北」から「北」への移動を軸として，東側から西側へ，つまりはこれもまた「北」から「北」への難民の移動があり，さらにコロニアルな紐帯に基づく「南」から「北」へのいくばくかの移動が容認されていた，ということになる。少なくとも国際社会の「中心部」から見える情景はそのようなものであった。国境管理権限は，外国人を完全に排除するのではなく，受け入れ国が選好する人の移動を効果的に規律・促進するよう差別的に行使されていったのであ

---

nal, Vol. 18 (1993), p. 286)。共同体主義の代表的論客であるウォルツァーも，「受け入れと，受け入れ拒否は共同体の独立の核心である」として，閉ざされた国境を正義にとって必要な条件であると積極的に評価する（Michael Walzer, *Sphere of Justice: A Defense of Pluralism and Equality* (1983), pp. 61-62)。なお，自由主義に立脚しつつ国境開放論を展開するものとして，Joseph Carens, *The Ethics of Immigration* (2013)。

る(38)。

3 迫り上がる国境管理

　国境管理権限が顕現してから1世紀ほどの時を閲し、グローバル化の進みゆく現代の世界は、前述ニューヨーク宣言が伝えるように、再び、大規模な越境移動の事態に直面している。留意すべきことに、この間、とりわけ20世紀の終盤に至り、国際社会の「中心部」における人の移動の内実は大きく様変わりした(39)。

　その特徴をいくつか記すと、第1に、欧州諸国は旧植民地出身者への受け入れ特典を家族統合の場合などを除いて廃止・縮減するとともに、新世界に移り住む者の減少によって、かつての移民送り出し国から、移民の受け入れ国に転じている。第2に、新世界の側も、「国家建設」から「国家維持（nation-maintaining）」モードへと歩を刻み、旧世界と同じように、核となる民族的・歴史的アイデンティティを共有するエスニック・ネーション（ethnic nation）たる様相を深めつつある。この結果として第3に、かつての移民送り出し国であった旧世界と移民受け入れ国であった新世界との間で出入国管理のあり方が急速に接近し、ポイント制など、経済的な観点から国家を維持する有能な「人材」獲得のため類似の施策が競うように採用されている。これまでのように露骨なまでの人種主義的国境管理は困難になっているものの、代わって今日では、学歴や職歴など社会的資源に恵まれた富裕層とそうした資源を欠く貧困層との間に新たな境界線が引かれ、そこに現代的な形態の人種主義の発現を見て取ることができる。

　第4に、国際社会の「中心部」における人の越境移動の奔流は、いまや北から北あるいは東から西に代わって、南から北への一方通行的なものに変容した。こうした人の移動は、1980年代に始まった庇護申請の増大や、2001年の9.11後のテロ言説の台頭とあいまって、国境管理の実態にこれまでにない緊張を引き起こしている。その象徴的事象は、米・メキシコ間の壁建設以上に、国境において世界で最も多くの死者を出している欧州連合（EU）の周囲に現れ

---

(38) Catharine Dauvergne, *The New Politics of Immigration and the End of Settler Societies* (2016), pp. 11, 19, 115. 阿部浩己『人権の国際化』（現代人文社、1998年）154-164頁。

(39) 以下の記述について、Dauvergne, *supra* note 38, Chs. 5-8.

◆ 第Ⅲ部 ◆国境の扉，庇護の門

出ている。

　2011年のアラブの春後とりわけシリア内戦を逃れ欧州にたどり着こうとする多くの人間の惨劇に世界的な関心が集まってきたが，EUの外囲国境は，その以前からすでに多くの死者を生み出す墓場に変容していた。実際に，ある推計によれば，2007年には1650人，2008年には1900人が生命を失っていた。その数は2012年に3000，13・14年に3500，15年には3770と増加の一途をたどっている[40]。国際移住機関（IOM）によると，2000年から2014年までの間に，2万2394人が欧州への入域を試みて命を落としているという[41]。世界の国境における死者の半分以上を占めており，飛び抜けて危険な地帯というしかない。

　巨大な墓場と化す国境の情景は，南から北への人の移動を阻む政治的意思がもたらす悲劇的な帰結というべきものだが，国境における人間の選別と排除はますます多様かつ多層的に実施されるようになっている。有能な「人材」が簡易な手続きで積極的に吸引される一方で，国境の暴力というにふさわしい措置が南から到来する民衆向けに断行されている。

　その具体的な表出を例示すれば，次のようなものである[42]。航空会社等商業運送業者への制裁金賦課による国境管理の民営化，査証対象国の拡大と発給業務の民営化，外国領域内での入国審査の実施，生体認証技術を用いた入国審査の厳格化，「不法」入国者収容業務の拡大と民営化，国境警備の軍事化と民営化，公海上での力を用いた入域阻止，国内法に基づく国際区域（international zone）の設置と国家「領域」からの切離（excision）。

　入国阻止（*non-entrée*）政策とも総称されるこうした措置と連動して，国家維持に不可欠な市民権あるいは国籍付与のあり方にも顕著な変化が生じている[43]。第1に，移住者社会からなる新世界は出生時の市民権取得にあたり生

---

(40) Reece Jones, *Violent Borders: Refugees and the Right to Move* (2016), pp. 16-18.
(41) Tara Brian and Frank Laczko (eds.), *Fatal Journeys: Tracking Lives Lost during Migration* (2014), p. 24.
(42) See generally, Bernard Ryan and Valsamis Mitsilegas (eds.), *Extraterritorial Immigration Control: Legal Challenges* (2010); Thomas Gammeltoft-Hansen, *Access to Asylum: International Refugee Law and the Globalization of Migration Control* (2011), chs. 4 and 5; Thomas Gammeltoft-Hansen and Jens Vedsted-Hansen (eds), *Human Rights and the Dark Side of Globalization* (2017), Part III.
(43) Dauvergne, *supra* note 4, Ch. 7.

地主義（jus soli）を原則としてきたのだが，これを血統主義（jus sanguinis）に近づける法令変更がなされるようになっている(44)。第2に，自国民の市民権（国籍）を剥奪する法制が整えられ始めている。2014年には，帰化者について無国籍になる場合であっても市民権の剥奪を可能とする国籍法改正が英国で行われるに至った(45)。第3に，自由主義を標榜する諸国でほぼ例外なく外国人の退去強制が常態化していることも特記される。日本もそうであるように，退去強制の対象犯罪が漸増し，従前は人道上回避されがちであった退去強制の執行も日常的な風景と化している。

III　国際人権法と国境管理の交錯

　国際人権法は，こうした変容の実態と複雑に交錯する関係に立ってきた。まず留意しておくべきは，国境管理を制御するという意味において，国際人権法が総じて謙抑的な姿勢を保ってきたことである。たとえば，人権諸条約に定められた恣意的拘禁の禁止は今日では一般国際法上の確立した原則というべき地位にあるものの，国境管理を行うための拘禁は必ずしも恣意的なものとはみなされてきていない(46)。また，自由権規約委員会は同規約14条1項の定める公正な裁判を受ける権利が外国人の入国・在留・追放に関する決定には適用されないとの認識であり，この解釈は欧州人権裁判所によっても支持されている(47)。

---

(44)　たとえばオーストラリアは同国の市民または永住者の子に限って市民権を付与する移民法改正を1986年に行い，2006年にはニュージーランドでも同様の法改正が実施されている。

(45)　新垣修「国籍の剥奪と安全保障化」PRIME（明治学院大学国際平和研究所）40号（2017年）6-7頁。

(46)　欧州人権条約は第5条1(f)において「非正規に入国することを防ぐための」逮捕・抑留を明文で許容しており，欧州人権裁判所も，主権国家は「外国人の入国を統制する疑いのない主権的権利」を有し，「移民として入国許可を求める者の拘禁を国家が許容されるのはこの権利に当然に付随することである」と判じている（*Saadi v. United Kingdom* (*Grand Chamber*), Application no. 13229/03, 29 January 2008, para. 64）。自由権規約（市民的及び政治的権利に関する国際規約）委員会もまた，庇護を申請する個人を拘禁すること自体を恣意的と結論する条約法・慣習法上の根拠はないと指摘する（*A v. Australia*, CCPR/C/59/d/560/1993, 3 April 1997, para. 9.3）。

(47)　General Comment No. 32, CCPR//GC/32, 2007, para. 17; *Maaouia v. France* (2000), Application no. 39652/98, 5 October 2000, para. 40.

◆ 第Ⅲ部 ◆国境の扉，庇護の門

　下述するようにノン・ルフールマン原則などの拡充により国境管理権限の統制を促す潮流が強まっていることはたしかだとしても，総じていえば，国境管理権限の優位性が国際人権法によって揺るがされるような状況は訪れていない。のみならず，国際人権法は，近年は，その規範的発展を通して，迫り上がる国境管理と共謀的な関係を作り上げているところもある。ここでは，三つの事象を通じてその実情を考察してみる。

1　遠ざかる国境 ── 管轄権の拡張

　国境管理を迫り上がらせる重大な誘因の一つになってきたのは，1980年代半ばに始まった南からの庇護申請の増大である。この時期は国際人権法の実務が急速に発展するときでもあり，とりわけ難民条約の発展的解釈が学術的にも判例上も陸続と推し進められつつあった[48]。難民条約を国際人権諸条約と結びつけて解釈することにより，難民概念の射程が飛躍的に広がり，ノン・ルフールマン原則についても際立った進展が見られた。この進展は，入国阻止政策の展開を制御することに向けた国際人権法の側からの規範的な対応でもあった。

　ノン・ルフールマン原則は，難民条約作成当初，国境での入国拒否には適用がないというきわめて制限的な解釈の下におかれていた。研究者やUNHCR等の強力な唱導により，この領域的制約は淘汰されるが，その一方で難民排除の潮流の広がる1990年代以降には「安全な(第三)国」概念や時間的制限の導入などにより庇護手続きへのアクセスそのものを困難にする施策が広がっていく。欧州人権条約など国際人権条約の履行監視機関は，こうした施策の条約適合性を精査し，閉ざされる国境を押し開く規範力学の発出源の一つになっていくのだが[49]，国際社会の「中心部」では，そうして強まる規範的統制を回避するため，国境管理を領域外で実施する傾向が強まっていく。

　公海上で庇護希望者の入国を阻止し本国に移送する措置がその典型である。その先鞭をつけたのは米国であり，1992年にブッシュ大統領はハイチから避

---

(48)　阿部浩己・前掲書注(2)第12章参照。
(49)　たとえば，*Amuur v. France*, App. No. 19776/92, 25 June 1996; *Ilascu and Others v Moldova and Russia*, App. no. 48784/99, 8 July 2004; *D v. United Kingdom*, App. no. 30240/96, 2 May 1997; *MSS v. Belgium and Greece*, Appl. no. 30696/09, 21 January 2011.

難してくるすべての者を公海上で押し戻すよう沿岸警備隊に命じた。米国連邦最高裁は難民条約の適用を領域内に限定し、沿岸警備隊の行為にノン・ルフールマン原則の規制は及ばないという判断を示してこれを是認した[50]。これに対して欧州人権裁判所は、公海上での入国阻止活動を直截に扱った事件において、欧州人権条約3条に体現された同原則の域外適用を全員一致で肯認する明快な司法判断を示すに及んだ[51]。

当該事件の申立人は、旗国主義が適用される公海にあってイタリア艦船上にあり、乗組員もすべて同国の軍人であったことから、同国による法上の支配（*de jure* control）および事実上の支配（*de facto* control）を排他的かつ継続的に受けており、このゆえに本件事案はイタリアの管轄の下で生じたとされた。欧州人権条約締約国は、当人から政治的庇護の申請がなくとも送還先の処遇が条約3条に適合するのかを見極めなくてはならず、送還先の国が人権諸条約を締結していること自体によってそうした保証が得られるわけではないことも強調された。

欧州人権裁判所のこの判断は、米司法府に判例変更の規範的圧力を生み出しているが、それを尻目に欧米諸国は、次なる政策的展開として、国境管理を他国の領域内で実施する様相を強めている。他国の領土内で入国審査を実施したり、あるいは他国領海内をパトロールして救助した者をそのまま送還するような活動である。もっとも、どれほど巧妙に国境管理の脱領域化・遠景化が図られようと、人権条約の射程はいずれはそこに及んでいくように思われる。この点を説いて、欧州人権裁判所裁判官は次のようにいう。「領海への入域拒否、査証の拒否、事前搭乗拒否、他国または国際機構が締約国に代って実施する出入国審査への資金、装備もしくは人員の提供を含む、考えられるすべての出入国・国境管理政策は、条約の基準の下にある。どこで行われようと、誰が実行しようと、それらはすべて、国家による国境管理権限の行使形態であり、国家の管轄権の発現である」[52]。

こうした法認識の深まりは国際人権法の深化と称揚すべきものに相違ないのかもしれない。とはいえ、国境管理権限を行使する場が本国から遠ざかっているのは、端的に言って、拡充する国際人権法の適用を免れようとする政策的選

---

(50) *Haitian Interdiction Case*, Report No. 51/96 (1997).
(51) *Hirsi Jamaa and Others v. Italy*, App. no. 27765/09, 22 February 2012.
(52) Concurring Opinion of Judge Pinto de Albuqueuque, p. 75.

択ゆえのことであり，その情景は，まるで逃げ水のように遠ざかる国境管理を捕捉するための終わりなき管轄権設定ゲームのように見える。これを別して言えば，国境管理の域外化・遠景化の断続的な深まりは，ほかならぬ国際人権法の規範的進展をテコに生じているということでもある。入国阻止政策を制御するはずの国際人権法が，そうした政策の深まりを下支えする動力に転化しているという逆説的な事態を私たちは目撃しているのでもある。

2 消されゆく難民 ――「移動の自由」の陰影

国際的保護のレジームを「欧州共通庇護制度（CEAS）」として打ち出す欧州連合（EU）の文脈にあっても，上記(1)と同様に国境管理と人権の錯綜した状況を見てとることができる。その典型例は1997年のアムステルダム条約の附属書として作成されたアスナール議定書であり，この文書はEU市民がEU諸国内で庇護を受けることができない趣旨を明定するものであった。国籍に基づくこの制約条件は，だが，難民条約の適用に留保を付すにも等しく，同条約42条との抵触可能性を強くうかがわせるものでもあった。そこで同議定書には，EU諸国が難民条約上の義務を履行するために独自の措置をとることを妨げないとの宣言が付されることとなった[53]。

同議定書による上記条件設定については，バスク民族主義団体の構成員に庇護を与えていたフランスやベルギーに対する当時のスペイン首相からの政治的メッセージという，際立って特殊な事情が映し出されていた。そのため必ずしもすべての加盟国によって支持されていたようには見えなかったものの，その後2004年に制定された資格指令を通じて，EUにおける難民・補充的保護の対象を第三国国民に限定することが制度的に明確にされることになった[54]。

---

(53) Protocol on asylum for nationals of Member States of the European Union, annexed to the Treaty establishing the European Community (OJ 1997 No. C340/103); Declaration (No. 48) relating to the Protocol on asylum for nationals of Member States of the European Union (OJ 1997 No. C340/141).

(54) Directive 2004/83/EC of 29 April 2004 (OJ 2004 No. L304/12) (Qualification Directive); Directive 2011/95/EU of 13 December 2011 (OJ 2011 No. L337/9) (Recast 2011 Qualification Directive). ただし，ベルギーはEU市民にも庇護手続へのアクセスを認めており，資格指令の国内での実施にあたっても「第三国国民」という限定を除いている。ベルギーにおけるEU市民の庇護実績等については次のものを参照。Immigration and Refugee Board of Canada, *European Union: Application of the Protocol on Asylum for Nationals of Member States of the European Union* (2013-June 2015),

EU 市民を国際的保護の対象から除外する正当化事由としてあげられたのは，人権保障についての EU 諸国間の相互信頼と，EU 域内での移動の自由の保障である[55]。

これによってきわめて困難な状況に追い込まれたのが，迫害に相当する差別を被ってきたロマの人々である。EU 内で国際的保護を受ける資格を剥奪されたとはいえ移動の自由を行使することで実質的な保護を他国で享受できるのではないかと考える向きもあろうが，EU 市民が他の EU 加盟国内にとどまれるのは 3 か月に限定され，経済活動をしておらず十分な生計能力のないロマの人々がその期間を超えて当該国に滞在し続けることは EU 法上きわめて困難である。5 年以上の居住を求める永住資格取得の要件を充足することにも当然に難がある[56]。このため，ロマの人々は，移動の自由は保障されても安全な生活を送ることのできる避難先が EU 内には原則的に見出せない事態に陥ることになってしまった。

さらに看過できないのは，EU 外で庇護申請する際に生じた問題である。マクリーン（Audrey Macklin）の論考がカナダの難民認定実務について伝えるところによれば，チェコやハンガリー出身のロマの人々は EU 内を自由に移動する権利を有していることを理由にカナダに移動する必要はないという公的な見解が表明されるようになった。EU 内を自由に移動できる者にカナダでは庇護を与える必要はないというわけである。同国の国境管理機関内では，EU のすべての国において迫害を受けるおそれを立証できなければ EU 市民たるロマの人々を難民とは認定できないという，難民条約のきわめて不精確な理解にもとづく意見も回付されていたとのことである[57]。

域内移動の自由を保障することの進歩性は疑いないものの，そうした自由が導入されたことにより，EU 内では，難民発生の可能性が制度的に消し去られてしまった。同時に，EU 加盟国を出身国とする庇護申請についても，EU 内

---

　　www.refworld.org/docid/55bf55094.html.
(55) Jean-Rrancois Durieux, "The Vanishing Refugee: How EU Asylum Law Blurs the Specificity of Refugee Protection", in Helene Lambert, Jane McAdam and Maryeleen Fullerton (eds), *The Global Reach of European Refugee Law* (2013), p. 232.
(56) Directive 2004/38/EC of 29 April 2004 (OJ 2004 No. L 158/77) (Free Movement Directive).
(57) Audrey Macklin, "A Safe Country to Emulate？Canada and the European Refugee", in Lambert et. al., (ed.), *supra* note 55, pp. 108-113.

での移動の自由の保障を理由にこれを拒絶するような認識が生み出されてもいる。いずれも難民条約に違背するものというしかないが、迫り上がる国境管理の矛先は、EU にあっては、移動の自由を通して自己自身（EU 市民）あるいは EU 内に埋め込まれた〈他者〉に対して截然と向けられていることがうかがえる。

3　モラル・パニック ── 普遍的人権による〈他者〉の創出

　グローバル化時代の人の越境移動を負の側面で表象する代表例となっているのは人身取引／人の密入国である。強い道徳的憤りに支えられ、米国を中心に、日本を含む欧米諸国では人身取引等を規制する法の執行が積極的に推し進められるようになっている。2000 年には、国際組織犯罪防止条約人身取引議定書が移民密入国防止議定書とともに採択されることになる。

　人身取引防止議定書は厳密には人権条約とは言えないものの、女性・子どもの人権に対する重大な脅威を規制する中心的文書として国際人権法上も重要な位置付けを与えられている(58)。だが、本章との関連でみると、同議定書は国境管理を目標に設定しており、第 11 条で、国境管理の強化、立法等による商業運送業者への旅行証明書所持確認義務、その違反への制裁賦課、国境管理機関の協力の強化という、上述した入国阻止政策を明文で定めるものでもある。移民密入国防止議定書にも同一の規定が第 11 条におかれている。国境管理を多国間で協働して強化することによって人身取引を規制し、撲滅するという政策的立場の表明でもある。加えて、両議定書では、国境管理の強化が「南」の諸国も巻き込んでグローバルに展開されていく方向性も明瞭に打ち出されている。

　トーマスは、規制の対象になる人の移動の流れが際立って南から北に向かっていることから、両議定書は「犯罪の供給源と見られる［南］のすべての地域に疑念の影を投げかける効果を有している」と述べ、「グローバル化は、外国人への開放と外国人の存在が［北の］国家の身体を汚染するという病的な国境妄想を増幅させることと対をなしているようである」と指摘する(59)。人身取引をめぐるモラル・パニックは、被害者化された女性の人権保護という命題を

---

(58)　See UN Office of the High Commissioner for Human Rights, *Human Rights and Human Trafficking*, Fact Sheet No. 36 (2014).
(59)　Thomas, *supra* note 6, p. 43-44.

前景化させることにより，迫り上がる国境管理を自然化し，いっそう昂進させる効能を随伴しているといってよい。

　グローバル化過程では，もう一つのモラル・パニックがテロの脅威とイスラム恐怖症を背景に国際社会の「中心部」に広がっていることも看過できない。国際人権法はその言説構造上，「普遍」・「人間」というカテゴリーを産出し，このモデルが世界のどこにあっても，誰に対しても妥当するという前提に立つ。このモデルに基づいて定立された国際人権規範からの逸脱は，論理必然的に非正統化され，排除・是正されるべきものとなる。これを言い換えるなら，国際人権法は「普遍性」あるいは「普遍的人間」にあてはまらぬ事象や人間を〈他者化（非人間化）〉する言説作用を有するものでもある[60]。

　その相貌が顕著に現れ出ているのがイスラム（ムスリム）との関係においてであろう。欧米にあって噴出しているイスラムの文化的慣行とされるものへの極度の警戒や反発を正当化する文脈で「普遍的人間」のカテゴリーが用いられる様を見て取れる。たとえば強制結婚は当人の意思を顧みぬ重大な人権侵害とされ，「普遍」からのあからさまな逸脱として排除・是正されるべきものとされる[61]。この認識はあらゆる場所ですべての人に妥当するとされるのだが，実際に強制結婚の事例が最も高い割合で見られるのはムスリムの間においてであり[62]，この結果として，イスラムの非正統化・他者化に向けた力学が作動することになる。もとより，「特に女性や性的指向にかかわる慣行や伝統は西洋諸国とりわけ西洋の法には馴染みのないものであるかもしれない」が，「それらが一線を越えて人権蹂躙とされるや，私たちはもはやその文化的起源については意識を寄せなくなる」[63]。不可知の領分の出来事は，「普遍」の尺度が導入され人権蹂躙として類型化されることで，非正統化と排除の対象に置換されていくわけである。

　むろん，強制結婚を人権問題とすることに異存があるのではまったくない。問題はその文脈であり，さらにいえば，テロの脅威と連結されて，イスラムの

---

(60) Ratner Kapur, "Gender, Sovereignty and the Rise of Sexual Security Regime in International Law and Postcolonial India", *Melbourne Journal of International Law*, Vol. 14 (2013), p. 14.

(61) Heather Heiman and Jeanne Smoot, *Forced Marriage in Immigrant Communities in the United States: 2011 National Survey Results* (2011), www.tahirih.or.

(62) www.gov.uk/forced-marriage.

(63) Dauvergne, *supra* note 38, p. 77.

他者化をいっそう煽るものになってしまっていることの問題性である。他面でイスラムの強度の他者化は，受け入れ社会に「自己」を認識させる契機となり，それによってさらにイスラムの他者化と排除が促進されるという循環も生み出されている。迫り上がる国境は，国境の内側に広がるこうしたモラル・パニックとの相互作用を背景に増幅されてきたものでもある。

Ⅳ 人道主義の陥穽

1 正義と人道の逕庭

迫り上がる国境管理とかつてない移民圧力のギャップを埋めるべく，国連では 21 世紀に入り，様々な試みが連続的に手がけられるようになっている。国連事務総長が主導して 2003 年に設置された「国際移住に関するグローバル委員会（Global Commission on International Migration）」[64] とその成果を引き継いで 2006 年と 2013 年に招集された「移住と開発に関する国連ハイレベル対話（UN High-Level Dialogue on Migration and Development）」[65] は，移民を国際的な課題ととらえた類例のない本格的企図に相違ない。2006 年の第 1 回ハイレベル対話からは，「移住と開発に関するグローバル・フォーラム（Global Forum on Migration and Development）」および「グローバル移住グループ（Global Migration Group）」も生まれ出ている。

2016 年になると 5 月に「世界人道サミット（World Humanitarian Summit）」が開催され[66]，9 月 19 日には本章の冒頭でも言及したニューヨーク宣言が採択されることになった。この宣言は，難民・移民に適用される誓約，移民のための誓約，難民のための誓約，フォローアップ，の項目に続けて，附属書Ⅰ（「包括的難民対応枠組み」）の中で 2018 年に難民に関するグローバル・コンパクトを採択する旨を記し，さらに附属書Ⅱ（「安全な，秩序立った，正規の移住のためのグローバル・コンパクトに向けて」）でもう一つのグローバル・コンパクトも同年に採択することを謳っている。

スパイロ（Peter Spiro）は，人の越境移動を規制する方式として，拘束力ある合意を回避しつつ国家の利益に沿って移住を統制する管理アプローチと，人

---

(64) www.iom.int/global-commission-international-migration.
(65) www.iom.int/hld2013.
(66) www.agendaforhumanity.org/summit.

権保障義務を基調とする人権アプローチの二つがあると論じるが、国連ハイレベル対話の枠内では当然に前者に焦点があてられてきている[67]。その一方でニューヨーク宣言には両者のパッチワークというべき要素も見て取れるものの、むろんここでも、国家の国境管理権限の確認、国境管理に関する国際協力の推進、密入国・人身取引撲滅の強調、非正規移動の取り締まりの必要性などが明記されるとともに、「南」の第三国とのパートナーシップを構築して人の越境移動を管理する方向性が打ち出されている。大規模な人の越境移動を前に何かをすべきことは明白であり、その点については各国とも異存はないのだろうが、その共通の思いは、管理アプローチを基軸に、グローバルな次元で国境管理権限をいっそう迫り上がらせる形に昇華していくのかもしれない。

　ところで、ニューヨーク宣言は、難民・移民の受け入れについて、「我々の課題は何よりも、道徳的で人道的なものである」(para. 10) と記している。ここに現れ出た人道主義（humanitarianism）は、難民・移民の受け入れに欠かせぬ理念として定位されることが少なくない。善なるものを体現する人道主義は、だが、義務・責務を伴う正義（justice）とは異なる。正義は人間間の平等に基づく原理であるのに対して、人道主義は不平等な関係性に立脚しており、国境における人道主義は〈私たち（社会の構成員）／彼ら（社会の非構成員）〉の境界と不均衡な関係性を強化する機能を有している。「溺れている子どもと力のある大人との関係のように、生命が深刻な危機にさらされている者と容易にその人を救うことができる者との間には甚だしい不平等がある。不均衡は明白である。この不平等性こそが、移住に関する自由主義的感情の発露の中核にある。人道主義は、国家がその構成員を代表して非構成員に表明する善なのである」[68]。

　人道主義は正義のように義務の基準ではなく慈善（charity）の基準であり、その基準が充足されれば善として称揚される一方で、基準を充足できずともなお正当との評価が留保される融通無碍なものである。人道主義は社会構成員の優位性を大前提とすることから、非構成員が国境を越えて入域することをけっして権利としては認めない。このゆえに国境管理権限の強化とも問題なく両立

---

(67) Peter Spiro, "The Possibilities of Global Migration Law", *AJIL UNBOUND*, Vol. 111 (2017), pp. 3-7.

(68) Catherine Dauvergne, "Amorality and Humanitarianism in Immigration Law", *Osgoode Hall Law Journal*, Vol. 37 (1999), p. 620.

◆　第Ⅲ部　◆国境の扉，庇護の門

し得るものである。ニューヨーク宣言がこの原理を移民のみならず難民にも妥当させようとしている（ように見える）ことには，少なからぬ懸念を覚えてしまう。国際法はこれまで移民と難民を二分したうえで，きわめて狭隘な定義の下であれ後者に対して特別の保護を及ぼす義務的な法制度を整えてきた。主権的裁量が発現する国境にあっても，難民との関係では人道主義ではなく正義の観念がより適切な原理として念頭におかれるべきなのだが，大規模な人の移動を前に迫り上がる国境管理の実態は，両者の境界を融解し，人道主義の原理の内に難民保護の枠組みを埋没させる潮流を生み出しているかのようでもある。

2　国境管理の行く末

　国際人権法は，19世紀末から20世紀初頭にかけて確立された国家の国境管理権限を前提として構築されてきた。このゆえに，「権利言説に足を踏み入れると，どうしても外国人を排除する国家の権利が切り札として立ち上がってきてしまう」[69]。既に述べたように，人の越境移動の内実の抜本的な変化と受け入れ側たる国際社会「中心部」の変容を背景に，市場化や安全保障化の力学を湛えた国境管理権限がかつてないほどに迫り上がっている。国境管理について元来謙抑的であった国際人権法はこれを有効に制御できないだけでなく，共謀的な関係に立つ局面も少なくない。模索される新たなビジョンが，管理アプローチに基づくさらなる国境管理の強化に帰着しかねぬことも既述のとおりである。

　だが，国境が技術的・行政的統治，市場の力によってどれほど厳重に囲われようと，人々がそこから溢れ出る現実は続いていくに違いあるまい。よりよき生を求め出る営みはなんら非難されるべきことではなく，法制度によって人為的に封印できるものでもない。国際人権法は，そうした願いをもって移動する生身の人間が被る具体的な不利益や不正義を是正する個々の営みを続けるとともに，より根源的な次元で「政治的なもの」を再興し，認識枠組みそのものを転換する方向で動員されていくべきである[70]。その際，人種主義的文脈に十

---

(69)　Dauvergne, *supra* note 38, p. 204.
(70)　この点で，「必要とされているのは……「地球上のどこかに住む権利」という視点から世界を分析する態度を維持しつつ，むしろ「小文字の」具体的な正義を個々の局面で主張することのように思われる」という小畑郁の指摘（「移民・難民法における正義論批判――「地球上のどこかに住む権利」のために」世界法年報34号（2015年）126頁）に私は強く共感する。

13　グローバル化する国境管理

分に配慮しつつ，国家の国境管理権限が20世紀前後の特殊な時代状況を背景に確立され，社会構成員を優先的に扱う思想の浸透によって正当化されてきたことの意味を改めて照射し，今日に引き続く国境制度のあり方を歴史的に相対化する思考態度を深めていく必要がある。

　歴史は予定調和ではなく偶有的に構築されている。意図せぬ出来事により思われざる効果が生じることもけっして稀ではない。その一例として，気候変動政府間パネル第4次評価報告書を参照するまでもなく，海面上昇の影響により太平洋上の低地環礁国の存続が脅かされていることに想到する。国家が消滅するのであれば，そこに棲まう人々はどこかが引き受けなければならない。大がかりな越境移動を担う制度は最後の瞬間にならないと現実化しないのかもしれないが，まちがいなく現実化されなくてはならないものである。

　気候変動という国境管理とは一見して無縁な事態への対処により，人の受け入れのあり方もそうして相応に揺さぶられていくことになる。グローバル化の過程で国境管理権限がかつてないほどに迫り上がっているにしても，歴史は常に不確定で非決定的であることには変わりない。人間の尊厳を基調とする越境移動の確保に向けて，国際人権法の知の射程をさらに創造的に広げていかなくてはならないゆえんもそこにある。

14 人権救済の逆説
―― 欧州人権裁判所における国境管理の位相

I 〈国家ファースト〉のメンタリティ

　国際人権保障の旗艦的役割を担ってきた欧州人権裁判所（以下，裁判所）が「自律的解釈」や「発展的解釈」といったダイナミックな解釈手法を掲げ，同時代の重要な人権問題に積極的に関わりゆく姿勢に転じたのは1970年代後半のことであった[1]。「生ける文書」たる欧州人権条約（以下，条約）は起草者の制限的な意図に拘束されてはならず，「理論上または架空の」ではなく「実際的かつ効果的な」権利を保障すべきものでなくてはならない，との認識[2]がそれ以降一貫して司法判断の基調をなし，今日に至っている。起草の時点で想定されておらずとも，あるいは，明文の規定がなくとも，体罰や婚外子の処遇，経済的に困窮した者への法律扶助等をめぐる諸問題を条約上の案件として取り扱い得た[3]のは，それを現実化しようとする裁判所の能動的で創造的な姿勢のゆえにほかならない。

　だが奇妙なことに，能動的で創造的なその姿勢は出入国がかかわる事案になると俄忽として抑制され鈍磨されてしまうことが少なくない。その端緒ともなったのが，英国を被告として1985年に示されたABC事件判決[4]である。移民（外国人）の処遇に焦点をあてた初の判決において裁判所・全員法廷が開陳したのは，条約（私生活・家族生活の尊重について定める第8条）は自国領域

---

(1) 小畑郁『ヨーロッパ地域人権法の憲法秩序化』（信山社，2014年）45-46頁。1970年代後半は，国際社会全般において人権保障を強化する機運が高まった時期でもあった。阿部浩己「国際法における人権」『時の法令』2056号（2018年）62-63頁参照。

(2) *Tyrer v. United Kingdom*, appl. 5856/72, Judgment, 25 April 1978, para. 31; *Airey v. Ireland*, appl. 6289/73, Judgment, 9 Oct 1979, para. 24.

(3) 江島晶子「ヨーロッパ人権裁判所の解釈の特徴」戸波江二ほか編『ヨーロッパ人権裁判所の判例』（信山社，2008年）29頁。

(4) *Abdulaziz, Cables and Balkandali v. United Kingdom*, appls 9214/80, 9473/81, 9474/81, PC Judgment, 28 May 1985. 本章においてこの判決はABC事件判決と略称する。

に住む者の家族を入国させる一般的義務を締約国に課してはおらず,「確立した国際法(well-established international law)の問題として,国は,条約上の義務に従うことを条件に,自国領域に外国人(non-nationals)が入ることを管理する権利を有している」,という「実際的かつ効果的な」権利保障とはおよそ対局に位置する法認識であった[5]。原告らは初手から人間ではなく外国人に類型化され,国民に劣後する扱いを「確立した国際法」の名の下に正当化されることとなった。出入国について国家主権を優位させる「確立した国際法」は,その後も,外国人の訴えを退ける多くの司法判断の礎となって再述されていく。

　裁判所が「確立した国際法」と名指したものは,出入国管理法制に関心を持つ者であれば誰しもが各所で何度となく接してきた定型句に相違ない。日本にあって最もよく知られている出典をあげるとすれば,当然ながら最高裁マクリーン事件判決の説示[6]に想到するだろうし,英国でも貴族院が「外国人を受け入れ,受け入れを拒否し,および国外に退去させる権限は,最も早くから最も広く認められた主権国家の権限の1つであった[7]」と判示している。

　後述するように,こうした司法判断の淵源を探りゆけば,米国連邦最高裁が19世紀末に下した問題含みの判断に逢着することになるのだが,もとより,国民国家を範型として歴史的に形成されてきた憲法(学)の枠組みにおいては,国民／外国人という二分法は基本的に維持されてしかるべきものと了解されてきたところがある。憲法学者の柳井健一は,安念潤司と長谷部恭男という専門を同じくする2人の泰斗の言に依拠しつつ,この点を肯認して次のように

---

(5) *Id.*, paras 67, 68.
(6) 「憲法22条1項は,日本国内における居住・移転の自由を保障する旨を規定するにとどまり,外国人がわが国に入国することについてはなんら規定していないものであり,このことは,国際慣習法上,国家は外国人を受け入れる義務を負うものではなく,特別の条約がない限り,外国人を自国内に受け入れるかどうか,また,これを受け入れる場合にいかなる条件を付するかを,当該国家が自由に決定することができるものとされていることと,その考えを同じくするものと解される。したがつて,憲法上,外国人は,わが国に入国する自由を保障されているものでないことはもちろん,所論のように在留の権利ないし引き続き在留することを要求しうる権利を保障されているものでもないと解すべきである」(最大判1978年10月4日,LEX/DB 27000227)。なお,判決文中の引用は省略した。
(7) *European Roma Center and Others v. Immigration Officer at Prague Airport* [2004] UKHL 55, para. 11 [Lord Bingham].

言葉を継いでいる⁽⁸⁾。

　憲法および国際慣習法上，一般的に，外国人が他国に入国ないし在留することを権利であるとは認められておらず，その反面，主権国家がいかなる外国人をいかなる条件のもとで受け入れるかについての専管的決定権を有するという前提のもとで「あらゆる人に国内でいかなる活動を行うかを顧慮することなく入国・在留の自由を認める制度は『ほとんど戦慄すべきもの』であって，実施しうるとはにわかには考えにくい」のだとすれば，「現実に実施可能なのは，同国人をまずは権利主体として想定し，つぎにそれをどこまで拡張しうるかを考えるアプローチのみである」，ということになりそうである。

つまりは，入国し在留する国の国籍を持たぬ者の権利保障を語る場合には〈国家（主権）ファースト〉という前提のもとにこれを行うことは避けられず，その認識が日本や英国における最上級審の判断に端的に現れ出てきたということでもあろう。国内裁判所が国民を構成員とした政治共同体に立脚する憲法に基づき設置された国家機関であることを想起するに，〈国家（主権）ファースト〉の思考回路を辿りゆくその姿勢に ── けっして妥当とは思えぬものの⁽⁹⁾ ── 特段の摩訶不思議を覚えるものではない。しかし，「人類社会のすべての構成員の固有の尊厳と平等で譲ることのできない権利とを承認」し，「すべての人民とすべての国民とが達成すべき共通の基準として」公布された「世界人

---

(8)　柳井健一「国民と外国人の間：判例法理における『外国人の人権』論の再検討」『法と政治』60巻1号（2009年）4頁。柳井は別稿で次のようにも言う。「憲法という制度自体が，そもそも特定の政治共同体＝国家と不即不離にしか存在しえないのだとすれば，そこで保障された権利については，当該政治共同体の枠内あるいはそれとの相関でしか考慮しえない。…そもそも外国人に対する権利保障は，必然的に国民との関係で劣後することとなるだろう」（「外国人の人権論 ── 権利性質説の再検討」愛敬浩二編『人権の主体』[講座人権論の再定位2]（法律文化社，2010年）所収，170頁）。もっとも，後藤光男は次のように論ずる。「外国人に保障される権利を，外国人在留制度の枠内に限定する議論は，実質的には外国人の人権否定論である。……こうした見解の帰結は，外国人の人権肯定論からいってほとんど戦慄すべきものである」（「外国人政策と入国・在留・再入国の自由」大浜啓吉編『公共政策と法』（早稲田大学出版部，2005年）73頁）。

(9)　フランスのコンセイユ・デタがとってきた対照的な姿勢について，馬場里美「出入国管理における『私生活及び家族生活を尊重される権利』」早稲田法学会雑誌第50巻（2000年）206-207頁。

◆ 第Ⅲ部 ◆国境の扉，庇護の門

権宣言に掲げる権利のあるものについて集団的な実施を確保する」ことを決意して協定された人権条約の履行を確保するための裁判所が〈国家（主権）ファースト〉の立場をとることはけっして自明の理ではあるまい。それどころか，人権を初手から国家主権に劣位させる立場の選択は，「人類社会のすべての構成員の権利」を最重視するはずの条約の趣旨に本来的にそぐわないのではないか。

むろん裁判所は，出入国管理の局面に条約の適用はないなどとは言明していない。正確に記せば，裁判所は欧州人権委員会（以下，委員会）の従前からの見解を踏襲し，次のようにいう。「締約国の領域に入りまたは在留する外国人の権利自体は条約によって保障されていない。しかしながら，出入国管理は条約上の義務に適合するようになされなければならない[10]」。条約8条は自国領域に住む者の家族を入国させる一般的義務を締約国に課しているわけではないものの，出入国管理権限の行使は条約上の義務の範囲および限度内で制約されている，ということである。

こうした「間接的保護」の形をとるにせよ，外国人の権利保障の可能性を排除しない論旨自体は歓迎すべきものには違いない。とはいえ，その保障はあくまで出入国を管理する国家の権限を前提にして，という限定つきのものである[11]。別言すれば，国家の国境管理権限を所与の前提（原則）に，それを条約上の権利（第8条）によって制限できるかどうかを問う規範的枠組みが設定されているのであって，両者の配置はその逆ではない。条約の基本的な趣旨にそぐわないのではないかという思念が募るのはこのゆえである[12]。

ABC事件判決で明示された両者の関係性は現在に至るまで変わりなく維持されている。このような法認識はいかにして生み出され，再生産されてきているのか。以下，本章では，裁判所における国家の国境管理権限と人権との関わりを批判的に辿り直し，その含意について思惟を巡らせてみることにする。

---

(10) *ABC, supra* note 4, para. 59.
(11) 馬場・前掲論文注(9)198頁。同「外国人の在留と私生活・家族生活の尊重——犯罪を犯した外国人の追放と家族生活・私生活の尊重——ブルティフ判決」戸波編・前掲書注(3)352-356頁も参照。
(12) 裁判所の判断において人権と国家主権の立場が倒置されるありようを，Dembourは 'Strasbourg reversal' と名付けている。Marie-Bénédicte Dembour, *When Humans Become Migrants* (Oxford University Press, 2015), p. 4.

268

II 「確立した国際法」という障壁

1 帝国の遺制

　条約の母体である欧州評議会の設立背景には，「ヨーロッパ統合運動と，急速に形成されつつあった東欧圏への対抗があり，さらにその根底には，ヨーロッパ文明の内部からナチズムの出現を阻止できなかったという危機意識があった…。［欧州評議会］が発足後直ちに作成しはじめたヨーロッパ人権条約も，このような背景に照らして理解できるものである[13]」。

　小畑郁のこの指摘が示唆するように，条約は，過去の破綻（ナチズム）と喫緊の脅威（共産主義）を前に，欧州が自らの民主主義と自由を集団的に保障しようとして急ぎ立ち上げた一大プロジェクトにほかならない。その際，最重視されたのは「欧州＝私たち」の自由の確保であり，他者たる外国人の権利保障は必ずしも排除されたわけではないとはいえ，その扱いは劣位のものに押しとどめられた観がある。留意すべきことに，条約には表現・集会・結社の自由および差別禁止規定が外国人の政治活動に制限を課すことを妨げぬ旨を特別に記した条項（第16条）がおかれているのだが，条約が依拠する世界人権宣言にはこのような定めはない。のみならず，同宣言が謳う国を離れる権利，庇護を求め・享受する権利，国籍への権利といった，外国人にとって格別の重みを有し得る諸権利についても条約は明らかに沈黙する体を装っている[14]。

　もとよりこうした沈黙の背景に欧州のおかれた特殊な歴史・政治的事情があずかっていることは言を俟つまいが，特殊な事情といえば，条約が英国，ベルギー，フランス，オランダといった一群の植民地保有国を中核として作り出された法文書であることも，外国人（移民）の権利保障を論ずる際には看過し得ない点である。それを端的に伝える第56（旧63）条は，実態に即していえば植民地条項と称すべきものだが，そこには，締約国が植民地（条文上は「自国が国際関係について責任を有する地域」）の全部または一部に条約を適用する宣言を行えること，ただし，植民地において条約の規定は「現地の必要に妥当な考慮を払って適用されること」，さらに，植民地に条約を適用する宣言を行

---

(13)　小畑・前掲書注(1)40頁。
(14)　国を離れる権利については，外国人の集団追放の禁止等とともに，1963年の第4議定書に規定されるところとなった。なお，世界人権宣言と同じ年に米州諸国会議で採択された米州人権宣言にも，庇護を受ける権利と国籍への権利が規定されている。

なった国はいつでも当該植民地について個人申立を受理する裁判所の権限を受諾できること，が定められている。

　本章は，ベルギーや英国代表等の意見を組み入れて制定されるに至ったこの条項の起草過程あるいはこの条項が各国の条約締結・個人申立ての受諾に及ぼした影響について具体的に検討するものではない[15]。ただ1つここで確認しておきたいのは，この条項の制定を導いた植民地主義の遺制は「独立」の達成によっても清算されることはなく，その後も旧植民地から旧宗主国に向けた人の越境移動を構造化する形をとって継続したことである[16]。ベルギーや英国等にとってみれば，植民地住民への条約の適用を排除・制限しようとして導入したこの条項[17]は，図らずも後年，自国領域にたどり着く旧植民地住民への条約適用の可否を争う事態の出来を予示するものにもほかならなかったわけで

---

(15)　起草過程における議論について，European Court of Human Rights, *Preparatory work on Article 63 of the European Convention on Human Rights* (information document prepared by the registry, 2 March 1978), available at https://www.echr.coe.int/Documents/Library_TP_Art_63_Cour（78）8_eng.PDF.

(16)　たとえば英国におけるその実態について，原田桃子「ヒース保守党内閣における移民問題——1971年移民法の成立をめぐって」『ヨーロッパ文化史研究』第16巻（2015年）第1章，佐久間孝正『移民大国イギリスの実験』（勁草書房，2007年）第2章参照。

(17)　植民地条項は条約の適用範囲を原則として「ヨーロッパの法的空間」（ヨーロッパ諸国「本土」の領域）に限局しようとするものでもあったが，植民地が次々に独立していくことによりこの規定は歴史的な遺物となった感を漂わせていたところ，21世紀を迎える時期に，再び「ヨーロッパの法的空間」が屹立する事態が出来する。北大西洋条約機構（NATO）によるセルビア爆撃の条約適合性が問われた1件において，裁判所は，条約が「締約国の法的空間において」適用されると説示し，非締約国たるセルビア領内における条約の適用を排除したのである（*Bankovic v. Belgium*, appl. 52207/09, GC Judgment, 12 Dec. 2001）。イラクにおける英兵の射殺行為が問題となった事案において，英国貴族院のロジャー卿（裁判官）は，ヨーロッパの領域を超えて条約を適用するのでは，「他の人権機関の管轄と衝突するだけでなく，人権帝国主義と非難される危険性がある」と説いている（*Al-Skeini*, [2007] UKHL 58）。この言は非西洋国の主権を尊重する姿勢の表われのようにも見えるが，そもそも本件事案は英国による違法なイラク侵攻がもたらした無法状態の中で生じたものである。管轄概念を領域と同視する考え方からは，「権利を守られる西洋人」と「無権利状態におかれる非西洋人」という非対称な図式が浮き立ってくる。他方で，国際司法裁判所や自由権規約委員会，さらに米州人権委員会等は法的空間を欧州に限定するようなことはしてきていない。興味深いことに，上記Bankovic事件判決の妥当性について各方面から痛烈な批判を受けた裁判所も，2011年に至り，条約の適用を「ヨーロッパの法的空間」に限局しない立場に転じてはいる（*Al-Skeini v. United Kingdom*, appl. 55721/07, GC Judgment, 7 July 2011）。

ある[18]。

　旧宗主国への人の移動は，西欧一般における第二次世界大戦後の高次の労働力需要と重なりあって促進されてもいたのだが，1970年代半ばに至り，国際経済の変動の波濤を浴びて労働需要は急速に縮減する。その中で，「南」から西欧諸国に入る手立てとして代わって援用されるようになったのが家族再結合（family reunion：家族呼び寄せ）の原則であった[19]。だが労働力の受け入れが厳しく制限される一方で，移民に供された入国の扉は，西欧諸国によってけっして寛大に開けられたわけではない。そこに，家族生活の尊重を求める条約8条の介入を必要とする契機が生み出されることになった。その主たる舞台の1つとなったのが旧植民地大国・英国である。

　英国ではすでに1962年以降，植民地当局により発給された旅券による英国入国の拒否・制限を可能とする移民法改正がなされていたが，1970年代にはこれに血統主義も追加され，国内労働市場保護の観点からとりわけ新コモンウェルス諸国出身のカラード移民受け入れへの警戒心が増幅されていた。そうして厳格化された1980年移民規則により，自らがもしくは自らの両親が英国生まれでないため夫の入国を拒否されることになった女性たちが委員会に救済を求め，そのうちの3件が同委員会の判断を経て裁判所で検討される段となった。それらの事件の申立人が，英国永住権をもつマラウィ出身のAbdulaziz（インド系）とフィリピン出身のCabales（裁判所に事案が付託されるまでの間に英国に帰化），そして前婚の際に英国市民権を取得していたエジプト出身のBalkandaliであった（ABC事件）。

2　家族分離の促進

　条約8条のみならず，14条（差別禁止），3条（非人道的処遇等の禁止）および13条（効果的救済の提供）の適用の可否が争われた本件において，裁判所は

---

[18] 委員会が移民の処遇に関して本案判断（条約違反）に踏み込んだ初期の代表例も，英国を相手どってなされたものであった。*East African Asians v the United Kingdom*, appl. 4403/70 and 30 others, Report adopted by the Commission, 14 December 1973. available at https://lovdata.no/static/EMDN/emd-1970-/004403.pdf#search=%27european+commission+on+human+rights+african+asian+uk%27.

[19] 人の越境移動の実態については，主に次の文献を参照。Stephen Castle and Mark J. Miller, *The Age of Migration: International Population Movements in the Modern World* (Macmillan, 2009).

委員会とほぼ同様の結論を提示した。

　第8条について裁判所は，まず本件申立が同条の適用範囲に入り得ることを是認し，争点を，夫の入国・在留を認める積極的義務を英国が負っているかどうかという形で定式化した。そのうえで，積極的義務に関わって家族生活をどう尊重するかは事案により異なるので，「条約の遵守を確保するためにとる措置の決定にあたり，締約国は広範な評価の余地を有する」と述べるとともに，「定住移民の親族の入国を認める国の義務の範囲は，当人のおかれた事情により異なる」とし，さらに続けて，本件は家族生活だけでなく出入国にもかかわっており，「確立した国際法の問題として，および，条約上の義務に従うことを条件に，国は自国領域に外国人が入ることを管理する権利を有していることを裁判所としては無視できない」と判じた。そして「第8条により課せられる義務は，夫婦の居所選択を尊重し，外国人配偶者を定住のため自国に受入れる一般的義務を締約国に及ぼすものと考えることはできない」と説くに及んでいる[20]。

　第8条の適用にかかるこうした認識は，外国人の入国・在留管理につき日本の法廷の多くが連綿と依拠する広範な自由裁量の論旨を彷彿させ，同条の帰趨について裁判所がどのような判断を下すのかを容易に想像させるものでもあった。実際のところ，裁判所は念入りにも，申立人らが，自らの出身国あるいは夫の本国で生活を営む障害があることを示していないこと，さらに，婚姻時において夫の定住が英国法上困難であった事情を知り得たはずであること，にも言及し，よって家族生活の尊重を欠いていたとはいえないとの結論を導くに至った[21]。

　申立人らが訴えを起こした後背に，既に示唆したような人の越境移動を促す構造的な要因が広がっていたことは紛れもない。移民規則の改正も，もっぱら英国側の事情によるものであった。申立人らは英国で婚姻生活を営むことを望んでいたものの，裁判所は，それがかなわぬ責任を申立人自身の怠慢や不注意

---

(20) *ABC, supra* note 4, paras 67, 68.
(21) 1980年移民規則は国内労働市場の保護を眼目としていたのだが，外国人労働者を男性と等視していたこともあり，女性の入国が男性に比べて緩和されているところがあった。裁判所はその性差別的な側面をとらえて（第8条とあわせて）第14条の違反を認定し，第13条についても同様に違反を認定した。その反面で，裁判所は，人種による差別も，（英国市民権を有していたBalkandaliについて）出生による差別も認めず，第3条の違反もなかったと判じた。

に帰した[22]。そしてその理由付けの基礎に国家の広範な国境管理権限を据えている。裁判所のまなざしが根幹において国家（英国）の側に寄せられていることをうかがい知れるところである[23]。

ABC 事件判決で示されたこの判断枠組みの基本は他の事件でも踏襲されていくのだが，それを別して言えば，国家の国境管理権限を基軸に据え，これとの関係で申立人のおかれた事情を変数として評価する，というものである。換言すれば，国家の利益は所与のものとしてその内実を具体的に追究せず，申立人側の事情のみを評価の対象にする，ということである。その際，国家の国境管理権限は「確立した国際法」により自在のものとされ，個人の被る不利益は相当な水準に達しないかぎり条約違反の結論を導くことができない構図になっている[24]。

むろんそれでも，外国人の権利保障をすべからく在留資格の枠内に押し込める日本の最高裁判決（マクリーン事件判決）に比べれば個人の権利が実現される扉は塞がれているわけではない。現にいくつかの事件において裁判所は条約（8 条）違反を認定し，申立人の側に軍配をあげてもいる。1 例を挙げると，

---

[22] 他国（出身国）で生活を営むことを妨げる障害の有無と，家族生活が形成され始めた時点で在留にかかる法的障害を知り得ていたかどうかに，裁判所はその後も一貫して関心を寄せてきた（ただし，他国で生活を営む障害とのかかわりでは，在留先での再統合が唯一の方法であることを示す必要はなくなり，現在では在留先での再統合が「最も適切である」ことを示せば足りると解されてもいる。Council of Europe Commissioner for Human Rights, *Realizing the right to family reunion of refugees in Europe*, Issue Paper, June 2017, p. 21, available at https://rm.coe.int/prems-052917-gbr-1700-realising-refugees-160x240-web/1680724ba0）。この二つの要因に加えて，実際の家族生活が破砕される程度，入国を阻止すべき公の秩序上の要因が考慮されるべきものとされ，近年はさらに子どもの最善の利益にも相当な重みを与える（ただし決定的ではない）ようにもなっている（*Ejimson v. Germany*, appl. no. 58681/12, Judgment, 1 March 2018）。See Mark Klaasen, "The Best Interests of the Child in Deportation Cases: An Analysis of Ejimson v. Germany", *Strasbourg Observers*, March 30, 2018, available at https://strasbourgobservers.com/2018/03/30/the-best-interests-of-the-child-in-deportation-cases-an-analysis-of-ejimson-v-germany/#more-4158.

[23] コモンウェルス諸国市民が英国への入国の自由を喪失するに至った移民法改正過程に人種的動機の伏在を認め条約 3 条違反を認定した委員会の従前の判断（*East African Asians v. the United Kingdom, supra* note 18）を看過するかのように，裁判所は，「移民の急増と国家の吸収能力を超える移住率のもたらす危険性」を同法の改正理由であるとしている（*ABC, supra* note 4, para. 12）。

[24] Dembour, *supra* note 12, p. 121.

エリトリアでの内戦のさなか夫を殺害されて避難してきた女性が、避難先のオランダで知り合った難民と婚姻して2人の子を儲け、さらに住宅を購入するなどして生活を整えた後、本国に残る子との合流を求めたところ、オランダ当局によってこれを拒否されたことが条約違反にあたると訴え出た事案がある[25]。

オランダの主張によれば、申立人の女性はエリトリアに自らの意思で子を残してきたのであって、同人との「密接な家族の絆」はすでに消失している、とされた。だが裁判所は、子を残してきた事情にかかるオランダの見解に疑義を呈するとともに、申立人らが同国に定着し（市民権も取得）、2人の未成年の子が同国で生まれ育ってもいること、さらにエリトリアに残してきた子（15歳）が婚姻年齢に達したため養育している祖母から退去を強いられたこと等を勘案し、オランダの措置は申立人の利益との公正な均衡を欠いているとして第8条違反を認定した。これに先立って示されていた別の判断において裁判所は、生まれ育ったオランダに合法的に在留する2人の子どもの存在を主たる理由として、トルコにいるもう1人の子とのオランダでの合流を認めぬ措置をやはり条約違反と認定していた[26]が、判決文が伝えるとおり、この先行判断がエリトリア出身者の事例にも大きな影響を与えることになった。

その一方でデンマークが訴えられた事案では、帰化により同国民となった申立人が同国においてガーナ人妻との家族再統合を拒否されたことが問題とされた。市民権を取得して28年を経過しないことには外国人配偶者との結合を認めぬ法令によるものだったが、なんとも名状しがたいことに小法廷は第8条（全員一致）についても14条（多数意見）についても条約違反を認定しなかった[27]。この事件を付託された大法廷は、28年の時の経過を求める当該規則が民族的出身（ethnic origin）に基づく間接的な差別効果を生じさせているとして（8条とあわせた）14条違反を認めたものの、第8条単独の違反の訴えについては判断を回避した[28]。

この大法廷判決がそうであるように差別を禁ずる第14条違反の訴えを第8条と関連づけて認容する事例は漸増する傾向にあり、また、上記オランダの事例のように子どもの最善の利益を（黙示的であれ）重視する潮流も顕在化して

---

(25) *Tuquabo-Tekle v. the Netherlands*, appl. 60665/00, Judgment, 1 Dec. 2005.
(26) *Sen v. the Netherlands*, appl. 31465/96, Judgment, 21 Dec. 2001.
(27) *Biao v. the Netherlands*, appl. 38590/10, Judgment, 25 Mar. 2014.
(28) *Biao v. the Netherlands*, appl. 38590/10, GC Judgment, 24 May 2016.

いる。これによって家族再統合の訴えに新たな地平が広がっている[29]ことはたしかであるが[30]，第8条に基づく主張を退ける裁判所の基本認識自体に特筆すべき変化は看取できない。「南」から到来する人々にとってみれば，裁判所の提示する「確立した国際法」の法理は，西欧諸国への入国・在留を妨げる巨大な障壁のままであり続けている。

Ⅲ 退去強制／国外追放の正統化

条約8条についての裁判例を調査していくと，入国・在留にかかるものよりも退去強制／国外追放に関する事例が多いことが分かる[31]。その理由として，前者に比べ，後者の条約違反を争うほうが訴えを認容される可能性が高いという実務的判断に想到する向きもあるかもしれない。たしかに，1988年に示されたBerrehab事件判決[32]を嚆矢として，裁判所は立て続けに退去強制措置の条約8条違反を認定する判断を公にした[33]。申立人の多くを占めていた者が移民第二世代であったことに着目し，国民と移民第二世代との間の差異を除去することを裁判所が密かに企図しており，「外国人の追放に関する慣習国際法の基本原則が変容しつつある」と論じる者がいるほどであった[34]。

---

(29) 子どもの最善の利益の確保を主たる理由の一つとして，配偶者との再統合を認めぬ措置を第8条違反と認定した初の事例として，*Jeunesse v the Netherlands*, appl. 12738/10, GC Judgment 3, Oct 2014.
(30) 最近の判例について，Commissioner for Human Rights, *supra* note 22, pp. 23-25.
(31) 退去強制との関連で裁判所における条約8条の適用状況を批判的に分析したものとして，阿部浩己『国際法の暴力を超えて』（岩波書店，2010年）133-140頁。なお，本章では「退去強制」と「(国外)追放」という述語を互換的に用いる。
(32) *Berrehab v. the Netherlands*, appl. 10730/84, Judgment, 21 June 1988.
(33) *Moustaquim v. Belgium*, appl. 12313/86, Judgment 18, Feb. 1991; *Beldjoudi v. France*, appl. 12083/86, Judgment, 26 Mar. 1992; *Nasri v. France*, appl. 19465/92. Judgment, 13 July 1995. 裁判所が実体判断を行わない場合にも，委員会の判断（条約違反）を受けて友好的解決が図られ，退去強制の取消しと在留許可が認められてもいる。See e. g., *Djeroud v. France*, appl. 13446/87, Judgment, 23 January 1991. もっとも1996年に至り，裁判所は移民第二世代の関わる事案においても違反なしとの判断を示すようになる（*Boughanemi v. France*, appl. 22070/93, Judgment, 24 April 1996）。
(34) Ryszard Cholewinski, "Hidden Agenda? The Protection of Second-Generation Migrants from Expulsion under Article 8 of the European Convention on Human Rights", *Netherlands Quarterly of Human Rights*, Vol. 12 (1994), p. 305. 阿部浩己「出入国管理と家族生活の保護」法学セミナー1992年3月号，16-20頁も参照。

そうした論調が馴染む時期の前史として想起しておくべきことに，Berrehab 事件判決が示される 1988 年までの間，退去強制措置に処せられた者から家族生活の尊重を求める申立てが委員会に 90 件も提出されていた。だが，この種の訴えがなされ始めた 1950 年代後半以降，委員会はそれらすべてを「明らかに理由がない（manifestly ill-founded）」として却下する不受理（inadmissible）判断を示し続けていた[35]。西欧諸国に入国・在留を求める者の場合と同様に，退去強制を受ける者の多くもまた「南」の出身者である。英国から追放されるパキスタン人やフランスから追放されるチュニジア人等の例を見るまでもなく，その背後には植民地主義の遺制ともいうべき構造的・歴史的要因が広がっている。Dembour が的確に批判するとおり，委員会の不受理判断は，そうした要因への関心を欠くことに加え，カラード移民はその家族も含め容易に出身国に戻り定着できるはずだ，という実証的根拠をまったくもたぬ人種化された人間観を濃厚に湛えるものであった。また，退去強制という出入国管理権限の行使を，条約 8 条を無条件に凌駕するものとも捉えていた。「委員会の決定は，申立人の退去強制がいったいいかなる意味で国家の正統な利益に資するのかを説明していない。詳細な理由づけは，明らかに必要なものとはみなされていなかったのである[36]」。

そうであっただけに，Berrehab 事件判決は待望久しきものとして立ち現れた。事案の概要は次のとおりである。オランダ人との婚姻により同国に居住し，就労許可も得た Berrehab（モロッコ国籍）は，その後，婚姻関係の破綻により離婚に至る。同人は離婚後ほどなくして生まれた娘と定期的に面会していたのだが，離婚を理由に在留許可の更新を拒否され，国外退去を命じられる。きわめて異例なことに，当該措置が第 3 条および 8 条違反にあたるとの訴えは，元妻および娘をも申立人として委員会に提出された（ただし，元妻の申立は不受理となる。なお，申立人は元妻と再婚し，オランダ在留が再び認められるに至っていた）。裁判所は，長年オランダに正規在留していた Berrehab が，在留資格を喪失したこと以外なんらの違法行為も行なっておらず，娘との関係も緊

---

[35] Mark Villiger. "Expulsion and the Right to Respect for Private and Family Life (Article 8 of the Convention)- An Introduction to the Commission 's Case-Law", in Franz Matscher and Herbert Petzold (eds.), *Protecting Human Rights: The European Dimension* (Carl Heymanns Verlag, 1988), pp. 657-662.

[36] Dembour, *supra* note 12, p. 171.

密であったことから，オランダの追求した目的と採用した手段（追放措置）との間に不均衡があるとして，第8条違反の認定に踏み込んだ[37]。

この判決の後，裁判所は，*Moustaquim* 事件を手始めに，犯罪を犯し退去強制に処せられた移民第二世代の処遇について第8条の観点から判断を求められるようになる。前述のように，申立人に有利な判断が引き続いた際に移民第二世代の退去を阻止する裁判所の隠された企図の存在を指摘する向きもあったが，その真相がどうあれ，違反認定に至った理由について明確な基準は必ずしも示されず，その後，違反なしとの判断が出されるようになってからは，「違反」と「違反なし」とを分かつ境界がどこにあるのかが判然としない事態に陥ることにもなった。家族・私生活に干渉する措置を正当化するには，目的と手段との均衡（民主社会に必要なものであること）が判断の要であることは確かだとしても，どのような要素にどのような重みをもたせて評価を行うのかがいかにも不分明であった[38]。現に，1996年に移民第二世代の事件で初の違反なしとの判断になった Boughanemi 事件判決では，反対意見を表明した Martens 裁判官が，多数意見の採用するケースバイケース・アプローチを予測不能な「くじびき (lottery)」になぞらえて論難していた[39]。

こうした批判に応えるべく，裁判所は2001年に判断基準を次の8つに整序して提示する[40]。すなわち，申立人の犯した犯罪の性質・重大性，当該国での滞在期間，犯罪後に経過した時間とその間の申立人の行動，関係する者たちの国籍，家族状況（婚姻期間その他夫婦の家族生活の真正を示す事情），家族関係に入った時点での配偶者による犯罪の了知，子の存在と年齢，配偶者が申立人

---

[37] ただし，一人の裁判官は，国外（モロッコ）でも父と娘の接触が可能であったことから，第8条の違反はないという反対意見を付している。Dissenting Opinion of Judge Thór Vilhjálmsson.

[38] Marie-Benedicte Dembour, "Human Rights Law and National Sovereignty in Collusion: The Plight of Quasi-Nationals at Strasbourg", *Netherland Quarterly of Human Rights*, Vol. 21 (2003), p. 70. 馬場の言葉を借用すれば，次のようになる。「1996年以降の判決では，以前とほとんど同じ事案についても8条違反は認められていない。このため，人権裁判所の判断には一貫性がなく予測可能性に欠け，法的安定性を阻害すると批判されるようになった。裁判所は…一般的な基準を立てることなく，個別の事情に基づく判断を行なったため，それが，判断が恣意的であるという批判を招く一因になったのである」（馬場「外国人の在留と私生活・家族生活の尊重」（前掲注(11)311頁）。

[39] Dissenting Opinion of Judge Martens, para. 4.

[40] *Boultif v. Switzerland*, appl. 54273/00, Judgment, 2 Aug. 2001.

の出身国（送還先）で遭遇する困難の深刻さ、である。ただし、第8条違反を導くにあたり、これらの基準が裁判所によってどのように評価されるのかは判決文からは明らかにされなかった[41]。

こうしてその後もケースバイケースで安定性を欠く判断が続いていくことになる[42]のだが、2006年に至り、基準の明確化を託されて大法廷が退去強制事案について判断を示す機会が訪れた。大法廷は、2001年に示されていた上記8つの基準にさらに2つの基準（子どもの最善の利益・福利（とりわけ送還先で遭遇する困難の深刻さ）、滞在国・送還先の国との社会的・文化的・家族的結びつきの強さ）を追加したうえで、第8条につき違反なしとした小法廷判決を踏襲し、申立人の退去強制を是認する判断を導いた[43]。判断の指針が拡充されたことの善し悪しはともかくも、大法廷判決はこれらを本件事案に当てはめるにあたり、どの基準をいかに評価して申立人（オランダ在留）のトルコへの退去強制が「公正な均衡」を欠かないと判ずるに及んだのかをまったく説明しなかった。基準の数自体が増やされても、「くじ引き」のごときケースバイケースの判断が変わることはおよそなかったといわなくてはならない。

大法廷は2008年に、未成年時に犯した非暴力的な犯罪により申立人をブリガリアへ退去強制したオーストリアの措置を「民主的社会に必要な」ものではなかったとして第8条の違反を認定しているが、判断基準のあてはめについては1人の裁判官から異なる評価も示された[44]。この判決以降も条約違反の判断こそ出されてはいるものの、不受理あるいは違反なしの判決はさらに多数に及び[45]、子どもの最善の利益の比重が増しているとはいえ、判断の仕方はケースバイケースの位相を払拭し得ているようには見受けられない。そして一連の判断が立ち至る結果を見やるに、裁判所への訴えは退去強制の取り消しではなく、是認に逢着する例があきらかに多い。裁判所への救済申立がもたらしてい

---

(41) もっとも、同意意見を表した3名の裁判官たちは、犯罪後7年が経過し、その間、申立人が、再犯に及んでいないことから社会復帰し得たとみて第8条違反に同意した旨を明記している。Concurring Opinion of Judges Baka, Wildhaber and Lorenzen.

(42) E. g., *Mehemi v. France,* appl. 53479/00, Judgment, 10 Apr. 2003.

(43) *Üner v. the Netherlands,* appl. 46410/99, GC Judgment, 18 Oct 2006.

(44) *Maslov v. Austria,* appl. 1638/03, GC Judgment, 23 June 2008. Dissenting Opinion of Judge Steiner.

(45) See, European Court of Human Rights, *Guide on Article 8 of the European Convention on Human Rights* (updated on 31 August 2018), paras 289-302.

るのは，申立人の願いとは裏腹に，退去強制を正統化する非人道的な結末ということである(46)。

本章との関連でさらに留意しておくべきは，この間，「確立した国際法」の定型句が強化されて出来するようになったことである。退去強制にかかる事案では，Berrehab 事件など初期の判決に見当たらなかった「確立した国際法」への言及が，Üner 事件判決にあっては ABC 事件判決をバージョンアップする形で次のように提示されている(47)。

> 当裁判所は，確立した国際法の問題として，および，条約上の義務に従うことを条件に，自国領域に外国人が入ることおよびその在留を管理する権利を国が有していることを冒頭で再確認しておく。［欧州人権］条約は外国人が特定の国に入りまたは在留する権利を保障しておらず，国は，公の秩序を維持する任務を遂行するため外国人を追放する権限を有している。しかしながら，この分野における国の決定は，第8条1項により保護される権利に干渉する場合には，法律に従いかつ民主的社会において必要なものであること，すなわち，差し迫った社会的必要により正当化され，とりわけ追求される正統な目的と均衡していなくてはならない。
>
> 当裁判所は，外国人が受入れ国に成人としてまたはきわめて若年時に入国したかどうかにかかわりなく，これらの原則が適用されると考える。これに関連して，当裁判所は長期滞在移民の退去強制禁止に関する勧告1504（2001）に触れておく。これは，受入れ国で生まれ育った長期滞在移民がいかなる事情によっても退去強制されないことをとりわけ保障するよう閣僚委員会が加盟国に勧奨することを欧州評議会議員会議が勧告したものである。自国で出生しあるいは幼少期に入国した長期滞在移民をその犯罪歴に基づき退去強制させることはできない旨の立法を行ったかまたはその旨の政策を採用している一群の国があるとはいえ，退去強制されぬ絶対的権利は条約8条からは生じ得ない。現に，同条2項は1項が保障する

---

(46) 圧倒的多数の申立が単独裁判官および3人構成の委員会の段階で却下されていることも看過してはならない。たとえば2017年の統計について，European Court of Human Rights, Annual Report 2017. p. 163 *et seq,* https://www.echr.coe.int/Documents/Annual_report_2017_ENG.pdf.

(47) *Üner, supra* note 43, paras 54-56.（引用箇所の訳は省略。）

◆ 第Ⅲ部 ◆国境の扉,庇護の門

一般的権利への例外を明瞭に認める文言になっている。

上記議員会議勧告はまた,[上記]段落で言及した範疇の者を除くほか,刑事犯罪を実行した長期滞在移民は国民に適用されるのと同一の通常法の手続きおよび制裁に服するべきであり,また,退去強制という「制裁」は国の安全に影響を与える特に重大な犯罪であって有罪と認められたものについてのみ適用されるべきであるとしている。しかしながら,当法廷は,外国人がきわめて強い居住資格を有し,高度の統合を成し遂げていようとも,条約8条2項に掲げる1またはそれ以上の理由により外国人を退去強制する締約国の権限の行使にあたり,その立場は国民と同一にはなり得ないと考える。当裁判所はさらに,有罪判決を受け刑事法上の制裁に処せられた定住移民に居住許可を取消しおよび／または退去強制命令を発する決定は,第7議定書4条の適用にあたっても,また,より一般的にも,二重処罰ではないという見解である。

締約国は,社会を保護するため,刑事犯罪により有罪となった者について措置をとる権利を有している —— むろん,第8条1項の保障する権利に干渉する限りにおいて,それらの措置が民主的社会において必要で,追求される目的と均衡していることを条件にしてだが。そうした行政措置の性格は,処罰的というよりも予防的とみるべきものである。

やや長めの引用になったが,国家主権を防護する「確立した国際法」への裁判所のコミットメントがますます強まっていることが感じられる[48]。「確立した国際法」は,いまや退去強制事案にも欠かせぬ原則として判決を彩るようになっている[49]。ちなみに上記判決で言及されている欧州評議会議員会議の勧告は,裁判所が再述しているとおり,長期滞在している移民を退去強制しないよう加盟国に勧奨するものであり,欧州に広がる退去強制の非人道的実態への強い懸念の表明にほかならなかった。判決にはこの勧告に従って国内法・政策の変更を手がけた国があることも記されている。

---

(48) それゆえに,申立人の事情を「例外的(exceptional)」とみる場合にはじめて均衡性の評価を国家に不利なものとする判断が生まれることになる (*Jeuness, supra* note 29, para. 122)。

(49) 裁判所は,「出入国を管理する国の権利のコロラリーは,申立人のような外国人が,入国または在留を適法に拒否されて締約国を離れるよう命じられた場合において,出入国管理および手続に従い国を離れる義務である」とも説いている (*Id.*, Para. 100)。

しかしそうした事実を了知しつつも，裁判所は上記勧告に公然と異議を唱えるに及んだ。幼少時に入国して以来長期にわたって滞在している移民であっても，退去強制する権限を国が変わらずに有していることが念入りに強調されている。裁判所が「人権」裁判所であることを想起するに，なぜこれほどまでに主権国家の代弁者よろしく国境管理権限の刻印に固執する必要があるのか理解に苦しむところである。判決からうかがい知れるものを端的に表すれば，裁判所は，国家の利益（国境管理権限）を人間の利益に優先させる機制を奥深く身体化した司法機関として[50]，その存在を移民（外国人）に向けていっそう高く屹立させているということになろう[51]。

Ⅳ 国境管理への歴史的視座

冷戦が終結し条約が「東方」に拡張されていくことでその様相には少なからぬ変化が見られるとはいえ，裁判所にとってみれば，普遍的人権の理念を世界に〈善導〉してやまぬ西欧諸国（とりわけ中核諸国）へのまなざしは，基本的には信頼に基づくそれであり続けている。大規模人権侵害国が溢れかえった中南米やアフリカ諸国を相手にするのとでは，原則的な構えが大いに異なるのも由なきことではない。人の越境移動という点でいえば，西欧に浸潤するメンタリティは「受け入れ国側」のそれであって，このゆえに「送り出し国側」のそ

---

(50) ブルデューのいうハビトゥス（habitus）という語がこの文脈でも妥当するものと考えられる。ハビトゥスという概念について，ピエール・ブルデュー［原山哲訳］『資本主義のハビトゥス』（藤原書店，1993 年）参照。

(51) もっとも，Üner 事件判決には 3 名の裁判官が共同反対意見を付しており，そこでは，議員会議の勧告に沿い長期滞在移民が国民と同一の公正な取扱いを可能なかぎり受けるべきことが説かれている（Joint Dissenting Opinion of Judges Costa, Zupancic and Turmen）。この 3 名に限らず，裁判所を構成する裁判官の中には人権を損なう国境管理権限行使への強い警戒心を隠さぬ者も常に存在してきた。たとえば，裁判所のケースバイケース判断を「くじ引き」と評した Martens 裁判官は，Boughanemi 事件判決（前掲注(33)）の反対意見のなかで次のように述べていた。「統合された外国人 — すなわち，その国で人生のすべてあるいはほぼすべてを過ごした外国人 — は，国民と同じく退去強制されるべきでないという認識から裁判所は始めるべきである」。退去強制事案において判断が安定していない背景にも，国境管理をめぐる認識の相違が裁判所内で絶えない実情が与っているのだろうが，内部におけるそうした「亀裂」の中に，「確立した国際法」を身体化した司法機関を変容させる芽を見出すことができるのかもしれない。

れが支配的な地域とは違った国境観が無意識にせよ裁判所全体に刻印されてきたともいえる[52]。

　見過ごせないことに，裁判所が移民の権利にかかる事案を扱い始めた1980年代は，近年の日本のように西欧（欧米）において「庇護の危機」が煽られ始めた時期であった。「偽装難民（bogus refugee）」という語が案出され巷間に流布したのもこの頃である。そしてDauvergneのいうように，「こうした傾向にあって最も重要なのは，庇護申請の取締まりが，移民の流入一般（特に非正規移民）の取締まりと織り合わさったことである。…庇護の危機を非正規移民の取締まり全般から切り離すのは困難である。…庇護の危機は1980年代半ばに始まったが，1990年代半ばまでには非正規移民のグローバルな取締まりが本格的に手がけられるようになっていた[53]」。国境を超えて移民が流入することへの恐怖心が裁判所の所在する西欧を席巻する時代状況が広がっていたわけである。移民流入の恐怖は，21世紀が深まる中でさらに深刻化していることはいうまでもない。

　国境管理権限にチャレンジする多くの訴えを門前払いし続けた委員会の実績を基層に据えつつ，国家主権にいっそう謙抑的な立場を推進するにあたり，裁判所にとって「確立した国際法」は欠かすことができぬ法命題であった。先述のとおり，「確立した国際法」を評して英国の最上級審は「最も早くから最も広く認められた主権国家の権限の1つであった」と評している[54]。ABC事件判決は，裁判所自らが以後，連禱のごとく引用していく「確立した国際法」の存在についてなんらのためらいなく自明の理として扱っていたのだが，英国貴族院がいうように「最も早くから最も広く認められた主権国家の権限」だったのであれば，それも当然の扱いということにもなるのだろう。

　たしかに，世界的に最も権威のある国際法テキストの1つであるOppenheimの著書もこう記す。「外国人の受け入れは裁量の問題である。いずれの国も，その領域的至高性によって，自国領域のすべてあるいはそのいずれの部分

---

(52) Dembour, *supra* note 12, pp. 10-11, 14-15.
(53) Catherine Dauvergne, *The New Politics of Immigration and the End of Settler Societies* (Cambridge University Press, 2016), pp. 44, 45.
(54) *supra* note 7.
(55) Robert Jennings and Arthur Watts (eds.), *Oppenheim's International Law* Vol. 1, (9th ed., Oxford University Press, 1992), pp. 897-898).

からも外国人を排除する権限を有する(55)。」こうした法認識を先駆的に示した司法判断として知られるのは，19世紀末に米国連邦最高裁判所が宣明した次の一節である。「主権に固有のものとして，かつ，自己保存に欠かせぬものとして，あらゆる主権国家が自己の統治下への外国人の受け入れを禁止すること，または，もっぱら自己が適当と認める場合に適当と認められる条件に基づいて外国人の受け入れを認める権限を有していることは，国際法上認められた格言である(56)」

しかし，歴史的・実証的にいえば，国家の国境管理権限は，米連邦裁がいうように「国際法上認められた格言」でも，英貴族院がいうように「最も早くから最も広く認められていた権限」だったわけでもない。むしろ，19世紀末に至るまで，欧米においては，国内での移動や国民の出国が制限されこそすれ，外国人の受け入れは国力の源泉として大いに歓迎されていた。外からの入国にはほぼ制限がなかったのが実態である(57)。

国家が外国人の入国管理権限を国際法に基づいて主張し始めたのは，19世紀末からである。その端緒を開いたのは米国であった。1882年以降，米国は，それまでのリベラルな法思潮を一変させて人種・国籍に基づく入国禁止政策を法定していく。国境での排斥の対象はまず中国人に向けられた。この差別的措置の憲法適合性について判断を求められた連邦最高裁は，後に「中国人入国拒否事件（Chinese Exclusion Case）」として知られることになる判決の中で，自己保存権を有する主権国家の固有の権限として，国家は外国人の入国を拒否できると断ずるに及んだ。ついで排斥の対象は日本人に拡張されたのだが，この事案もまた連邦最高裁まで争われることになり，結果として上記1892年判決がもたらされることになる。

米連邦裁の判断は歴史的・実証的根拠を欠く問題含みのものであったものの，同趣旨の判断は英国やカナダなどの裁判所でも示されていく。Plenderは，こうした不精確な司法判断がもたらされた事情として，代理人弁護士が外国人の受け入れを国家に義務づける一連の学術文献や国家実行の存在に裁判所の関心を引き寄せなかったことに言及している(58)。国際法の実情についてき

---

(56) 142 US 651, 659 (1892).
(57) 阿部浩己「グローバル化する国境管理」世界法年報37号（2018年）42-44頁［本書13章］。
(58) Richard Plender, *International Migration Law* (Revised 2nd ed., Martinus Nijhoff

ちんとした議論が行われていれば，まったく異なる判断が後世に残されたのかもしれない。

　ともあれ，1882 年に中国人入国拒否を打ち出した法律が米国で制定されて以来，まるでドミノ倒しのように各国で同様の法律が作られていった。第一次世界大戦に入ると国境管理は他の多くの国にも伝播し，さらに，適用の期間も対象も限定のない一般化した形の国境管理が顕現していった。戦時下に広がった国境管理は，1929 年の大恐慌を機にさらに強化されていく。Chetail は，こうした状況を次のようにまとめている。「要するに，19 世紀の終わりから 20 世紀の中葉にかけて，出入国管理は，主として人種的理由で導入され，それが戦時法制下で一般化し，さらに経済危機によって強化されて近代国家の標準となったのである[59]」。国家の国境管理権限は，このように 19 世紀末に立ち上がり，20 世紀を通して，各国の判例や国際法・憲法学者らの自己言及的な引用の積み重ねに力を得て世界化したものにほかならない。「最も早くから最も広く認められた」ものでは到底なく，一片のためらいもなく「確立した国際法」というにはその起源も系譜も実に脆弱なものといわなくてはならない。

　外国人の出入国管理にかかる裁判所の判断には，国境管理権限の生成にかかるこうした歴史的視座への関心があまりにも希薄である。既に述べたことをこれに重ね合わせて言葉を継げば，人の移動を促す構造的要因を等閑に付す姿勢にも顕著なものがある。そこには，時空を超えて動かぬ絶対的な存在たる国境と，自己責任原則の下に専ら自発的に移動しているかのごとき抽象的な外国人像が佇みあるだけである。「確立した国際法」を歴史的に相対化し，外国人の入国拒否あるいは退去強制が体現するとされる利益の内実を個別具体的に突き詰めていく判断姿勢が，「人権」を掲げる裁判所であればなおのこと求められるのではないか。

　「確立した国際法」を墨守する裁判所の認識を支えているものを追究していく先に佇立しているのは，おそらく，人間を国籍によって区分（差別）することを自然視する思考に相違ない。自由主義に領導された根深きその思考の深層

Publishers, 1988), p. 88, n. 80.

(59)　Vincent Chetail, "The Transnational Movement of Persons under General International Law- Mapping the Customary Law Foundations of International Migration Law", in *Research Handbook on International Law and Migration* (Chetail and Celine Bauloz eds., Edward Elger, 2014), p. 32.

に稿を改めて接近していくことで,「確立した国際法」への根源的批判を深めていくことができればという思いである。

15 庇護の域外化 ── グローバルノースの抑止策

I 序

 2022年6月14日，欧州人権裁判所（以下，裁判所）は，裁判所規則第39条に基づき，英国からルワンダへの退去強制に直面していたイラク人N.S.K.について，英国で進行中の司法審査の下で最終判断が示された後3週が経過するまでの間，送還を停止するよう緊急の暫定措置を発出した。送還用チャーター機の離陸予定時刻のわずか1時間30分前のことであった[1]。
 裁判所は，その決定理由について次のように記している。

> 裁判所は，当法廷に提出された資料により明らかにされた懸念について考慮した。とりわけ，英国からルワンダに移送される庇護申請者は公正で効率的な難民認定手続きを利用できないという国連難民高等弁務官（UNHCR）の懸念，および，ルワンダを安全な第三国として扱う決定が不合理なまたは不十分な調査に基づくかどうかという問題が「重大な公判上の争点」になるという高等法院の判示を考慮した。申立人が本条約の諸権利に反する取扱いを受ける危険性と，ルワンダが本条約の法的空間の外にある（ため欧州人権条約に拘束されない）という事実，また国内裁判所において本案に関する訴えが認容された場合に申立人を英国に帰還させるための執行可能な法的仕組みが存しないことに鑑み，裁判所は，国内裁判所がまずこれらの点について審理する機会をもつまで申立人を送還しないよう，この暫定措置要請を認めることとした[2]。

---

[1] Diane Taylor, Rajeev Syal and Emine Synmaz, "Rwanda asylum flight cancelled after 11th-hour ECHR intervention", *The Guardian*, 14 June 2022.

[2] *N.S.K. v. United Kingdom*（appl. no. 28774/22）. Press Release Issued by the Registrar of the Court, ECHR 199（2022）, 15 June 2022. 離陸間際であった同じチャーター機でルワンダに送還されることになっていた他の6人のうち5人も，同日に同様の暫定措置を求めていた。そのうち2人については要請の詳細を検討するため6月20日まで送還を停止するよう暫定措置が指示されたが（*R.M. v. the United Kingdom*（appl. no.

◆ 第Ⅲ部 ◆国境の扉，庇護の門

暫定措置を要請した N.S.K. ら7人を乗せたチャーター機は，英国がルワンダと交わした取決めに基づく強制送還第1便になるはずであった。だが同機は，結局ヒースロー空港を飛び立つことはなかった。離陸が寸前になって劇的に回避されたこの一件は，裁判所の存在感を改めて浮き彫りにするとともに，英国による移民の入域阻止策の現状に世界的な関心を引きつける重要な契機ともなった(3)。

本章では，この間の事態の推移を少しく整序するとともに，人の非正規入域を堰き止めようとする英国などグローバルノースにおける国境管理の情景を，法的な観点から批判的に考察してみることにする。

Ⅱ 英国の実景

1 ルワンダとの MoU，国籍・国境法の制定

2022年4月13日，英国・ルワンダ両政府は，庇護・経済開発連携のあり方について定める了解覚書（MoU）(4)に署名した。その第2条1は次のように定める。「この取決めの目的は，英国により庇護申請を審査されていない者をルワンダに移送するための仕組みを創設することにある。ルワンダ国内法，難民条約，現行国際基準（国際人権法およびこの取決めに基づいて与えられる保証を含む。）に従って，ルワンダがその申請を処理し，決定後にその個人を定住又は（適当な場合には）退去させることになる。」これを要するに，安全な第三国を通過して英国に入国したため庇護申請が不受理（inadmissible）となった者はルワンダに送還される対象になり，そこで改めて申請を審査されるということである(5)。

29080/22); *H.N. v. the United Kingdom* (appl. no. 29084/22))，別の2人については停止効を有する救済手続きを国内裁判所で利用しなかったことを理由に要請は認められなかった（*Abdollahi v. the United Kingdom* (appl. no. 29081/22), *Shokri v. the United Kingdom* (appl. no. 29082/22)）。他の1人は，内務省が退令自体を取り下げたことから，裁判所の決定に先立ち自ら要請を取り下げた。

(3) "Recent Case: *K.N. v. the United Kingdom*", *Harvard Law Review Blog*, June 29 2022, at https://blog.harvardlawreview.org/recent-case-kn-united-kingdom/.

(4) Memorandum of Understanding for the provision of an asylum partnership arrangement.

(5) 英国政府が公にした MoU に関するガイダンスによると，「MoU は国際約束を表示するものだが，国際法上拘束されることはないという意図を表明する形式と文言による。

この取決めは，同年4月28日に成立した「国籍及び国境法（Nationality and Borders Act）」[6]のスキームに不可欠のものとして位置付けられている[7]。2002年の「国籍，出入国及び庇護法」は，庇護申請が審査されている間，申請者は英国から退去されないと定める一方で，ダブリン規則により，EU加盟国である安全な第三国への送還についてはその例外とされていた。だがこの例外規定は，Brexit移行期間の終了（2020年12月31日午後11時）により適用の途が閉ざされる。そこで新法の下で，英国が負う国際義務に適合していることを条件に，庇護申請者を安全な第三国に退去できる規定を別途設ける段となった。「これは，庇護申請が英国の外でかつ他国で処理されることを可能にする将来の目標を支えるものである。このモデルの目的は，庇護の受入れを管理し，英国への非正規移住と密入国を抑止することにある」[8]とされた。ルワンダのように，英国から移送する者を引受ける国の確保がこのモデルの実現に不可欠なことはいうまでもない。

　非正規移住・密入国に関わって強調されたのは，小型ボートで英仏海峡を渡り英国に到着する人々が増加している実情である。その数は2019年に1843人，2020年に8466人であったところ，2021年は2万8526人に達した[9]。こ

条約締結にかかる手続きは適用されず，通例，公表されることはない」（Foreign Commonwealth and Development Office, "Treaties and MOUs: Guidance on Practice and Procedures", 15 March 2022）。英国・ルワンダ間のMoUは政府により公表されたが，その第2条2は，「この覚書の定める誓約はいずれの個人にもいかなる権利も与えず，また，この取決めの遵守はいずれの裁判所においても第三者または個人により裁判可能なものではない」と念押しする。英国貴族院国際合意委員会は，ルワンダとのMoUについて次のように評している。「英国政府は，この取決めを促進するためにMoUを選択すべきではなかった。個人の権利に関する基本的問題を生じさせる合意はMoUによるのではなく，正式の条約によるべきである。…人権との重大な関わりをもつ重要な他国との取決めについて，議会によるなんらの精査もなく政府が特権を用いて合意できるということは受入れがたい」（House of Lords International Agreements Committee 7th Report of Session 2022-2023, "Memorandum of Understanding between the UK and Rwanda for the provision of an asylum partnership", 18 October 2022 pp. 8, 11）。

(6) https://www.gov.uk/government/news/borders-act-to-overhaul-asylum-system-becomes-law.
(7) Home Office, "World first partnership to tackle global migration crisis", 14 April 2022.
(8) Home Office, "Nationality and Borders Bill: Explanatory Notes", para. 311.
(9) Home Office, "Official Statistics, Irregular migration to the UK, year ending December 2021", 24 February 2022.

◆ 第Ⅲ部 ◆国境の扉，庇護の門

うした現実を前に，ボリス・ジョンソン（Boris Johnson）首相（当時）は次のような言葉を議会に投じた。「海峡を渡ることを試みる人々は，差し迫った危険を直接に逃れているのではない。ヨーロッパの多くの国を含む，明らかに安全な国々を通過してきている。彼らは，そこで庇護申請できたし，またすべきだったのだ。」(10)

英国での生活に希望を託す人々が密入国業者の手にかかり海峡で溺死するまでになっているからこそ国籍・国境法の制定が必要だ，とジョンソンは言葉を継ぐ。ルワンダとの連携が成ったことで，今や，この法に基づき英国に不法入国したいずれの者もルワンダに移送することができる。「我々が共有する人道の衝動とBrexitがもたらした自由によって可能になったこの斬新なアプローチは，ギャングたちのビジネスモデルを破砕するとともに，安全で合法的な庇護のルートを提供する。なぜなら，庇護制度を利用する経済移民は英国に滞在できなくなる一方で，真に必要がある者は，ルワンダ到着後に法的支援を利用できるなど適切に保護され，また我々が提供する財政支援により，活力に満ちたルワンダで新しい生活を築く機会を与えられるからだ。」(11)

ルワンダは，ジョンソンによれば「移民を歓迎し，統合する実績においてグローバルに認められた，世界で最も安全な国の一つ」とされた(12)。庇護申請を域外の国で行うことを，英国はEU内にあった2003年に「難民のための新たなビジョン」として提案していたものの(13)，十分な支持を得られずにいた。ルワンダとのMoUは，英国にとってみれば宿望というべきものにほかならず(14)，それだけにN.S.K.らの送還は庇護申請者の国外移送構想を実現する格別の重みを持つはずのものであった。

(10) Prime Minister's Office, "PM speech on action to tackle illegal migration: 14 April 2022".
(11) Id.
(12) Id.
(13) Sarah Léonard and Christian Kaunert, "The extra-territorial processing of asylum claims", *Forced Migration Review*, Issue 51 (2016), p.49.
(14) ルワンダ以外にも，ガーナ等が庇護に係る連携候補として報道されていたが，同国政府はこれを明瞭に否定している。"Ghana completely rejects claims that it would be willing to receive asylum seekers from the UK for offshore processing", *EIN* 18 January 2022, at https://www.ein.org.uk/news/ghana-completely-rejects-claims-it-would-be-willing-receive-asylum-seekers-uk-offshore.

2 司法審査と「庇護禁止」法案

　1968年生まれのN.S.K.は2022年4月にイラクからトルコに渡航し，ヨーロッパを横断後，英仏海峡をボートで渡り同年5月17日に英国に到着した。同日，イラクで危険にさらされるとして庇護申請を行うが，6月6日に不受理となり，6月14日にルワンダに送還する旨の退去命令を受けた。

　同人は送還差止めの訴えを起こすも，高等法院で6月10日にこれを棄却される[15]。法的拘束力こそないもののルワンダはMoUを遵守するものと想定され，いずれにせよ差止め期間は短期間にとどまり，司法審査請求が認容された場合に同人を英国に戻すこともできると説かれた。その一方で，ルワンダを安全な第三国として扱う決定が不合理なまたは不十分な調査に基づくかどうかという問題が本案審理の際には「重大な公判上の争点」になるとの認識も開陳された。この決定についての不服申立ては，6月13日に控訴院で，6月14日には最高裁によって退けられる[16]。そこで同人は即日，裁判所に暫定措置を求める訴えを提起し，冒頭で紹介した決定が示されるところとなった。

　暫定措置によりN.S.K.らは寸前で送還を免れたわけだが，高等法院に係属していた司法審査そのものにかかる本案判断[17]が示されたのは同じ年の12月19日であった。140頁に迫る判決文の要義をつづめると，第1に，英国政府は庇護請求が適切に審査されることを確保する取決めを行っているのでルワンダへの移送は難民条約や1988年人権法等により課せられた法的義務には適合する，しかし第2に，本件で審理対象となった8件については適切な個別審査がなされていないので内相に差し戻す，というものであった。

　難民条約の観点からは第31・33条との適合性が検討されたが，第31条は難民の国外退去を禁じているわけではなく，また，ルワンダは安全な第三国なので第33条にも違反しない，と結論づけられた[18]。この裁判にはUNHCRも訴訟参加しルワンダにおける庇護審査手続きの不適切性を強調したが，高等法

---

[15] Adam Durbin, "Rwanda asylum plan: UK court allows removal flight planned for Tuesday", *BBC NEWS* 11 June 2022, at https://www.bbc.com/news/uk-61763818.

[16] The Supreme Court, "Rwanda Permission to Appeal Application refused", 14 June 2022, at https://www.supremecourt.uk/news/rwanda-permission-to-appeal-application-refused.html.

[17] *AAA & others v. Secretary of State for Home Department* [2022] EWHC 3230 (Admin.).

[18] *Id*, para. 125.

◆　第Ⅲ部　◆国境の扉，庇護の門

院は，「〔明確で詳細な文言の〕MoU はルワンダに対する相当な財政支援についても規定している。これは，この取決めの文言の遵守に向けた明瞭かつ有意な誘因である」[19]などとしてその主張を退けた。

　ルワンダへの移送を適法と認めたこの結果を受けて，訴訟当事者の一である Asylum Aid はその判断に誤りがあるとして上訴を求めるに及んだ。2023 年 1 月 16 日に高等法院がこれを許可した[20]ことから，ルワンダとの庇護連携のあり方は審理の場を控訴院に移し[21]，引き続きその法的是非を争われることになった[22]。

　その一方で 2022 年 10 月 25 日に首相に就任したリシ・スナク（Rishi Sunak）は，2023 年の年頭施政演説で，海峡を越えてボートで入国する庇護申請者[23]の阻止を 5 つの約束の 1 つに掲げ[24]，これを受けて新内相が 3 月 7 日に「不法移住法案（Illegal Migration Bill）」を下院に上程した[25]。

　この法案は「出入国管理規則に違反して英国に入国または到着した一定の

---

(19) Id, para. 65. UNHCR は，英国・ルワンダ間の取決めが難民条約と両立しないとの分析を公表している。UNHCR, *UNHCR Analysis of the Legality and Appropriateness of the Transfer of Asylum-Seekers under the UK-Rwanda arrangement*, 8 June 2022.

(20) Dominic Casciani, "Rwanda asylum policy: Migrants granted right to challenge", BBC NEWS 16 January 2023, at https://www.bbc.com/news/uk-64294461.

(21) 現行手続上，英国に非正規入国し，拘禁中の庇護申請者は，ルワンダに送還されるべきでない理由を 7 日以内に申立てることを求められるが，それではあまりにも短時日で公平性を欠く（unfair）というのが Asylum Aid の主張の核である。庇護手続きに知悉していない申請者がこの期間内に代理人を見つけ，まったく縁のないルワンダの状況を調べ上げるのは不可能を強いるもの，とされる。Asylum Aid, "We have permission to appeal!! We need your support", 18 January 2023, at https://www.crowdjustice.com/case/asylumaid-challenge-rwanda-policy/.

(22) 本件は最終的に最高裁に持ち込まれ，2023 年 11 月 15 日に，英国政府の政策がノン・ルフールマン原則遵守の観点から違法であるとの判断が導かれている。See *R (on the application of AAA and others) (Respondents/Cross Appellants) v. Secretary of State for the Home Department (Appellant/Cross Respondent)*, [2023] UKSC 42.

(23) 2022 年にボートで英国に到着した者は 4 万 7555 人に及び，そのうち約 9 割が庇護申請を行うものと見積もられている。Home Office, "Irregular migration to the UK, year ending December 2022", 23 February 2023; Refugee Council, The Truth About Channel Crossings, March 2023.

(24) Prime Minister's Office, "Prime Minister outlines his five key priorities for 2023", 4 January 2023.

(25) Home Office, "Ground-breaking new laws to stop the boats", 7 March 2023.

者に英国からの退去を要求することで，不法移住，特に安全でない違法なルートによる移住を防止し抑止すること」[26]をその目的とする。「私としては，不法移住法案が［欧州人権］条約上の諸権利と両立すると言明することはできないが，しかし政府としては議会がこの法案の審議に進むことを望む」[27]と内相自身が吐露するように，この法案には国境管理権限の強化に過度なまでに傾斜した内容がちりばめられている[28]。

　たとえば，従前は，非正規に到着した者であっても安全な第三国との結びつきを政府が証明できない場合，あるいは，庇護申請が不受理となった者であっても退去し得ない場合には，6か月ほど経過すると庇護手続きの中に組み入れられるのが通例であった[29]。だが，この法案によると，安全な第三国を通過して英国に非正規入国したため不受理となった庇護申請は，恒久的に不受理のままにおかれる。そのため申請者は，身柄の拘束を仮に解かれても，行き場のないカフカ的状況を強いられ続けることになってしまう[30]。

　不法移住法案は，安全な国を通過して来た非正規入国者を国外に退去させる義務を内相に課している。しかし実際にはルワンダのような受入れ国がなければ送還はできず，そうなるとカフカ的状況に陥る者が増え続けることは必至である。UNHCRは，直近の政府統計から，英仏海峡を小型ボートで渡って来た者の大多数は庇護申請を処理されれば難民と認定されるのが実情であり，難民であるはずの者に対して保護に値しないとの烙印を押すのはこうした厳然たる事実を歪めることになる，として，庇護を禁ずるにも等しいこの法案を厳しく

---

(26)　Home Office, "Illegal Migration Bill: Explanatory Notes".
(27)　人権法第19条(1)による。Id.
(28)　Rhys Clyne & Sachin Savur, "The Illegal Migration Bill: seven questions for the government to answer", *Institute for Government Insight Paper*, 10 March 2023.
(29)　Home Office, "Inadmissibility: safe third country cases", Version 7.0, updated 28 June 2022.
(30)　また，英国では2015年以来，現代奴隷制被害者の保護が庇護申請不受理の判断よりも優先されてきたところ，小型ボートで非正規に到来するアルバニア人の濫用が際立つとして，この法案により，当該保護手続きへのアクセスも妨げられることになる。英国政府は，現代奴隷制被害者を保護する旨の正式の保証をアルバニアから得たので同国民を送還することが可能になったとして，2022年12月22日に発表した共同コミュニケでアルバニアへの成人被害者の送還を増やす旨を誓約している。Melanie Gower & Georgina Sturge, "Modern slavery cases in the immigration system", *House of Commons Library Research Briefing*, 8 March 2023, p. 33.

批判している[31]。欧州委員会からもこの法案は「国際法違反」であるとの見解が示されている[32]ものの，英国政府の対応はいっかな変わらぬままにある。

III 庇護の抑止／域外化[33]

1 実相

　庇護を求める人々に対する英国政府の眼差しは，グローバルノース（を中心）に広がる国境管理の実態を端的に映し出すものである。ジョンソンが言及するように，非正規手段による人の越境移動が往々にして高度の危うさを随伴することは紛れもないが，その危険性は，本質的には（英国等の）厳酷な国境管理措置への反応として生み出され，増幅されているものに相違ない。

　グローバルノースを構成する諸国が庇護申請者を標的に国境管理を厳格化し始めたのは 1980 年代以降である。査証や商業運送業者への制裁制度の導入など 1920 年代あるいはそれ以前にまで遡るものもあるが，20 世紀終盤以降は，庇護申請者の到来を抑止し，国境管理と庇護申請処理という重要な国家機能を国外に移転する措置が本格的に打ち出されるようになる[34]。

　相互に折り重なる側面もあるが，それらを類型化するに，まず第 1 にあげられるのは「押戻し（push back）」である[35]。人の越境移動ルートに沿って，この措置は今や常態的に実施されている。陸上では，障壁を設置して入域を阻止するやり方以外に，個別審査なしに国境で人を直接に送り返す hot returns と称される手法も手がけられている。後者については，スペイン領メリリャからモロッコへの押戻しの法的是非が裁判所大法廷で審理されているところでもある[36]。海上では，1980 年代の米国によるハイチ難民海上阻止プログラムが

---

(31) UNHCR, *Statement on UK Asylum Bill*, 7 March 2023.
(32) Suzanne Lynch, "EU tells UK its asylum plan 'violating international law'", POLITICO 8 March, 2023, at https://www.politico.eu/article/ylva-johansson-eu-tells-uk-suella-braverman-its-asylum-plan-violating-international-law/.
(33) UNHCR によれば，「域外化（externalization）」とは「庇護希望者が安全な領域に入り国際的保護を申請することを妨げる措置，または十分な保護措置なしに庇護希望者および難民を他国に移送すること」とされる。*UNHCR Note on the "Externalization of International Protection"*, 28 May 2021, para. 3.
(34) David Cantor et. al., "Externalization and Access to Territorial Asylum, and International Law", *International Journal of Refugee Law*, Vol. 34 (2022), p. 121.
(35) *Id.*, p. 133.

よく知られているが，米国の実践はその後世界各地に移出され，EUによる地中海での阻止行動，オーストラリアによるマレーシア・インドネシア等への押戻し，ASEAN諸国によるロヒンギャ難民の公海への押戻しなど類例に事欠かない(37)。

押戻しは単独で実施されるだけでなく，「引戻し（pull back）」国と連携して行われることも増えている。「イタリアのリビアとの協定，米国のメキシコとの協定，スペインのカーボベルデ・モーリタニア・セネガルとの合意のように，富裕な国々が次々と貧しい国を緩衝国として徴集し，阻止行動の多くを担わせるようになっている。…富裕国政府は，他国の管轄下で行われる行動は自国にとって法的リスクがないと考えている」とジェームス・ハサウェイ（James Hathaway）は解説する。中南米，アジア太平洋，欧州では，二国間の取決めにとどまらず地域的なプラットフォームが構築され，人の越境移動を阻止する役割を「南」の途上国に負わせる多国間の枠組みも整えられている(38)。

第2は，小論の焦点ともなっている庇護申請処理の国外移転（offshore processing）である。入国の形態（非正規性）・事情（第三国通過），入国地点，申請内容，国籍等を理由として通常の庇護手続きへのアクセスを制限・阻止し，一旦入国した申請者の他国／第三国への移送が図られる。その際にしばしば用いられるのが「安全な第三国（STC：Safe Third Country）」の概念である。この概念により，難民の地位を主張する者は庇護申請を処理する意思と能力があると認められる他の国に送られることになる(39)。もとよりSTCは本来，庇護申請の却下と国外退去を正当化するために用いられるものではあるが，特定の

---

(36) *N.D. and N.T. v. Spain*, [GC] appl. nos. 8675/15 and 8697/15, 13 January 2020. この判決の批評として，Constantin Hruschka, "Hot returns remain contrary to ECHR: ND & NT before the ECHR ", *EU Immigration and Asylum Law and Policy*, 28 February 2020, at https://eumigrationlawblog.eu/hot-returns-remain-contrary-to-the-echr-nd-nt-before-the-echr/.

(37) 海上での押戻しにかかる国際法的分析について，石井由梨佳「海上不法移民に対する「押戻し」措置」国際問題674号（2018年9月）参照。

(38) James C. Hathaway, *The Rights of Refugees under International Law* (2nd ed., Cambridge University Press, 2021), p. 390.

(39) *Id.*, p. 332. STC概念について，Eleni Karageorgiou, Luisa Feline Freier and Kate Ogg, 'The Evolution of Safe Third Country Law and Practice' in Cathryn Costello, Michelle Foster & Jane McAdam (eds.), *The Oxford Handbook of International Refugee Law* (Oxford University Press, 2021).

国と取決めを行い，庇護申請処理の当該国移転につなげることも少なくない。EU 諸国間のダブリン規則に基づく実践がその典型例といえる。STC 合意の例としてはこのほか EU・トルコ間の 2016 年 3 月 18 日の合意[40]，2004 年に運用を開始された米国・カナダ間の協定，2019 年に米国がグアテマラ・ホンジュラス・エルサルバドルと締結した庇護協力協定，さらにオーストラリアが Pacific Solution の名の下に 2001 年から取決めたマレーシア，パプアニューギニア，ナウル，カンボジアとの合意（MoU）等がある[41]。

英国・ルワンダ間の MoU も STC 概念に基づくものではあるが，この取決めは庇護申請者と何の結びつきもない国への送還を想定しており，しかも他のいずれの STC 合意にも例がないことに，遙かなる遠方の地に移送先が設定されている。また，庇護手続きの水準が明らかに送出し国よりも低い受入れ国が申請処理について責任を負う旨を明記しているところにも際立った特徴がある[42]。

第 3 は，間接的な入域抑止措置である。非正規入国者の全件収容や，社会保障サービスの削減，家族統合機会の制限，難民に劣位する補充的・一時的地位の創設等により，庇護申請の意欲を挫くことが企図されている。カフカ的状況をもたらす英国で審議中の不法移住法案にも，抑止のメッセージが濃厚に滲み出ている。このほか，EU の要請と支援を受けてモロッコ，アルジェリア，チュニジア，リビア，トルコでは非正規出国の犯罪化が進められ，地中海において遭難者の救助活動を行った私船にも犯罪化の波が及んでいる。いずれも，先進国における庇護申請の抑止を狙った措置にほかならない[43]。

---

(40) https://www.europarl.europa.eu/legislative-train/theme-towards-a-new-policy-on-migration/file-eu-turkey-statement-action-plan.

(41) Cantor, *supra* note 34, pp. 142-143.

(42) Nikolas Feith Tun, "Externalization of asylum in Europe: Unpacking the UK-Rwanda Asylum Partnership Agreement", *EU Immigration and Asylum Law and Policy*, 17 May 2022, at https://eumigrationlawblog.eu/externalisation-of-asylum-in-europe-unpacking-the-uk-rwanda-asylum-partnership-agreement/.

(43) Thomas Gammeltoft-Hansen & Nikolas Feith Tun, "The End of the Deterrence Paradigm? Future Directions for Global Refugee Policy", *Journal on Migration and Human Security*, Vol. 5 (2017), p. 37.

2　法 的 制 御

　上記Ⅱ1で言及した諸措置の多くは，国境管理／申請処理を自国領域から遠ざけることにより庇護にかかる法的義務を回避できる，という先進国の認識に基づいて推進されてきたところがある。だが実際には，国際人権法／難民法の規範的・実務的深化もあり，法的責任の回避は著しく困難になっている。

　現に，国は領域外においても「実効的な支配」を及ぼしている地域あるいは自国の「権限および責任」の下にある人については人権保障義務を負う，との了解が人権条約機関により確然と醸成されている(44)。また，領域外にある場所・人に対して支配・権限を及ぼしておらずとも，国の行為により域外で権利侵犯が生じるおそれが「予見可能な」場合には，その因果関係の成立をもって管轄が認められるようにもなっている(45)。

　広く知られているように，押戻し措置を拡散させる契機になったのは，ハイチ難民の公海上での入域阻止を適法と認めた1993年の米国連邦最高裁判決である。難民条約第33条の定めるノン・ルフールマン原則を遵守する義務は領域外には及ばない，という判断が多数意見により示された(46)。中には「道徳的ジレンマ」を告白する裁判官もいたが，2014年に開催されたシンポジウムにおいてハロルド・コウ（Harold Hongju Koh）は，この判決の「紛れもない遺産は，過去20年の間に，各国政府がこの道徳的ジレンマに［すら］鈍麻してしまったように見受けられることだ」と述べている(47)。ただ，コウ自身が続けて言及するとおり，ノン・ルフールマン原則の適用を領域内に限定する法解釈は，判決後ほどなくして米州人権委員会等により明晰に論難されることになる(48)。

---

(44) See generally, Marko Milanovic, *Extra-territorial Application of Human Rights Treaties: Law, Practice, and Policy* (Oxford University Press, 2015), 杉本志帆「欧州人権条約の適用範囲を定める「管轄」概念」世界人権問題研究センター研究紀要23号（2018年），中尾元紀「人権条約の領域外適用 —— 積極的義務と国家の義務履行能力の関係に着目して（一）（二完）」阪大法学69巻6号，70巻1号（2020年）。

(45) See e.g., Human Rights Committee, General Comment No. 36（3 September 2019）, para. 22; Committee on Economic, Social and Cultural Rights, General Comment No. 24（10 August 2017）, para. 32; *L.H. et al. v. France*, UN doc CRC/C/85/D/79/2019（2 November 2020）para.8.5.

(46) *Sale v. Haitian Centers Councils, Inc.* 509 U.S. 155（1993）.

(47) Harold Hongju Koh, "YLS Sale Symposium: Sale's Legacies", at http://opiniojuris.org/2014/03/17/yls-sale-symposium-sales-legacies/.

◆ 第Ⅲ部 ◆国境の扉，庇護の門

　UNHCRも後年，要請を受けて公表した助言的意見において次のように指摘する。「難民条約第33条1項の適用を締約国の領域内の行動に限定する解釈は，条文の文言と条約の趣旨および目的に反するのみならず，国際人権法の関連規則にも抵触する。したがって，国は効果的な管轄を及ぼしているどこにあっても，難民を迫害の危険に戻してはならない第33条の義務により拘束される，というのがUNHCRの見解である。…決定的な基準は，当人が国の領域にいるかではなく，当該国の効果的な支配と権限の下におかれているか，である。」[49]

　ヨーロッパでも，地中海の公海上で船舶を阻止してリビヤに押戻したイタリア軍の行為に関して，申立人らが「イタリア当局の継続的かつ排他的な事実上および法律上の支配下にあった」として，欧州人権条約第3条および第4議定書第4条等の違反を認める裁判所大法廷判断が示されている[50]。もっともこの判決への応答としてイタリア（とEU）は，遭難救助体制の整備と引戻しの責任を2017年に締結したMoUを通じてリビヤに課す枠組みを構築するに及んだ[51]。イタリアとしては，能力開発や財政支援等は行うものの，自ら押戻しを行うことなく庇護申請者の入域を阻止できるので法的責任を回避できる，という思惑があるようではある。しかしこの迂回的な抑止の是非も裁判所で正面から問われることとなり，国際法との適合性が精細に審理される局面を迎えている[52]。

---

(48) *The Haitian Center for Human Rights et al., v. United States Case* 10.675, 10.675, Inter-American Commission on Human Rights, 13 March 1997.

(49) UNHCR, *Advisory Opinion on the Extraterritorial Application of Non-Refoulement Obligations under the 1951 Convention relating the Status of Refugees and its 1967 Protocol*, 26 January 2007, para. 43.

(50) *Hirsi Jamaa & others v. Italy*, [GC] appl. no. 27765/09, 23 February 2012.

(51) See https://eumigrationlawblog.eu/wp-content/uploads/2017/10/MEMORANDUM_translation_finalversion.doc.pdf.

(52) UNHCRも，イタリアの支援が国際違法行為の遂行における「支援又は援助」にあたるとする書面を裁判所に提出している。*Submission by the United Nations High Commissioner for Refugees in the case of S.S. and others v. Italy* (Appl. No. 21660/18) *before the European Court of Human Rights*, 14 November 2019. なお，イタリアとのMoUについてリビア控訴裁判所は2017年3月にその運用停止を命じたが，この決定は同年8月に最高裁によって覆されている。Thomas Gammeltoft-Hansen & Nikolas Feith Tun, "Extraterritorial Migration Control and Deterrence", in Costello et

押戻し措置に関連して付言するに，陸上の案件ではあるが，効果的な庇護手続きへのアクセスを保障しなかったとしてハンガリーによるセルビアへの押戻しを欧州人権条約違反と認定した大法廷の判決が出ているほか，6歳の子どもの悲劇的な死などをもたらしたクロアチアからセルビアへの押戻しについても同条約違反と認める判断が示されている[53]。

　ところで，上記英国・ルワンダ間の取決めは南太平洋を舞台とするPacific Solutionの複製／再現とも称されてきた[54]。だが留意すべきことに，Solutionという語とは裏腹に，オーストラリア連邦最高裁は，この政策の当初の提携先であったマレーシアへの移送に関わって，同国が難民条約の締約国ではなく，同国とのMoUにも法的拘束力がないこと，また同国には難民の地位を認める国内法もなく，したがって同国は庇護申請者に効果的な保護を提供するよう義務づけられていないことなどから，同国を移送先とする出入国・市民権相の宣言を無効と判ずる決定を2011年に示している[55]。

　また，移送先として後に加わったパプアニューギニア（PNG）とナウルについては，庇護申請を処理する国内法も経験も両国にはなく，送還後の申請者に待ち受けていたのは過酷な条件での収容であった。庇護の負担を小国に転嫁する措置には人権条約機関などから強い批判が向けられてきたが[56]，2016年になると，PNG憲法の定める身体の自由への権利に基づき，同国最高裁がオーストラリアとの合意の下での難民・庇護申請者の拘禁を違憲と断じ，拘禁を終止・防止するためあらゆる必要な措置をとるよう命ずる裁定を下すに至った[57]。こうして，同国への庇護申請者の移送は2021年末をもって終了する仕

---

al. (eds.), *supra* note 39, p. 515, n. 87.
(53) *Ilias & Ahmed v. Hungary*, [GC] appl. no. 47287/15, 21 November 2019; *M.H. & others v. Croatia*, appl. nos. 15670/18 and 43115/18, 18 November 2021. Cf. *N.D. and N.T. v. Spain*, supa note 36.
(54) "UK set to send asylum seekers to Rwanda for processing, reminiscent of Australia's 'Pacific Solution'", ABC 21 April 2022, at https://www.abc.net.au/pacific/programs/pacificbeat/uk-to-send-asylum-seekers-to-rwanda-in-copy-of-pacific-solution/13848964.
(55) *Plaintiff M70/2011 v Minister for Immigration and Citizenship*, [2011] HCA 32, 31 August 2011.
(56) *E.g.*, *Report of the Special Rapporteur on the Human Rights of Migrants on his Mission to Australia and the Regional Processing Centres in Nauru*, UN Doc. A/HRC/35/25/Add.3 (24 April 2017).

儀となった[58]。

　さらに，米加間の STC 協定を実施する国内規則の合憲性を審査したカナダ連邦裁判所も，非人道的でルフールマンの危険性も高い米国での収容とカナダからの（米国への）送還との間には十分な関連性があり，カナダの責任は国境でとどまるわけではないと説示し，STC 協定は良心に衝撃を与えるほど被送還者の人権に不均衡な影響を与えており，それを正当化する事由は認められないとして，当該国内規則をカナダ人権憲章第 7 条に反し無効と評する判断に踏み込んでいる[59]。

　陸続と積み重なるこうした国際・国内裁判例は，効果的な庇護申請へのアクセス，ノン・ルフールマン原則，身体の自由等の観点から，庇護抑止／域外化措置に数多くの問題が随伴する実態を明るみにしている[60]。その制御に向け

---

(57) *Namah v. Pato*, [2016] Papua New Guinea Supreme Court 13. See Azadeh Dastyari & Maria O'Sullivan, "Not for Export: The Failure of Australia's Extraterritorial Processing Regime in Papua New Guinea and the Decision of the PNG Supreme Court in Namah (2016)", *Monash University Law Review*, Vol. 42 (2016).

(58) Ben Doherty, "Australia to end offshore processing in Papua New Guinea", *The Guardian* 6 October 2021. 庇護申請者の移送先として唯一残るのはナウルだが，オーストラリア政府は 2021 年 9 月 24 日に同国政府と新しい MoU に署名し，Pacific Solution を継続する意欲を見せている。https://minister.homeaffairs.gov.au/KarenAndrews/Pages/maritime-people-smuggling.aspx. 他方，米国がエルサルバドル，グアテマラ，ホンジュラスと締結していた協定は，米国の政権移行に伴い 2021 年に終了した。US Department of State, *Suspending and Terminating the Asylum Cooperative Agreements with El Salvador, Guatemala, and Hundulas*, 6 February 2021. またイスラエルは，2014 年から一定の金員を支払ってアフリカからの庇護申請者をルワンダとウガンダに送り出していたが，2019 年に同国最高裁の決定を受けてこのスキームも廃止された。Nita Bhalla & Lin Taylor, "Besides Britain, which nations send asylum-seekers overseas?", *CONTEXT* 8 March 2023, at https://www.context.news/socioeconomic-inclusion/besides-britain-which-nations-send-asylum-seekers-overseas.

(59) *Canadian Council for Refugees v. Canada* (Immigration, Refugees and Citizenship), 2020 FC 779, 22 July 2020. この判決は連邦控訴裁判所により覆され，連邦最高裁も当該規則は人権憲章第 7 条に違反しないと判ずるに至った（2023 年 6 月 16 日）。連邦最高裁はその一方で，暴力を理由とする女性庇護申請者の扱いについては検討を要するとして，人権憲章第 15 条（平等条項）に基づく訴えの部分について連邦裁判所に差し戻している（2023 SCC 17）。

(60) 間接的な入域抑止措置についても，人を無権利状態におくことを戒める米州人権裁判所勧告の意見のように，これを厳しく非難する諸機関の判断・見解が断続的に出されている。*Rights and Guarantees of Children in the Context of Migration and/or in Need*

て，法的チャレンジがさらに続くことは必定である。

Ⅳ　脱植民地主義の視座

　グローバルノースを構成する諸国は，「閉ざされた共同体」の存在を定礎するリベラリズムの思潮にも支えられ，増大する非正規入国者へのフラストレーションを隠さない。それが庇護申請の域外化を推進する動力にもなってきたのだが，ただ，国際人権・難民法のあり方そのものに公然と異議を唱える声が主流であったわけではない。域外化はグローバルサウスの協力なくして実現し得ないところ，「南」の国々から難民保護へのコミットメントをとりつけることができるのは現行の法的枠組みをおいてほかにない。加えて，世界の圧倒的多数の難民を受入れている途上国群が，現行法をさらに先進国有利に改編する営みに同意することもおよそ想定しがたいことである[61]。

　もっとも，先述のとおり，英国政府は不法移住法案の上程に際し欧州人権条約との抵触を厭わぬ姿勢を見せている。具体的には現代奴隷制に関わる箇所が想定されているようだが，看過できないのは，英国からの退去を制する裁判所の暫定措置に関わる規則を，内相が別途制定できる旨が法案第49条に定められていることである。この規定は，暫定措置の指示に英国が将来従わない場合があることを示唆しているのではないかと解されている。首相は欧州人権条約体制からの離脱はないと明言するものの[62]，庇護申請自体を封じる不法移住法案は，「北」の中でドミノのように伝播し，国際難民保護体制を根底から覆しかねないとUNHCRは強く警鐘を鳴らしている[63]。

　グローバルノースの推進する庇護抑止／域外化措置には，総じて，法的な側面もさりながら，現実的効果において深刻な難点があることも指摘されている。実際に，これらの措置は，第1に庇護申請を困難にすることで入域希望者を減少させられる，第2に庇護申請者を遠方に移送することで先進国の視圏か

---

　　of International Protection, Advisory Opinion OC-21/14 (19 Aug. 2014).
(61)　Gammeltoft-Hansen & Tun, *supra* note 43, p. 32.
(62)　Alice Donald & Joelle Grogan, "Explainer: Illegal Migration Bill", *UK in a Changing Europe* 13 March 2023, at https://ukandeu.ac.uk/explainers/the-illegal-migration-bill/.
(63)　Diane Tailor, "Illegal migration bill could topple world refugee system, lawmakers told", *The Guardian* 29 March 2023.

ら消すことができる,という二つの前提に立つ。しかし,そのいずれもが実証的根拠を欠く。現に,英国についていえば,庇護希望者は英国の国境管理政策の硬軟よりも,ブローカーの存在や英国との個人的結びつきなどに主たる重きをおいて移動しているところがある[64]。

また遠方への移送についても,次のように分析されている。「移送と入国禁止の可能性は,より危険なルートで英国に入ろうとする庇護希望者の意欲を削ぐことはない。むしろ,[ルワンダとの]取決めが抑止しようとしている密入国ネットワークに走らせるだけである。…取決め自体は,移住者を何千マイルも離れた遠隔地に移送するものではあるが,それは単にルワンダから再び戻ってくる別のルート・やり方への需要を増大させるだけだ。2014年のイスラエル・ルワンダ間の取決めが,その明らかな例証といえる。テルアビブから移送された庇護希望者たちは,キガリを逃れて隣国に入り,イスラエルに帰還した。そのため取決めは台無しになり,両国間の関係を緊張させるもとになってしまった。」[65]

域外化措置は,このようにそもそも実効性の観点から重大な疑問符を付けられるのだが,より根源的に,アフリカ連合(AU)から次のように難じられてもいる。「そのような試みは,先進国の国境の拡張であり,アフリカの領域に対する先進国の支配の拡張である。アフリカからヨーロッパへの移住を堰き止めようとする試みは外国人嫌悪の現れであり,とうてい受け入れることはできない。」[66] AUのこの声明は,域外化措置にうずめられたネオ・コロニアルな

---

(64) Clyne & Savur, *supra* note 28.

(65) Kyilah M. Terry, "The UK-Rwanda Agreement: Exporting Asylum", *Journal of International Affairs* 4 August 2022, at https://jia.sipa.columbia.edu/online-articles/uk-rwanda-agreement-exporting-asylum.「実証的に十分裏付けられているとおり,難民は,窮境を強いられても困難に立ち向かう力をもち,安全と保護を見出すため尋常ならざる回復力を発揮する」(Gammeltoft-Hansen & Tun, *supra* note 43, p.43) と評されてもいる。

(66) African Union, *Press Statement on Denmark's Alien Act provision to Externalize Asylum procedures to third countries*, 2 August 2021. ヨーロッパでは,英国に先立って,「ゼロ庇護政策」を打ち出すデンマークが2021年に外国人法を改正し,庇護申請者をEU域外に移送する国内法制を整えていた。AUの声明は,この改正を「およそ考えられる最も強い言葉で非難する」ものであった。デンマークは,移送先として英国と同じくルワンダを想定して協議を続けている。Nikolas Feith Tun & Jens Vedsted-Hansen, "Legislation on Extraterritorial Asylum in Light of International and EU Law", *EU Immigration and Asylum Law and Policy*, 15 November 2021, at https://eumigra

本質の痛烈な告発ともいえる。

　国連体制下にあって植民地支配は違法化されるに至った。もっとも20世紀中盤以降のその時代は，外国人の出入国管理を領域主権のコロラリーとして定位し，各国に広範な裁量を認める国際法規範が着床する時でもあった[67]。その中にあって，国の保護を欠く難民と無国籍者は国境管理の「例外」とされ，コスモポリタン的思想に親和的な国際人権法の発展により例外の範囲はさらに広がってきている。庇護の抑止／域外化措置への対抗主張が拠り所とするのも，こうした人権規範の深まりにほかならない。

　保護の範囲を拡張する法言説の進展は，むろん人権保障の観点から望ましいに違いない。ただ，例外となるには保護を必要とする「被害者」と位置づけられなくてはならず，主体的に移動する外国人はその対象にはなり得ない。また何より，例外である以上，国の国境管理権限を基本に据え置く法認識とは相補的な関係に立つ。そして，グローバルノースの抑止措置を正当化する切り札として立ち上がるのがその国境管理権限にほかならない。

　ある研究によれば，19世紀から20世紀半ばまでの間に，ヨーロッパから世界各地の植民地に移動した者は6200万人と算定されている[68]。そのほぼすべてが今日でいう経済移民であったとされる。植民地支配を支える国際法秩序の下でその移動は制御されることなく，他方で植民地からヨーロッパへの移動は宗主国の事情に応じて厳格にコントロールされた。植民地支配が違法化されて以降も，国家主権の実際のありようを反映して，「北」から「南」への人の移動は比較的自由で，かつ合法的なルートに乗るのに対し，「南」から「北」への移動は国の国境管理権限を盾に厳しく制御され，非正規化を強いられるのが常である。

　今日における「南」からの（非正規）移動は，庇護申請も含め，紛れもなく非対称な国際政治経済構造によって促されている。これを別して言えば，「南」からの移動は，植民地支配違法化後に顕現したネオ・コロニアルな状況への対

---

　　 tionlawblog.eu/denmarks-legislation-on-extraterritorial-asylum-in-light-of-international-and-eu-law/.
(67)　阿部浩己「グローバル化する国境管理」世界法年報37号（2018年）42-44頁〔本書13章〕。
(68)　E. Tendayi Achiume, "Migration as Decolonization", *Stanford Law Review*, Vol. 79 (2019), p. 1517 (quoting J.L. Miège, "Migration and Decolonization", *European Review*, Vol. 1 (1993), p. 81).

◆　第Ⅲ部　◆国境の扉，庇護の門

応あるいはその矯正を図るための脱植民地主義的営為というべきものに相違ない。その試みを阻害する強硬な国境管理権限行使には，植民地支配の遺制の固持に向けたグローバルノースの政治的凶相が滲み出る。AU の上記声明が基底に据えているのも，そうした実情への批判にほかならない。

「南」からの移住者（庇護申請者）に英国等が厳酷さをむき出す現状は，国際人権・難民法に基づく保護の強化とともに，偏頗な国際秩序を規範的に支える国境管理権限のあり方そのものと根源的に向き合うべき必要性を照らし出すものでもある[69]。

---

(69) 脱植民地化と移住の関係を考察する論考は少なくないが，グローバルノースにおける社会構成員の範囲や国家主権の存在形態にラディカルな再考を促す Achiume, *supra* note 68 は，とりわけて知的刺激に富む。See also, E. Tendayi Achiume, "Reimagining International Law for Global Migration: Migration as Decolonization?", *AJIL Unbound*, Vol. 111（2017）.

16 難民認定の現代的位相
——「難民認定制度の運用の見直し」に寄せて

I 序

　2015年9月，法務省入国管理局は，「近年の難民認定制度を取り巻く国内外の動向の変化を踏まえ，真の難民の迅速かつ確実な庇護を推進するため」，難民認定制度の運用を多角的に見直す旨を発表した。見直しに至る経緯は，報道発表資料[1]に，次のように記されている。

> 難民認定申請者の急増，濫用的申請の存在等の国内動向の変化及び中東・アフリカにおける地域紛争，国際社会における難民保護の取組等の国際動向の変化に適切に対応するため，法務大臣の私的懇談会である「第六次出入国管理政策懇談会」及びその下に設置された「難民認定制度に関する専門部会」において，難民認定制度・運用の見直しに関する議論が行われ，昨年12月，法務大臣へ報告書が提出されました。
> この報告書の提言を踏まえ，真の難民の迅速かつ確実な庇護を推進するため，法務省において，難民認定制度の運用を多角的に見直すこととしました。

　こうして作成された「難民認定制度の運用の見直しの概要〜真の難民を迅速かつ確実に庇護するために[2]〜」では，「保護対象，認定判断及び手続の明確化」と「難民認定行政に係る体制・基盤の強化」が「真の難民の迅速かつ確実な庇護の推進」に必要な2つの柱として打ち出されている。このうち前者はさらに「保護対象の明確化による的確な保護」と「認定判断及び手続の明確化による透明性の向上」という2つの項目に枝分かれしていくのだが，そのいずれにも難民審査参与員の提言を求める旨が明記されている。
　すなわち，「保護対象の明確化による的確な保護」の項目には，次のような

---

(1) 「難民認定制度の運用の見直しの概要について」（法務省入国管理局，平成27年9月15日）。http://www.moj.go.jp/nyuukokukanri/kouhou/nyuukokukanri03_00110.html.
(2) http://www.moj.go.jp/content/001158326.pdf.

記述がある。「いわゆる『新しい形態の迫害』の申立て等について，難民条約の適用を受ける難民への該当性を的確に解釈することにより保護を図っていくべく，難民認定の判断要素に関して，法律や国際情勢に関する学識経験を有する難民審査参与員が法務大臣に提言をし，法務大臣がその後の難民審査の判断に用いるようにするための仕組みを構築する。」

また，「認定判断及び手続の明確化による透明性の向上」の項目も，次のように記す。「明らかに『難民認定』又は『難民不認定』とすべき事案に係る判断要素（迫害主体や迫害要因など）に関して，難民審査参与員が法務大臣に提言し，法務大臣がその後の難民審査の判断に用いるようにするための仕組みを構築する。」（横線は，いずれも原文のまま。）

2015年9月11日に開催された難民審査参与員協議会において，法務省入国管理局審判課長から右記難民認定制度運用の見直しの概要についての説明がなされた[3]。その際にも，「保護対象，認定判断及び手続の明確化に関わって，新しい形態の迫害，明らかに難民認定又は難民不認定とすべき判断要について，難民審査参与員の皆様が法務大臣に提言するものである」旨が伝えられた。

本章は，以上の経緯にもとづき，「新しい形態の迫害」および「明らかに『難民認定』又は『難民不認定』とすべき事案に係る判断要素」について，有馬みき氏と連名で2016年2月に法務省入国管理局に提出した「提言」を，必要な修正を加えたうえで再録するものである。

II 基本認識

出入国管理及び難民認定法（以下，入管法）第2条3の2の定める「難民」とは，1951年の「難民の地位に関する条約」（以下，難民条約）第1条の規定または1967年の「難民の地位に関する議定書」（以下，議定書）第1条の規定により難民条約の適用を受ける難民をいう。入管法上の難民とは難民条約・議定書上の難民にほかならない。入国管理局のホームページにも，難民認定制度が「難民条約及び議定書の諸規定を国内で実施するため」に設置されたことが明示されている[4]。難民認定制度が難民条約・議定書を国内的に実施するた

---

[3] 私自身，2012年1月から，東京入国管理局において難民審査参与員を務めていた。

16　難民認定の現代的位相

めに設けられたものである以上，当然ながら，難民認定制度運用の見直しも，日本が国家としてその保護を国際的に約束した難民条約・議定書上の難民を念頭においたものでなくてはならない。

　難民条約は，前文において「国際連合難民高等弁務官が難民の保護について定める国際条約の適用を監督する任務を有していること」に言及するとともに，第35条において，国連難民高等弁務官事務所（UNHCR）の任務の遂行に際し締約国が協力することを約束し，特に「この条約の適用を監督する責務の遂行に際し」て，締約国が UNHCR に便宜を与えると定めている。この規定は，難民議定書第2条にも再述されている。

　UNHCR は難民条約の監督任務の遂行にあたり，多くの規範文書を公刊してきている。「新しい形態の迫害，明らかに難民認定又は難民不認定とすべき判断要素」の検討は，難民条約・議定書上の難民要件の解釈適用に直接にかかわるものであることから，難民条約・議定書の適用を監督する UNHCR の関連文書を適切に考慮して行うべきである。より正確に言えば，一方において，UNHCR の関連文書は難民の要件について国際的に権威ある解釈を示すものであり，他方において，UNHCR と協力する法的義務を締約国として自発的に引き受けていることから，日本は難民条約を誠実に履行する上でそれらの文書を尊重することが求められているといえる[5]。実際のところ，各国の難民認定

---

(4)　http://www.immi-moj.go.jp/tetuduki/nanmin/nanmin.html.
(5)　考慮すべき UNHCR の主要な関連文書は次のとおりである。第1，*Handbook on Procedures and Criteria for Determining Refugee Status under the 1951 Convention and the 1967 Protocol relating to the Status of Refugees*（re-edited in July 2015）（日本語訳は『難民認定基準ハンドブック』（改訂版，2015年7月））および，*Interpreting Article 1 of the 1951 Convention relating to the Status of Refugees*, April 2001。第2，難民要件の解釈にかかる以下の指針文書。*Guidelines on International Protection No. 1: Gender-Related Persecution within the Context of Article 1A（2）of the 1951 Convention and /or its 1967 Protocol relating to the Status of Refugees*（7 May 2002）; *Guidelines on International Protection No. 2: "Membership of a Particular Social Group" within the Context of Article 1A（2）of the 1951 Convention and /or its 1967 Protocol relating to the Status of Refugees*（7 May 2002）; *Guidelines on International Protection No. 3: Cessation of Refugee Status under Article 1C（5）and（6）of the 1951 Convention relating to the Status of Refugees*（10 February 2003）; *Guidelines on International Protection No. 4: "Internal Flight or Relocation Alternative" within the Context of Article 1A（2）of the 1951 Convention and /or 1967 Protocol relating to the Status of Refugees*（23 July 2003）; *Guidelines on International Protection No. 5: Application of the*

307

実務を見るに，UNHCR の関連文書は難民要件の解釈適用にあたり幅広く参照されてきている実態がある[6]。

Exclusion Clauses: Article 1F of the 1951 Convention relating to the Status of Refugees (4 December 2003); *Guidelines on International Protection No. 6: Religion-Based Refugee Claims under Article 1A (2) of the 1951 Convention and /or the 1967 Protocol relating to the Status of Refugees* (28 April 2004); *Guidelines on International Protection No. 7: The Application of Article 1A (2) of the 1951 Convention and /or 1967 Protocol relating to the Status of Refugees to Victims of Trafficking and Persons at Risk of Being Trafficked* (7 April 2006); *Guidelines on International protection No. 8: Child Asylum Claims under Article 1A (2) and 1 (F) of the 1951 Convention and /or 1967 Protocol relating to the Status of Refugees* (22 December 2009); *Guidelines on International Protection No. 9: Claims to Refugee Status based on Sexual Orientation and /or Gender Identity within the context of Article 1A (2) of the 1951 Convention and / or its 1967 Protocol relating to the Status of Refugees* (23 October 2012); *Guidelines on International Protection No. 10: Claims to Refugee Status related to Military Service within the context of Article 1A (2) of the 1951 Convention and /or the 1967 Protocol relating to the Status of Refugees* (3 December 2013); "Guidance Note on Refugee Claims Relating to Sexual Orientation and Gender Identity" (2008); "Guidance Note on Refugee Claims relating to Female Genital Mutilation" (2009); "Guidance Note on Refugee Claims relating to Victims of Organized Gangs" (2010); "Guidance Note on Refugee Claims Relating to Crimes of Lèse Majesté and Similar Criminal Offences" (2015). これらのうち，ガイドラインについては UNHCR 駐日事務所のホームページに日本語訳が掲載されている。(http://www.unhcr.or.jp/html/proetction_material.html)。第 3，出身国別の難民審査にかかる指針文書。とくに，"Eligibility Guidelines for Assessing the International Protection Needs of Afghan Asylum-Seekers" (2007); "Eligibility Guidelines for Assessing the International Protection Needs of Asylum-Seekers form Afghanistan" (2009, 2010 & 2013); "Eligibility Guidelines for Assessing the International Protection Needs of Iraqi Asylum-Seekers" (2007 & 2009); "Eligibility Guidelines for Assessing the International Protection Needs of Asylum-Seekers form Iraq" (2012); "International Protection Considerations with regard to people fleeing the Syrian Arab Republic. Update III" (October 2014); "International Protection Considerations with regard to people fleeing the Syrian Arab Republic. Update IV" (November 2015); "Eligibility Guidelines for Assessing the International Protection Needs of Asylum-Seekers form Sir Lanka" (2012); "Eligibility Guidelines for Assessing the International Protection Needs of Members of Religious Minorities form Pakistan" (2012); "International Protection Considerations with regard to people fleeing northeastern Nigeria (the states of Borno, Yobe and Adamawa) and surrounding region – Update I" (2014). 出身国別のガイドラインについては，刻々と移り変わる状況に適した国際的保護がなされるように適宜アップデートされていることも付記しておく。

(6) *The 1951 Convention Relating to the Status of Refugees and its 1967 Protocol: A*

また，「新しい形態の迫害，明らかに難民認定又は難民不認定とすべき判断要素」の検討にあたっては，UNHCR 執行委員会（ExCom）の「結論（Conclusion）も同様に考慮すべきである。1958 年 4 月 30 日の国連経済社会理事会決議 E/RES/672(XXV) により設置された ExCom は UNHCR の任務の遂行に際して助言を与える機関であり，UNHCR はその指示に従うよう国連総会に要請されている（UNGA Res. 1672(XVI)）。現在 98 か国により構成され日本もその一員である ExCom の結論はコンセンサスで採択される。論者によっては，ExCom の結論を「条約法に関するウィーン条約」第 31 条 2 項(a) の「条約の関係合意」あるいは同条 3 項(b) の「条約の適用につき後に生じた慣行」ととらえる向きもあるが，本章では，信義則または禁反言の原則に則った行動が ExCom 構成国に要請されているとの認識から，UNHCR 関連文書と同様に，「結論」についてもこれを誠実に尊重し考慮することが日本に求められているという理解に立つ[7]。なお，執行委員会の結論も UNHCR の関連文書と同様に各国の実務において広く参照されてきている[8]。

　このほか，「新しい形態の迫害，明らかに難民認定又は難民不認定とすべき判断要素」の検討にあたっては，日本も締約国である「市民的及び政治的権利に関する国際規約」（自由権規約），子どもの権利条約，女性差別撤廃条約といった人権諸条約，さらに，国際人道法および国際刑事法諸文書との整合性・関連性についても考慮することが求められる。ちなみに，子どもの権利条約は第 22 条において「難民としての地位を求めている児童」の保護について明記しており，付き添いのない子どもの難民申請について子どもの権利委員会が詳細な一般的意見第 6 号を作成していることに留意すべきであり，また，女性差別撤廃委員会も一般的勧告第 32 号においてジェンダーに関するきわめて重要な解釈指針を提示していることも特記される[9]。

    Commentary（Andreas Zimmermann (ed.), Oxford University Press, 2011), pp. 110-115.

(7)　執行委員会の結論については，主要なものの日本語訳が UNHCR 駐日事務所のホームページに掲載されている（http://www.unhcr.or.jp/html/protect/committee/index.html）。ちなみに日本は 1979 年以降，ExCom の構成国に名を連ねている。http://www.unhcr.org/40112e984.html.

(8)　*The 1951 Convention Relating to the Status of Refugees and its 1967 Protocol, supra* note 6, pp. 112-113.

(9)　*General Comment no. 6 Treatment of Unaccompanied and Separated Children Out-*

◆ 第Ⅲ部 ◆国境の扉，庇護の門

　難民条約の前文が記すように，難民に対する庇護の付与は特定の国に不当に重い負担となる可能性があり，国際的な広がりおよび国際的な性格を有する難民問題への対応には国際協力を欠かすことができない。難民条約・議定書の定める難民要件の解釈適用にあたっては，負担分担を求める国際協力の観点からも，国際的な規範的潮流を適切に踏まえる必要がある。なにより，難民条約・議定書の定める難民は締約国ごとに異なる意味を有するものではない。難民概念は「あらゆる当事国によって同一の意味」を付与されるべきものであり，国ごとにおかれた実情の違いがあるにしても，少なくとも「真に自律的で国際的な意味」を追求すべきものである(10)。

Ⅲ 「新しい形態の迫害」について

　今般提示された「新しい形態の迫害」という言葉について，「法務省は，アフリカの一部地域で身体的な虐待を受けている女性など，現行の枠組みでは対応できない難民についても，『新形態』として保護の対象とする」といった報道がなされる(11)など，あたかも「現行の枠組みでは対応できない」かのような心象を拡散させているところがある。しかし，そこで引用されている「アフリカの一部地域で身体的な虐待を受けている女性など」の事案は，以下でも述べるとおり，難民条約・議定書に依拠した「現行の枠組み」で問題なく対応できるものであり，「新しい」という語が用いられようと，難民要件の解釈という点で「現行の枠組み」を超え出るものではまったくない，ということをまず確認しておく。

　そのうえで，内外の難民認定手続の実情を見るに，「公的領域での政治活動を理由に政権から弾圧を受けて国外に避難する健常な成人男性」という伝統的な難民モデルにあてはまらぬ事案が増加していることはたしかであり，それが「新しい形態の迫害」という言葉で表現されているのだとすれば，それはその

---

　　　side Their Country of Origin. CRC/GC/2005/6（1 September 2005）; General recommendation No. 32 on the gender-related dimensions of refugee status, asylum, nationality and statelessness of women, CEDAW/C/GC 32（12 November 2014）.
(10)　King v Bristow Helicopters［2002］2 AC 628, at para. 81; R v Secretary for the Home Department, ex parte Adan［2001］2 AC 477, 517.
(11)　時事通信ニュース（2015年9月15日），http://www.jiji.com/jc/zc?k=201509/2015091500215.

とおりではある。とはいえ，「アフリカの一部地域で身体的な虐待を受けている女性」の事案についてもその可能性が十分にあるように，迫害の形態それ自体にはなんら新しさはない一方で，迫害を受ける「理由」に現代的な展開を見て取れることも少なくない。このような場合には「新しい形態の迫害」という言葉を用いるのは不正確ではある。

　難民条約・議定書は社会的文脈の変化に応じて発展的かつ実効的に解釈されるべきものである。このゆえに，迫害の解釈もまた社会的文脈の変化に応じて発展的かつ実効的になされるべきは当然である。本提言では，「新しい形態の迫害」を，現代の強制移動の現実に即して顕現する難民申請という意味で捉え直して理解することとし，「迫害」そのものだけでなく「迫害理由」等，他の要件にも必要に応じて射程を広げて論ずることにする。

　以上を前提に，「新しい形態の迫害」に関連して現時点で精確な理解を共有すべき事案群は，さしあたって次のようなものであると考える。第1にジェンダー・性的指向にかかわる事案，第2に子どもにかかわる事案，第3に良心的兵役拒否にかかわる事案，第4に武力紛争からの避難にかかわる事案である。これらの事案の少なからぬ場合において，非国家主体による迫害の評価と，迫害理由の解釈が核心的な課題となることは以下に記すとおりである[12]。

1　ジェンダーと性的指向

(1) ジェンダー特有の形態の迫害

　ジェンダーを要因とする危害はあらゆる性を対象にして生起し得るが，多くは女性の受ける被害を通して現れ出てきた実情があるので，ここでもまず対象を女性に限定して議論を進める。

　ジェンダーを要因とする危害は，女性が女性として迫害を受ける場合と，女性が女性であることを理由に迫害を受ける場合とに分けて整理される。前者は，女性を主たる標的として危害が加えられる場合で，ジェンダー特有の形態

---

[12] もとより，ここでは「新しい形態の迫害」に関連するものを網羅的に類型化するつもりはなく，また，そもそも網羅的な類型化は不可能である。たとえば，人間の尊厳を根底から脅かす貧困によって移動を強いられる事案など，現代の強制移動の現実に即して検討すべき例はこのほかにも少なくない。迫害の形態は機械的に類型化されるべきものではなく，難民の要件を具体的な文脈に応じて発展的かつ実効的に解釈していく姿勢が重要である。

の迫害 (gender-specific forms of persecution) と表される。それに対して後者は，迫害がジェンダーと因果関係を有している場合であり，ジェンダーに関連した理由による迫害 (gender-related grounds of persecution) という。ジェンダー特有の形態の迫害は，ジェンダーに関連した理由によってもたらされることもあり，そうでないときもある。

UNHCR のガイドラインは[13]，迫害に該当し得るジェンダー特有の危害として次の例をあげている —— レイプ，持参金に関連した暴力，女性器切除，ドメスティック・バイオレンス，人身取引。性暴力，強制堕胎，強制不妊，婚姻の強制，服装等に関わる規定の違反への制裁等も同様の扱いを受けるべきものである。このほか，女性に対する差別（宗教の自由の制限，教育・労働・政治参画・社会保障の制約・剥奪等）もそれ自体であるいはその集積が迫害を構成する場合がある。また，日本の実務でも見られるように，女性が家族や親族，コミュニティから排除されたり，社会的な地位を著しく貶める烙印を押されることもジェンダー特有の迫害の形態の文脈で念頭に入れておくべきである。

迫害が非国家主体により加えられる場合には，国家が保護を与える意思と能力を有しているかが検討されなくてはならない。国家の保護は効果的でなくてはならないところ，その基準は国家による放置・助長の有無という国家責任法の文脈で培われてきた「相当の注意 (due diligence)」義務に親和的な基準によるべきではない。そうではなくて，国家の規制措置によってもなお申請者の恐怖に「十分に理由がある (well-founded)」かどうかを尺度にして保護の実態を見極めるべきである[14]。また，女性が出身国の国家機関に保護を求めたのかどうかを問題にする場合には，当該国家において女性がおかれた地位や保護を

---

(13) *Guidelines on International Protection No. 1*, para. 9.
(14) ニュージーランドとカナダの先例・判例として，*RSSA, Refugee Appeal No. 71427/99*, 16 August 2000; *Bobrik v. MCI* [1994] FTR 13. 代表的な学説として，Penelope Mathew, James Hathaway and Michelle Foster, "The Role of State Protection in Refugee Analysis. Discussion Paper No. 2, Advanced Refugee Law Workshop, International Association of Refugee Law Judges, Auckland, New Zealand, October 2002", *International Journal of Refugee Law*, Vol. 15 (2003), pp. 444-460. UNHCR の見解として，UNHCR, "Annotated Comments on the EC Council Directive 2004/83/EC of 29 April 2004 on Minimum Standards for the Qualification and Status of Third Country Nationals or Stateless Persons as Refugees or as Persons Who Otherwise Need International Protection and the Content of the Protection Granted (OJL 204/12 of 20.9.2004)", p. 18.

求め出ることの現実性・合理性等について十分に配慮する必要がある。

(2) ジェンダーに関連した理由による迫害

　日本の実務では難民条約・議定書の定める難民概念中の「～を理由に（for reasons of）」という因果関係（nexus）にかかる要件をきわめて限定的に「～のみを理由に（solely for reasons of）」と解釈してきている。しかし条約の文言上も，あるいは人道的な条約の趣旨・目的に照らしても，「のみ」を付加する解釈は妥当といえず，なにより，難民申請者が迫害を恐れる理由は多くの事案において交差し複合化しているのが実態である。「～を理由に」という要件は，迫害をもたらす唯一の理由を特定するものでも，主たる理由を求めるものでもない。迫害に寄与する要因（contributing factor）と言えるものであれば，それで十分である[15]。「ジェンダーに関連した理由による迫害」を検討する際にも，この前提を精確に踏まえておく必要がある。

　なお，女性に対する迫害が非国家主体による行われる場合には，当該非国家主体が難民条約・議定書の定める迫害理由のいずれかを理由に危害を加えているか，または，出身国が上記迫害理由のいずれかを理由に効果的な保護を与える意思も能力も欠いているのであれば，難民条約・議定書の求める因果関係は成立する。

　難民条約・議定書の規定する迫害理由は，そのすべてがジェンダーに関連した理由となり得るが，最も重要な展開を見せてきたのは「特定の社会的集団の構成員」の解釈の広がりである。この要件については，一般に，「共通の不可変の特徴を共有している集団の構成員」であることを求める「保護される特性アプローチ（protected characteristics approach）」と，社会一般から特定の集団を構成していると認知されていることを求める「社会的認知アプローチ（social perception approach）」があり，UNHCRはこれら2つのアプローチを調和させた解釈を提示し，女性を「生来の不可変の特性によって画される，明白な社会の部分集合の例」と位置づけている[16]。なお，特定の社会的集団は同質であ

---

(15) *Interpreting Article 1 of the 1951 Convention relating to the Status of Refugees*, April 2001, para. 23; *Advisory Opinion by UNHCR to the Tokyo Bar Association on the Causal Linkage Between a 1951 Convention Ground and the Risk of Being Persecuted*, 1 March 2006; James Hathaway, "The Michigan Guidelines on Nexus to a Convention Ground", *Michigan Journal of International Law*, Vol. 23 (2002), p. 211.

る必要も内的に一貫している必要もなく，構成員全員が同様に危険にさらされている必要もない。集団の規模も問題とはならない。

　こうした認識は広く認められているが，各国は，女性について，さらに別の要素を加味する形で特定の社会的集団性を細分化する傾向も見せている。ただし，女性差別撤廃委員会も忠告するように，特定の社会的集団の構成員の文脈に女性の難民申請を括ることは，「他者に依存する被害者というステレオタイプ化された女性の観念を強化する場合がある[17]」。人種，宗教，国籍（種族・民族性），政治的意見も含め，迫害理由全体をジェンダーに敏感に解釈する重要性に特に留意しておくべきである。

　日本でも，こうした規範的潮流を，関連事案において自覚的に考慮に入れておく必要がある。

(3) 性的少数者への迫害

　異性愛を標準とする現代日本社会のような社会にあって，性的指向に基づく迫害は最も理解されにくいものかもしれない。たとえば，両性愛者にとって，異性との婚姻関係を成立させることと同性の者に性愛を向けることとがけっして二律背反ではないという基本理解を欠く場合には，難民認定において致命的な過誤すらおかしかねない。「当人が出身国で同性愛関係に及ばなかったという事実，または，当人が異性愛関係にあったという事実は，当人がレズビアン，ゲイ，バイセクシャル，またはトランスジェンダーでないということを必ずしも意味するわけではない[18]」。性的自由は基本的人権であること，および2007年に採択された「性的指向およびジェンダー自認に関連した国際人権法の適用に関するジョグジャカルタ宣言」，さらに，これを踏まえて作成された2008・2012年のUNHCRのガイダンス・ガイドライン（注5所掲）についての理解を深めておく必要がある。

　LGBT（レズビアン，ゲイ，バイセクシャル，トランスジェンダー）等の難民申請について問題となり得る迫害形態の代表的なものには次のようなものが含まれる。同性愛行為の犯罪化，性的指向の変更の強制，性的少数者に対する差

---

(16) *Guidelines on International Protection No. 2*, paras. 14, 30.
(17) *General recommendation No. 32*, para. 31.
(18) *The 1951 Convention Relating to the Status of Refugees and its 1967 Protocol*, supra note 6, p. 425.

別。このほか，公的ではなくとも社会的汚名が着せられることも少なくなく，強度によりそれ自体で迫害を構成することもあり得る。

性的指向に関連する理由については，上述した女性に対する迫害の場合と同様に，特定の社会的集団の構成員性が最も問題となる。性的指向は生来的で変更不能なものであることから「保護される特性アプローチ」を援用し得ることはいうまでもない一方で，性的指向は公然化されないことが多いため「社会的認知アプローチ」については限界があるとも言われるが，自らが性的少数者ではなくとも，社会的に性的少数者とみなされることによって迫害が加えられることもある。この場合には，社会的認知アプローチの採用が適当である。

両性愛者に対しては，同性愛者以上に，同性愛的指向を公然化させないことによって迫害を回避できるのではないかという見解が示されることがある。しかし，性的自由は基本的人権であることから，基本的人権の行使を控えるよう求めることは不適切である。UNHCR がいうように「迫害を避けるためにアイデンティティ，意見もしくは特性を変更しまたは隠すという条件により難民の資格を否認することはできない。……LGBT の人たちは，他の者と同様に，表現および結社の自由を享受することができる[19]」ことを確認しておくべきである。

2　子どもの被る迫害
(1) 難民申請者としての子ども
難民児童については，難民としての保護と子どもの特別のニーズへの配慮という2つの側面を適切に考慮する必要がある。子どもの権利委員会は，一般的意見第6号（パラグラフ74）において次のように述べる[20]。

［難民］条約における難民の定義は，子どもの経験する迫害の特別の動機，形態および表れを考慮して，年齢とジェンダーに配慮したやり方で解釈されなければならない。親族の迫害，法定年齢に満たない者の徴用，売買春目的の子どもの人身取引および性的搾取または女性性器切除の強要は，子どもに特有の迫害の形態および表れの一部であって，そのような行為が1951年難

---

(19)　*Guidelines on International Protection No. 9*, para. 31.
(20)　翻訳にあたっては，平野裕二氏のリイトを参照している。http://homepage2.nifty.com/childrights/crccommittee/generalcomment/genecom6.htm

民条約の迫害理由のいずれかと関連している場合には難民資格の付与を正当化することができる。したがって国は，国内の難民資格認定手続において，そのような子どもに特有の迫害の形態および表れならびにジェンダーに基づく暴力に最大限の注意を払うべきである。

　この一般的意見において，子どもの権利委員会は，さらに，難民資格を欠く場合であっても，子どもは「利用可能な形態の補完的保護の利益を享受する」と説いてもいる（パラグラフ77）。子どもの権利条約は難民としての保護を求める子どもの処遇について指導的な指針を提供するものであり，UNHCRもその趣旨を全面的に取り入れて子どもの難民申請に関するガイドライン[21]を示している。迫害を受けるおそれがあるという十分に理由のある恐怖，迫害主体，迫害理由，国内避難・移動の選択可能性，適用除外事由などについて，これまで成人を標準型として解釈適用されてきたものをいかに子どもに配慮した形で鋳直すかについて重要な指針が提示されている。

　日本の難民認定実務における子どもの難民申請の取扱いも，他国と同様に，大人（親）のそれに従属する形で処せられるのが一般的であっただけに，子どもが大人とは別に主たる庇護申請者たり得ることを認める同ガイドラインには格別の配慮が払われてしかるべきである。なお，子どもの難民申請者については，条約の解釈のみならず，手続き的にも考慮されなければならない点が多くあるところ，日本の実務においても子どもに配慮した適切な手続を整える必要がある。

(2) 子どもの権利条約の本質的重要性

　同ガイドラインが説くように，子どもに対して加えられる危害を迫害と評価するにあたって，子どもの権利条約の諸規定は本質的な重要性を有する。カナダ連邦裁判所が明言するように，「難民の地位を請求する子どもが［難民の］定義にあてはまるかどうかを決するにあたり，決定者は子どもの権利条約において認められた諸権利について知っておかなくてはならない。子どもが出身国に戻った場合に十分に理由のある恐怖を有するかどうかを決することができるのは，これら諸権利の否認なのである[22]」。こうした認識は，英国，米国，

---

[21] *Guidelines on International Protection No. 8*.
[22] *Kim v Canada*, [2011] FCR 448, 475.

ニュージーランド等の法実務にも同様に見て取ることができる。日本の実務においても，子どもの権利条約を参照して迫害の有無を決する判断手法を採用すべきである。

なお，子どもの権利条約には選択議定書が付されているが，1977年のジュネーヴ条約第1・第2追加議定書，国際刑事裁判所規程にも定められているように，軍隊への子どもの強制的徴集や敵対行為への直接参加の強制は違法であり，このような重大な行為はただちに迫害に該当することを確認しておく必要がある。

また，子どもの権利条約第3条は，子どもに関するすべての措置をとるに当たって，「子どもの最善の利益が主として考慮されるものとする」と規定する。子どもの最善の利益はこれまで手続的保障との関連でその重要性が強調されてきたところがあるが，実体的判断に際しても当然に考慮されてしかるべきものである。具体的には，難民条約・議定書の適用それ自体が排除される場合であっても，なお子どもの権利条約第3条による配慮が法的に要請されているといってよい。現に，子どもの権利委員会は一般的意見第6号で次のように説示している。子どもの「本国帰還は，原則として，子どもの最善の利益にかなう場合にのみ行われるものとする」，「出入国管理に関わる一般的な主張のように，権利を基盤としない主張は最善の利益の考慮に優位することはできない」。

ここでは，子どもの権利条約それ自体が子どもに対して与えられる国際的保護の直接の根拠たり得ることが示されているのだが，総じて，新しい形態の迫害の文脈において子どもの保護のあり方を見直す際には，子どもの権利条約にかかる議論の蓄積について十分に考慮すべきである。

3 良心的兵役拒否
(1) 良心的兵役拒否の権利

良心的兵役拒否について，1979年に刊行されたUNHCR『難民認定基準ハンドブック』は，難民の要件を充足し得る可能性を肯定しつつも，当時の法の発展段階を踏まえ，「締約国が真に良心上の理由から兵役に就くことを拒否する者に対して難民の地位を付与することは差し支えないであろう（it would be open to Contracting States）」という，ややあいまいな記述にとどまっていた（パラグラフ173）。しかし，近年になって示されたガイドラインにおいてUNHCRは，良心的兵役拒否それ自体が難民の地位を基礎づけることをはっき

りと認めるようになっている[23]。

　UNHCR の認識の変容を促しているのは，国際人権機関における規範の深化である。良心的兵役拒否が国際人権法により保護されるという見解は，国際人権理事会，同理事会恣意的拘禁作業部会，宗教的自由に関する同理事会特別報告者，自由権規約委員会，欧州人権裁判所を始めとする国際人権諸機関共通のものといってよい。

　その中にあって自由権規約委員会は，良心的兵役拒否権の根拠を従来は同規約第18条3項の「宗教又は信念を表明する自由」に求めており，代替役務のない強制兵役は，同条項の定める人権制約事由を充足せず，規約違反にあたるという見解であった。しかし，2011年になるとその根拠を第18条1項に移し，良心的兵役拒否が思想，良心及び宗教的自由についての絶対的な権利の侵害にあたるとの解釈を示すに及んだ。この権利は強制によって損なわれてはならないのであり，国家が課すことのある代替役務は，文民的役務に限られ，懲罰的であってはならず，また，人権の尊重と両立した，コミュニティに対する真の役務でなくてはならないものとされた[24]。

　こうした国際人権法の規範的展開に照らし，良心的兵役拒否者について代替役務が用意されることなく訴追・処罰が行われる場合には，これを迫害と認めることが適当である。思想，信念，良心の変更を強制されることも迫害にあたる。もっとも，代替役務が用意されていなくとも，免除料の支払いによって軍事役務を回避できる場合には迫害のおそれは減じられることになる。

(2) 部分的／選択的拒否者の取扱い

　他方で，『難民認定基準ハンドブック』は「部分的」あるいは「選択的」な良心的兵役拒否というべき事態に言及している（パラグラフ171）。現今の国際情勢にあって現実性が増しているこの事態は，さらに2つに分けられる。1つは特定の武力行使が国際的に非難されるものであることを理由に当該武力行使への参加を拒否する場合であり，もう1つは武力紛争中に展開される違法な作

---

[23] *Guidelines on International Protection No. 6*, para. 26; *Guidelines on International Protection No. 10*.

[24] *Yoon and Choi v Republic Korea*, Communications Nos. 1321-22/04 (3 November 2006); *Min-Kyu Jeong et. al. v. Republic of Korea*, Communications Nos. 1642-1741/07 (27 April 2011).

戦行動への参加を拒否する場合である。前者は jus ad bellum に関わり，後者は，jus in bello に関わる。志願して兵役に就いた者であれ義務的に兵役に就いたものであれ，同様に生じ得る事態である。

　前者については，国連安保理等による認定がない場合にいずれの武力行使が国際的に非難されるものであるかを判ずることは実際には容易でないものの，国際法により正当化されない軍事行動への従事を拒否することによって訴追・処罰される者を難民として保護することには十分な合理性があると考えられる。

　後者については，特定の武力行使が国際的に非難されていると否とにかかわらず問題になり得る。難民条約1条F(a)の規定する適用除外事由に該当する行為に従事せざるを得ない場合など，国際人道・刑事・人権法の重大な侵害，とりわけ1949年のジュネーヴ4条約の共通第3条や1977年のジュネーヴ条約第二追加議定書4条等の規定内容を蹂躙するような行為への現実の参加を強いられる者には良心的拒否者としての保護が検討されてしかるべきである。そうした重大な違法行為が系統的に行われている場合に，当該軍事行動に参画することを恐れて避難してきた者についても同様の処遇が相当である。

　このほか，非国家武装集団による強制徴集も，国家による効果的な保護を欠く場合には迫害に該当すると解すべきである。

4　武力紛争からの避難

(1) 難民条約における「戦争難民」の位置づけ

　シリア難民のような武力紛争を逃れ出る者を難民条約上の難民と認めることは難しい，という見解が日本のマスコミ媒体を通じて開陳されている。難民条約・議定書が求めているのは迫害の標的として「個別に選別される（singled out）」ことであり，武力紛争に伴う一般的な危険にさらされているだけでは難民とは認められない，という「特異な危険（differential risk）」の存在を要求する議論のように見受けられる。『難民認定基準ハンドブック』にもこうした認識に親和的な記載があったが，UNHCR は現在では「特異な危険」論は採っておらず，「共同体の全構成員が等しく影響を受けるという事実によって，いずれか特定の個人による申請の正統性が損なわれることはまったくない」という，non-comparative なアプローチを明瞭に打ち出している[25]。

　「特異な危険」あるいは「個別の選別」は迫害そのものというより，「十分に

理由のある」という要件あるいは迫害理由に関わるものではあろうが，いずれにせよ，難民法の学説はもとより，カナダ，オーストラリア，ニュージーランド，米国などの法実務においても「特異な危険」・「個別の選別」論は採用されていない。ニュージーランドの難民認定機関の表現を借りるなら，「申請者は，迫害を受ける「通常の」現実的可能性のみ」を示せばよいのであって，「迫害のために個別に選別されているというさらに高いレベルの危険」を求められるのではない[26]。難民条約の文言上も，武力紛争を逃れ出ているということを理由に難民性を否定していると解することはできない。武力紛争（国際的・非国際的）からの避難であっても，危害を加える主体，被害者の資格，危害の具体的内容，危害が非国家主体である場合には国家の保護の実態，といった諸要素の精査を欠かしてはならないのが原則である[27]。

(2) 迫害の指標

武力紛争下における迫害の形態については，国際人道・刑事・人権法の重大

---

(25) たとえば，*Interpreting Article 1 of the 1957 Convention relating to the Status of Refugees*, paras. 20-22; "Eligibility Guidelines for Assessing the International Protection Needs of Asylum-Seekers" (2007), Chapter V, Section B, p. 133; "Eligibility Guidelines for Assessing the International Protection Needs of Iraqi Asylum-Seekers" (2009), para. 22; "Eligibility Guidelines for Assessing the International Protection Needs of Asylum-Seekers form Afghanistan" (2009), Chap. IV, Sec. 2, p. 13; "International Protection Considerations with regard to people fleeing the Syrian Arab Republic, Update III" (October 2014), para. 26; "International Protection Considerations with regard to people fleeing the Syrian Arab Republic, Update IV" (November 2015), para. 36; "Eligibility Guidelines for Assessing the International Protection Needs of Asylum-Seekers form Sri Lanka" (2009), Chap. III, Sec. B, i, p. 29.

(26) *Refugee Appeal No. 76551* [2010] NZRSAA 103 (21 September 2010), para. 66. カナダ，オーストラリア，米国の判例について，*Prophet v. Canada*, 2008 FC 331, para. 18; *Minister for Immigration and Multicultural Affairs v. Haji Ibrahim*, [2000] HCA 55, paras. 70, 147; *Gonzales-Meyra v. INS*, 122 F. 3rd 1293, 1295 (9th Cir.1997), 133 F. 3rd 726 (9th Cir.1998). 代表的な研究者の見解として，Guy S. Goodwin-Gill and Jane McAdam, *The Refugee in International Law* (3rd ed. Oxford University, 2007), pp. 126-129; James Hathaway and Michelle Foster, *The Law of Refugee Status* (2nd ed., Cambridge University Press, 2014), pp. 174-181.

(27) EUにおいては，補充的保護 (subsidiary protection) の制度により武力紛争を逃れ出る者を保護する規定があるにもかかわらず，シリア出身の難民申請者の72%が条約難民として認定されていた。EASO Quarterly Asylum Report-Quarter 2, 2015, p. 14.

な違反がその指標になりうる。少なくとも，国際刑事裁判所規程第8条1項に定める戦争犯罪に該当する行為は迫害の烈度に達しているというべきである。国際的な実態に鑑みるに，特に次の行為については迫害にあたると解するのが適切である。敵対行為に直接に参加しない文民たる住民に対する攻撃（生命の恣意的な剝奪），拷問，自由の恣意的な剝奪，レイプその他の性暴力，強制失踪，子どもの強制的徴集・敵対行為への直接参加の強制，戦闘の方法としての飢餓，文民たる住民の強制的な移動。これに加えて，大量破壊兵器または生物・化学兵器の使用も迫害との関連で考慮すべき重要な要素となり得る。

これらの行為は，いずれも，軍事的必要，区別の原則，比例性（均衡性）の原則といった国際人権法の諸原則によって正当化することができず，人種や国籍といった難民条約・議定書の定める迫害理由のいずれかに基づくものであるかどうかの検討を可能とする。また，武力紛争下における危害が非国家主体（武装集団）によって加えられる場合には，国家の保護の実態を精査しなくてはならない。先述のとおり，その規準は国家による放置・助長の有無によるのではなく，申請者の恐怖に「十分に理由がある」かどうかを規準にして見極めるべきである。また，非国家主体による危害を迫害と認定するには，代替的な国内避難／保護の可能性について検討すべきこともいうまでもない。

なお，非国家主体（武装集団・国際機構など）による保護は国家の保護に代替し得るものではない。迫害との関連で問われる保護の有無は，あくまで国家（出身国）との関係で問題とされるべきものである。

Ⅳ 「明らかに難民認定又は難民不認定とすべき判断要素」について

1 ExCom の結論

「明らかに難民認定又は難民不認定とすべき判断要素」を一義的に定めるのは容易でないが，普遍的に妥当している言葉を用いてこれを表現し直すとすれば，「明らかに理由のある（manifestly well-founded）」または「明らかに理由のない（manifestly unfounded）」事案，ということになるであろう。これらは，申請数の増加による過度の負荷を緩和するため事案内容に応じて手続きの簡略化・迅速化を図ることを目的に創出された概念であるが，「明らかに難民認定又は難民不認定とすべき判断要素」もまた同様の問題意識に依拠しているものと見受けられる。実際のところ，現行制度について「難民認定制度の濫用・誤

用事例の急増」により「審査期間が長期化し,真に庇護を必要とする難民を迅速に庇護することに支障が生じている」という認識が入国管理局によって表明されている。

難民該当性が一見して希薄に見える事案が増加することによって難民認定制度全般に重い負荷がかかる事態は,日本に特殊のものではなく,すでに1980年代には各国で公然と認識されていた。その本格的な概念の表れというべきものが,ExComの国際的保護に関する全体小委員会 (Sub-Committee of the Whole on the International Protection) による1983年の報告書であった[28]。同文書に記載された問題意識は,日本の入国管理当局が今日表明しているそれと瓜二つといえるほどに重なりあっている。

小委員会の上記報告書に基づき,ExComは,同年に結論第30号を採択し,「明らかに理由がないかまたは濫用された難民の地位もしくは庇護の申請の問題」に関わる指針を表明するに及んだ。同結論は,前文において,次のような問題意識を記している。

> 執行委員会は,……
> (c) 関連する規準に基づいて難民と認められる根拠を明らかに有しない者による難民の地位の申請が,[難民条約・議定書]の多くの締約国において重大な問題になっていることに留意した。このような申請は,関係国にとって重荷であり,かつ,難民としての認定を求めるに十分な理由を有する申請者の利益を損なっている。
> (d) 難民の地位を認定するための国内手続きは,通例,当該手続きのいずれの段階においても十分な審査を行うに値しないほど明白に理由がないとみなされる申請を迅速に処理するための特別の規定をおくことができると思料した。このような申請は,『明白な濫用(clearly abusive)』または『明らかに理由がない(manifestly unfounded)』と表現されてきており,明白な虚偽(clearly fraudulent)か,または,[難民条約]に定められた難民の地位を付与するための規準にも,庇護の付与を正当化するその他いずれの規準にも関わりがない(not related to the criteria for the granting of the ref-

---

(28) "Follow-up on Earlier Conclusions of the Sub-Committee on the Determination of Refugee Status with Regard to the Problem of Manifestly unfounded or Abusive Applications" (26 August 1983).

ugee status laid down in the 1951 United Nations Convention relating to the Status of Refugees nor to any other criteria justifying the granting of asylum)ものと定義することができる。

この結論によれば,「明白な濫用」あるいは「明らかに理由がない」申請とは,「明白な虚偽」か,または,「難民条約に定められた難民の地位を付与するための基準にも,庇護の付与を正当化するその他いずれの規準にも関わりがない」申請ということである。したがって,「明らかに難民不認定とすべき判断要素」を見極めることが求められるのであれば,その際にも,申請が「明白な虚偽」か,または,「難民条約に定められた難民の地位を付与するための基準にも,庇護の付与を正当化するその他いずれの基準にも関わりがないもの」であるのかを問うべきと考える。

2 UNHCRの見解

UNHCRは,欧州諸国における難民認定手続き迅速化への動向を懸念して,1995年に自らの立場を詳論する文書を公刊している[29]。その中で,まず第1に「明白に虚偽的な申請」について次のように述べている。「当事務所は,『明白な虚偽』という概念が,難民の地位を決定する当局を申請者が意図的に欺こうとする場合を合理的に含み得ると言明してきた。しかしながら,当局に対して偽りの陳述を行ったという事実だけでは,必ずしも十分に理由のある恐怖を排し,庇護を不要とし,もって当該申請を『明白な虚偽』とすることはできない。自らの地位の決定に関わる主要なまたは実質的な性格をもつ偽りの主張と見受けられるものを申請者が行った場合にのみ,当該申請を『明白な虚偽』とみなすことができよう。」

同文書では,偽造文書の使用だけでは申請の濫用とはいえないこと,および,国外退去を回避するための申請ではないかと疑われるものについては,従前にその機会が十分にあったにもかかわらず庇護の申請が遅延してしまったことについて合理的な釈明がない場合にはじめて「明白な虚偽」との判断を導き得ることについても注意を喚起している。

第2に,「難民の地位の付与に関わらない申請」について同文書は,難民条

---

(29) UNHCR, *An Overview of Protection Issues in Western Europe: Legislative Trends and Positions Taken by UNHCR* (1995).

約上の難民に該当せずとも，他の理由により保護を必要とする者については，その申請を「明らかに理由がない」ものとして退けるべきではないこと，さらに，供述の信ぴょう性が問題になる場合には通常の手続きがよりふさわしいこと，を確認している。

　このほか，国の安全保障に対する脅威や国内避難・保護の可能性を安易に「明らかに理由がない」との判断に結びつけるべきでないことも記されている。こうしたUNHCRやExComの見解は，「明らかに難民不認定とすべき判断」の検討の際に欠かすことができないものである。また，「明白な濫用」もしくは「明らかに理由がない」申請にかかるUNHCR等の文書には，実体面の検討とならんで，手続的適正さの確保に向けた配慮も多々記されており，その点についても考慮にいれるべきは当然である。

　なお，国際的保護に関するEUの共通手続に関する指令[30]についてのコメントにおいても，UNHCRは上記ExCom結論に依拠して，「明白な濫用」（＝明白に詐欺的であること）か「明らかに理由がない」（＝庇護を付与する基準となんら関わりがない）という基準の重要性を確認している[31]。

3　判断の基準

　「明白な濫用」であれ「明らかに理由がない」ものであれ，申請者のインタビューを含む事案全体の審査が必要なことはいうまでもない。現在の難民認定事務取扱要領には，「難民条約上の迫害事由に明らかに該当しない事情を主張している案件」として，「(ア)借金問題や遺産相続等主に財産上のトラブルを主張するもの，(イ)帰国後の生活苦や本邦での稼働継続希望等の個人的事情を主張するもの，(ウ)地域住民等との間に生じたトラブルや暴力事件等に起因する危害のおそれを主張するもの」との記載があるところ，このように事案の外形的類型（迫害主体や迫害要因の外観）に判断要素を定めて「明らかに難民不認定とすべき」ものを機械的に振り分けるのは不適当である。あくまで事案全体

---

(30) Directive 2013/32/EU of the European Parliament and of the Council of 26 June 2013 on Common Procedures for Granting and Withdrawing International Protection (recast).

(31) *UNHCR Comments on the European Commission's Amended Proposal for a Directive of the European Parliament and of the Council on common procedures for granting and withdrawing international protection status (Recast) COM (2011) 319 final* (January 2012), p. 26.

16　難民認定の現代的位相

の内実に鑑みて，それが「明白な虚偽」か，あるいは「庇護の基準とまったくかかわりがないか」を判断するのが適切である。

また，虚偽の供述，偽造文書の使用，退去強制命令後の難民申請，申請の遅れ，難民条約上の難民要件に該当しない内容の申請，国際犯罪の実行等を「明白な濫用」・「明らかに理由がない」との関連でどう処すべきかについては，既に述べたようにUNHCR等が必要な指針を提示しているので，これを十分に考慮すべきである。

他方で，「明らかに難民認定とすべき要素」とは，前出難民認定事務取扱要領によれば「難民条約上の難民である可能性が高い案件」に相当するところ，先述のとおり国際的にも「明らかに理由がある」という類型化がなされてきていることを確認できる。「明らかに理由がある」とはどのような場合をいうのかについて具体的な要素が抽出されてきているわけではないものの，「明白な濫用」・「明らかに理由がない」という規準を反転させてみるに，「難民性の核心にかかる供述が明らかに信用でき（出身国情報とも符合する。）」，かつ，「事案が明らかに難民条約の規準に即している」場合には，これを「明らかに理由がある」ものとして処理することには相応の合理性があると考えられる。

いずれにしても，適正な手続的保障（適切な条件下でのインタビュー機会の保障および不服申立機会の保障を含む。）の確保は必須であり，また，誤って不認定とされることにより生じる不利益の大きさに鑑みて，「明らかに難民不認定とすべき判断要素」の画定は格別の慎重さをもって行うべきである[32]。

---

(32)　「明らかに理由がないという概念の適用は，しばしば，真の難民である者が認定制度にアクセスすることを阻むおそれをもたらしてきた」という指摘も，あわせて念頭においておくべきである（W Gunther Plaut, *Refugee Determination in Canada* (1983), quoted in RSAA, *Refugee Appeal No. 70951/98*, 5 August 1998)。

325

17 難民認定における「国内保護可能性(IPA)」

I 序

　バングラデシュ・チッタゴン丘陵地帯で，先住民族を中心にした2つの政治団体（UPDFとPCJSS）から受ける重大な危害を恐れた者が日本で難民としての保護を求めたものの，不認定となり，同国を送還先とする退去強制令書を発付されたことがある。同丘陵地帯の先住民族に属する者として自らも政治活動を行なっていたその男性がこれを不服として同令書発付処分の取消しと難民不認定処分無効確認の訴えを提起したところ，同人の主張を認容する判断が東京地裁で導き出された[1]。

　本件では，政治団体という非国家主体による危害をどのように難民条約上の迫害と認めるのかが主要な争点になったのだが，それと並んで，迫害主体が政府でないことからバングラデシュの別の地域において保護を受ける可能性の有無も問題とされた。この点にかかる裁判所の判断を要すると，次のようなものであった。バングラデシュの治安は一般的にみてもよいものとはいえず，またPCJSSは政府と近い立場にあるから，首都ダッカを始め，同国全体に勢力を及ぼし得る立場にあると認められる。そうすると，別の地域に居住したとしても国内である限り，PCJSS関係者やUPDF関係者からの襲撃を免れて安全に生活できるとはいえない。政府の効果的な保護を受けられない事情はその後も変わっていない。したがって原告が帰国した場合，チッタゴン丘陵地帯外にあっても迫害のおそれはやはり存在することになる。

　つまり，当人の被る迫害の危険性は同丘陵地帯に限局されることなくバングラデシュ全域に及んでおり，保護を受け得る地域は同国内に存在しないということである。この点も勘案のうえ同人の難民性に肯定的な判断が示されたのだが，本件のように，迫害が非国家主体によって加えられる場合や特定の地域に

---

(1) 東京地判2007（平成19）年2月2日，判例タイムズ1268号139頁。この判断はそのまま確定した。

限定される場合に、出身国の別の地域に安全な場所が存しないかについて評価することが、近年、世界各国における難民認否作業の重要な一部になってきている。私自身も、2012年1月から難民審査参与員の職務にあったが、こうした評価を要する事案に多数直面してきた[2]。そこで本章では、いくばくかの実務経験も踏まえながら、その背景事情と安全な場所をめぐり議論されている国際難民法上の諸課題について浅見を経巡らせてみようと思う。具体的には、第一に難民条約上の難民の定義との関係、第二に国内の別の地域で受け得る「保護」の評価基準、そして第三に補完的保護と出身国情報とのかかわりについて検討を加える。

なお、国内の別の安全な地域の存在を示す術語としては、IFA（internal flight alternative）、IRA（internal relocation alternative）、IPA（internal protection alternative）がこれまで互換的に用いられてきており、それぞれ国内避難可能性、国内移転可能性、国内保護可能性と日本語に置換できる[3]。もっとも、難民認否は現在から将来にかけての危険性評価であるにもかかわらず、IFAは「避難し得たかどうか」という過去の事情に評価の焦点を当てかねぬところがあり、またIRAは「移転」という自発的移動を示唆する語によって強制移動の実質を覆い隠しかねぬ含意を有している。こうしてIFAとIRAについてはその使用を回避する向きが見られる一方で、出身国における「保護」の有無という難民性判断の本質を踏まえ、IPAという語を意識的に選好する傾向が学術的にも実務的にも広がっている[4]。本章でも、他に特段の必要がないかぎりIPAという語を用いて論述を進めることにする。

---

(2) 法務省が公表している近年の「難民と認定した事例等について」は、非国家主体による危害に対して効果的な保護を期待できないことをもって難民と認定される事例が増加している実情を伝えている。公表された情報からは各事例の「概要」と「判断のポイント」しか分からないので、どの程度の関心が実際に払われたのか必ずしも定かでないところがあるが、それらはいずれも、出身国の別の地域に安全な場所が存しないかに関する評価がなされていてもおかしくない事例ではある。平成30年における「難民と認定した事例等について」、http://www.moj.go.jp/content/001290417.pdf.

(3) 本章では、alternativeを「可能性」とのみ訳出するが、これに「代替可能性」という語をあてる向きもある。たとえば、本間浩『国際難民法の理論とその国内的適用』（現代人文社、2005年）211頁以下。

(4) Jessica Shultz, *The Internal Protection Alternative in Refugee Law: Treaty Basis and Scope of Application under the 1951 Convention Relating to the Status of Refugees and Its 1967 Protocol* (Brill Nijhoff, 2019), pp. 16-17.

II　IPA概念の展開

　国際難民法（とりわけ難民条約）は本国において本来受けるべき保護を欠いている者に対する代理保護（surrogate protection）をその本旨とするものの，各国における法実務にあっては，長く，申請者が出身国のいずれかの場所（都市・地方）において重大な危害を受けるおそれがあればただちにその難民性を認められ，同国内の他の場所で保護を受けられるかどうかが別途検討されることは一般になかった[5]。その背景には，庇護申請者の主力をなす共産圏出身者（成人男性）を優先的に保護しようとする欧米諸国の政治的・イデオロギー的性向があり，また，主たる迫害主体が一枚岩的な国家（共産主義諸国）であったという事情もあずかっていた。

　その状況に重大な変化が訪れたのは，1980年代半ば以降である。文化的・人種的に欧米とは異なるとされた「南」の発展途上国からの庇護申請者が急増し，加えてベルリンの壁が崩落したことにより，難民への寛大な姿勢が急速に後景に退き，「難民の封じ込め」あるいは「入国阻止（non-entrée）」政策が欧米諸国に広がって行く[6]。その一方で，この時期，庇護を求める人々の位相にも顕著な違いが見てとれるようになった。抑圧的な国家からの迫害を逃れる健常な成人男性（西洋人）という典型的な難民像が崩れ，代わって，地域紛争や非国家主体による迫害からの庇護を求める多様な人々（女性，子どもを含む。）が難民認定手続の場に陸続と出来する[7]。中央政府による迫害でない場合には，国内のいずれかの地域に安全な場所が残されているかもしれず，その可能性を探ることは，代理保護に根ざす難民法の論理的な帰結と評されるようにもなった[8]。IPAは，こうして，難民認定の厳格化（入国阻止）を求める政治的

---

(5)　James Hathaway and Michelle Foster, "Internal protection/relocation/flight alternative as an aspect of refugee status determination", in Erika Feller, Volker Türk and Frances Nicholson (eds.), *Refugee Protection in International Law: UNHCR's Global Consultations on International Protection* (Cambridge University Press, 2003), p. 359.
(6)　阿部浩己『国際人権の地平』（現代人文社，2003年）344-349頁参照。
(7)　Rebecca Wallace, "Internal relocation alternative in refugee determination: is the risk/protection dichotomy reality or myth ? A gendered analysis", in Satvinder Singh Juss and Colin Harvey (eds.), *Contemporary Issues in Refugee Law* (Edward Elgar, 2013), p. 291.
(8)　「国内避難概念の発展は，1951年難民条約の趣旨および目的に従い，難民法の基本原則である代理性の観念に大いに拠っていた。この観念によると，国際的保護は出身国

◆第Ⅲ部 ◆国境の扉，庇護の門

文脈を後背に，変容する庇護申請者の実態に即した難民資格認定を求める要請を受けて各国に浸潤していくことになる[9]。

において国家の保護を受けることができないときにのみ作動する。難民法は国際的保護を求める以外の選択肢がない者を保護することを意図しているため，出身国のいずれかの場所で保護を求めることができる場合には迫害の危険があるとはいえないと結論することは正当なようにも見受けられる」(Andreas Zimmermann, (ed.), *The 1951 Convention Relating to the Status of Refugees: A Commentary* (Oxford University Press, 2011), p. 448)。

(9) 最初期のIPA事例として，迫害が限定された地域に限られ，大都市では生じていないことを理由にトルコ人キリスト教徒による難民認定申請を退けた1977・78年のオランダとドイツの裁判例が指摘されている。Jessica Schultz and Terje Einarsen, "The Right to Refugee Status and the Internal Protection Alternative: What Does the Law Say?", in Bruce Burson and David James Cantor (eds.), *Human Rights and the Refugee Definition: Comparative Legal Practice and Theory* (Brill Nijhoff, 2016), p. 277, n. 12. IPA事例が一般化していくのは1980年代半ばからであり，ハサウェイらはその先鞭として，英国についてはR. v. Immigration Appeal Tribunal (IAT), *ex parte*, Jonah, [1985] I MM AR 7, 米国についてはMatter of Acosta, 19 I & N Decisions 211 (1985) を挙げている。See Hathaway and Foster, *supra* note 5, p. 362, n. 13. 近年は，難民認定のみならず，さらに二つの文脈でIPAが吟味されるようになっている。一つは本章の最終章で改めて論ずるように補完的保護（complementary protection）との関わりにおいてであり，たとえば，2011年のEU資格指令は「出身国の一部において迫害を受けるおそれがあるという十分に理由のある恐怖も，重大な危害を受ける現実の危険もなく」，「当地に定着することが合理的に期待できる場合には」，申請者に国際的保護の必要がないと加盟国が決定できる旨を定めている（Directive 2011/95/EU of the European Parliament and of the Council of 13 December 2011 (recast), Article 8）。もっともここではIPAの適用が義務付けられてはおらず，現にフランスやイタリア等では難民資格認定からIPAの適用は排除されていた。そうした事情もあって各国の庇護の決定に大きなばらつきが出たこともあり，欧州委員会はIPAの審査を義務付ける規則を2016年に提案している（European Commission, Explanatory Memorandum to the Proposal for a Regulation of the European Parliament and of the Council, 2016/0223 (COD)）。See Shultz, *supra* note 4, pp. 268-273. もう一つは終止条項（cessation clause）との関わりにおいてであるが，この文脈でのIPAの適用についてUNHCRは次のように説示し，これに否定的である。「難民の出身国領域の一部のみに影響を与える変化は，原則として難民の地位を終止させるべきでない。難民が迫害を免れるために当該国の特定の安全な区域に戻らなければならないという条件をつけることなく，迫害の根拠が取り除かれた場合にはじめて難民の地位は終了する。また，出身国で自由に移動できず，自由に定着できないことは，変化が根本的でないことを示すものでもあろう」(Guidelines on International Protection: Cessation of Refugee Status under Article 1C (5) and (6) of the 1951 Convention relating to the Status of Refugees (the "Ceased Circumstances" Clauses), HCR/GIP/03/03 10 February 2003, para. 17)。英国でも上位審判所移民・庇

17　難民認定における「国内保護可能性（IPA）」

　もっとも，IPA を明示的に定める規定は難民条約にも難民議定書にも存せず，起草過程においても国内保護・避難・移転の可能性そのものが議論された形跡は見当たらない[10]。他方で，国際的な次元における IPA の端緒とされてきたのは 1979 年に刊行された UNHCR ハンドブックの次の記述である[11]。

　　迫害されるおそれは，必ずしも難民の国籍国の全領域に及んでいるものとは限らない。民族的衝突の場合や内戦状況を含む重大な騒乱の場合にあっては，特定の民族または国民的集団の迫害が国の一部分においてのみ生ずるということがあり得る。このような場合，すべての事情を勘案してその国の別の地域に避難を求めることを期待することが合理的でない場合には，単にそうすることができたはずであるという理由によってその者が難

護部（Upper Tribunal (Immigration and Asylum Chamber)）により同様の否定的判断が示されている（MS (Article 1 (C) 5-Mogadishu) Somalia [2018] UKUT196 (IAC), paras. 55-57, available at https://www.casemine.com/judgement/uk/5b46f1fc2c94e0775e7ef722）。なお，英国の法制の詳細については，伊藤行紀「英国における審判所制度改革と移民法関係不服上訴手続の変容（一）（二）（三完）」駿河台法学 26 巻 2 号，27 巻 1 号（2013 年），27 巻 2 号（2014 年）を参照。

(10)　ただし，1953 年初出の難民条約解説書において，ロビンソンは「地方的性格の出来事，一定の地域の暴動または政府が闘っている最中の事件は，国籍国の保護を受けることを望まないかまたは国籍国の保護を受けることができない理由にはならないので」，条約 1 条(A)2 の適用はないと説いていた（Nehemiah Robinson, *Convention Relating to the Status of Refugees: Its History, Contents and Interpretation: A Commentary, 1953* (UNHCR ed., 1997), p.46）。もっとも，この一節は，出来事・暴動・事件の「地方性」ではなく「一時性」を論ずる文脈での解説と理解すべきものとされている（Schultz and Einarsen, *supra* note 9, pp. 276-277）。

(11)　UNHCR Handbook on Procedures and Criteria for Determining Refugee Status under the 1951 Convention and 1967 Protocol Relating to the Status of Refugees (1979, re-edited 1992), para. 91. 翻訳は，国連難民高等弁務官（UNHCR）駐日事務所『難民認定基準ハンドブック —— 難民の地位の認定の基準及び手続に関する手引き［改訂版］』（2015 年）パラグラフ 91（訳語を一部修正）。他の国際法分野と同様に，国際難民法もいわゆるハード・ローのみによって構成されているわけではなく，様々な国際文書によってその多くの部分を担われている。UNHCR のハンドブックはその代表例である。ハンドブックは難民条約に依拠しているとはいえ，同条約を拡充する部分（たとえば迫害の定義がそうであり，IPA についてもハンドブックが起点になっている。）を少なからず含みもっている。このほか，UNHCR のガイドライン等は，ハンドブックをさらに拡充するものとして機能してきている。See Satvinder Singh Juss, "The UNHCR Handbook and the interface between 'soft law' and 'hard law' in international refugee law", in Juss and Harvey (eds.), *supra* note 7, pp. 31-67.

民の地位から除外されることはない。

ここでの重点は後段に置かれており、難民の地位を狭めることに対するUNCHRの警戒心がそこに現れていることは明白であるが、とはいえ前段の文言はたしかにIPAの可能性を示唆するもののようにも読める。ただこの段階ではIPAの概念はけっして確たるものとはいえず、なにより難民の定義のどの部分とのかかわりでこの概念の適用が問われるのかは不分明のままであった。

1995年になると、UNHCRは難民条約1条について解説する文書を刊行するが、その中でこの概念に言及して次のように説いている。「国内避難可能性の概念を適用する基本的な前提は、市民を迫害から保護することを国が地域的にできないことにある。そのような事情のもとで、国家当局は非国家主体による迫害から人を保護する意思を有していても国の一定の地域においてその保護を妨げられるかあるいは保証することができないということになる」[12]。

ここでは国家の保護する意思・能力の欠如がIPAに結び付けられて認識されていることが分かる。ところが1999年になると、次のように、「避難（flight）」ではなく「移転（relocation）」の語が選好され、しかも十分に理由のある迫害の恐怖との関連でIPAが問題とされている[13]。

> 移転が問題となる場合には、個人が国のいずれかの箇所で経験する迫害の危険を国の他の箇所に居住することで首尾よく回避できるかどうかを判断しなくてはならない。それが可能で、しかも移転が当人にとって可能でありかつ合理的であるとき、これは十分に理由のある恐怖にかかる決定に直接に影響する。庇護申請者にとって居住が安全で合理的な箇所が国にある場合には、『十分に理由のある恐怖』の基準を満たすことはできない。

2003年にUNCHRはIPAに焦点を当てたガイドラインを著わし、概念枠組みの整序を試みるが、本章との関連でとくに重要なのは次の部分である[14]。

---

(12) UNHCR, Information Note on Article 1 of the 1951 Convention (1 March 1995), para. 5.
(13) UNHCR, *Position Paper on Relocating Internally as a Reasonable Alternative To Seeking Asylum (The So-Called 'Internal Flight Alternative' or 'Relocation Principle')* (9 February 1999), para. 9.
(14) UNHCR Guidelines on International Protection No. 4: "Internal Flight or Reloca-

17　難民認定における「国内保護可能性(IPA)」

　国内避難または移転可能性の概念を，難民定義中の「迫害を受けるおそれがあるという十分に理由のある恐怖」の箇所に位置付ける者がいる一方で，「その国籍国の保護を受けることができないもの又は……その国籍国の保護を受けることを望まないもの」に位置付ける者もいる。難民の定義は，相互に関連する要素の全体的評価によるものであるから，これらのアプローチは必ずしも矛盾するものではない。これらの要素がいかに関連するか，およびそれぞれの要素に与えられる重要性については，必然的に個々の事案の事実に基づいて決せられることになる。

　先述のとおり「国家の保護」から「十分に理由のある恐怖」へIPAの根拠を移行させていたUNHCRは，このガイドラインでは両者を融合させた「全体的評価（holistic assessment）」という考え方を打ち出している。たしかに両者はコインの裏表の関係のようでもあり，関連する諸要素を全体として，かつ個々の事案に応じて検討することにより適正な難民認定がなされることは否定しないが，ただそうとしても，IPAの根拠を「全体的評価」として説明したことにより，この概念の条約上の整序は困難なままに残されたところがある[15]。

　もとより，UNHCRの文書は各国の難民保護実務を主導するものであると同時に，各国の実務の写し鏡のような性格を有してもいる。概念の整序が容易でないのは，ほかならぬ各国の実務がそうであるからにもほかならない。現に，ニュージーランド難民認定不服審査機関（Refugee Status Appeals Authority）の分析によれば[16]，英国やオーストラリア，EUが「十分に理由のある迫害の恐怖」，つまり申請者が被る危険（risk）の側面にIPAの評価根拠をおいてきたのに対し[17]，ニュージーランドやカナダは「国家の保護」との関わりで

---

tion Alternative" within the context of Article 1A (2) of the 1951 Convention and/or 1967 Protocol relating to the Status of Refugees, HCR/GIP/03/04 (23 July 2003), para. 3. UNCHCR駐日事務所による日本語訳を参考にした。https://www.unhcr.org/jp/wp-content/uploads/sites/34/protect/Guidelines_on_International_Protection_No4_IFA.pdf.

(15)　同ガイドラインの概念的曖昧さを指摘するものとして，Zimmermann, *supra* note 8, p.447.

(16)　*Refugee Appeal No. 76044*, 11 September 2008, para. 101.

(17)　米国も「十分に理由のある迫害の恐怖」の評価との関わりでIPAを扱ってきたことについて，James Hathaway and Michelle Foster, *The Law of Refugee Status* (2nd

IPAの存否を検討してきたとされる[18]。UNHCRの揺動する認識はこうした法状況を少なからず投影するものと解することもできる[19]。

III Alternativeの意味するもの

UNHCRの最新の見解に連動するように，難民条約の浩瀚な解説書も，出身国で効果的な保護を受けられる場合にはいずれにせよ十分に理由のある迫害の恐怖は否定されるのだから，IPAの根拠を「国家の保護」に見出すのか，あるいは「十分に理由のある迫害の恐怖」に見出すのかという二者択一の問題を決着させる必要はないと説く。「難民の地位の決定方法について締約国に相当の柔軟性を与えている1951年条約が，いずれかを明瞭に選好しているとはどうにも解しがたい。……いずれの見解であれ，ともに適切な結果をもたらし得ることは明らかである」とされる[20]。

たしかに，出身国のいずれかの地域で迫害の危険にさらされても，国内の他の地域で安全を確保できるのであれば当人を難民として保護する必要はなくなる。しかし，正確にいえば，この場合にも，当該いずれかの地域で迫害を受ける危険自体が消滅してしまうわけではない。迫害の危険は残るものの，国内の

---

　　ed., Cambridge University Press, 2014), p. 336, n. 291.
(18)　カナダの代表的な裁判例として，*Thirunavukkarasu v. Canada*（*Minister of Employment and Immigration*）［1994］1 FC 489 (FCCA), paras. 592-593.
(19)　なお，IPAは難民性を否定するものであることから，難民該当性とのかかわりではなく難民条約第1条D・E・Fに類似した明示的除外事由と捉える向きもあるかもしれない。だが，適用除外を明文の規定によらずに押し広げることには重大な疑念が呈されることに加え，実務上も，IPAが認められる者については難民該当性そのものを否定するのが常であり，除外事由が援用されているわけではない。（また，念のために付言するに，IPAの適用を受ける者はそもそも難民ではないので，難民条約33条2項の定めるノン・ルフールマン原則の適用除外との関わりも問題とはならない。）See Zimmermann, *supra* note 8, p. 449. このほかシュルツらは，IPAを，難民条約で明示的に認められた難民の地位への権利（right to refugee status）に対する明示的な制限（implied limit）と捉える。See Schultz and Einarsen, *supra* note 9, pp. 288-298. なお，この考え方の詳論を含め，IPAを包括的に論じたものに，Shultz, *supra* note 4.
(20)　Zimmermann, *supra* note 8, p. 448. ウォレスも，「迫害の危険からの評価であれ保護の側面からの評価であれ，あらゆる要因が全体的で包括的なアプローチにより考慮されることになるのだから，この二項対立に焦点を当てることは単なる講学上の問いかけに過ぎない」と述べ，ニュージーランド不服審査機関の分類（前掲注(16)）を批判している（Wallace, supra note 7, p. 310）。

17 難民認定における「国内保護可能性(IPA)」

他の地域で効果的な保護を受けられるので代理保護を与える根拠がなくなる，というにすぎない。論理的にいっても，IPAを問うには，保護を必要とする事態が出身国のいずれかの地域で生じていることを前提にしなくてはならない。迫害の危険があるからこそ別地域に避難・移転できるかどうかが問題とされるのであり，そうでないのなら，そもそも alternative の存否を探る必要はないことになる。難民条約上の難民の定義は迫害の危険と国家の保護の両者を別個の要件として明記している。その二つを意味あるものとして解するには，両者を無為に混淆させることには抑制的でなくてはなるまい(21)。

これに加えていえば，IPAを「迫害を受ける十分に理由のある恐怖」という迫害の危険との関わりで判断する場合には，いくつかの深刻な問題が生じることにも留意しておく必要がある。その一つは，迫害の危険が出身国全域に及んでいることを立証するよう申請者に求める懸念である。これまでもこうした取扱いはとりわけ米国で見られたが(22)，2015年4月18日に施行された改正移民法（Migration and Maritime Powers Legislation Amendment（Resolving the Legacy Caseload）Act 2014, Section 5J (c)）により，オーストラリアでも「十分に理由のある迫害の恐怖」を有するには「迫害の現実の見込みが受入れ国［出身国］のあらゆる地域に関わっていること（the real chance of persecution relates to all areas of a receiving country）」を申請者が立証しなくてはならなくなった(23)。出身国全域における迫害の危険の立証は，だが，領域的な条件を

---

(21) このような認識を示すものとして，*Karanakaran v. Secretary of State for the Home Department*, English Court of Appeal, [2003] 3 All ER 449, pp. 473-474.

(22) 米国の出入国不服審査委員会（BIA）および裁判所の判断について，Hathaway and Foster, *supra* note 17, p. 337, n. 304.

(23) 浅川晃広『難民該当性の実証的研究 オーストラリアを中心に』（日本評論社，2019年）175頁。移民法改正の意図は，奇矯にも，「難民条約に直接に言及することなく」オーストラリアの国際義務を明確にし，「難民条約の範囲を拡張しようとする外国裁判所または司法機関の解釈に従わない」ことを確保する点にあった。See Second Reading Speech (Scott Morrison MP, Minister for Immigration and Border Protection), House of Representatives, *Hansard*, 25 September 2014, 10545-10546. また，法案説明書によると，「新しく定義された『難民』および『十分に理由のある迫害の恐怖』という用語は，難民条約に基づくオーストラリアの保護義務に関するオーストラリアの解釈を明確にする新しい法令上の枠組みの基礎を提供する」ものだという（Explanatory Memorandum to the Migration and Maritime Powers Legislation (Resolving the Legacy Caseload) Bill 2014, para. 1153）。国際性を排し，自己完結（閉鎖）性を志向するこの改正移民法には審議の過程で多くの学術的・実務的懸念が表明されていた。特

335

新たに付加するものとして難民の定義と齟齬をきたすだけでなく[24]，申請者に「不可能な負担」を強いるものとして，難民条約の趣旨・目的と相容れぬ様相を呈している[25]。実際のところ，出身地域のみならず，出身国全域について迫害の危険にかかる包括的な調査を行うことは，窮境におかれた申請者にとってみれば難事の極みというしかない。

　また，IPA を迫害の危険との関連で評価するとなると，安全な別地域の存否を最初に検討し，その結論をもって迫害の危険評価を回避する取扱いがなされることも懸念される。ハサウェイ（James Hathaway）らの調査は，オーストラリアや英国の行政・裁判実務にその実情が見て取れることを伝えている[26]。現に，ある判示によれば，「国内避難の問題について原告にその可能性が認められるので，難民条約上の理由に基づき十分に理由のある迫害の恐怖を有しているかどうかを決定する必要はない」と断じられている[27]。既に指摘したこととも重なり合うが，迫害の性質や程度等を見極めるに先立ち，あるいはその精査に踏み入ることなく別地域での保護可能性を判断することは，問われるべきものが alternative の存否である以上，本来的に不適切である。どのような事態との対比において alternative 足り得るのかを明らかにするためにも，まずは迫害の危険性評価を慎重に行う必要がある。「難民条約上の理由に基づき十分に理由のある迫害の恐怖を有しているかどうかを決定する必要はない」という判断枠組みの下に難民性を否認してしまうことは，難民認定の核心部分を曖昧にするにも等しく，申請者にとってこのうえなく危ういアプローチにもほ

に，ニューサウスウェールズ大学，メルボルン大学，オーストラリア国立大学の国際難民法の研究者らが議会に提出した意見書（Submissions 167and 168 available at https://www.aph.gov.au/Parliamentary_Business/Committees/Senate/Legal_and_Constitutional_Affairs/Asylum_Legacy_ Caseload_Bill_2014/Submissions）参照。改正移民法を含め，オーストラリアの近年の難民認定実務を批判的に分析するものとして，Linda J. Kirk, "Island Nation: The Impact of International Human Rights on Australian Refugee Law", in Burson and Cantor (eds.), *supra* note 9, pp. 49-85.

(24)　「難民条約の規定上，迫害のおそれの認定において，そのおそれが当該申請者の本国の全域に広がっていることは，原理上必須条件とされてはいない」（本間・前掲書注(3)212頁）。

(25)　UNHCR, "The International Protection of Refugees: Interpreting Article 1 of the 1951 Convention Relating to the Status of Refugees", April 2001, n. 28.

(26)　Hathaway and Foster, *supra* note 5, pp. 370-371.

(27)　*Syan v. Refugee Review Tribunal and Another*, (1995) 61 FCR 284, p. 288.

17　難民認定における「国内保護可能性(IPA)」

かならない。

　難民性の判断については、出身地域における迫害の危険性評価を先行させ、その上でIPAを国家の保護の文脈において検討するのが難民条約の趣旨・目的に従った誠実な解釈と考えられるが、これに対しては、国籍国（常居所国）の保護を受けられないか又は望まないという国家の保護にかかる条約上の文言は外交的・領事的保護／援助を意味するのであって国内での保護までは含まれない、という異論がある[28]。この見解に従うのなら、国内保護可能性の検討は迫害の危険性評価の中で行うしかないことになるのだが、保護の意味をこのように解することについては、各国の裁判例においても学説においても今日ではほとんど支持がないのが実情である[29]。「その国の保護を受けることを望まない」という文言に関連して、難民条約の解説書も次のように記す[30]。

> 1951年条約の起草過程に基づき、第1条A(2)に用いられている保護の概念は外交的保護（diplomatic protection）の問題に言及するものと解釈すべきであると論じる向きもあるかもしれない。しかし、そのような解釈は同条項の通常の意味にそぐわないだけでなく、1951年条約一般とりわけ第1条A(2)の趣旨及び目的に反している。
>
> 第1条A(2)は、難民の地位を求める者を迫害から保護することを目的としている。1951年条約の締約国に対し、同条項に該当する者を「難民」と認め、同条約2乃至34条に掲げる諸権利を付与するよう義務づけることによって、である。それゆえ、出身国が迫害からの保護を事実上提供して初めて同条約締約国コミュニティによる国際的代理保護の必要がなくな

---

(28)　代表的論者として、Antonio Fortin, "The Meaning of 'Persecution' in the Refugee Convention", *International Journal of Refugee Law*, Vol. 12 (2000), p. 551.「難民審査参与員及び難民調査官の執務の用に供することを目的として作られた資料集」である、法務省入国管理局「難民審査資料（難民定義編）」（平成23［2011］年12月）も、「国籍国の保護を受けることができないもの」を次のように描いている。「国籍国の保護を受けるとは、国籍国の外交的又は領事的な保護等国家機関の何らかの保護又は援助を受けることを意味しており、具体的には、身体や財産の保護等についてその者の属する国の大使館や領事館の援助を受けること、あるいは大使館や領事館で旅券や各種証明書等の発給、有効期間の延長の手続を受けることなどをいう。国籍国の保護を受けることができないものとは、国籍国が上述のような保護を拒絶している場合のことである」(20頁)。

(29)　詳しくは、Hathaway and Foster, *supra* note 17, p. 340.

(30)　Zimmermann, *supra* note 8, pp. 444-445.

る。

　したがって，「その国の保護を受けることを望まない」という箇所は，1951年条約上の難民であることを否認するために，当人がまさにその本国において迫害を受けないことを確保する能力と意思を本国が有していなくてはならないことを求めるものと解釈されなくてはならない。難民の地位を外国で求める者が，迫害を受けるおそれがあるという十分に理由のある恐怖を有するため……国の保護を受けることを望まないかどうかどうかを決定するのは，出身国（無国籍者の場合には常居所国）における事態なのである。

　別の論者の言葉を借りるなら，「難民の地位の試金石は，明らかに，当人が領事的援助を求めて在外公館に近づくことができるかどうかではなく，帰国することを望んでいるかどうかである」[31]。そして，それは本国における（迫害からの）保護の存否によって決せられるというのが難民条約の指し示すところにほかならない[32]。

---

(31)　Pene Matthew, "The Shifting Boundaries and Content of Protection: The Internal Protection Alternative Revisited", in Satvinder Singjh Juss (ed.), *The Ashgate Research Companion to Migration Law, Theory and Policy* (2013), p.191. 難民法の泰斗グラール・マッセンも次のように述べている。「国籍国に帰還した場合には迫害を受けるおそれがあるという十分に理由のある恐怖を有していても，当該国の在外公館職員に対しては恐怖を有していないということは十分に考えられる。実際に，保護または援助を願い出た場合に本国の外交官または領事館職員が当人を迫害する見込みがあるかどうかということに難民申請の帰趨がかかるようでは，難民条約は意味をなさなくなってしまおう」(Atle Grahl-Madsen, *The Status of Refugees in International Law* (A. W. Sijthoff, 1966), Vol. I, p. 257)。
(32)　なお，先述のとおり，出身国全域において迫害を受ける十分に理由のある恐怖があることを証する責任を申請者に課すことは「不可能な負担」を強いるに等しい。除外事由の適用の場合と同様に，出身地域において迫害の危険が確認された後に別地域での保護が可能かどうかを評価する際には，それを主張する側（判断権者）にIPAの存在を証明する責任が課せられると解するのが合理的である。UNHCRも次のように説示している。「特定の事案に移転の分析が妥当することを示す立証責任は判断権者が負う。妥当すると考えられた場合に，移転先を特定し，それが当該個人にとって合理的な選択肢であることを示す証拠を提示しなければならないのは，それを主張する当事者である」(UNHCR Guidelines, *supra* note 14, para. 34)。

Ⅳ　保護の基準

1　合理性のテスト

　難民の定義との関係と並んで難題となるのは，別地域での保護可能性を見極めるための具体的な基準である。冒頭で言及した東京地裁の判決のように，国家全域に迫害が広がっていると判断される場合に IPA が否認されることはいうまでもない[33]。だが，保護可能性は国内の別地域に迫害がないということだけで認められるわけでもない。

　当該別地域に安全にかつ法的にアクセスできること[34]は当然であるが，それに加えて，当人が再び移動を強いられる状況におかれないかが確認されなくてはならない。迫害（あるいは補完的保護を必要とする危害）の域に達せずとも，当地での生活が困難になることにより出身地域への帰還を余儀なくされるようであれば，間接的な形ではあれ，迫害地への送還を強いるにも等しく，ノン・ルフールマン原則との抵触が問われることになる[35]。IPA の評価にあたっては，そうした事態を招来することがないよう配慮することも求められる[36]。

　保護の基準として各国で広く採用されてきたのは「合理性のテスト（reasonableness test）」である[37]。その先鞭をつけたのは先述した 1979 年の UNHCR ハンドブック・パラグラフ 91 であるが，2003 年のガイドラインにおいて UNHCR はこのテストを次のように定式化している。「申請者が，その国の状況下にあって，不当な困難（undue hardship）に直面することなく比較的通常

---

[33]　EU 資格指令も次のようにいう。「国家もしくは国家のエージェントが迫害または重大な危害の実行者である場合には，申請者にとって効果的な保護はないと推定すべきである」（Directive 2011/95/EU, *supra* note 9, at Preamble, para. 27）。

[34]　*Id.*, Article 8 (1).

[35]　こうした事態を「間接ルフールマン（indirect refoulement）」と表するものに，Zimmermann, *supra* note 8, p. 453.

[36]　「難民申請者が，元の迫害地域または迫害その他の形態の重大な危害の可能性があるその国の別の地域に戻ることを余儀なくされ得る状況がある場合にも，その候補地域は国内避難または移転の選択肢ではない」（UNHCR Guidelines, *supra* note 14, para. 21）。

[37]　ただし，合理性のテストは，オーストラリア（前掲注(23)参照）に続き，2016 年の移民法改正によりノルウェーによっても拒絶されるところとなった。ノルウェーの現況を批判的に分析するものとして，Jessica Schultz, "Understanding Internal Protection Alternative", *EU Immigration and Asylum Policy* (16 January, 2019), available at http://eumigrationlawblog.eu/understanding-the-internal-protection-alternative-part-i/.

の生活 (a relatively normal life) を送ることができるのか。できないのであれば，当人が当地に移動することを期待するのは合理的でない」[38]。

当該ガイドラインは，合理性の有無を判断する指標として，個人の事情（年齢，性別，健康，家族状況，学歴，職歴等を含む。），過去の迫害，安全と治安，経済的生存と並んで人権の尊重をあげる[39]。しかし，「通常生活」の標準モデルとなるのは誰なのか，あるいは現地の人々がおかれた状況との比較をどうとらえればよいのか等について，各国（内）の先例・判例にはかなりの判断の幅が見られる[40]。たとえば，英国庇護・移民審判所（Asylum and Immigration Tribunal：AIT）の判断の中には，若年のウガンダ人女性が移転候補先とされるカンパラで売春に駆り立てられる危険性を「他の多くの若年の女性たちが同

---

(38) UNHCR Guidelines, *supra* note 14, para. 7II. 英国貴族院も次のように判じている。「決定権者は，申請者とその出身国に関するあらゆる関連事情を考慮のうえ，当該申請者に移転を期待することが合理的か，あるいはそう期待するのは不当に過酷な (unduly harsh) ことか，について決定しなくてはならない」(*Januzi and others v Secretary of State for the Home Department* [2006] UKHL 5, [2006] 2 AC 426, para. 21)。

(39) UNHCR Guidelines, *supra* note 14, paras. 25-30.

(40) 2004 年の EU 資格指令（Council Directive 2004/83/EC）の実施状況をドイツ・フランス・ギリシア・スウェーデン，スロベニアについて調査した UNHCR は，「合理性」についての解釈が各国で大幅に異なっていることもあり，「資格指令は，国内保護に関する共通の概念の導入には至っていない」という分析結果を公表している（UNHCR, *Asylum in the European: A Study of the Implementation of the Qualification Directive* (November 2007), p. 11, available at https://www.refworld.org/docid/473050632.html)。なお，スロベニアでは 2014 年秋に IPA の判断をめぐり大きな転換がもたらされたと報告されている。同国ではそれまで，アフガニスタンからの庇護申請者について，専門的な資格もなく，親族もいない場合であっても，若く，健康で独身の男性であれば，カブールで仕事・住居を見つけ，社会ネットワークの構築が可能であるとされ，同地の貧しい生活（衛生・居住・労働）条件は重大な危害にあたるとは捉えられていなかった。経済・社会条件は，感染症や飢餓といった人命を脅かすきわめて例外的な場合を除くほか考慮の対象とされることはなかったわけである。だがこうした実務の転換を促すべく，2014 年に，若く，健康であれば……といった条件では不十分であるとして，申請者の安全と治安，人権の尊重，そして経済的生存の現実の見込みの検討が IPA の評価に必要である旨を説く判断が同国最高裁によって示されている（Supreme Court of Slovenia, 1 Up 291/2014, 10/12. 2014)。See Gruša Matevžič, "Development in the assessment of 'reasonableness test' within the Internal Protection Alternative concept in Slovenia", *European Database of Asylum Law*, October 26 2016, available at https://www.asylumlawdatabase.eu/en/journal/developments-assessment-"reasonableness-test"-within-internal-protection-alternative-concept.

様の状況におかれている」ことをもって「不当に過酷な」とは判じなかったものがある。この判断は，強制売春の受忍を難民に期待することは通常の状況には入らないとして控訴院により覆されているものの，採用されていた判断基準はいずれも「合理性のテスト」であり[41]，この基準がまったく異なる評価を導き得るものであることがうかがい知れる。

また，英国貴族院のある判決は，ダルフール人の帰還先がスーダン人国内避難民の直面する状況よりも悪いわけではないので帰還を期待するのは不当に過酷なことではない，というAITの判断に言及している[42]。ここでは通常生活の標準モデルあるいは比較対象が国内避難民に設定されているのだが，AIT自らが認めるその劣悪な実態からして，こうした比較では申請者の人権に対する配慮が希薄になってしまう[43]。このように，「合理性のテスト」はその本来的な柔軟（融通無碍）性ゆえに，保護の幅を過度なまでに縮減する方向に働くことも少なくない。実際のところ，英国貴族院のこの判決には，難民法上の概念であるはずの「合理性のテスト」の中に，貧困国からの越境移動を制御しようとする国境管理の要請が公然と組み入れられていることが見て取れる[44]。

2 人権アプローチ

「合理性のテスト」の抱えるこうした問題点[45]を克服すべく提唱されているのが人権アプローチである。IPAの候補地足り得る保護の内容は，多義的な解釈を呼び込む「合理性」あるいは「不当に過酷」という基準によって決せられるべきではなく，特定の人権（権利）の保障の有無により客観的に定められ

---

(41) *AA (Uganda) v Secretary of State for the Home Department,* [2008] EWCA Civ 579, United Kingdom: Court of Appeal (England and Wales).

(42) *The Secretary of State for the Home Department (Appellant AH) v AH (Sudan) and others (FC) (Respondents) House of Lords* [2007] UKHL 49, para. 28 (per Baroness Hale of Richmond).

(43) 国際的支援を受けている国内避難民の存在をもってIPAに肯定的な評価を導くことには，UNHCRガイドラインは明らかに警戒的である（UNHCR Guidelines, *supra* note 14, paras. 31-32）。

(44) *AH (Sudan), supra* note 42, paras. 27 (per Baroness Hale), 32, 41 (per Lord Brown).

(45) 「合理性のテスト」は，さらに，その出自が「難民条約の文言に由来するものではない」（UNHCR Guidelines, *supra* note 14, para. 23）ことをもって批判されてもいる。See Hathaway and Foster, *supra* note 17, pp. 351-352.

るべきという考え方である。問題はどのような人権の保障が求められるかだが，有力な見解の一つは，難民条約 2-33 条に掲げられた諸権利をその指標にするというものである。難民条約は，自国民あるいは外国人との差別なく特定の権利（裁判を受ける権利，労働権，教育権，社会保障権，移動の自由等）にかかる待遇を難民に保障するよう庇護国に義務づけている。「保護」の具体的内容を指し示すそれらの権利は難民が庇護国において尊厳ある生活を再建することを可能にするものであり，まさしくそのようなものとして IPA の評価に際しても参照されるべき指標とされる。出身国が当該権利を保障する基盤を欠いている場合には，現地住民の処遇のいかんに関わりなく，必要な保護の可能性がないと結論づけられることになる[46]。

　このアプローチはニュージーランドで現に採用されてきたものの[47]，他の法域には浸透しておらず，理論的にも，平等待遇の比較対象となる集団が権利ごとに異なることから人権保障の水準が不要に相対化されるおそれがある。また，難民条約が採択された 1951 年以降，多くの人権条約・宣言を通じて格段に高められた人権水準が十分に反映されないのではないかという懸念も指摘されている[48]。子どもの最善の利益や障害者の権利等についてはとりわけてそうである。こうして論者の中には，難民条約のみならず他の主要国際人権文書に掲げられた基本的な自由権・社会権を IPA 分析の際に用いるべきと説くものがいる[49]。私自身もこうした見解に相応の理があると考えるが，ただ，この手法を機械的にとる場合には，どの規範がどの程度侵害されることにより保護水準未満になるのかが判然としないままに残されてしまう懸念がある[50]。

　改めて確認するまでもなく，IPA を検討する要諦は，迫害を受ける十分に理由のある恐怖のある地域以外に，尊厳ある生活を送ることができる場所があ

---

(46) *Id.*, pp. 355-358. このアプローチは，ハサウェイが他 7 名の難民法研究者らとともに 1999 年に起草した「国内保護可能性に関するミシガン・ガイドライン」に反映されている。See "The Michigan Guideline on the Internal Protection Alternative: Colloquium on Challenges in International Refugee Law", *Michigan Journal of International Law*, Vol. 21 (1999), pp. 133-141.

(47) *Refugee Appeal* No. 71684/99, *supra* note 16, paras. 39-40.

(48) Ninette Kelley, "Internal Flight/Relocation/Protection Alternative: Is It Reasonable ?", *International Journal of Refugee Law*, Vol. 14 (2002), p. 36.

(49) See *e.g.*, Matthew, *supra* note 31.

(50) Shultz and Einarsen, *supra* note 9, pp. 311-312.

るかどうかを見極めることにある。いずれの者であっても最低限確保されるべき人権があるにしても，IPA の評価にあたっては，難民個々人のおかれた実情に応じて検討されるべき人権保障の内容が異なってしかるべきである。のみならず，検討すべき対象は狭義の意味での人権に限局されるべきものでもない。とりわけ重大な迫害を経験した者の中には，別地域で人権が保障され得る場合でもあっても，出身国との信頼や紐帯が完全に遮断され，帰国が困難なものがいてもおかしくない[51]。

　この点を敷衍するように，ジェンダー分析を行うウォレス（Rebecca Wallace）は，IPA の評価にあたり考慮すべきは，帰国後に直面する危険，文化的コンテクスト，生活条件への現実的なアクセス，安全・保護という 4 つの要素であるとして次のように論ずる。第 1 に，帰国後の危険について，性暴力の被害者の多くは加害者（配偶者その他の家族・親族）によってその所在を突き止められ再び暴力を受けることを恐れるため，いずれの地域であろうと出身国自体への帰還が困難な場合がある。第 2 に，女性がおかれた文化的コンテクストには特に慎重な配慮が必要であり，「独身の／別居中の／離婚した女性に対して社会が不寛容であるということは，女性たちがひどく脆弱で，攻撃の対象になることを意味している。独身の／別居中の／離婚した女性に向けられるこのレベルの文化的疑いとそれに伴う危険は，国内移転が多くの女性たちとっていかに実現可能で適切なものなのかについて疑念を生じさせている」[52]。

　第 3 に，生活条件へのアクセスは男性よりも女性に困難を生じさせる。地域的な支援ネットワークの欠如やその地方の文化・言語上の問題が，生計を立てるのに必要な雇用，教育，研修機会への障害になる場合がある。居住，教育・保健衛生サービスの利用可能性についても女性のおかれた実情に即した評価が欠かせない。第 4 に，ジェンダー関連の迫害との関わりでは，IPA 候補地域において真に安全が確保されるのかが，ことのほか重大な検討課題である。ドメスティック・バイオレンスが私的領域の問題とみなされる場合には，警察による保護は期待できない。それ以上に，警察や治安部隊によって性暴力を受けた場合には，他地域に移転したからといって，当人が警察等に安全の確保を期待することは現実的でない[53]。

―――――――――――
[51]　*Id.*, p. 315.
[52]　Wallace, *supra* note 7, p. 302, quoting Claire Bennett, Relocation: The Impact of Internal Relocation on Women Asylum Seekers (Asylum Aid, November 2008), p. 67.

◆　第Ⅲ部　◆国境の扉，庇護の門

　こうした的確な指摘をウォレスは「合理性のテスト」の文脈で行なっているが，もとよりこれは，性暴力の被害を受けた女性たちが尊厳をもって生活を再建するのに欠かすことができぬ人権の保障という視点に立ち，より客観的な形に鋳直して定式化できるものでもある。「合理性のテスト」に関わって懸念されるのは，難民条約の趣旨・目的に従って適切な判断がなされるのであれば格別，そうでない場合には融通無碍な「合理性」の名の下にワレスの指摘するジェンダーの視点がまるごと排除されてしまうおそれが払拭できないことである。これに対して，国際人権文書（この場合には女性差別撤廃条約・女性差別撤廃委員会の一般的勧告等がその中心になる。）の保障する人権規範をIPAの評価指標として設定するのであれば，女性の人権という観点から，身体の自由ほか居住・労働・教育・社会保障等日常生活を営むのに必要な人権についてジェンダーの視点を組み入れた検討が必然的に求められることになり，かつ，文化的コンテクストへの配慮も，現在の理論・実務状況からすれば当然になされるべきものとなる。

　難民の実像は多様であり，男性，女性，性暴力の被害者，性的少数者，子ども，障害者，高齢者，民族的少数者，富裕層・貧困層等の属性・特徴が複雑に入り組んでいるのが実態である。個々の難民のおかれた，そうした特殊な事情や文化的コンテクストを十分に考慮したうえで，当人にとって最も本質的な人権文書・人権規範を評価指標として設定することにより，IPAの評価は，判断権者の主観あるいは恣意にその行方を決定的に左右されることなく，より適切にかつ確かなものとして行われやすくなる。

　もとより参照される国際人権規範は，たとえば障害をもつ難民であれば障害者権利条約や障害者権利委員会の一般的意見等を含むべきだが，それらは厳格な適用を求められるものではなく，あくまで評価指標として用いられるべきものであり（したがって出身国が当該条約の締約国であるかは本質的問題ではない。），必要な規範に照らした実際の検討作業は当人が尊厳ある生活を移転先で現に送ることができるのかを具体的に見極めるものでなくてはならない。その意味で，その内実はUNHCRの2003年ガイドラインの要請と結果的には重なり合ってくるのかもしれない[54]が，人権アプローチは，それを判断権者の主観

---

(53)　Id., pp. 302-303.
(54)　「合理性のテスト」によるにせよ人権アプローチによるにせよ，「熟達した，思慮深い決定権者の下であれば同一の結果を生み出すことができると思料される」（Zimmer-

的心情に拠らせるのではなく、より明瞭な規範的要請として差し示すところに利点がある[55]。

V 補完的保護 —— 出身国情報の重要性と陥穽

IPA は、難民の要件には該当しないものの出身国において重大な危害を受けるおそれのある者に与えられる補完的保護 (complementary protection) の文脈でも評価される。とりわけ問題となってきたのは、拷問や非人道的取扱い等を禁ずる規範とのかかわりにおいてであるが、ここでは国際人権機関の実践について少々言及しておきたい。

普遍的次元では拷問禁止委員会と自由権規約（市民的及び政治的権利に関する国際規約）委員会の個人通報事例の中に IPA に関わる判断が散発的に見られる。たとえばパンジャブ警察からの拷問の危険を訴える通報に対して拷問禁止委員会は、通報者がインドの別の地域に安全を見出せないことを立証できなかったとしてこれを退け、他にも同様の判断を示している[56]。他方で自由権規約委員会は、セネガルでキリスト教に改宗した者が家族を含む非国家主体による危害を訴え出た事案において、身体の安全に対する効果的な保護が与えられる同国の遠隔地に通報者が定住するのを期待することは不合理ではない、との判断を示しているが、共同同意意見はこれを「国際難民法および国際人権法の基本的規則である、国内避難可能性という確立した原則を示すもの」と評している[57]。

---

mann, *supra* note 8, pp. 457-458)。

(55) なお、人権アプローチに分類されるものとして、このほか、「国内避難に関する指導原則 (Guiding Principles on Internal Displacement,)」(UN Doc. E/CN. 4/1998/53/Add. 2 (1998)) を IPA 評価の際に参照すべきことが説かれてもいる。See *e. g.*, Monette Zard, "Toward a Comprehensive Approach to Protecting Refugees and the Internally Displaced", in Ann Bayefsky (ed.), *Human Rights and Refugees, Internally Displaced Persons and Migrant Workers* (Martinus Nijhoff, 2006), p. 34. この指導原則には、死去した親族の墓地を訪問する権利など、必ずしも IPA の評価にかかわりのないものが規定されていることもあり、「IPA テストの基礎としてはいずれの法域でも受け入れられてきていない」(Shultz, *supra* note 4, p. 108) と。

(56) *B.S.S. v Canada*, Communication No. 183/2001, 17 May 2004; *S.S.S. v Canada*, Communication no. 245/2004, 5 December 2005.

(57) *B. L. v. Australia*, Communication no. 2053/2011, 7 January 2015, para. 7. 4; Joint

◆第Ⅲ部◆国境の扉，庇護の門

　国際人権機関にあってIPAに関する判断を最も明確に示してきたのは欧州人権裁判所である。中でも2007年に示したSalah Sheekh事件判決[58]が特筆される[59]。紛争のさなかにあった首都モガディッシュを幼少時に家族とともに逃れた本件申立人は，避難先でも少数派の氏族であったため多数派氏族からの危害にさらされる。父と兄弟が殺害されたほか，姉妹も度重なるレイプの被害を受け，自らも何度かひどく暴行されるに及び，申立人は母親やおじの支援を受けてオランダに庇護を求める。その庇護申請は，だが，プントランドやモガディシュ南部，島嶼部といった比較的安全な地域に申立人が移転できること等を理由に棄却されてしまう。

　IPAの評価が争点になった本件において，欧州人権裁判所は，「追放される当人は，その地域に移動し（travel），入域し（gain admittance），かつ定着（settle）できなければならない」という基準を打ち出した。この基準が充足されないときには虐待を禁じる欧州人権条約3条上の問題が生じる場合があり，当人が結果的に虐待を受ける出身地域に戻る可能性があるときには，なおいっそうそういえる，とも説かれた[60]。同裁判所は，この基準を本件に当てはめ，少数派の氏族である申立人には移転可能とされたいずれの地域にも入域・定着できる保証はないとして，ソマリアへの送還が同条違反にあたるとの判断を導いた。また2013年に同裁判所は，イラク・クルディスタンに定着したキリスト教徒の一般的な生活条件が「不合理かまたはいずれにしても第3条により禁止される取扱いにあたることを示していない」[61]と判示することで，「合理性のテスト」に親和的な認識も示している。

　同裁判所の判断は欧州人権条約3条の虐待に焦点を絞ったものであり，教育

　　　Opinion of Gerald L. Neuman and Yuji Iwasawa (concurring).
(58)　*Salah Sheekh v the Netherlands*, App. no 1984/04, Judgment, 11 January 2007.
(59)　欧州人権裁判所は，庇護申請を退けられた者からの申立においてIPAの問題に向き合ってきた。その初期事例である *Chahal v. the United Kingdom*（App. no. 70/1995/576/662, Judgment [GC], 11 November 1996, para. 107）において同裁判所は，国内の別の地域で申立人（シーク教徒）の安全は確保されるという英国政府の主張を退け，同人のインドへの送還が虐待を禁じる欧州人権条約3条の違反を生じさせると判断した。同裁判所は，別の事件においても，ザンジバルの野党活動員のタンザニア本土における安全を主張した英国政府の主張を退け，送還が同条違反にあたると判じている（*Hilal v. the United Kingdom*, App. no. 45276/99, Judgment, 6 March 2001）。
(60)　*Salah Sheekh, supra* note 58, para. 141.
(61)　*N.A.N.S. v Sweden*, App. no. 68411/10, Judgment, 27 June 2013, para. 38.

機会や家族の統合といった IPA 評価に際し国際難民法の領域であれば当然に考慮される諸要素への関心は希薄である。また，Salah Sheekh 事件判決で示された基準を無視するかのように，IPA の対象となり得る地域をなんら特定しないままその存在を肯定した裁判例や，対象地域を特定しつつも申立人のおかれた事情とのかかわりについて具体的な検討がなされないままに判断が下されたケースもある[62]。さらに，FGM の危険性を出身国の別の地域で回避できると判ずるにあたり，申立人の母が 30 歳で，12 年間の教育を受けており，庇護を求めた国まで困難な移動を成し得たことをその根拠（の一部）にしたものや，現実の実効性を見極めることなく家族の支援や男性の保護によって国内移転が可能であると説いたものもある[63]。同裁判所は，持続的であるかどうかを十分に確認することなく，非国家主体による保護をもって IPA を認める傾向にもあり，国際難民法の観点からはにわかに首肯できない判断も見られる[64]。こうした裁判例に代表される人権法上の IPA の実情と難民法における IPA の展開とをどのように関係づけていくのかは今後の重大な課題のように見受けられる。

　ところで，欧州人権裁判所の判断の場面に限らず，IPA を評価するにあたり欠かすことができないのは出身国情報（Country of Origin Information：COI）の収集・分析である。2011 年の EU 資格指令にも「締約国は，UNHCR および欧州庇護支援事務所（EASO）など関連する情報源から正確かつ最新の情報を入手することを確保しなければならない」と定められている[65]。難民認定（および補完的保護）は，申請者の出身国における状況を申請者個人の個別事情とともに正確に評価することによってはじめて適正に実施し得るものである。迫害を受けるおそれのある地域以外に安全な場があるかどうかを検討する IPA の評価にあたり，COI の重みがいっそう増していることはいうまでもない。

　必要とされる COI の質的基準についてはいくつかの組織がそれぞれの言い

---

[62]　*D. N. M. v. Sweden*, App. no. 28379/11, Judgment, 27 June 2013; *Hussein v. Sweden*, App. no. 10611/09, 8 March 2012.

[63]　*Collins and Akaziebie v. Sweden*, App. no. 23944/05, admissibility decision, 8 March 2007; *R.H. v. Sweden*, App. no. 4601/14, Judgment, 10 September 2015.

[64]　See Schultz, *supra* note 4, pp. 303-306.

[65]　*Supra* note 9.

方で説明してきているが，正確性，関連性，信頼性，バランス，最新性，透明性・追跡可能性といったものが求められる点ではほぼ共通している[66]。確かにこれらの基準の重要性については疑いないものの，COI の取扱いにはいくつかの実務上の問題があることも指摘しておかなくてはならない。

　第一に，どの情報源に最も信頼をおけるのかが判然としないことに伴う難しさがある。情報源によって異なる調査結果が示される場合には，評価が難しくなるのは必定である。第二に，大量の情報を収集できる場合であっても特定の事案に関するピンポイントの情報の入手が容易でないことがあげられる。たとえば，出身国全般に関する人権情報が整理された形で入手できても，IPA の対象となり得る地域についての必要な情報が確保される保証はない。とりわけ，女性や性的少数者が国内移転する場合に遭遇する具体的な困難に関わる情報の入手は難しいことが多い。第三に，COI の重要性を強調するあまり，COI と矛盾しているように見える申請者の供述の信憑性を否定しがちになってしまうことも指摘できる。出身国情報の裏付けが得られない場合には，それによって供述の信憑性を否定する心理的機制が判断権者の側に働くように見受けられる。

　このように，その重みを認識しつつも，IPA の適切な評価のために COI を活用することについては少なからぬ実務上の困難が随伴している。こうした難題を克服する妙案の案出も含め，急速に広まった IPA については，理論的にも実務上も検討を深めるべき課題が少なくなく，本章ではその一部に論及できたに過ぎない。IPA にかかる関心が必ずしも高められてこなかった日本にあっても，冒頭で言及したように，IPA を正面から問うべき事例は現に生起してきている。国際的な先行例を踏まえ，この問題についての取り組みを意識的かつ批判的に深めていかなくてはならない。

---

(66) 詳しくは，有馬みき「5章　COI 先進国から学ぶ」山本哲史編『難民保護の理論と実践』(「人間の安全保障」フォーラム，2014 年) 155-183 頁。

18 人権法としての難民法——膚接と断層

I 原理的基盤

　本章において浅見を巡らせてみようと思うのは，国際難民法（難民法）と国際人権法（人権法）の〈膚接と断層〉についてである。より直截には，前者が後者のサブカテゴリー化しつつある現状とその含意について考察を加えてみたい。

　難民保護にかかる国際法体系の中心に位置するのが1951年の「難民の地位に関する条約」（難民条約）であることは改めて確認するまでもないだろうが，その適用を監督する任にある国連難民高等弁務官事務所（UNHCR）は，この条約が人権に依拠していることを表して次のように言う。「難民条約の人権の基礎は，対象を絞っているとはいえ自らもその不可欠の一部であるより広範な人権文書の枠組みの内に直接に求められる。様々な人権条約監視機関や，欧州人権裁判所，米州人権裁判所といった地域機関の発展させる判例は，難民および庇護希望者が，特定の条約に基づく保護とすべての者に適用される一般的な人権の保護の双方を，その地位にかかわりなく享受できることを認めており，この点を補完する重要なものである。」[1]

　難民条約をこのように人権あるいは人権条約と連結させて語る話法は，今日では各国（特に欧米諸国）の法実務および学説にあって広く支持されるところとなっている[2]。確かに，難民条約は国家間の相互主義的な権利義務関係を定める文書というよりも第三者（難民）に利益（権利）を付与する構造になっており[3]，また紛争解決について規定する第38条は，この条約が人権条約一

---

(1)　*Note on International Protection*, A/AC.96/951, 13 September 2001, para.4.

(2)　See generally, Bruce Burson and David James Cantor (eds.), *Human Rights and the Refugee Definition: Comparative Legal Practice and Theory* (Brill Nijhoff, 2016). 日本の裁判所の中にも次のような認識を示したものがある。「歴史的に形成されてきた民主主義や人権保障の重要性が国際間で広く認識されるようになり，難民条約もかかる認識を前提として締約されていると考えられる」（名古屋地判平成14年4月15日，LEX/DB2809180）。

般に見られる「当事者間対世的義務（*erga omnes partes* obligations）」の原則に基づいていることを指し示してもいる[4]。これに加うるに，この条約の人権志向性は，その旨を強く押し出す前文からも明白とされる。現にオーストラリア高等法院も，「難民条約は，その前文から，すべての者が等しく基本的権利および自由を享受することの保障を趣旨および目的とする国際文書の一つに位置付けられる」と言明する[5]。

　難民条約の定める難民の地位は国家によって創設されるものでも付与されるものでもない。人は難民の要件を充足した瞬間に難民になるのであり，難民認定はそれを事後的に確認（宣言）する手続にすぎない[6]。難民法は，危機に瀕する者が国家を恃むことなく自らの足で作動させることができるものとして定立されている。このゆえに，ジェームス・ハサウェイ（James Hathaway）らは難民法を「世界で最も強力な国際人権メカニズムかもしれない」とまで評している[7]。

　もっとも，そうであったとしても，人権法と難民法の基底には小さからぬ原理的断層が広がっていることを看過してはならない。すなわち，前者が人間の尊厳に基づきすべての者を対象とするのに対し，後者は法文書によって構築された一定の要件を充足した者にのみ適用されるということである。別して言えば，前者が「人間であること」に根差す一方で，後者は「設定された要件の充足」を必須の前提としている。難民条約は，あくまで「構築された地位」に関わる文書だということである。

　外国人の入国が自由であった時代には，国外に移動・避難する必要が生じた者はただ単に国境を越えて，他国で職業・居所を見つければよかった[8]。19

---

(3)　山本哲史「1章 憲定法による難民の保護」山本編『難民保護の理論と実践』（HUMAN-SECURIRY 文庫，2014 年）所収，31-32 頁。

(4)　Jessica Schultz, *The Internal Protection Alternative in Refugee Law: Treaty Basis and Scope of Application under the 1951 Convention Relating to the Status of Refugees and Its 1967 Protocol*（Brill Nijhoff, 2019），p. 31.

(5)　*Applicant A and Another v. Minister for Immigration and Ethnic Affairs and Another*,［1997］190 CLR 225（Australia High Court, 24 February 1997），per Brennan CJ.

(6)　UNHCR, *Handbook on Procedures and Criteria for Determining Refugee Status under the 1951 Convention and the 1967 Protocol relating the Status of Refugees*, HCR/1P/4/ENG/REV.4（2019），para. 28.

(7)　James C. Hathaway and Michelle Foster, *The Law of Refugee Status*（2nd ed., Cambridge University Press, 2014），p. 1.

世紀末から第一次世界大戦期にかけて欧米諸国が急速に国境管理（外国人の入国規制）を強化すると、その例外として生成され始めたのが難民法である[9]。「例外」である以上、難民法は、国家の国境管理権限それ自体を否定するものではなく、むしろ、難民法の生成は国家の国境管理権限強化と軌を一にして進められた。その意味で両者は相補的な関係に立つと言ってもよい。

外国人の入国規制は、閉ざされた国境内での市民権の実質化に向けた国内改革と対になって推進された[10]。国家を基本単位とする国際社会にあって、人間はいずれかの国の国民に生まれ、その国の市民権を付与されて保護される。ハンナ・アーレント（Hannah Arendt）は、無国籍状態に陥った自らの窮境を踏まえ、すべての者に備わっているはずの人権が後ろ盾となる政府を失った瞬間にたちまちにして執行しえないものに帰してしまう実情を告発していたが[11]、実際に、人間ではなく国民（として市民権を実質的に保持している者）であることが保護を享受するための決定的な分かれ道になってきた現実がある。難民の保護とは、そうした後ろ盾を失った者に対し他国が代わって提供する代理保護とされている。言葉を換えるなら、難民法は、人間であることそれ自体ではなく、国民という特別の地位こそが保護の礎になるという認識と共振しつつ構想されたものにほかならない[12]。

もとより、これによって、各国は国家の保護を欠いた者を受け入れる白紙小切手を発行したわけではない。本国に代わって保護を提供するとはいっても、国外移動を強いられたあらゆる避難者がその対象になるのではなく、時間的・

---

(8) Andreas Zimmermann (ed.), *The 1951 Convention Relating to the Status of Refugees and its 1967 Protocol: A Commentary* (Oxford University Press, 2011), p.6. 外国人の入国の自由について、阿部浩己「グローバル化する国境管理」世界法年報37号（2018年）42-46頁〔本章13章〕。

(9) 難民法が国境管理権限の正統な例外たり得るのは、難民の存在が国家機能の破綻によってもたらされた「危機」とされるからである。難民法が「危機」によって駆動されることについて、Catherine Dauvergne, "Refugee law as perpetual crisis", in Satvinder Singh Juss and Colin Harvey (eds.), *Contemporary Issues in Refugee Law* (Edward Elgar, 2013), pp.13-30.

(10) See Colin Harvey, "Is humanity enough? Refugees, asylum seekers and the rights regime", in *id.*, p.69.

(11) Hannah Arendt, *The Origins of Totalitarianism* (Hartcourt, Brace and Co. 1951), pp.291-293.

(12) Harvey, *supra* note 10, pp.72, 74.

地理的制限をも含む第1条A(2)から明らかなように、5つに限定されたいずれかの理由により迫害を受ける十分に理由のあるおそれを有するため国外にある者のみに保護が及ぶものとされている[13]。こうした保護の選別性は、難民条約が除外条項と終止条項、さらに難民の退去にかかる規定をおいていることでいっそう明瞭になる。難民の地位は、何よりも国際的保護に値する者でなければ保持し得ない。その旨を伝える第1条Fは、除外事由を有する者への難民条約の不適用を義務づけてまでいる。こうした規定が導入された背景には、ニュルンベルク・極東国際軍事裁判の生々しい記憶の作用があった[14]。難民を生み出す迫害に自ら従事する者は、難民を保護する条約の利益を享受すべきでない。難民法に対する信頼とその制度的一体性・持続性を確保するには、国際的保護に値しない者を明文で除外する必要があったわけである[15]。

難民条約はさらに、第33条2項で、難民であっても、締約国の安全を脅かす者等についてはノン・ルフールマン原則の適用除外にできることを認めている。換言すれば、難民の生命や自由が迫害国で侵害される事態の発生を難民条約は公然と容認しているわけである。国家の安全の確保に至上の価値がおかれていることの如実な表出に相違ない。他方で、第1条Cは、保護を提供する必要がなくなった者に条約の適用を終止することを定めているが、ここには代理保護としての難民法の性格と、さらにいえばその保護が本来的に一時的なものとして想定されていることを見て取ることができる。

つまるところ、「難民保護レジームは、当初から、外国人の入国についての束縛のない国家主権と重大な人権侵害を受けた非市民被害者に対する門戸開放との間の妥協として、制限的で部分的であるよう意図されていた。国境を越えて移動を強いられた被迫害者のうちほんの一部だけが利益享受者として目論ま

---

(13) 難民法の選別性について、阿部浩己「難民法の生成と展開①」時の法令2076号（2019年）34-35頁参照

(14) *Handbook, supra* note 6, para. 148.

(15) Hathaway and Foster, *supra* note 7, p.528; James C. Simeon, "Ethics and the exclusion of those who are 'not deserving' of Convention refugee status", in Juss and Harvey (eds.), *supra* note 9, p.278. なお、除外条項は、難民認定後に入手し得た情報により事後的に適用されることもあるが、この場合には難民の地位が取消されることになる。UNHCR, *Guidelines on International Protection No. 5: Application of Exclusion Clauses: Article 1F of the 1951 Convention relating to the Status of Refugees*, HCR/GIP/03/05, September 4, 2003, para. 6.

れていたことは常に明白なのであった」。[16]

II　人権法との連接

　代理保護の原理に基づき，限定された要件を充足している者にのみ差し向けられる難民法は，しかし，冷戦が終結して以降，人権法の影響を強く受け，その内実を大きく塗り替えられることになる。（冒頭で記したUNHCRの見解や，最も強力な国際人権メカニズムに言及する前述ハサウェイらの認識はそれを端的に伝えるものである。）これは，冷戦の文脈に沿って運用されていた難民法が新たな時代の中で新たな息吹を必要としていた事情と，人権法がこの時期，急速に発展を遂げつつあった事情とが重なってのことであった。

　むろん，難民法の生成に人権がかかわりをもってこなかったわけではない。ただそのかかわりは，一方で人権侵害と難民流出との因果関係を問い，他方で難民となった者の人権を同定するというところにとどまっていた[17]。冷戦終結後，人権法の浸潤を際立って看取できるのは難民法の基軸をなす難民概念の解釈の側面においてである[18]。「迫害概念の内容上の特定は庇護供与主体である個別国家の行うところであるから…国際標準依拠はありえない」[19]という見解が共有される中にあって，難民概念の同定作業はそれまで「混迷をきわめたままである」[20]と評される状況が続いていた。国際人権基準との連接は，振幅の大きい難民概念の解釈に予測可能な客観的要素を組み入れることにつながる[21]。こうして，「国際文書は解釈の時点において有効な法制度全体の枠内で

---

(16) Jacquelin Bhabha, "Internationalist Gatekeepers?: The Tension between Asylum Advocacy and Human Rights", *Harvard Human Rights Journal*, Vol. 15 (2002), p. 167.
(17) Bruce Burson and David James Cantor, "Introduction: Interpreting the Refugee Definition via Human Rights Standards", in Burson and Cantor (eds.), *supra* note 2, p. 3.
(18) 阿部浩己『国際法の人権化』（信山社，2014年）276-280頁参照。
(19) 久保敦彦「難民保護に関する現今の法的諸問題」国際法外交雑誌82巻6号（1984年）15頁。
(20) 本間浩『国際難民法の理論とその国内的適用』（現代人文社，2005年）64頁。
(21) 東京地裁判決が記すように「難民条約の文言の解釈は締約国の権限に委ねられている」（東京地判2010年2月4日，LEX/DB25560847）にしても，条約の解釈である以上，本来的にそれは各国独自の法文化によるのでなく，国際法の定める解釈規則に従い「真に自律的で国際的な意味」（*R v. Secretary of State for the Home Department: Ex*

◆ 第Ⅲ部 ◆国境の扉，庇護の門

解釈適用されなければならない」[22]との認識に基づき，進展著しい国際人権基準を用いて難民概念を現代的文脈にふさわしいものに鋳直す作業（発展的解釈）が積極的に推し進められていくこととなった[23]。

その旗艦的推進力となったのはハサウェイが1991年に刊行した著書[24]である。同書で「持続的または制度的な基本的人権の侵害であって，国家による保護の懈怠を示すもの」[25]として迫害が定義され，国際人権基準を用いてその有無を見極める手法が提示されて以降，人権法と迫害の結びつきは学術的な支持を得るのみならず，各国の法実務にも急速に浸潤していった[26]。人権法の浸

Parte Adan [2001] 1 All ER 593 (UKHL, 19 December2000), per Lord Steyn) を追求すべきものである。

(22) *Legal Consequences for States of the Continued Presence of South Africa in Namibia (South West Africa) notwithstanding Security Council Resolution 276 (1970)*, ICJ Reports (1971), p. 31.

(23) 「難民条約のうち，とりわけ条約難民の定義については，今や人権規範の発展との強い内容的連関を前提として解釈されることが一般化している」（山本哲史「国際人権法の観点から見た日本の難民保護制度の現状と課題」移民政策研究8号（2016年）32頁）。

(24) James Hathaway, *The Law of Refugee Status* (Butterworths, 1991). 日本語訳として，ジェームス・ハサウェイ［平野裕二・鈴木雅子訳］『難民の地位に関する法』（現代人文社，2008年）。ハサウェイの著書に先立ち，迫害を人権の枠組みを用いて解釈する手法は，Guy S. Goodwin-Gill, *The Refugee in International Law* (Clarendon Press, 1983), pp. 38-46 などでも示されてはいた。

(25) *Id.*, pp. 104-105.

(26) Burson and Cantor, *supra* note 17, p. 7. See also, EU Qualification Directive2011/95/EU (QD (recast), Article 9. ただし，国際人権基準との連接を可能にする発展的解釈を排し「ミニマリストの厳格解釈」をとり続ける日本の難民認定審査制度は「国際法の遵守のための技術を向上させる契機を持ち得ずに今日まで来てしまった」（山本，前掲論文（注23）29, 31頁）と評されている。坂元も「日本の難民認定にあたっては，すべて自国の国内法の発想と論理（それは受益処分に典型的に現れる）で問題が処理されている」と，厳しい批判を加える。「日本は，難民認定法の制定にあたっては，条約実施のために国内法を整備するという条約主導型を採用しながら，当該認定法の解釈にあたっては，条約の精神を離れ，いわば国内法主導型の解釈を採用している。…日本の行政機関および司法機関に通底する特徴は，まさしく法形式主義とミニマリスト的対応であり，それはまた難民問題に対する「理念の欠如」の露呈といわざるを得ない」（坂元茂樹『人権条約の解釈と適用』（信山社，2017年）356頁）。なお，「ミニマリストの厳格解釈」・「ミニマリスト的対応」に関わって付言するに，難民の概念は迫害を受けるおそれが人種，宗教等を「理由に（for reasons of）」していることを求めているが，日本では難民認定機関のみならず司法機関も，この要件に「のみ（solely）」という要素

透は，迫害のみならず，人種，宗教，特定の社会的集団の構成員，政治的意見といった5つの迫害理由，さらには除外条項の解釈にも及び，子どもの権利，ジェンダー，性的指向，良心的兵役拒否への権利など人権法上の概念が難民の解釈全般を動態的に押し広げていったのである[27]。

難民法を支える最も重要な規範であるノン・ルフールマン原則[28]もこの例外ではなく，それどころか，今日にあってこの原則は難民法上の原則である以上に人権法上の原則として捉えられるようにもなっている[29]。人を迫害国に送り返すことを禁ずるこの原則は，外国人の入国を規律する国家の国境管理権限を毀損しないよう，庇護を与えられる個人の権利までは保証していない[30]。

を付加し，「のみを理由に」と読み替えた解釈を続けてきている。たとえば，申請者が特定の民族や社会的集団に属していることを認めつつも，その集団に属している者全員が危害を受けるわけではない，あるいはその民族であることのみをもって危害を受けるわけではない，といった認識が連綿と示されている（橋本直子「難民条約上の「特定の社会的集団の構成員」という概念の国際法上の解釈」移民政策研究8号（2016年）65-66頁参照）。だが，「理由に」という因果関係の要件は，迫害をもたらす唯一の理由を特定するものでもなければ，主たる理由を求めるものでもない。その集団に所属している者全員が同様の窮境になければならないこともない。迫害に寄与する要因（contributing factor）と言えるものであれば，それで十分である（UNHCR, *International Protection of Refugees: Interpreting Article 1 of the 1951 Convention relating to the Status of Refugees*, April 2001, para.23.）。「のみ」の付加は，実質的には，ミニマリスト的解釈の域を逸脱し，難民条約42条の禁ずる留保を難民概念に付しているにも等しい。

(27) 人権法の浸透の実情について，さしあたり，阿部浩己「難民認定の現代的位相――「難民認定制度の運用の見直し」に寄せて」神奈川法学49巻1・2・3合併号（2017年）76-91頁参照〔本書16章〕。除外条項とのかかわりについては，カナダ連邦最高裁の次の裁判例参照。*Pushpanathan v. Canada (Minister of Citizenship and Immigration)* [1998] 1 SCR 982.

(28) 「ノン・ルフールマン原則は難民および庇護希求者を保護する土台を成し，世界人権宣言14条1項の謳う庇護を求めおよび享受する権利の本質的なコロラリーである。庇護を与えられる個人の権利が国際法に存しない中にあって，この原則は，迫害のおそれに十分に理由がある限り難民が迫害国の手の届かぬところにとどまることを保証する。この原則は難民に庇護を付与するよう国家を義務づけるものではないが，迫害を受けることがなく，かつ迫害国に送還されることもない第三国に送られる場合を除くほか，当該難民は滞在を認められなくてはならない。庇護への権利が積極的な義務を創設する一方にあって，ルフールマンの禁止は一定の行為を控える消極的な義務を課すものである」(Zimmermann (ed.), *supra* note 8, p.1335)。

(29) その実相は，この原則にかかる実務を精細に分析する薬師寺公夫「ノン・ルフールマン原則に関する拷問禁止委員会および自由権規約委員会の先例法理」『国際法のフロンティア　宮崎繁樹先生追悼論文集』（日本評論社，2019年）101-152頁に顕著である。

◆ 第Ⅲ部 ◆国境の扉，庇護の門

世界人権宣言を条約化した国際人権規約（特に自由権規約）にも，国を離れる権利，自国に戻る権利は定められたものの，他国に入国する権利までは規定されなかった。そもそも同宣言に明定されていた庇護を求める権利すら規約には抜け落ちている(31)のだが，しかしその後の人権法の発展はこの原則のダイナミックな広がりを導くものとなった。

拷問等禁止条約（3条）や強制失踪条約（16条）のように明文でこの原則に言及する文書が作成される一方にあって，欧州人権条約，自由権規約といった一般的な人権条約に定められた生命権規定や拷問・非人道的なもしくは品位を傷つける取扱いを禁ずる規定もまたノン・ルフールマン原則を含みもつとの解釈が，条約履行監視機関の実践を通じて浸透していく。自由権規約に関わって薬師寺は次のように解説する。「自由権規約は，拷問等禁止条約第3条のようなNR［ノン・ルフールマン］原則に関する明示の規定を有していない。しかし，欧州人権裁判所のゼーリング事件判決（1989年）に続いて自由権規約委員会が，キンドラー対カナダ事件において……当該の犯罪人引渡し自体が自由権規約第6条または第7条の違反となるという見解（1993年）を表明して以降，自由権規約においても［同規約委員会］の先例法理という形態をとって，NR原則が認められるようになった」(32)。

「西洋」を基盤とする欧州人権裁判所は，「南」からの大規模な人の流入の誘因になることを恐れてかこの原則の適用にきわめて抑制的であり，現に関連判断例には人種主義的選別性の趣すら漂っている(33)のだが，普遍的な広がりをもつ自由権規約委員会は，この原則を生命権・拷問等の禁止に限定することなく規約上のあらゆる権利侵害防止のために適用し得ることを認めている(34)。

---

(30) とはいえ，この原則は「難民を入国させる事実上の義務」を黙示的に課すもの，と評されてもいる。See e.g., Guy S. Goodwin-Gill and Jane McAdam, *The Refugee in International Law* (3rd ed., Oxford University Press, 2007), p. 384.
(31) 自由権規約から最終的に庇護権規定が脱落した経緯について，芹田健太郎『亡命・難民保護の諸問題Ⅰ──庇護法の展開』（北樹出版，2000年）99-110頁。
(32) 薬師寺，前掲論文（注29）131頁。
(33) スリランカで拷問の危険性に直面するタミール人や，モーリタニアで奴隷の地位に貶められる者，あるいはナイジェリアで性器切除の危険にさらされる者よりも，米国において死刑囚となった欧州出身白人男性の恐怖を強調する欧州人権裁判所の性向を批判的に省察するものとして，Marie-Benedicte Dembour, *When Humans Become Migrants: Study of the European Court of Human Rights with an Inter-American Counterpart* (Oxford University Press, 2015), p. 233.

もとより，どの権利侵害であれノン・ルフールマン原則適用の契機となる事態は品位を傷つける取扱いの域に達しているとも言え，そうなると，もっぱら生命権・拷問等禁止の枠内にこの原則を位置付けたところで実務上の違いはさほどないことにはなる。いずれにせよ，人権法に基づきノン・ルフールマン原則の適用が必要とされる場合の多くは，おそらく難民法上も同原則の適用が問われる事態であり，そこに両法上の原則が収斂していく契機がうかがえる。相互依存を強めていると言ってもよいのかもしれない。とは言え，両者の間にはいくつかの重大なギャップが横たわってもおり，総じて，人権法に基づく保護のほうが手厚いことを確認しておかなくてはならない(35)。

　第1に，難民法上のノン・ルフールマン原則は人種，宗教を始めとする5つの理由のいずれかに関連した迫害に拠るものでなければならないところ，人権法はそうした限定をいっさい付していない。第2に，難民法上のノン・ルフールマン原則は難民条約上の除外条項が適用される者には及ばず，また，難民であっても国の安全にとって危険であると認めるに足る重大な理由がある者などもその利益を享受できないのに対して，人権法上のノン・ルフールマン原則は例外を許さぬ絶対的なものとして定立されている。国家の利益とのバランスを考慮し，国際的保護に値する者のみを対象とする難民法と，人間の利益を擁護する包摂的な人権法との原理的な相違が端的に現れ出ているところである(36)。

　実際には，5つの迫害理由は幅広く解釈されており（「特定の社会的集団の構成員であること」がその典型），除外条項の適用も限定的であることから，両法

---

(34)　自由権規約は，「回復不可能な損害が生じる現実の危険があると信じる実質的な根拠がある場合に」当該国への追放・送還・引渡しを禁じるものとされる。*General Comment No. 31: The Nature of the General Obligation Imposed on States Parties to the Covenant*, CCPR/C/21/Rev. 1/add. 13 (2004), para 12. 生命・拷問等への危険がその代表例であることは一般的意見にも特記されているとおりだが，ここでは他の権利侵害の場合も排除されているわけではない。

(35)　Vincent Chetail, "Are Refugee Rights Human Rights? An Unorthodox Questioning of the Relations between Refugee Law and Human Rights Law" in Chetail (ed.), *International Law and Migration* Vol. II (Edward Elgar, 2016), pp. 614-615.

(36)　このほか，難民法上のノン・ルフールマン原則は「在外性」を要件とするのに対して，人権法はそうした要件を課していない。後者の保護を受けるには，国の「管轄の下に」あればよく，それゆえ，在外公館内にある者や実効的支配下にある者についてもこの原則の保護が及ぶことになる。中国・瀋陽にある日本総領事館に避難した朝鮮民主主義人民共和国出身者へのノン・ルフールマン原則の適用可能性について，阿部浩己『国際人権の地平』（現代人文社，2003年）72-77頁。

上のノン・ルフールマン原則の適用実態に有意なギャップはないと言うべきなのかもしれない。ただそうではあっても，この原則は，人権法によってその規範内容を拡充され，難民保護のためというよりも，国境を超えた人権保障の手段としての機能・役割を強めていることは確かである[37]。そこでは，難民法と人権法の相互依存的な連接ではなく，難民法が人権法によって実質的に凌駕されつつある法状況が浮かび上がっている。

Ⅲ　保護の拡張

　迫害を含む難民の概念が人権法によって内実を整えられ，さらに難民法の要というべきノン・ルフールマン原則も人権法上の原則として再定位されるとなると，難民法の存在意義そのものが問われかねないところではある。しかし，改めて想起すべきことに，難民法の中軸をなす難民条約は「難民の地位に関する」条約であり，難民に対して保障される待遇を詳細に定めているところにこそその要諦があるとも言える。

　現に，難民条約は第2条から34条までを割いて，難民の地位がいかにあるべきかを指し示すものとなっている。つまり，難民法は，難民を定義し，難民が迫害国に送り返されないことを求めるだけでなく，庇護国における難民の待遇にも明確な関心を振り向けている。これとは対照的に，人権法は迫害国に送り返してはならないところまでは指示するものの，その状況におかれた者がどう処遇されるべきかについてまで関心を及ぼしてきたわけではない[38]。そうであればこそ難民法独自の存在意義があると言えるのかもしれないが，ただ，

---

(37)　自由権規約および拷問等禁止条約を通じたその実情について，薬師寺，前掲論文（注29）参照。もとより，人権法によって規範内容を強化され，強行規範という性格づけをされたとしても，行政・司法機関における審査体制が脆弱であれば，この原則の遵守がおぼつかなくなることは言うまでもない。See Tobias Kelly, "The legalization of human rights and the protection of torture survivors: asylum, evidence and disbelief", in Marie-Benedicte Dembour and Kelly (eds.), *Are Human Rights for Migrants?* (Routledge, 2011), pp. 184-200. この点に関連して，拷問禁止委員会は，日本の出入国管理及び難民認定法53条3項が効果的に実施されていないことに懸念を表明している。CAT/C/JPN/CO/2. 28 June 2013, para. 9 (e).

(38)　拷問禁止委員会は，「滞在を許可された国における当該個人の法的地位は当委員会には重要なことではない」という見解を示してもいる (*M.B.B. v. Sweden*, CAT/C/22/D/104/1998 (1999), para.6.4)。

「難民の権利章典」とも称される難民条約の待遇規定は複雑な構成になっており、その精確な理解はけっして容易でない[39]。

まず、対象となる者が「難民」・「領域内にいる難民」・「合法的にその領域内にいる難民」・「合法的にその領域内に滞在する難民」・「締約国に常居所を有する難民」などと幾重にも類型化されている。そして、保障される待遇についても、「一般に外国人に与える待遇と同一の待遇」を前提にして、「同一の事情の下で一般に外国人に与える待遇よりも不利でない待遇」（最低外国人待遇）、「同一の事情の下で外国の国民に与える待遇のうち最も有利な待遇」（最恵外国人待遇）、「自国民に与える待遇と同一の待遇」（内国民待遇）といった水準が条項ごとに提示される。全般的に、難民と庇護国との結びつきが強まるほどに保障される待遇も深まる（ように見受けられる）ことから、難民条約の待遇規定は、帰化を最終ゴールに据えた「適応への道（assimilative path）」を示していると指摘する向きもある[40]。

もっとも、入り組んだ「適応への道」の内実を確たる根拠をもって説明し切るのは困難というしかない。たとえば、「第3章　職業」には賃金が支払われる職業（第17条）、自営業（第18条）、自由業（第19条）という3種の職業にかかる待遇規定がおかれているが、これらは「合法的にその領域内にいる難民」に適用される自営業と、「合法的にその領域内に滞在する難民」に適用される他の2つの職業とに区分けされている。理解が難しいのは、賃金が支払われる職業について最恵外国人待遇が保障される一方で、同じ「合法的にその領域内に滞在する難民」に適用される自由業については、自営業と並んで最低外国人待遇の保障にとどめられていることである。しかも、難民の待遇にかかる規定のほぼすべてについて留保を付すことが認められていることから、実際に保障される待遇は締約国によって相当に異なることになる[41]。「適応への道」は、整然たる道筋からは程遠く、むしろつぎはぎのパッチワークのような相を呈している。

---

(39) 包括的な解説書として、James C. Hathaway, *The Rights of Refugees under International Law* (Cambridge University Press, 2005). その日本語訳として、ジェームス・C・ハサウェイ［佐藤安信・山本哲史訳］『難民の権利』（日本評論社、2014年）。

(40) Hathaway, *id.*, p. 156.

(41) Chetail, *supra* note 34, pp. 620-621, n. 112. 締約国が付している留保について、see https://treaties.un.org/Pages/ViewDetailsII.aspx?src=TREATY&mtdsg_no=V 2&chapter=5&Temp=mtdsg2&clang=_en.

他方で人権法は、難民に保障すべき権利群を特定して掲げているわけではないものの、自由権規約委員会が言うように、「規約上の権利は、締約国の国民のみならず、国籍、無国籍にかかわりなく、庇護希望者、難民、移住労働者など締約国の領域内にありかつその管轄の下にあるあらゆる個人によって享受されなければならないもの」とされる[42]。人権法の保障は「すべての者」に及ぶのであり、難民・庇護希望者も当然ながらその例外ではない。難民条約の定める待遇は、このゆえに、自由権規約26条に具現化された非差別の要請もあいまって、最低外国人待遇にとどめられるものについても、国民を含む「すべての者」に等しく保障されるべき権利として再定式化されることになる。国民／外国人二分論を前提に各国の国内法制にその具体的なあり様が委ねられるパッチワーク的な難民の待遇は、国際人権基準に適合するよう整え直されなければならず、その結果、庇護希望者のように難民条約上の待遇が極端に手薄な者にとってその意義はとりわけて大きなものになる。

　のみならず人権法は、難民にとって決定的な重みをもつ権利を独自に保障してもいる[43]。その一つが家族統合への権利である[44]。自由権規約23条により、締約国は「とりわけ、政治的、経済的その他同様の理由により構成員が分離されている場合に、家族の統合または再統合を確保するために…適当な措置をとる」義務を課せられている[45]。また、同規約17条は家族に対し「恣意的

---

(42) General Comment No. 31, *supra* note 33, para. 10.
(43) 本章で言及する権利以外にも、たとえば、自由権規約第2条3項の定める効果的な救済を受ける権利は、ノン・ルフールマン原則を実現する効果的な手続の保障を義務付けるものとして、難民条約が沈黙する難民認定手続きの適正化に資するものでもある。なお、同規約第14条1項の定める公正な裁判を受ける権利の保障は犯罪人引渡し、国外退去・退去強制手続については適用がないとされてきたが、庇護手続への適用可能性は必ずしも排除されているわけではない。General Comment No. 32, CCPR/G/GC/32 (2007), para. 17; *Dranichnikov. v Australia*, CCPR/C/88/D/129/2004 (2006).
(44) 難民条約は家族の再／統合にかかる規定をおいていない。ただし、同条約を採択した全権会議の最終文書において、各国政府に家族統合の確保が勧告されてはいる。Final Act of the United Nations Conference of Plenipotentiaries on the Status of Refugees and Stateless Persons, 1951, A/CONF. 2/108/Rev. 1, 26 Nov. 1952, Recommendation B. See Kate Jastram and Kathleen Newland, "family unity and refugee protection", in Erika Feller, Volker Turk and Frances Nicholson (eds.), *Refugee Protection in International Law: UNHCR 's Global Consultations on International Protection* (Cambridge University Press, 2003), pp. 569-570.
(45) General Comment No.19, UN Doc. HRI/GEN/1/Rev. 5 (1990), para. 5.

18　人権法としての難民法

に若しくは不法に干渉」されない権利を保障しており，家族（再）統合の拒否はこの権利との関係でも問題視される。家族への干渉が恣意的かどうかの判断は均衡性（比例性）の原則によるが，これをさらに進めて，子どもの権利条約は，子どもの最善の利益のために必要な場合を除き，子どもが「その父母の意思に反してその父母から分離されない」と定め（第9条），国家利益との比較考量による家族分離を認めていない[46]。

　もう一つ重要な権利が，自由権規約9条に規定された身体の自由とりわけ恣意的拘禁からの保護である。難民条約も第31条で避難国に不法にいる難民に対し「必要な制限以外の制限」を課してはならないとしているが，人権法は身体の自由の保障をさらに具体化する。庇護希望者の身体拘束の適否が争点となった個人通報事例において，自由権規約委員会は次のように説く。「人を拘禁するすべての決定は，当該拘禁の正当化根拠を評価するため，定期的に審査に付されるべきである。いずれにしても，拘禁は，国が適当な正当化根拠を提示できる期間を超えるべきでない。たとえば，不法入国の事実は調査を必要とするだろうし，逃亡および協力の欠如など当該個人に特有の他の事情もあろう。これらの事情は一定期間の拘禁を正当化し得る。そうした事情がない場合には，たとえ入国が不法であっても，拘禁は恣意的なものと考えられる。」[47] 庇護希望者の拘禁の合法性は個別に判断されるべきものであり，身体の自由を制限する特別の事情が示されないかぎり拘禁は許容されない。自由権規約委員会は，拘禁に代えてより制限的でない手段（報告義務，保証金支払いなど）の採用を求めてもいる[48]。こうして，庇護希望者の一律収容や定期審査のない長期収容は恣意的拘禁となり，人権法によって明確に禁じられることになる。

　このように，人権法は難民法の設定する待遇水準を引き上げ，さらにこれに取って代わる規範状況すら創出している[49]。むろん，仔細に見ると，難民条

---

[46] Jastram and Newland, *supra* note 44, p. 575. 子どもの権利条約は難民の子どもに対する保護についても第22条で定めているが，その詳細について，General Comment No. 6 (2005), CRC/GC/2005/61 September 2005, paras. 64-94.
[47] *A v. Australia*, CCPR/C/59/D/560/1993 (1997), para. 9.4.
[48] *E.g., D. and E. v. Australia*, CCPR/C/87/D/1050/2002 (2006), para. 7.2.
[49] ただし日本のように，すべての者への権利保障・非差別を義務づける国際人権規約ではなく，難民条約（の内国民待遇規定）が実際の人権保障水準を引き上げる法制改革（児童手当関連3法および国民年金法からの国籍条項の削除）をもたらしたところもある。

◆ 第Ⅲ部 ◆国境の扉，庇護の門

約28条の定める旅行証明書の発給や第30条の定める資産の移転などいくつかの規定は人権法には直接には見出されないものであり，また，避難国にいる難民に「不法に入国したこと又は不法にいることを理由として刑罰を科してはならない」と定める第31条1項の規定も難民法に特有のものと言えるかもしれない。だがこうした側面がなお残るにしても，ノン・ルフールマン原則についてそうであるように，難民の待遇保障についても，人権法が難民法を凌駕しつつある相が強まっていることは否めないところである。

Ⅳ　レゾン・デートルへの問いかけ

　難民法の領域にあって，人権法はあくまでその補完物にすぎないものと語られてきた。難民法が主，人権法が従ということである[50]。しかし両者の関係を改めて整理するに，難民法は実質的に人権法に吸収され，その位置付けを人権法のサブカテゴリーに変容させているようにも見える[51]。ノン・ルフールマン原則と難民の待遇について人権法は難民法に勝る保障を提供し，肝心要の難民概念も人権法によってその内実を実質的に決せられるようになっている。「設定された要件の充足」ではなく「人間であること」を理由に国際的な保護が提供される局面が増えていることにほかならない[52]。

　もっとも，その包摂的な理念とは裏腹に実施の面で脆弱性を隠せぬ人権法への埋没については，難民法研究者から強い懸念が呈されてもいる。保護の水準が低くとも，難民法独自の存在を屹立させておく意義はなお失われていないとされる[53]。「人の権利は重要だが，確定された地位の承認にはもっと価値があ

---

(50)　See *supra* note 1.
(51)　Chetail, *supra* note 35, p. 648. その一方で，Burson and Cantor は，両者の関係の相当程度の深まりを認めつつも，こうした見方を「極論」と評している（*supra* note 17, p. 6)。
(52)　「「人間化［humanisation］」とは，人間の一部類型をより広い人間一般へと解消しようとする志向であり，「人が人であるが故にもつ権利」を行使する可能性の拡充へと向かうアプローチである。これに対し，「人格化［personnalisant］」とは，難民や無国籍者といった人間の一部類型を法的類型として確定しようとする志向であり，権利を保障する「なんらかの組織化された共同体」への所属へと向かうアプローチである」としたうえで，「難民に関する国際文書は，後者から出発し，前者による変容を被っていく」と指摘するものとして，加藤雄大「「補完的保護」論の「補完」性 —— 難民法史における再定位の試み」難民研究ジャーナル5号（2015年）32頁。

る」[54]。難民法の根本的重要性を一貫して説いてきているハサウェイによれば，難民法は「出入国管理に基づく思考に対する直接的な挑戦」であり，「難民の地位は，国家ではなく，生身の生きる人間に与えられた切り札（trump-card）なのである」[55]。

　難民法研究者のこうした想念を多少とも敷衍するに，人権法による難民法の希薄化・簒奪にはたしかに単純に言祝ぐだけで済ますわけにはいかないところがある。国家を基本単位とする現実の国際システムにあって，国家が自国民を保護するのは所与の前提である。この前提が崩れ国家の保護を失った者を他国が代わって保護するのは，国際システムを維持する観点から欠かせぬ営みに相違ない。別言すれば，人が国外に避難を強いられる事態は国際システムにとっての「危機」であり，だからこそ，主権国家にとって本来は譲れぬ国境管理権限の制約が認められることにもなる。難民法は国家の国境管理権限を否定するのではなく，その「例外」を成すものとして生成されてきたことを想い起こす必要がある。

　危機のイメージは，紛争を逃れ出る大量の人々の隊列，命を賭して避難するボートピープルの姿，そして難民キャンプの非人道的窮境などと結び付けられて構築されてきた。だが，そうして流布される難民の心象と，難民法とりわけ難民条約が保護の対象としている難民の実像との間にははなはだしい懸隔がある。危機への対応と言いつつも，主権国家が国境管理権限の例外として現に認めているのは，（欧米の）庇護国に自力でたどり着いた，管理可能な一握りの個別化された者に限られる[56]。文字通りの例外というべきものである。

　人権法の浸潤に伴い，難民の保護は「危機・例外」から「常態・日常」へとその根幹の基調を変容させている。反政府活動など国家の危機・例外に馴染みやすい事象にほぼ限定されて語られていた迫害が，女性に対する暴力，性的少数者，子どもの虐待といった国家の常態・日常に埋め込まれた諸事象を包含するものとして再構成されているのはその現れにほかならない。ノン・ルフールマン原則のあり様も含め，こうした保護の射程の拡張を主導してきているの

---

(53)　*E.g.*, Dauvergne, *supra* note 9, p. 30.
(54)　Harvey, *supra* note 10, p. 75.
(55)　James Hathaway, "Forced Migration Studies: Could We Agree Just to 'Date'?", *Journal of Refugee Studies*, Vol. 20 (2007), p. 354.
(56)　Dauvergne, *supra* note 9, pp. 14-22.

◆第Ⅲ部 ◆国境の扉，庇護の門

は，研究者であり，国際人権機関であり，難民認定にかかる各国の機関である。裁判所とりわけ国境を超えた裁判官のつながりも動態的な解釈実践の深まりに紛れもなく貢献している[57]。

だが，危機に限定して例外的に国境管理権限の制約を容認してきた（欧米）諸国の行政府にとってみると，現下の規範的展開は無条件に受け入れられるものではない。それどころか，キャサリーン・ドヴェルニュ（Catherine Dauvergne）が言うように，「人権規範の伸長は，逆説的なことに，各国の難民法へのコミットメントを弱めることにつながってしまっている」[58]。現に，航空会社など商業運送業者への制裁金賦課，査証対象国の拡大，外国領域内での入国審査の実施，「不法」入国者収容実務の拡大，国境警備の軍事化，公海上での力を用いた入域阻止，国内法に基づく国際区域（international zone）の設置と国家領域からの切離（excision）など，入国阻止（non-entrée）政策と総称される国境措置が各国で陸続と導入され，庇護手続へのアクセス自体を公然と阻

---

(57) その代表的な例として，International Association of Refugee and Migration Judges, https://www.iarmj.org.

(58) Catherine Dauvergne, *Making People Illegal: What Globalization Means for Migration and Law* (Cambridge University Press, 2008), p. 64. その典型を，オーストラリアに見ることができる。2015年4月18日に施行された改正移民法（Migration and Maritime Powers Legislation Amendment (Resolving the Legacy Caseload) Act 2014, Section 5J (c)）の意図は，「難民条約に直接に言及することなく」オーストラリアの国際義務を明確にし，「難民条約の範囲を拡張しようとする外国裁判所または司法機関の解釈に従わない」ことを確保する点にあった。See Second Reading Speech (Scott Morrison MP, Minister for Immigration and Border Protection), House of Representatives, *Hansard*, 25 September 2014, 10545-10546. また，法案説明書によると，「新しく定義された『難民』および『十分に理由のある迫害の恐怖』という用語は，難民条約に基づくオーストラリアの保護義務に関するオーストラリアの解釈を明確にする新しい法令上の枠組みの基礎を提供する」ものだという（Explanatory Memorandum to the Migration and Maritime Powers Legislation (Resolving the Legacy Caseload) Bill 2014, para.1153）。国際性を排し，自己完結（閉鎖）性を志向するこの改正移民法には審議の過程で多くの学術的・実務的懸念が表明された。特に，ニューサウスウェールズ大学，メルボルン大学，オーストラリア国立大学の国際難民法の研究者らが議会に提出した意見書（Submissions 167 and 168 available at https://www.aph.gov.au/Parliamentary_Business/Committees/Senate/Legal_and_Constitutional_Affairs/Asylum_Legacy_Caseload_Bill_2014/Submissions）参照。改正移民法を含め，オーストラリアの近年の難民認定実務を批判的に分析するものとして，Linda J. Kirk, "Island Nation: The Impact of International Human Rights on Australian Refugee Law", in Burson and Cantor (eds.), *supra* note 2, pp. 49-85.

害する事態がもたらされている[59]。国籍の剥奪や，自由主義諸国では人道上回避されがちであった退去強制の執行も日々の情景を成すようになっている[60]。人権法の浸潤により常態・日常化する難民の保護が，国境管理権限の制約の拡大を恐れる行政府との緊張を強め，難民保護に対する各国政府の政治的コミットメントを希薄化する深刻な事態を招いていることは看過できないところである[61]。

　これにさらに言葉を継げば，難民法は庇護の付与が人道的・友好的であること[62]を強調することにより，その非政治性を意識的に強調してきたところがある。もとよりそのこと自体が庇護付与の政治性を逆説的に示してはいるのだが，とはいえ難民法の中軸を成す難民条約にしても，もっぱら庇護国の義務・責任に焦点を当てることにより，難民保護の政治化を回避しようとしてきたことは確かである。だが，人権法は人道的・友好的性格をその根幹に据えているわけではない。むしろ，政治的な反発を恐れることなく人権侵害国に批判・非難を加え，その行動の変更を求める法である。

　人間の尊厳に基づく人権法の根幹には，政治的な性格が確然と埋め込まれている。そうした人権法の中に組み入れられ，サブカテゴリー化することが難民法（の求めるもの）にとって真の福音なのか[63]については慎重に思惟を巡らせ

---

(59) See Thomas Gammeltoft-Hansen and Jens Vedsted-Hanasen (eds.), *Human Rights and the Dark Side of Globalization* (Routledge, 2017), Part III; Bernard Ryan and Valsamis Mitsilegas (eds.), *Extraterritorial Immigration Control: Legal Challenges* (Brill, 2010).

(60) Catherine Dauvergne, *The New Politics of Immigration and the End of Settler Societies* (Cambridge University Press, 2016), p. 187.

(61) 2018年に国連総会で承認された「難民に関するグローバル・コンパクト」においても，欧米諸国が採用している入国阻止政策（解体）への言及はまったくなされていない。See BS Chimni, "Global Compact on Refugees: One Step Forward, Two Steps Back", *International Journal of Refugee Law*, 2019, Vol. XX, No. XX, 1-5, doi: 10.1093/ijrl/eey067.

(62) たとえば，1967年に国連総会で採択された領域内庇護宣言は，前文で「世界人権宣言第14条を援用する権利のある人に対する国家による庇護の付与が平和的且つ人道的行為であること，並びにこれをその故にいずれの他の国家も非友好的であるとみなし得ないことを認め」る。同宣言の採択経緯・意義について，芹田，前掲書（注31），第4章参照。

(63) 「同情だけではなく責任。個別国家の責任だけでなく集団的責任。難民条約だけでなく国際人権規約そして国連憲章。UNHCRだけでなく自由権規約委員会そして，必要であれば，国連安保理」というルイス・ヘンキン（Louis Henkin）の言葉を引用しなが

てみてもよい。人権法の浸潤は，難民法のレゾン・デートルそのものを改めて問い直す根源的な契機を浮き立たせてもいる。

ら，難民法の認識を，庇護国のみならず出身国の責任にも焦点を当てる人権法のそれに改めるよう説くものとして，Chetail, *supra* note 35, p. 650.

初出一覧

第Ⅰ部　人権の領野

1 「国際人権法の方法論」
小畑郁・山元一編集『国際人権法の理論【新国際人権法講座 第2巻】』
（信山社，2023年）
2 「人権／国際法の系譜学」　　　　　　　　平和研究47号（2016年）
3 「個人通報手続の誕生」
平覚ほか編『国際法のフロンティア』（日本評論社，2019年）
4 「強制失踪なき世界へ」　世界人権問題研究センター研究紀要15号（2010年）
5 「極度の不平等と国際人権法」　　　　　　　憲法研究3号（2018年）
6 「国際人権法によるヘイトスピーチ規制」
『ヘイトスピーチに立ち向かう（別冊法学セミナー No. 260）』
（日本評論社，2019年）
7 「人権の国際的保障が変える沖縄」
島袋純・阿部浩己編『沖縄が問う日本の安全保障』（岩波書店，2015年）

第Ⅱ部　人道のポリティクス

8 「戦場なき戦争法の時代」　　　　　　　　平和研究41号（2013年）
9 「核兵器禁止条約と国際司法裁判所」　　　　国際人権28号（2017年）
10 「サンフランシスコ平和条約と司法にアクセスする権利」
神奈川法学46巻2・3号（2014年）
11 「国際法における性奴隷制と「慰安婦」制度」　季刊戦争責任研究84号（2015年）
12 「徴用工問題と国際法」　　　　　　　　　　　　世界971号（2023年）

第Ⅲ部　国境の扉，庇護の門

13 「グローバル化する国境管理」　　　　　　　世界法年報37号（2018年）
14 「人権救済の逆説」　　　　　　　　　　神奈川法学51巻3号（2019年）
15 「庇護の域外化」　　　　　　　　　　　　人権判例報6号（2023年）
16 「難民認定の現代的位相」　　　　　　神奈川法学49巻1・2・3号（2017年）
17 「難民認定における国内保護可能性（IPA）」
大阪市大法学雑誌65巻3・4号（2019年）
18 「人権法としての難民法」
浅田正彦ほか編『現代国際法の潮流Ⅱ』（東信堂，2020年）

事項・人名索引

◆ あ 行 ◆

ICRC →赤十字国際委員会
ICC →国際刑事裁判所(ICC)
ICJ →国際司法裁判所(ICJ)
アジア的価値……………………………………… 28
アトムズ・フォー・ピース演説……………… 159
アーレント, ハンナ(Hannah Arendt)……… 243, 244, 351
アンギー, アントニー(Anthony Anghie)…… 31, 32, 172
安全な第三国(STC)……………………… 254, 287-289, 291, 293, 295, 296, 300
「慰安婦」………… 207-209, 210, 214, 225-227, 235, 236
EU市民………………………………………… 256-258
意思または能力論…………………………… 155, 156
イタリア破毀院……………………… 188, 196, 198
ウィーラマントリー, クリストファー(Christopher Gregory Weeramantry)………… 164, 235
ウェストファリア条約………………………… 30, 31
HRC →自由権規約委員会
ExCom →UNHR執行委員会
STC →安全な第三国(STC)
NIEO →新国際経済秩序(NIEO)
欧州共通庇護制度(CEAS)………………… 256
欧州人権裁判所……………… 18, 73, 115, 186, 187, 213, 218, 219, 253, 255, 265, 266, 268, 270-273, 275-282, 287, 291, 298, 318, 346, 347, 349, 356
欧州人権条約………… 86, 114, 115, 219, 253-255, 265, 269, 270, 273-276, 279, 299, 346
オーストラリア連邦最高裁判所………… 213, 217, 218, 222, 299
押戻し(push back)…………………… 294, 297, 298

◆ か 行 ◆

外的自決権………………………………… 132, 137
核兵器…………………… 149, 159-161, 171, 172
核兵器禁止条約……………………………… 160, 173

カナダ連邦最高裁判所…………………… 132, 300
間接ルフールマン………………………………… 339
汚い戦争(la guerra sucia)………………… 63, 70
救済的分離……………………………………… 132
旧ユーゴスラビア国際刑事裁判所/法廷…… 151, 153, 212, 213, 221, 225
経社理決議1235…………………………………… 57
経社理決議1503…………………………… 44, 47, 57
強制失踪委員会…………………………… 89-91
強制失踪作業部会 →国連強制失踪作業部会
強制失踪条約………………… 61, 67, 78, 87, 91, 356
空戦に関する規則(空戦規則)………… 190, 193
区別の原則(principle of distinction)…… 143, 321
グロチウス, フーゴー(Hugo Grotius)…… 30-32
言説学派…………………………………………… 22, 23
原爆判決………………………………………… 192
拷問禁止委員会…………………… 68, 209, 345, 358
拷問等禁止条約…………… 13, 46, 68, 78, 356, 358
拷問メモ………………………………………… 156
五月広場の母たち………………… 61, 62, 64-66, 87
国際刑事裁判所(ICC)………… 77, 88, 89, 150, 213, 214, 220, 222, 224, 225, 321
国際司法裁判所(ICJ)………… 136, 149, 155, 159, 162-164, 168-173, 183, 196, 235, 270
国際人権規約……………………… 9, 53, 58, 97
国連強制失踪作業部会…… 45, 68, 71, 76, 77, 81, 89, 91
国連強制失踪宣言………………………… 76-79
国連人権委員会……………… 28, 47, 50, 55, 56, 78, 82
国連人権高等弁務官…………………………… 109
国連人権理事会・特別手続…………… 44, 45, 47
国連難民高等弁務官/事務所(UNHCR)……… 287, 293, 294, 298, 307, 308, 312, 315, 317, 318, 323, 324, 330, 331, 333, 334, 339, 344
個人通報手続(制度)……………… 46, 47, 51, 52, 54, 58, 71, 81, 84, 113, 117
子どもの権利委員会……………………… 309, 315, 316
子どもの権利条約………………… 309, 316, 317, 361
子どもの最善の利益…………… 274, 278, 317, 342, 361

369

事項・人名索引

◆ さ 行 ◆

サンフランシスコ平和条約 …… 119, 126, 176-182,
　　　　　　　　　　　188, 189, 200, 202, 204, 205
恣意的拘禁作業部会 ………………………… 45, 318
CERD →人種差別撤廃委員会
COI →出身国情報（COI）
ジェノサイド ……………………… 27, 150, 235
ジェンダー（の）主流化 …………… 15, 26, 102
自決（権）………………… 36-38, 120, 127-129, 136-140
自己決定権 →自決（権）
自然権学派 …………………………………… 20, 22
社会権規約 …………………………………… 98, 128
社会権規約委員会 ……………………… 93, 102, 104, 105
自由権規約 ………………………………… 46, 53, 71, 79,
　　　　　　　　　　　86, 108-114, 116, 117,
　　　　　　　　　　　132, 136, 184-186, 189, 205,
　　　　　　　　　　　253, 309, 318, 356, 357, 360, 361
自由権規約委員会 ……………………… 46, 71, 72, 80, 81,
　　　　　　　　　　　84, 108, 112, 113, 128,
　　　　　　　　　　　131, 134, 138, 173, 187, 209,
　　　　　　　　　　　253, 270, 318, 345, 356, 360, 361, 365
熟議学派 ……………………………………… 21, 22
出身国情報（COI）………………… 328, 347, 348
条約法に関するウィーン条約 ……………… 12, 178
ジョグジャカルタ宣言 …………………………… 314
植民地主義 ………………… 18, 19, 22, 27, 30, 31, 38, 39,
　　　　　　　　　　　119, 124, 133, 165, 212, 231, 232, 237, 270
女性差別撤廃委員会 ……………… 15, 105, 309, 314, 344
女性差別撤廃条約 ………………… 84, 102, 309, 344
人権委員会 →国連人権委員会
人権帝国主義 ……………………………… 22, 270
人権の時代 ………………………………… 23, 24
人権の終焉 ……………………………………… 24
人権の主流化 ……………………… 26, 92, 94, 102, 127
人権の普遍性と特殊性（相対性）…………… 28
新国際経済秩序（NIEO）………………… 97-100, 104
人種差別撤廃委員会 …………………… 133, 134, 138
人種差別撤廃条約 ………………… 46, 50, 53, 58, 109,
　　　　　　　　　　　111, 114, 116, 117, 133, 170
人種主義 …………………… 119, 124, 165, 231, 249, 262
人身取引議定書 ……………………………… 214, 258
人道主義 ………………………………………… 261
性奴隷（制）………………… 68, 207-209, 224, 225, 227
世界人権宣言 ……………… 9, 20, 28, 29, 47, 48, 96,

　　　　　　　　　　　97, 104, 105, 107, 115, 186, 267, 269
赤十字国際委員会（ICRC）…………… 147, 154, 203
セシル子爵 ………………………………… 215-218
セプールベダ，フアン・ヒネス・デ（Juan
　Giné de Sepúveda）…………………… 32, 34
潜在的（残存）主権 ………………………… 126
先住民族権利宣言 …………………… 131, 134, 137
戦場のグローバル化 ………………………… 154

◆ た 行 ◆

ダーバン宣言 …………………………………… 232
大韓民国大法院 ………………… 181, 229-232, 235, 237
第三世界アプローチ ………………………… 18, 31
対テロ戦争 …………………… 26, 68, 138, 143,
　　　　　　　　　　　147, 151-153, 155, 157
知のポリティクス ……………………………… 18
抵抗学派 ……………………………………… 20, 21
テロとの戦い →対テロ戦争
ドヴェルニュ，キャサリーン（Catherine
　Dauvergne）………………………… 245, 364
トランス・テンポラルな正義 ……………… 231
トリンダージ，カンサード（Cançado Trindade）
　…………………………………… 42, 43, 168
奴隷制 ………………………… 210-218, 221-227, 235
奴隷制条約 ………………… 210, 211, 214-218, 222, 223
奴隷制の法的要素に関するベラジオ－ハーバード
　・ガイドライン ……………………… 223, 224, 226

◆ な 行 ◆

内的自決権 …………………………… 130, 132, 137
難民及び移民のためのニューヨーク宣言 …… 242,
　　　　　　　　　　　243, 251, 260-262
難民条約 ……………………………… 257, 258, 291,
　　　　　　　　　　　298, 299, 306, 307,
　　　　　　　　　　　310, 311, 313, 315, 317,
　　　　　　　　　　　319-321, 323, 325, 328, 329,
　　　　　　　　　　　331, 332, 334-338, 342, 344, 349,
　　　　　　　　　　　350, 352-354, 358, 360, 361, 364, 365
難民審査参与員 ………………… 305, 306, 328, 337
難民に関するグローバル・コンパクト ……… 260
日韓請求権協定 ……………………… 229-231, 236
日中共同声明 ……………………… 175-177, 179-181,
　　　　　　　　　　　185, 188, 189, 200, 204, 205
入国阻止／政策（non-entrée）…… 252, 329, 364, 365
ネオ・コロニアル ………………………… 236, 302

事項・人名索引

ノン・ルフールマン原則 …… *243, 254, 255, 297, 300,*
　　　　　　339, 352, 355-358, 360, 362, 363

◆ は 行 ◆

ハーグ陸戦条約　→陸戦の法規慣例に関する条約（陸戦条約）
ハサウェイ，ジェームス（James Hathaway）
　　　　　　…………… *295, 330, 336, 350, 354, 363*
原暴力 ……………………………………… *172*
パレスチナの壁 …………………………… *136*
ハワイ王国の併合 ………………… *123, 232*
ビトリア，フランシスコ・デ（Francisco de Vitoria）…………………………… *32-34, 36*
ピノチェト，アウグスト（Augusto Pinochet）
　　　　　　…………………………… *64, 100*
標的殺害 …………………………… *153, 154*
米国連邦最高裁判所 ……… *246, 247, 266, 283, 297*
米州強制失踪条約 ……………………… *75, 89*
米州人権委員会 ………………… *69, 74, 131, 270*
米州人権裁判所 ……… *16, 42, 72, 131, 185, 300, 349*
米州人権条約 ……………………………… *185*
補定の保護 ……………… *328, 330, 345, 347*
補充の保護 ……………………………… *320*
ポストコロニアル ………………………… *18*
ホロコースト …………………………… *26, 233*

◆ ま 行 ◆

マウマウ裁判 …………………………… *234*
マグナ・カルタ ……………………… *25, 27*
マクリーン事件判決 ……………… *266, 273*
宮崎繁樹 …………………………… *41-43, 47, 60*
無人爆撃機 ……………………………… *153, 154*

◆ や 行 ◆

UNHCR　→国連難民高等弁務官（UNHCR）
UNHCR 執行委員会 ………… *309, 321, 322, 324*

◆ ら 行 ◆

ラス・カサス，バルトロメー・デ（Bartolomé de las Casas） ……………………… *32-39*
陸戦の法規慣例に関する条約（陸戦条約）…… *125, 146, 189, 190, 194-200, 203*
陸戦の法規慣例に関する規則（陸戦法規慣例規則）
　　　　　　………………………… *191, 192*
琉球処分 ……………… *119, 121-124, 137, 232*
良心的兵役拒否 ………………… *317, 318, 355*
ルワンダ国際刑事裁判所 ……………… *151, 212*
ロック，ジョン（John Locke）…… *25, 26, 36, 37*
ロマ ………………………………………… *257*

371

〈著者紹介〉

阿 部 浩 己（あべ・こうき）

1958年生まれ。現在、明治学院大学国際学部教授。早稲田大学大学院法学研究科博士後期課程修了。博士(法学)。バージニア大学 LL.M. 国際法専攻。主な著書に、『国際法を物語るⅠ～Ⅳ』（朝陽会、2018～21年）、『国際人権を生きる』（信山社、2014年）、『国際法の人権化』（信山社、2014年）、『国際法の暴力を超えて』（岩波書店、2010年）、『無国籍の情景』（UNHCR 駐日事務所、2010年）、『抗う思想／平和を創る力』（不磨書房、2008年）、『国際人権の地平』（現代人文社、2003年）、『人権の国際化』（現代人文社、1998年）、『テキストブック国際人権法〔第3版〕』（共著、日本評論社、2009年）など。

学術選書
257
国際法

人権／人道の光芒
── 国際法の批判的理路 ──

2024(令和6)年10月30日 初版第1刷発行

著　者　阿　部　浩　己
発行者　今井 貴・稲葉文子
発行所　株式会社 信　山　社
〒113-0033　東京都文京区本郷 6-2-9-102
Tel 03-3818-1019　Fax 03-3818-0344
info@shinzansha.co.jp
笠間才木支院　〒309-1600 茨城県笠間市笠間 515-3
笠間来栖支院　〒309-1625 茨城県笠間市来栖 2345-1
Tel 0296-71-0215　Fax 0296-72-5410
出版契約 2024-8283-2-01010　Printed in japan

Ⓒ阿部浩己, 2024　印刷・製本／藤原印刷
ISBN978-4-7972-8283-2 C3332．P.386/329. 501 a.020 国際法
8283-0101:012-030-010《禁無断複写》

国際法の人権化/阿部浩己

揺動する国境・平和・人権/阿部浩己 近刊

国際人権を生きる/阿部浩己

抗う思想／平和を創る力/阿部浩己

国際人権 1〜34号(続刊)/国際人権法学会 編

国際人権法(第2版)―国際基準のダイナミズムと国内法との協調/申惠丰

人権判例報 1〜8号(続刊)/小畑郁・江島晶子 責任編集

憲法研究 1〜14号(続刊)/辻村みよ子 責任編集

グローバルな立憲主義と憲法学(講座立憲主義と憲法学 第6巻)/江島晶子 編

◆**新国際人権法講座**（全7巻）

第1巻　国際人権法の歴史/小畑郁・山元一 編集

第2巻　国際人権法の理論/小畑郁・山元一 編集

第3巻　国際人権法の規範と主体/近藤敦 編集

第4巻　国際的メカニズム/申惠丰 編集

第5巻　国内的メカニズム／関連メカニズム/申惠丰 編集

第6巻　国際人権法の動態―支える力、顕現する脅威/阿部浩己 編集 近刊

第7巻　国際人権法の深化―地域と文化への眼差し/大津浩 編集

信山社